suhrkamp taschenbuch
wissenschaft 966

In die äußerst kontroverse Diskussion um die Geisteswissenschaften eingreifend nimmt dieses Buch Stellung zu Aufgabe, Grundlagen und Entwicklung der Geisteswissenschaften in der Moderne. Das geschieht vor allem durch die historische Analyse von leitenden Begriffen und Aufschluß gebenden theoretischen Positionen – stets im Hinblick auf den Strukturwandel des Denkens seit dem 18. Jahrhundert. Besondere Aufmerksamkeit gilt dabei unter anderem dem sogenannten Historismusproblem in seinen verschiedenen Ausführungen.

Gunter Scholtz, geb. 1941, lehrt Philosophie an der Ruhr-Universität Bochum.

Gunter Scholtz

Zwischen Wissenschaftsanspruch und Orientierungsbedürfnis

Zu Grundlage und Wandel der Geisteswissenschaften

Suhrkamp

Die Deutsche Bibliothek – CIP Einheitsaufnahme
Scholtz, Gunter:
Zwischen Wissenschaftsanspruch und Orientierungsbedürfnis :
zu Grundlage und Wandel der Geisteswissenschaften /
Gunter Scholtz. –
1. Aufl. – Frankfurt am Main :
Suhrkamp, 1991
(Suhrkamp-Taschenbuch Wissenschaft ; 966)
ISBN 3-518-28566-1
NE: GT

suhrkamp taschenbuch wissenschaft 966
Erste Auflage 1991

Satz und Druck: Wagner GmbH, Nördlingen
Printed in Germany
Umschlag nach Entwürfen von
Willy Fleckhaus und Rolf Staudt

1 2 3 4 5 6 – 96 95 94 93 92 91

Inhalt

C

Einleitung

Die neue Diskussion über die Geisteswissenschaften hat mindestens zwei Gründe: a) den neuen Zweifel an den modernen Naturwissenschaften und ihren Folgen und b) den schon älteren Zweifel an der Wissenschaftlichkeit und der Effektivität der Geisteswissenschaften, der nur wieder neu aufwallte. Jener neue Zweifel (a) ergab sich durch das Zauberlehrlingproblem der Naturwissenschaften: Die Geister, die man rief, verselbständigten sich und zeitigen Folgen, die man nicht gewollt hat. Da aber die Naturwissenschaften Probleme heraufbeschwören, die sie selbst offensichtlich nicht zu lösen vermögen, fördern sie die Überzeugung, es dürfe und solle nicht nur Naturwissenschaften geben, sondern z. B. auch Geisteswissenschaften. – Der ältere Zweifel an diesen (b) hingegen hängt mit dem Verdacht zusammen, sie seien überhaupt keine wirklichen, strengen Wissenschaften, sondern Brutstätten der Ideologien oder – wenn nicht dies –, so böten sie zumindest kaum solides Wissen und seien ziemlich nutzlos und also allenfalls Wissenschaften zweiten Grades. Diese beiden Zweifel neutralisieren sich keinesfalls, sondern schaffen eine schwierige Gesamtsituation: Von der Skepsis oder dem Unmut gegenüber den Naturwissenschaften gehen hohe Erwartungen an die Geisteswissenschaften aus; die aber sind von Selbstzweifeln geplagt und jenen Erwartungen kaum gewachsen, denn die Zeiten, in welchen allgemein akzeptierte oder oktroyierte Weltanschauungen ihnen vorschrieben, was sie zu tun und zu lassen haben, sind vorbei.

Im Hinblick auf jene Erwartungen werden im folgenden Thesen zu dem formuliert, was Geisteswissenschaften tun oder tun können (s. bes. I.); und dabei werden vielleicht allzu hochgespannte Erwartungen gedämpft (was kein Nachteil ist, denn solchen folgen ohnehin zumeist Enttäuschungen). Das Buch versucht aber auch, den Selbstzweifel der Geisteswissenschaften zu dämpfen. Und dies geschieht vor allem durch die Auseinandersetzung mit der neuen Wissenschaftstheorie, die den Naturwissenschaften den Schein einzig verbindlicher Wahrheit genommen und sie dadurch den Geisteswissenschaften angenähert hat (s. bes. VII.).

Was die deutschen Repräsentanten der geisteswissenschaftlichen

Disziplinen am meisten zu belasten scheint, ist der Begriff »Geisteswissenschaften«. Deshalb wurde zunächst in einem historischen Rückblick untersucht, welche Hauptbezeichnungen die Nichtnaturwissenschaften in der Geschichte angenommen hatten, und es ergab sich, daß diese Bezeichnungen und Charakterisierungen noch sämtlich präsent sind, wo die Geisteswissenschaften näher bestimmt werden. Eben deshalb ist es auch von keinem großen Belang, wie der Oberbegriff für das vielgestaltige Phänomen der Geisteswissenschaften lautet. Ändert sich wirklich etwas an der Praxis dieser Wissenschaften, wenn man sie in Kulturwissenschaften, hermeneutisch-historische oder Humanwissenschaften umtauft? Die neuen Abteilungen und Fakultäten, die durch die Universitätsreform an die Stelle der alten Philosophischen Fakultät traten, haben sich sehr verschiedene Namen gegeben, aber die Disziplinen dürften durch die neuen Etikette kaum andere geworden sein. Alle Sammelbezeichnungen haben ihre spezifischen Schwierigkeiten, auch der neukantianische Begriff »Kulturwissenschaft«, da »Kultur« eben ein sog. Wertbegriff ist. Deshalb behalte ich den Begriff »Geisteswissenschaften« bei (s. u. S. 17f.). Und wenn der Geisteswissenschaftler keine palpable Definition für den Begriff des Geistes an der Hand hat, so mag er sich damit trösten, daß der Naturwissenschaftler nicht weniger in Verlegenheit gerät, wenn er »Natur« definieren soll.

Wichtiger als der Streit um die richtigen Worte ist der Streit um die Sache. Und hier ist es zunächst naturgemäß wichtig, den Umfang des Begriffs der Geisteswissenschaften zu bestimmen. Inzwischen hat sich die Überzeugung durchgesetzt, daß es auf der Seite der Nichtnaturwissenschaften neben den Geisteswissenschaften zumindest noch die Sozialwissenschaften gibt, und für diese Differenzierung lassen sich auch gute Gründe nennen (s. u. S. 356). Allerdings sind die Grenzen fließend – man denke an die »verstehende Soziologie« –, und geht man ins 19., gar ins 18. Jahrhundert zurück, löst sich die Trennung auf. Ein neuer Situationsbericht zur Lage der Geisteswissenschaften[1] unterscheidet in ihnen vier Bereiche: *Geschichte – Sprache, Literatur und Kunst – Ferne Kulturen – Philosophie.* Ich widerstehe mit Mühe dem Reiz, die Plausibilität dieser Systematik zu untersuchen. (Haben

1 *Die sog. Geisteswissenschaften: Innenansichten,* hg. von W. Prinz und P. Weingart. Frankfurt/M. 1990.

es Geschichte, Philosophie, Kunst- und Sprachwissenschaften nicht auch mit fernen Kulturen zu tun? Und sollte man wirklich die Alt- und die Neuphilologien in zwei ganz verschiedenen Abteilungen unterbringen?) Aber ich möchte als besonders erstaunlich nur festhalten, daß die ehemals »oberen Fakultäten«, Jurisprudenz und Theologie, hier ganz fehlen. Dabei waren sie es, die als Nichtnaturwissenschaften in langer Universitätstradition normatives, orientierendes Wissen bereitstellten. Schon in der Mitte des 19. Jahrhunderts konnten diese beiden Disziplinen – und zwar als repräsentativ für die Nichtnaturwissenschaften insgesamt (!) – »Geisteswissenschaften« genannt werden.[2] Und daß sie zu Geistes- und historischen Wissenschaften wurden, ist eine der folgenreichsten Entwicklungen der Wissenschaftsgeschichte. Denn als rein historische Wissenschaften wurde ihr normativer Anspruch problematisch (II. und III.).

Die Bestimmung des Umfangs des Begriffs der Geisteswissenschaften hängt eng mit der Bestimmung ihrer Aufgabe zusammen. Deshalb ist es wichtig zu fragen, wie sich die Geisteswissenschaften zur Gesellschaft und zur Praxis verhalten. Hier gibt es zwei Extremprogramme: Das eine stellt die Nichtnaturwissenschaften allein in den Dienst der moralischen Erziehung und Lenkung der Gesellschaft (so z. B. J. G. Fichte); das andere macht sie zu rein empirischen, strukturalen oder nomologischen Wissenschaften von der menschlichen Natur und Gesellschaft. Nach der ersten Konzeption haben die Geisteswissenschaften eine, nein *die* führende Rolle *innerhalb* der Gesellschaft; nach der zweiten aber verhalten sie sich zu Kultur und Gesellschaft nicht anders als die Naturwissenschaften zu Naturobjekten. In beiden Sichtweisen werden Bestand und Thematik der Geisteswissenschaften verkürzt: Die erste begrenzt sie im wesentlichen auf Moral-, Rechts- und Gesellschaftslehre; und die zweite konnte zur Forderung zugespitzt werden, die Nichtnaturwissenschaften auf Psychologie, Ethnologie und Linguistik zu reduzieren.

Es ist überzeugend dargetan worden, wieso die Philosophen bes-

2 Karl Philip Fischer: *Grundzüge des Systems der Philosophie oder Encyclopädie der philosophischen Wissenschaften.* Bd. 2: *Die Wissenschaft des subjectiven und objectiven Geistes.* 2. Abt.: *Grundzüge der Wissenschaft des objectiven Geistes oder der speculativen Ethik.* Erlangen 1851, S. 395 ff.

ser nicht in Platons Sinne die Könige des Staates werden sollten, und den Geisteswissenschaften insgesamt sollte man solch Königtum erst recht nicht zumuten. Aber es dürfte auch eine Selbsttäuschung sein, wenn sich der Geisteswissenschaftler stets in der Rolle des Ethnologen wähnt: Denn die Ethnologie ist nicht Teil des mythischen Bewußtseins der sog. Primärkulturen; sehr wohl aber sind die Kulturwissenschaften – und auch deren Theorie – Teil der neuzeitlichen Kultur. Sie wurzeln in dieser und wirken auf sie zurück. Allerdings haben die Geisteswissenschaften durch ihre Verwissenschaftlichung und die Formen ihrer Institutionalisierung mehr und mehr von der Gesellschaft und der unmittelbaren Lebenspraxis auch Abstand genommen: Es gibt die akademische, wissenschaftliche Theologie – und es gibt die Kirchen, Gemeinden und die religiöse Praxis; die Rechtswissenschaft – und die Rechtsinstitutionen mit ihrer Rechtspraxis; die Wissenschaften von der Kunst – und daneben Kunstakademien, Theater, Museen, Konzerte, also künstlerische Produktion und Rezeption; die Politikwissenschaft – und die politischen Parteien und das politische Handeln; die Sprachwissenschaften – und die verschiedenen Schulen, die Literatur- und Kommunikationsformen, den Sprachgebrauch usw. Diese institutionelle Abtrennung der Wissenschaften von der Praxis hat zweifellos Vorteile und bietet Chancen: Die wissenschaftliche Diskussion ist tendenziell entlastet vom gesellschaftlichen Interessenkampf; vom Druck, sogleich wirksame Rezepte für alle Probleme und unangreifbare Normen liefern zu müssen; von der Gefahr, daß jeder Irrtum, jeder wissenschaftliche Streit unmittelbar zum Irrtum und Streit in der Gesellschaft wird. Aber jene Trennung birgt auch Gefahren, nämlich, daß man z. B. den Boden der Gesellschaft, der auch die Wissenschaftsinstitutionen trägt, meint ganz vergessen zu dürfen; sich um die Folgen der eigenen Wissenschaft nicht mehr bekümmert; in die Rolle des ästhetisierenden oder zynischen Zuschauers gerät.

Die Geisteswissenschaften haben in der Neuzeit – das ist die zentrale These dieses Buches – ihr Dasein in der Spannung zwischen Wissenschaftsanspruch und außerwissenschaftlicher Prätention: Sie wollten und wollen Wissenschaften sein – zugleich aber auch der Humanität, der Bildung, dem Identitätsbewußtsein, der privaten und öffentlichen Praxis, der Orientierung in der historischen, in der menschlichen Welt dienen. Zunächst befanden sich diese Pole weitgehend in Eintracht, gerieten dann aber mehr und mehr in Konflikt, nämlich durch die »Verwissenschaftlichung« dieser Wissenschaften, die besonders als »Historismus« diskutiert wurde. Inzwischen gibt es viele Bemühungen, jene Spannung auszugleichen. Aber man sollte sie nicht tilgen wollen. Sonst werden die Geisteswissenschaften entweder zu Morallehren, zu Weltanschauungs- und Ideologieproduzenten – oder sie verkümmern zum geistlosen Positivismus. Wer für die Streichung der Geisteswissenschaften oder für ihre Reduktion auf Ethnologie, Psychologie und Linguistik plädiert, der überläßt die Gesellschaft sich selbst und den abstrusesten Ideologien. Der Ort des Geisteswissenschaftlers liegt in der Regel eben genau zwischen dem Philosophenkönig und dem Ethnologen: Die Geisteswissenschaften befinden sich in relativer Distanz zur Gesellschaft, sind aber ihr Teil und auf sie bezogen.

Am Beginn des 20. Jahrhunderts diskutierte man die »Krise der Geisteswissenschaften«, und man tat es vornehmlich unter dem Stichwort »Historismus«. Inzwischen hat der Historismus eine neue Aktualität erhalten; einmal durch die neue Wissenschaftsphilosophie, zum anderen durch die Diskussion über die »Postmoderne«. Denn deren Kennzeichen seien, so sagen viele – freilich nicht alle, denn diese Diskussion hat zwar einen interessanten Begriff, aber noch kein bestimmtes Thema und ist deshalb sehr pluralistisch – Historismus und damit Pluralismus, eine »plurale Vernunft«. Wegen dieser Aktualität schien es nützlich, den Begriff »Historismus« zu klären und die Folgen des Historismus für die Geisteswissenschaften zu skizzieren (VI.). Das Ergebnis ist für die Disputanten der Postmoderne wahrscheinlich ernüchternd: Denn wenn das Kennzeichen der Postmoderne Historismus und Pluralismus sind, dann setzte sie schon kurz nach Beginn der Moderne ein, und es dürfte schwer werden, Moderne und Postmoderne zu unterscheiden. Die modernen Geisteswissenschaften sind von einer pluralistischen Kultur und dem Bewußtsein der Vielfalt der Kulturen gar nicht zu trennen, sie gründen darin und befördern solchen Pluralismus. Und das ist kein Makel, sondern ihr Vorzug: Sie arbeiten der Bornierung entgegen, die über die Grenzen der eigenen Denkweisen nicht meint hinwegsehen zu können oder zu sollen. Die Konfrontation und Auseinandersetzung mit dem Fremden bedeuten nicht zuerst die Relativierung der geltenden Normen, sondern folgen selbst einer ethischen

Norm (s. u. S. 331). Und in der Anerkennung des Pluralismus sind Normen impliziert (s. u. bes. S. 156 f.). Keineswegs bedeutet Pluralismus »anything goes«.[3]

Man hat mit Dilthey im Historismus den Untergang der Metaphysik gesehen. Doch zeigt sich uns die Sachlage anders: Der ältere Historismus, der von Herder mindestens bis in die Mitte des 19. Jahrhunderts reicht und noch von Meinecke zu restaurieren versucht wurde, hat selbst Metaphysik betrieben oder eine solche zumindest vorausgesetzt. Das wird an Herder deutlich gemacht, von dem aus Wege zu Hegel und auch zu Dilthey führen (IV.). Erst im Positivismus ging jene metaphysische Basis verloren, und das hatte weitreichende Folgen für die Geisteswissenschaften, denn die Geschichte hatte nun keine Wahrheit, Güte und Schönheit mehr und hörte auf, eine normative Berufungsinstanz zu sein. Für die Erkenntnis wird der Text der Welt nun vieldeutig oder gar unzugänglich, und sie behält mehr und mehr nur Konstruktionen, Interpretationen und Projektionen in der Hand – ein Problem, das die neue historische Wissenschaftsphilosophie erbt und in Schwierigkeiten bringt und das sie zur Auseinandersetzung mit dem älteren Historismus führen könnte (VII.). So wie Herders Metaphysik geschichtliches Denken und historische Geisteswissenschaften begünstigte, ja begründete, so werden diese durch Schopenhauers Metaphysik schon wieder gebremst, ja desavouiert. Denn Schopenhauers Metaphysik, eine frühe Krisis des Historismus, ein Antihistorismus, stellt die Geisteswissenschaften in den Dienst gnostischer Weltflucht und verlangt von ihnen nur Anthropologie und Erlösungswissen. Schopenhauers Philosophie markiert den problematischen Versuch, der Geschichte und den geschichtlichen Wissenschaften zu entfliehen (V.).

Die Geisteswissenschaften, die seit dem Ende des 18. Jahrhunderts zur Blüte als historische Wissenschaften kamen (s. u. I.), befassen sich zu einem großen Teil mit der Kunst, mit ästheti-

3 Siehe dazu Karl Acham: »Einheit – Differenzierung – Indifferenz. Über Relativierungstendenzen und Universalitätsansprüche in Wissenschafts- und Moralphilosophie.« In: *Einheit und Vielheit. XIV. Deutscher Kongreß für Philosophie*, hg. von O. Marquard. Hamburg 1990, S. 130-152, bes. S. 143 ff. – Ders.: »Der Mensch im Zeitalter des kulturellen Pluralismus.« In: *Zukunft des Fernsehens – Ende der Kultur?* hg. von A. Huter. Innsbruck, Wien 1990, S. 31-61, bes. S. 45 ff.

schen Phänomenen; und man hat dem Historismus nachgesagt, er betrachte insgesamt die Geschichte unter ästhetischer Perspektive. Auch dies hat neue Brisanz, da man ebenfalls der historistischen Postmoderne Ästhetizismus vorwirft. Deshalb gelten auch einige Untersuchungen dem Bereich des Ästhetischen; so dem Prozeß, in dem sich aus dem Bereich der ›Artes‹ die ›schönen Künste‹ ausgliederten und sich sowohl der Kunstbegriff wie das Denken über Kunst änderten (VIII.); so der Schwierigkeit, im Zeichen historischer Pluralität einen ästhetischen Normbegriff wie den des Klassischen festzuhalten (IX.); und so der Frage, ob die Geisteswissenschaften tatsächlich seit Herder »ästhetisierten« (XI.) – eine aktuelle Frage auch deshalb, weil es neuere Tendenzen gibt, die historisch entstandene Differenz zwischen Kunst und Wissenschaft wieder aufzuheben. Auch hier wird gängigen Meinungen widersprochen und der ältere Historismus vom neueren unterschieden. Freilich, im Bereich der Kunst lernte man zuerst pluralistisch zu denken, denn eine Vielzahl von Kunstformen war leichter zu tolerieren als eine Vielzahl konkurrierender Religionen oder Ethiken. Aber daß seit Herder die Vielheit der vergangenen Kulturen insgesamt nur ästhetisch angeschaut wurde, weil sie ihre Verbindlichkeit verloren hatten, das wird man nicht behaupten dürfen. Denn die Suche nach Ordnung und Schönheit der Geschichte gründete im 18. und noch im 19. Jahrhundert in dem tiefen Bedürfnis nach Theodizee und in der Geschichtsmetaphysik; und es macht einen Unterschied, ob die »Ästhetisierung« aus einer Metaphysik oder einer unverbindlichen, genießenden Haltung resultiert, ob das Schöne Glanz des Wahren oder bloßer Schein ist. Im ersten Fall sollte man den Begriff der Ästhetisierung besser zurückhalten.

Von der Betrachtung der Vergangenheit erwarteten die Geisteswissenschaften im frühen Historismus durchaus mehr als ästhetischen Genuß und auch nicht nur Theodizee; vielmehr suchte man in ihr Vorbilder für eine glücklichere Zukunft, und die historische Anschauung konnte rückwärtsgewandte Utopie sein (II. und bes. XIII.). So haben es die Geisteswissenschaften, die überwiegend historische Wissenschaften sind, auch mit der Zukunft zu tun. Sie spielt als Erwartung in die Erinnerung mit hinein. Auch dieser Zukunftsbezug unterliegt freilich starkem Wandel. Im Kontext der Geschichtstheologie und Religion war und ist auch die Zukunft der Geschichte in bestimmter Weise ausgelegt; und mit dem neueren Schwund von normativen Kulturidealen und mit den Unheilsprognosen verblaßt in den Geisteswissenschaften auch die Faszination der Utopien. Aber stets hatten und haben es die Geisteswissenschaften mit »vergangener Zukunft« zu tun, und deshalb ist es nötig, die grundsätzlichen Formen der Rede über die Zukunft zu klären und abzugrenzen (xiv.); nützlich auch, weil sich so zwanglos der Ort der Geisteswissenschaften im Kontext der anderen Wissenschaften ergibt und weil sich zeigt, daß sich ein gut Teil des ethischen Potentials unserer Kultur aus der vergangenen Rede über die Zukunft speist. Allerdings ist die Geschichte der Utopien für uns inzwischen auch eine Geschichte der Katastrophen; und es läßt sich zeigen, wie Utopisten mit der Divergenz und Pluralität der Geschichte in Konflikt geraten müssen (xv.).

Die nachfolgenden Texte gelten überwiegend den historischen Grundlagen der Geisteswissenschaften und sind deshalb zum großen Teil ein Stück Wissenschaftsgeschichte. Ohne diese ist die Lage der Geisteswissenschaften nicht aufzuklären und auch nicht ihre Theorie zuwege zu bringen. Auch die Theorie der Naturwissenschaft sieht sich heute genötigt, historisch zu forschen. Die Geschichte der Naturwissenschaft ist keine Naturwissenschaft; die Geschichte der Geisteswissenschaften aber selbst eine Geisteswissenschaft. Für jeden Geisteswissenschaftler dürfte gelten, was Schleiermacher über den Hermeneuten sagte: er dürfe weder zum Pedanten noch zum Phantasten werden. Das bloß Richtige taugt nicht, wenn es trivial ist und keine Antworten auf Fragen gibt; und das frappant Neue taugt ebensowenig, wenn es ein konfuses Gedankengespinst ist. Die Geisteswissenschaften brauchen übergreifende Fragestellungen und Deutungshypothesen – und nicht weniger die Kärrnerarbeit am Detail. Deshalb ist im folgenden einerseits von Strukturen, Weltbildern und Epochenwenden die Rede – und andererseits z. B. von Begriffen, die bestimmte Autoren zu bestimmter Zeit in bestimmter Bedeutung nachweislich benutzt haben. Ja, besonders oft wurde begriffsgeschichtlich verfahren. R. Koselleck hat mit Recht gesagt, Begriffe seien in der Geschichte sowohl Faktoren wie Indizien. Im Hinblick auf die Begriffe der Wissenschaftsphilosophie läßt sich sagen, Begriffe sind Indizien und Werkzeuge; dies letztere, weil wir mit ihnen arbeiten, und Indizien, weil sie die Herkunft aus einer bestimmten Wissenschaftstradition anzeigen. Die Klärung des geisteswissenschaftlichen Begriffssystems muß deshalb den Umweg über die Wissenschaftsgeschichte nehmen. Und was wir in dieser finden, sind nicht antiquarische Gegenstände, sondern die Voraussetzungen unseres eigenen Denkens.

Die hier gesammelten Abhandlungen sind (bis auf zwei) die ersten nun einem größeren Interessentenkreis zugänglichen Ergebnisse von zwei Projekten zur Geschichte und Theorie der Geisteswissenschaften, die die Stiftung Volkswagenwerk (Hannover) und die Fritz Thyssen Stiftung (Köln) förderten. In diesem Zusammenhang wurden auch einige Arbeiten zu Schleiermacher, einer Schlüsselfigur für jene Thematik, verfaßt, und auch diese Manuskripte sollen zusammen mit anderen Schleiermacheraufsätzen bald in den Druck gehen. Weitere vorbereitete Untersuchungen zur Geschichte und Theorie der Geisteswissenschaften werden folgen. Ich danke den beiden Stiftungen für ihre großzügige Förderung, und ich danke vor allem Gert König, der am Philosophischen Institut der Ruhr-Universität Bochum sozusagen die Schirmherrschaft über die Projekte und damit manche Verwaltungsarbeit übernommen hat und durch Rat und Tat meine Arbeit sehr erleichterte.

1. Zu Begriff und Ursprung der Geisteswissenschaften*

Der Streit um Wesen, Aufgabe und Bedeutung der Geisteswissenschaften spiegelt sich schon im Streit um das richtige Wort, besonders im deutschen Sprachraum. Denn der Term *Geisteswissenschaften* zeigt für viele die Problematik der Sache an oder gar ihre Unmöglichkeit.[1] *Geist* scheint etwas Nebulöses zu sein, das zudem der Natur noch übergeordnet wird. Jedenfalls befindet sich für viele der offensichtlich überschwengliche Begriff *Geisteswissenschaften* in einem merkwürdigen Mißverhältnis zur faktischen Rand- und Defensivstellung dieser Wissenschaften.

Im folgenden möchte ich den Streit um den richtigen Begriff der Geisteswissenschaften dadurch einer Klärung näherbringen, daß ich zuerst drei wichtige Grundpositionen herausarbeite und sodann zu zeigen versuche, daß diese jeweils aus anderer Perspektive ein mehrschichtiges Phänomen zu begreifen versuchen, vielleicht aber letztlich nicht unvereinbar sind. Die Klärung des Streits birgt so möglicherweise schon die Lösung. Ich behalte den problematischen, aber durch Konvention gefestigten Term *Geisteswissenschaften* für die Nichtnaturwissenschaften vorerst bei; und ich tue das, ohne mein wissenschaftliches Gewissen damit sehr zu belasten. Denn spätestens seit W. Dilthey[2] ist bewußt, daß

* Die Thesen dieses Aufsatzes wurden erstmals im Mai 1988 auf einer Tagung der Evangelischen Akademie Loccum vorgetragen und publiziert in: *Was sind und zu welchem Ende brauchen wir Geisteswissenschaften? Loccumer Protokolle* 18/1988, hg. von K. Ermert, S. Gürtler. Rehberg-Loccum 1989, S. 47-77 (»Epochen und Ziele der Geisteswissenschaften. Ein historischer Überblick in aktueller Absicht.«)

1 Siehe z. B. Julius Kraft: *Die Unmöglichkeit der Geisteswissenschaft.* 3. Aufl. Hamburg 1977.

2 »... Verglichen mit all den anderen unangemessenen Bezeichnungen, zwischen denen die Wahl ist, [erscheint die Bezeichnung Geisteswissenschaften] als die mindest unangemessene. Sie drückt höchst unvollkommen den Gegenstand dieses Studiums aus.« Sein Gegenstand ist die »geschichtlich-gesellschaftliche Wirklichkeit«. Wilhelm Dilthey: *Einleitung in die Geisteswissenschaften* (1883). *Gesammelte Schriften*, Bd. 1, S. 5,4.

alle Begriffe für die Nichtnaturwissenschaften ihre Probleme haben. Wer zwingt uns, beim Begriff des *Geistes* mit dem jungen Karl Marx *Gespenst* zu assoziieren und nicht mit Dilthey an Sprache, Recht, Religion, Kunst, Wissenschaft usw. zu denken, die dieser die Sphäre des *objektiven Geistes* nannte? Und wenn wir den Begriff der Naturwissenschaften im Unterschied zu dem der Geisteswissenschaften für ganz problemlos halten, leben wir dann nicht in der Illusion, *Natur* sei leichter definierbar als *Geist*?

Der Streit um den richtigen Begriff – oder um die richtigen Begriffe – für die Nichtnaturwissenschaften ist verbunden mit einem Streit um ihre Geschichte. Und das ist auch nicht verwunderlich: Denn ein jeder Begriff von ihnen ist an bestimmten, historisch gegebenen Wissenschaften gewonnen und entstammt einer bestimmten Wissenschaftstradition. Alle Begriffe für die Geisteswissenschaften sind ein Stück sedimentierter Wissenschaftsgeschichte. Aber auch umgekehrt: Ein bestimmter (Vor-)Begriff von diesen Wissenschaften lenkt jeweils den Blick in ihre Geschichte und stellt diese in ein je anderes Licht. Deshalb kann ihr Begriff nicht ohne Wissenschaftsgeschichte geklärt, so wie diese nicht ohne leitende Begriffe geschrieben werden kann. Dieser Sachverhalt zeigt sich in der Diskussion um diese Wissenschaften: Alle Theorien über das Wesen der Geisteswissenschaften, alle Begriffe von ihnen sind in der Regel verknüpft mit Hypothesen über ihren historischen Ursprung. Und alle historischen Aussagen über ihre geschichtliche Entstehung sind gekoppelt an einen bestimmten Begriff von ihnen. Deshalb werde ich für meinen Klärungsversuch auf die Geschichte zurückgehen, die des Begriffs und die der Sache; freilich nur insoweit, wie es im Rahmen einer Grobskizze möglich ist.

Zu Ursprung und Begriff der Geisteswissenschaften lassen sich m.E. insgesamt vier verschiedene Thesen plausibel machen. (Ich gehe im folgenden von einem sehr weiten Begriff von ›Geisteswissenschaften‹ aus und stelle die neuere Unterscheidung von Geistes- und Sozialwissenschaften vorerst zurück.)

1. Die Geisteswissenschaften sind wesentlich ethische, moralische oder moralisch-politische Wissenschaften, und ihr Ursprung liegt in der griechischen Antike.

Zu dieser ersten möglichen Antwort auf die Frage nach dem Begriff und Ursprung der Geisteswissenschaften führt uns die Begriffsgeschichte und die Geschichte der Wissenschaftseinteilungen. Denn suchen wir nach einem ersten Begriff für die Nichtnaturwissenschaften, werden wir auf die Wissenschaftssystematik verwiesen, wie sie durch die Schule Platons vermittelt ist. Xenokrates stellte der Physik als Philosophie der Natur die Ethik als Philosophie des Menschen und seines Verhaltens gegenüber und unterschied von beiden eine dritte Disziplin, die Logik.[3] Diese Dreiteilung – Wissen von der Natur, Wissen vom Menschen, Wissen vom Denken – ist die wirkungsreichste Systematik des Wissens geblieben; über Marxismus, Positivismus und Neukantianismus wurde sie bis ins 20. Jahrhundert hinein rezipiert.
Die Systemstelle der Geisteswissenschaften, der Nichtnaturwissenschaften, hat in dieser platonischen Tradition die Ethik inne. Denn sie bildet den Gegenpol zur Physik, während die Logik (oder Dialektik) beiden übergeordnet ist. *Ethik* hat hier eine sehr weite Bedeutung. Sie deckt den gesamten Bereich ab, der bei Aristoteles zur praktischen Philosophie gehört. Da das griechische Wort *ethos* (Wohnort, Gewohnheit, Sitte, Brauch, Charakter, Sinnesart) im Lateinischen mit *mos* und da *ethike theoria* mit *philosophia moralis* übersetzt wurde, erbte der Begriff des Moralischen jenes weite Bedeutungsspektrum des Ethischen. Er konnte zuerst die gesamte soziale Welt des Menschen, sodann auch seine innere geistige Welt, schließlich auch beides meinen. Die Geisteswissenschaften als ethische oder moralische Wissenschaften haben es in dieser Tradition mit dem *ethos* und den *entia moralia* zu tun sowie mit dem geistigen inneren Sein des Menschen.[4]

3 Hans Joachim Krämer: »Die ältere Akademie«. In: *Die Philosophie der Antike*. Bd. 3: *Ältere Akademie Aristoteles – Peripatos*, hg. von H. Flashar (Grundriß der Geschichte der Philosophie, begr. von F. Ueberweg, völlig neu bearb. Ausg.). Basel, Stuttgart 1983, S. 46 f.

4 Zum weiten Begriff des Moralischen siehe den Artikel »Moral, moralisch, Moralphilosophie«. In: *Historisches Wörterbuch der Philosophie*, hg. von J. Ritter, K. Gründer. Bd. 6. Basel 1984, S. 149 ff. Die »entia moralia« waren in langer Tradition die Gegenstände der menschlichen

Für diesen Begriff der Geisteswissenschaften gibt es viele Belege. In Deutschland hatte u. a. Schleiermacher das alte Schema von *Dialektik, Physik* und *Ethik* aufgenommen und der Ethik alle Geisteswissenschaften zugeordnet.[5] Deshalb konnten z. B. sein Schüler Heinrich Ritter sie *moralische Wissenschaften*[6] und später Ernst Troeltsch *ethisch-historische Wissenschaften*[7] nennen. Auch G. G. Gervinus sagte gelegentlich für Geisteswissenschaften *moralische Wissenschaften*.[8] In England, wo der Term *moral sciences* viel gebräuchlicher war, faßte J. St. Mill damit Psychologie, Ethologie, Soziologie und Geschichtswissenschaft zusammen.[9] In Frankreich nannte noch A. Comte 1852 seine Soziologie auch *Philosophie morale*, eine Wissenschaft vom Menschen, die insgesamt Biologie, Soziologie i.e.S. und *Morale* umfaßte.[10] Die Kontinuität des Begriffs zeigt, daß die Soziologie, die sich inzwischen

Welt, die »entia physica« die der natürlichen. Ein Abschnitt aus der Geschichte dieses Begriffs bei Wolfgang Röd: »Erhard Weigels Lehre von den entia moralia«. In: *Archiv für Geschichte der Philosophie* 51 (1969), S. 58-84.

5 Siehe vom Verf.: »Schleiermacher und die Geisteswissenschaften«. In: *Disiecta membra. Studien Karlfried Gründer zum 60. Geburtstag*. Basel 1989, S. 123-135.

6 Heinrich Ritter: *Die moralischen Wissenschaften. Encyklopädie der philosophischen Wissenschaften*. Teil 3. Göttingen 1864.

7 Ernst Troeltsch: *Der Historismus und seine Probleme*. Tübingen 1922. Neudr. Aalen 1961, S. 80 Anm.

8 *Georg Gottfried Gervinus' Leben. Von ihm selbst*. Leipzig 1893, S. 277.

9 Johann Stuart Mill: *A System of Logic Ratiocinative and Inductive* (1843), Bch. 6: »On the Logic of the moral sciences«. Johannes Schiel hat diesen Titel 1849 übersetzt mit »Von der Logik der Geisteswissenschaften oder moralischen Wissenschaften«. Dilthey hat hier den Begriff Geisteswissenschaften aufgenommen. Theodor Bodamer sagt, es sei eine Ironie der Geschichte, daß der Begriff »Logik der Geisteswissenschaften« zuerst für eine empiristische Theorie der Humanwissenschaften gebraucht wurde. (*Philosophie der Geisteswissenschaften*. Freiburg, München 1987, S. 23 f.) Aber Schiels Sprachgefühl verrät eben, daß der Ausdruck »Geisteswissenschaften« sich schon ganz von der idealistischen Geistphilosophie gelöst hatte. Zum älteren Begriff »moral« in England siehe Christian Friedrich Weiser: *Shaftesbury und das deutsche Geistesleben*. Leipzig, Berlin 1916, Neudr. Stuttgart 1969, S. 104 ff.

10 Auguste Comte: *Catêchisme positiviste ou sommaire exposition de la religion universelle*. Paris o. J., S. 98. Diese Tafel auch bei Ulrich

als *dritte Kultur* zwischen Natur- und Geisteswissenschaften stellte,[11] die Nachfolge der praktischen Philosophie antrat. Noch im 20. Jahrhundert waren die Nichtnaturwissenschaften in Frankreich die *sciences morales*, bevor der Ausdruck *sciences humaines* den älteren Begriff verdrängte.[12] Mag im Begriff des Moralischen noch so sehr die Erinnerung an die antiken Begriffe *ethos* und *mos* verblaßt sein, so stützt doch schon die lange Präsenz des Wortes die These, daß die Geisteswissenschaften geschichtlich aus der antiken Ethik hervorgingen und in der Theorie des Ethischen – im weitesten Sinne – ihren eigentlichen Mittelpunkt haben oder haben sollten.

Auch bei Aristoteles gab es eine Nichtnaturwissenschaft, nämlich die praktische Philosophie, die sich – als Ethik – mit der Haltung und dem Verhalten des Einzelnen und – als Politik – mit der Institution der Polis befaßte. Aus diesem Kontext stammt die Auffassung der Geisteswissenschaften als *moralisch-politischer Wissenschaften*. Auch dafür gibt es bekannte Beispiele. Condorcet plante für die Französische Akademie eine eigene Klasse für *moralisch-politische Wissenschaften*.[13] 1795 wurde in Paris dem neugegründeten *Institute de France* eine *Académie des Sciences Morales et Politique* integriert, und dieses (von Napoleon 1803 geschlossene, aber 1832 neu gegründete) Institut beherbergte sechs Abteilungen: Philosophie, »Morale« (heute: politische Wis-

Dierse: *Enzyklopädie. Zur Geschichte eines philosophischen und wissenschaftstheoretischen Begriffs*. Bonn 1977, S. 274.

11 Wolf Lepenies: *Die drei Kulturen: Soziologie zwischen Literatur und Wissenschaft*. München, Wien 1985.

12 *Larousse. Grand dictionnaire encyclopedique*. Bd. 9. Paris 1985, Sp. 9421. Edmont Ortigues: »Sciences humaines«. In: *Encyclopaedia universalis*. Bd. 16. Paris 1985, S. 565-570. Während viele heute in Deutschland den französischen Term *sciences humaines* dem deutschen Wort *Geisteswissenschaften* vorziehen, informieren diese französischen Handbücher darüber, daß der – 1958 durch staatliches Dekret zur Fakultätsbezeichnung gewordene – »Gallicisme« seine Schwierigkeiten hat, indem er gar nicht alle Wissenschaften vom Menschen abdeckt, die Geschichte ausschließt und z. T. auch Naturwissenschaften wie die Psycho-Physiologie einbegreift. 1942 übersetzte man gleichwohl mit dem Term Diltheys Begriff *Geisteswissenschaften*.

13 Roger Hahn: *The Anatomy of a Scientific Institution. The Paris Academy of Sciences. 1666-1803*. Berkeley, Los Angeles, London 1971, S. 209.

senschaften), Jurisprudenz, Wirtschaftswissenschaft, Geschichte und Geographie.[14] Auch noch W. Dilthey nahm zunächst diese aristotelische Tradition auf, wenn er die Geisteswissenschaften *moralisch-politische Wissenschaften* nennt.[15]

Allerdings zeigen die älteren an Aristoteles orientierten Wissenschaftsklassifikationen, daß hier die Geisteswissenschaften nicht als eigene, zusammengehörige Gruppe gedacht werden konnten, sondern unter verschiedene Oberbegriffe verteilt waren, so bei Hugo von St. Viktor unter die Abteilungen *Philosophia practica* und *Philosophia logica*,[16] bei G. Reisch (1517) unter *Philosophia theoretica* und *Philosophia practica*, bei J. H. Alsted (1620) unter *Philosophia practica* und *Philosophia poetica*.[17] Die aristotelische Wissenschaftssystematik war also einer Integration aller Geisteswissenschaften in eine Gruppe weit weniger günstig als die des Xenokrates aus der Schule Platons. Gleichwohl darf auch die praktische Philosophie des Aristoteles als Quellgrund der Geisteswissenschaften angesehen werden, da in diese ja weitere geisteswissenschaftliche Disziplinen wie Ökonomik, Pädagogik, Rechtslehre und Ästhetik eingelagert waren.[18]

So spricht in der Tat vieles für die These, daß die Geisteswissenschaften als ethische oder moralisch-politische Wissenschaften in der altgriechischen Polis entstanden. Und diese Auffassung wird gestützt durch den Blick auf Unterrichts- und Wissenschaftspraxis: Die von der Sophistik gelehrten Technai (Kunstfertigkeiten) wie Rhetorik und Dialektik hatten ihre Aufgabe im praktischen

14 Charles Franquet C. de Franqueville: *Le Premier Siècle de la l'Institute de France*. 2 Bde. Paris 1895-1896.

15 W. Dilthey: »Über das Studium der Geschichte der Wissenschaften vom Menschen, der Gesellschaft und dem Staat«. *Gesammelte Schriften*. Bd. 5, S. 31-73.

16 Hugo von St. Viktor: *Eruditio didascalia*. Migne, *Patrologia Latina*, Bd. 176, Sp. 739 ff. Siehe zu den Viktorinischen Wissenschaftsklassifikationen im historischen Kontext: Ludwig Baur (Hg.): *Dominicus Gundissalinus. De Divisione Philosophiae. Herausgegeben und philosophiegeschichtlich untersucht, nebst einer Geschichte der philosophischen Einleitung bis zum Ende der Scholastik*. Münster 1903, S. 358 ff.

17 Siehe die Tafeln bei U. Dierse, a.a.O. S. 263, 266.

18 Vgl. Manfred Riedel: »Geisteswissenschaften«. In: *Enzyklopädie Philosophie und Wissenschaftstheorie*, hg. von J. Mittelstraß. Bd. 1. Mannheim 1980, S. 724-728.

Leben der Polis zu erfüllen, in Volksversammlung und Gerichtsverhandlung,[19] und auch die Geschichtsschreibung diente der ethisch-politischen Orientierung.[20] Diese Fundierung der Geisteswissenschaften ist noch immer von großer Präsenz. Wenn W. Dilthey[21] die Geisteswissenschaften in den »Bedürfnissen des praktischen Lebens gegründet« und ihre Aufgabe in der »Leitung der Gesellschaft« sieht, wenn H.-G. Gadamer sie in enge Beziehung zur Aristotelischen Phronesis, der praktischen Lebensklugheit, bringt,[22] wenn J. Habermas[23] hinter den »historisch-hermeneutischen Wissenschaften« ein »praktisches Erkenntnisinteresse« vermutet, wenn K.-O. Apel[24] die Geisteswissenschaften in der Diskussion über das gute Leben und das Glück verankert, dann bewegen sie sich im Umkreis dieser Auffassung der Geisteswissenschaften als ethischer oder moralisch-politischer Wissenschaften. Denn diese Wissenschaften dienen hier vor allem der Handlungsorientierung im privaten und öffentlichen Leben, und in ihrem Zentrum steht die praktische Philosophie.

Wer – in der Tradition von Positivismus und Marxismus – die These vertritt, Geisteswissenschaften seien *Sozial-* oder *Gesellschaftswissenschaften*, wird hier anschließen und plausibel machen müssen, daß inzwischen die praktische Philosophie durch Soziologie, Ökonomie und Politikwissenschaft ersetzt wurde.

19 Josef Dolch: *Lehrplan des Abendlandes*. Repr. der 3. Aufl. Darmstadt 1982, S. 27f.

20 Christian Meier: »Die Entstehung der Historie«. In: *Geschichte – Ereignis und Erzählung* (= *Poetik und Hermeneutik* v), hg. von R. Koselleck, W.-O. Stempel. München 1973, S. 251-305.

21 W. Dilthey: *Einleitung in die Geisteswissenschaften*, a.a.O. S. 4, 378.

22 Hans-Georg Gadamer: *Wahrheit und Methode. Grundzüge einer philosophischen Hermeneutik*. Tübingen 1960, S. 297ff.

23 Jürgen Habermas: *Erkenntnis und Interesse*. Frankfurt/M. 1968, S. 221ff.

24 Karl-Otto Apel: »Das Kommunikationsapriori und die Begründung der Geisteswissenschaften«. In: *Wissenschaftstheorie der Geisteswissenschaften*, hg. von R. Simon-Schaefer u. W. Ch. Zimmerli. Hamburg 1975, S. 23-55.

2. Die Geisteswissenschaften sind wesentlich sprachliche Wissenschaften im Dienste der Bildung, und sie entstanden im Zeitalter des Humanismus.

Die philosophischen Systeme, die der Physik die Ethik oder der theoretischen die praktische Philosophie gegenüberstellten, hatten immer die Schwierigkeit, die Philologie und die mit der Sprache befaßten Disziplinen überzeugend zu verorten. Sieht man aber gerade in diesen Disziplinen den Kern der Geisteswissenschaften und fragt so nach ihrem Ursprung und ihrem ersten gemeinsamen Begriff, wird man zu einem anderen System zurückgeführt, nämlich zum pädagogischen System der Artes liberales. Hier sind die Geisteswissenschaften im sog. *Trivium* (Grammatik, Rhetorik, Dialektik) vereinigt, das vom Quadrivium (Arithmetik, Geometrie, Astronomie, Musik) unterschieden wird: jenes die sprachlichen, dieses die mathematischen Disziplinen; oder: jene mit den verba, diese mit den res befaßt (z. B. Adelard von Bath). Da aus der die Artes liberales beherbergenden Artistenfakultät im 19. Jahrhundert die Philosophische Fakultät wurde, lag es nahe, in jener Teilung auch die Unterscheidung von Geistes- und Naturwissenschaften vorgezeichnet zu sehen.[25]
Auch die *Encyclios paideia* der Artes liberales hat in der Antike ihren Ursprung. Dennoch ist es sinnvoll, dies System als Ursprungsort der Geisteswissenschaften mit Ernesto Grassi[26] erst im Zeitalter des Humanismus namhaft zu machen: Denn erst im Renaissance-Humanismus hörten die sprachlichen Disziplinen auf, »triviale«, propädeutische Wissenschaften zu sein. Sie wurden um ihrer selbst willen betrieben, genauer: nicht im Hinblick

25 Siehe z. B. Lutz Geldsetzer: »Die Geisteswissenschaften – Begriff und Entwicklung«. In: *Studienführer Wissenschaftstheorie*, hg. von H. Rombach. Bd. 1: *Probleme und Positionen der Wissenschaftstheorie*. Freiburg i.Br. 1974, S. 141-151.

26 Ernesto Grassi, Thure von Uexküll: *Von Ursprung und Grenzen der Geisteswissenschaften und Naturwissenschaften.* München 1950. E. Grassi: »Der Beginn des modernen Denkens«. In: *Geistige Überlieferung. Ein Jahrbuch* 1 (1940) S. 36-84. – Siehe zum folgenden auch: Josef Dolch, a.a.O. S. 176ff. Paul Oskar Kristeller: *Der italienische Humanismus und seine Bedeutung.* Basel 1969. – August Buck: »Der Wissenschaftsbegriff des Renaissance-Humanismus.« In: *Wolfenbütteler Beiträge* 2, hg. von P. Raabe. Frankfurt/M. 1973, S. 45-63.

auf die oberen Fakultäten (Theologie, Jurisprudenz, Medizin), sondern um der Bildung und der *Humanitas* willen. Poetik, Historie und Moral traten hinzu und sprengten den Begriff des *Dreiwegs*. Die »trivialen« Wissenschaften verwandelten sich so in die zentralen, nämlich in die *Humaniora*, in das *Studium humanitatis*, das ihre Lehrer, die *Humanistae*, vermittelten. Logik und die Naturwissenschaften gerieten in den Hintergrund, denn die Aneignung der antiken Klassiker war vornehmstes Studienziel, und deshalb studierte man die alten Sprachen und verbesserte die philologischen Methoden. Ernesto Grassi konnte so eine Reihe von Argumenten für seine These anführen, der gemäß die Geisteswissenschaften im Humanismus entstanden: Es sind die Wissenschaften, die durch Rezeption des klassisch-antiken Kulturerbes die christlich-theologische Weltdeutung zurückdrängten und dadurch den modernen Naturwissenschaften allererst den Weg ebneten.

Die Bildung, die gemäß dieser Auffassung die Geisteswissenschaften vermitteln, dient ebenfalls der praktischen Lebensbewältigung, ist aber vornehmlich Durchbildung der individuellen Persönlichkeit und hat – mehr oder weniger deutlich – auch einen ästhetischen Charakter. Die Auseinandersetzung mit der antiken Kunst färbt in dieser Tradition bald die Geisteswissenschaften zu ästhetischen oder *schönen Wissenschaften*.[27] Deshalb kann im 18. Jahrhundert der Begriff *belles-lettres*, zunächst nur auf Poesie und Poetik bezogen, das ganze Ensemble der nicht-*strengen* Wissenschaften bezeichnen. Repräsentativ für diese Auffassung wird in Zedlers Universallexikon von den Begriffen *schöne Wissenschaften* und *galante Wissenschaften* auf den Artikel *Humaniora* verwiesen; und diese sind die *freyen Künste*, nämlich »Philosophie, Historie, Antiquitäten, Poesie, Oratorie, Grammatic und Sprachen«, also das erweiterte Trivium.[28] Auch noch für Herder sind 1781 die *Humaniora* die *schönen Wissenschaften*, die von den *höheren* unterschieden sind und die ihr Ziel in Erziehung und Bildung haben, in der *Kunst zu leben*.[29] Da die Geisteswissen-

27 Werner Strube: »Der Begriff ›Schöne Wissenschaften‹«. In: *Archiv für Begriffsgeschichte* 33 (1990) S. 136-216.

28 Johann Heinrich Zedler: *Grosses vollständiges Universal-Lexicon aller Wissenschaften und Künste*. Bd. 13. Halle, Leipzig 1735, Sp. 1155.

29 Johann Gottfried Herder: »Über den Einfluß der schönen in die höhern Wissenschaften« (1781). *Sämtliche Werke*, hg. von B. Suphan, Bd. 9. Repr. Hildesheim 1967, S. 289-306, hier S. 294.

schaften – und ihre Theorie – bis ans Ende des 18. Jahrhunderts oft unter den Begriff der *belles-lettres*, der *schönen Wissenschaften* zu stehen kommen, haben sie naturgemäß eine engere Beziehung zu den *beaux-arts*, den schönen Künsten, als zu den *sciences*, den *strengen* mathematischen Naturwissenschaften und zu Metaphysik und Logik.[30]

Auch diese Tradition – die Geisteswissenschaften als sprachliche Wissenschaften im Dienst einer am antiken Kunstideal gebildeten Humanität – ist nicht untergegangen. Sie wirkte in Deutschland über den zweiten Humanismus W. v. Humboldts bis zum dritten Humanismus W. Jaegers fort. In England ist sie schon an dem Titel der Geisteswissenschaften – *humanities, arts* – ablesbar. Ch. P. Snows[31] bekannte Arbeit über die *zwei Kulturen* setzt voraus, daß Geisteswissenschaften und Literatur dasselbe sind, so wie der alte Begriff *belles-lettres* es meinte.

Aber die Geisteswissenschaften in der Tradition des Humanismus dienten nicht nur der individuellen Bildung, sondern auch der Bildung der Nation, der nationalen und kulturellen Identität. Schon die Humanisten dehnten das Sprachstudium auch auf die neueren Sprachen aus und legten den Grund für Romanistik und Germanistik. Das hatte auch institutionelle Folgen. Im Frankreich des 17. Jahrhunderts gab es neben der *Académie des Sciences* (gegründet 1666) und der *Académie des Inscriptions et Belles-lettres* (gegründet 1663) als älteste die *Académie Française* (gegründet 1635), die sich die Pflege der französischen Sprache zum Ziel gesetzt hatte. Deshalb drängte bei Gründung der Preußischen Akademie (1700) der Große Kurfürst, neben der mathematischen und der physikalischen Klasse auch eine philologische Klasse für deutsche Sprache und eine historische Klasse für christliche d. h. protestantische Kirchen- und für Profangeschichte einzurichten[32] (die allerdings 1746 unter Friedrich dem Großen gegen die Klassen für *Philosophie speculative* und *Belles-*

30 Siehe z. B. Johann August Eberhard: *Theorie der schönen Wissenschaften*. 2. Aufl. Halle 1786, § 5.

31 Charles Percy Snow: *The Two Cultures and the Scientific Revolution*. New York 1963. Zur Diskussion siehe: *Literarische und naturwissenschaftliche Intelligenz. Dialog über die zwei Kulturen*, hg. von Helmut Kreuzer. Stuttgart 1969.

32 Adolf Harnack: *Geschichte der Königlich Preußischen Akademie der Wissenschaften zu Berlin*. Berlin 1900, Bd. 1/1, S. 94 ff., Bd. 2, S. 107.

lettres ausgetauscht wurden). Institutionalisiertes Sprachstudium diente so auch dem nationalen Selbstbewußtsein.
Die humanistische Wende zur Sprache hat sich aber erst allmählich in einem Sammelnamen für alle Geisteswissenschaften niedergeschlagen, im Begriff *Philologie.* Dieser streift seit dem 17. Jahrhundert mehr und mehr die Bedeutung von *Polymathie* ab und kann bis ans Ende des 18. Jahrhunderts die *litterae humaniores*, das gesamte Ensemble der Geisteswissenschaften bezeichnen, zuweilen aber auch nur die i.e.S. mit der Sprache befaßten Disziplinen.[33] Geisteswissenschaften sind in humanistischer Tradition oft *philologische Wissenschaften*. Aber im 19. Jahrhundert, dem *historischen Jahrhundert*, wie es sich früh selbst nennt, wird der Begriff *Philologie* als Titelbegriff durch den Begriff *Geschichte* verdrängt. Auch das spiegelt sich in den Klassenbezeichnungen der Preußischen Akademie. An die Stelle der *Belles-lettres* tritt erst die *historisch-philologische Klasse*, dann aber bald die *philosophisch-historische*, die alle in der Akademie vertretenen Geisteswissenschaften beherbergt und nur die *mathematisch-naturwissenschaftliche* Klasse sich zur Seite hat.[34] Hier macht sich nun die Dualität von Geistes- und Naturwissenschaften bemerkbar, und die Geisteswissenschaften erscheinen dabei nicht als *philologische*, sondern eher als *historische* Wissenschaften (s. u.). Immerhin können aber z. B. im Italienischen bis ins 20. Jahrhundert die Geisteswissenschaften *scienze storiche et philologiche* genannt werden. – Die jedenfalls den philosophischen Wissenschaftsklassifikationen der Antike so schwer integrierbaren Disziplinen, die sich mit der Sprache und mit Werken der Sprache befassen, bilden in jener humanistischen Tradition das Zentrum der Geisteswissenschaften. Der Humanismus also hat die Geisteswissenschaften als vornehmlich sprachliche Wissenschaften in die Welt gebracht; oder umgekehrt: Verstehen wir die Geisteswissenschaften als die durch Sprache bildenden und mit der Sprache befaßten Wissenschaften, so verdanken wir sie vor allem dem Humanismus.

33 Axel Horstmann: »Philologie«. In: *Historisches Wörterbuch der Philosophie.* Bd. 7 (1989) Sp. 552-572, hier Sp. 555-559.
34 A. Harnack, a.a.O. Bd. 2, S. 368, 435.

3. Die Geisteswissenschaften sind wesentlich geschichtliche Wissenschaften, Wissenschaften der geschichtlich-menschlichen Welt, und sie entstammen dem 18. und besonders dem 19. Jahrhundert.

Diese These ist bekanntlich am nachdrücklichsten von J. Ritter[35] vertreten worden, O. Marquard[36] hat sie modifiziert wiederholt, und Th. Bodamer[37] hat noch jüngst zumindest die historische Verortung bestätigt. Ritter dachte die Entstehung der Geisteswissenschaften orientiert am Hegelschen Begriff der »Aufhebung«: Die modernen Naturwissenschaften und die moderne Emanzipationsbewegung, Naturbeherrschung und Französische Revolution, haben die alten Traditionen negiert; von den Geisteswissenschaften werden sie nun aufgenommen, zum Gegenstand des Wissens gemacht und so auch bewahrt. Über die Geisteswissenschaften behalten die Traditionen – verwandelt – eine mehr mittelbare Wirkung auch für das private und öffentliche Leben. Man darf sagen, daß für Ritter die Geisteswissenschaften insgesamt eine ähnliche Bewegung vollziehen wie Hegels spekulative Philosophie, welche die klassische Philosophie der Antike und die Substanz des Christentums in neuer wissenschaftlicher Gestalt in der Moderne zur Präsenz brachte.

Für die Auffassung, die Geisteswissenschaften seien wesentlich

35 Joachim Ritter: »Die Aufgabe der Geisteswissenschaften in der modernen Gesellschaft« (1963). In: ders.: *Subjektivität. Sechs Aufsätze.* Frankfurt/M. 1974, S. 105-140.

36 Odo Marquard: »Über die Unvermeidlichkeit der Geisteswissenschaften« (1985). In: ders.: *Apologie des Zufälligen.* Stuttgart 1986, S. 98-116. – Vgl. auch Hermann Lübbe: »Über den Grund unseres Interesses an historischen Gegenständen. Kulturelle und politische Funktionen der historischen Geisteswissenschaften.« In: H. Flashar, N. Lobkowicz, O. Pöggeler (Hg.): *Geisteswissenschaften als Aufgabe. Kulturpolitische Perspektiven und Aspekte.* Berlin, New York 1978, S. 179-193.

37 Theodor Bodamer: *Philosophie der Geisteswissenschaften.* Freiburg, München 1987, S. 27: »Die Geisteswissenschaften sind, so könnte man sagen, Kinder des 19. Jahrhunderts; sie haben sich überwiegend in jener Zeit zu selbständigen wissenschaftlichen Fächern konsolidiert.«

historische Wissenschaften und erst Produkte des 18. und 19. Jahrhunderts, lassen sich ebenfalls viele Argumente anführen. Erst an der Schwelle zum 19. Jahrhundert tritt die Philosophische Fakultät aus ihrer Unterordnung und Dienerrolle endgültig heraus und bildet den Mittelpunkt der Universität. Erst in ihr gibt es autonome Geisteswissenschaften, wie die jetzt selbständige Klassische Philologie, und es gibt eine Reihe neuer geisteswissenschaftlicher Universitätsfächer, wie Neuphilologie, Kunst- und Musikgeschichte. Was diese Fächer eint, ist die Voraussetzung, es mit einer bewegten Geschichte zu tun zu haben, in welcher die Epochen je ihr eigenes Maß, ihre eigenen ästhetischen, religiösen, moralischen und rechtlichen Normen haben. Deshalb wird jetzt die Jurisprudenz geschichtliche Rechtswissenschaft, die Theologie geschichtliche Offenbarungstheologie, die Sprachwissenschaft historische Sprachwissenschaft, die Ästhetik auch Theorie der historischen Kunstepochen, die Philosophie Theorie der Entwicklung und auch Theorie ihrer eigenen Geschichte. Man darf vereinfachend so sagen: Das sich in der »Sattelzeit«[38] in der zweiten Hälfte des 18. Jahrhunderts verzeitlichende und geschichtlich werdende Weltbild löst die Normensysteme der Aufklärung, das Naturrecht und die natürliche Religion, auf und setzt eben dadurch die Geisteswissenschaften als historische Wissenschaften frei. Sie alle treffen mit hermeneutischen Methoden Aussagen über die bewegte menschliche Welt. Es ist dies der Vorgang, der als »Kompensation« beschrieben wurde und nun die Diskussion um die »Kompensationstheorie« ausgelöst hat.[39] Die Frage, die jener Theorie zugrunde liegt, ist nach wie vor aktuell: Warum erfolgte gerade im 18. Jahrhundert der »Durchbruch geschichtlichen Denkens«,[40] die Ausbildung der Geisteswissenschaften als

38 Siehe Reinhart Koselleck: »Einleitung« zu: *Geschichtliche Grundbegriffe. Historisches Lexikon zur politisch-sozialen Sprache in Deutschland.* Bd. 1. Stuttgart 1972, S. xv.

39 *Kursbuch 91: Wozu Geisteswissenschaften?* Berlin 1988. Siehe darin die Beiträge von Odo Marquard, Hermann Lübbe, Henning Ritter, Karl Markus Michel, Herbert Schnädelbach und Christian Meier (S. 13-65).

40 Peter Hünermann hat ein instruktives Buch geschrieben mit dem Titel *Der Durchbruch geschichtlichen Denkens im 19. Jahrhundert.* Freiburg, Basel, Wien 1967. Aber sollte man nicht sagen, daß der »Durchbruch« schon im 18. Jahrhundert erfolgte?

vornehmlich *geschichtlicher* Wissenschaften? Meine Antwort wäre: Es war die allgemeine, aufgeklärte Vernunft, die erstens viel historisches Wissen aushalten konnte und die zweitens auch historisches Wissen nötig hatte. Das wäre freilich zu erläutern.[41]
Die Basis- und Rahmentheorien der Geisteswissenschaften als historischer Wissenschaften sind die Geschichtsphilosophien seit dem 18. Jahrhundert (Vico, Herder) und die Systeme des deutschen Idealismus. Diese unterscheiden in der Regel Natur und Vernunft/Geist und deshalb die *Wissenschaft der Natur* von der *Wissenschaft des Geistes* (Hegel)[42] oder *Physik* und *Ethik* (Schleiermacher).[43] Was bei G. Vico *mondo civile* hieß, ist jetzt die *geistige Welt* (Schelling).[44] Gleichwohl begründen diese Systeme keinen Wissenschaftsdualismus. Denn Natur- und Geistphilosophie sind in klassischer Tradition beide in einer dritten Disziplin, der Logik oder Dialektik, fundiert, welche die Einheit der Methode und des Denkens gewährleistet. Streng duale Wissenschaftsklassifikationen, die zu einer unvermittelten Entgegensetzung von Natur- und Geisteswissenschaften führen, gibt es im 19. Jahrhundert nur außerhalb des spekulativen Idealismus.[45]
Von der idealistischen *Philosophie* oder *Wissenschaft des Geistes* erbten in Deutschland die Geisteswissenschaften im 19. Jahrhundert allmählich den Sammelnamen, den sie heute noch tragen.[46]

41 Siehe im folgenden Aufsatz, S. 43 ff.
42 G. W. F. Hegel: »Philosophische Enzyklopädie für die Oberklasse« (1808 ff.). *Theorie Werkausgabe*. Frankfurt/M. 1970. Bd. 4, S. 11, § 10. In seinen ersten Systementwürfen in der Jenaer Zeit (1803/04) wie auch in der späteren Enzyklopädie spricht Hegel zumeist von der »Philosophie des Geistes«. Das zeigt aber keinen sachlichen Unterschied an, da für Hegel Philosophie eben Wissenschaft ist.
43 Siehe vom Verf.: *Die Philosophie Schleiermachers.* Darmstadt 1984, S. 67 f.
44 F. W. J. Schelling: *Vorlesungen über die Methode des akademischen Studiums* (1803). *Sämtliche Werke*, Abt. 1, Bd. 5. Stuttgart, Augsburg 1859, S. 282.
45 Siehe z. B. André Marie Ampère: *Essai sur la philosophie des sciences, on Exposition analytique d'une classification naturelle de toutes les connaissances humaines.* Paris 1834. Jeremy Bentham: »Encyclopedical Table, or Art and Science Table«. *The Works of Jeremy Bentham.* Bd. 8. Edinburgh o. J., S. 82-83.
46 Erich Rothacker: *Logik und Systematik der Geisteswissenschaften.* München 1926. Repr. Bonn 1947, S. 4-16. Alwin Diemer: »Geistes-

So scheinen sie – oder zumindest ihre Bezeichnung – mit jener Philosophie auch obsolet geworden zu sein. Doch dagegen spricht manches: (1.) Die idealistischen Systeme, die man des Irrationalismus verdächtigte, vollzogen eine Integration und Rationalisierung, die vordem nicht möglich war: Alle Geisteswissenschaften konnten nun als zusammengehörige Gruppe, als Wissenschaften der geschichtlichen Gestaltungen des Geistes, begriffen werden. Auch die vormals durch die Universitätsstruktur von den *Artes*, den *Humaniora*, als *obere Fakultäten* getrennten Disziplinen Jurisprudenz und Theologie konnten nun in den Verband der Geisteswissenschaften eintreten. (2.) Im Kontext des Idealismus werden die Geisteswissenschaften zu *geschichtlichen* Wissenschaften, da Vernunft und Geist eben als geschichtlich verstanden wurden, und sie blieben dies, als jene Geistphilosophie keine Verbindlichkeit mehr hatte. Z. B. bei J. G. Droysen und W. Windelband ist der Gegenbegriff zu Naturwissenschaft *Geschichte*, und schon um 1800 konnten die Begriffe Geist/Vernunft und Geschichte durchaus einander vertreten. (Bei Schelling ist die Wissenschaft der *geistigen Welt* die *Wissenschaft der Geschichte.*[47]) (3.) Der Term Geisteswissenschaften (dieser Plural) bürgerte sich gerade in einer Zeit ein, als die Philosophie des Geistes (im bezeichnenden Singular) nicht mehr als Wissenschaft galt.[48] Die Geisteswissenschaften sind so allenfalls die empirischen Transformationen der spekulativen Geistphilosophie, die von dieser nur das Bewußtsein der Zusammengehörigkeit in ihrer gemeinsamen Beziehung auf die Geschichte übernahmen. – So sind die Geisteswissenschaften in dieser Tradition eben wesentlich geschichtliche Wissenschaften, Wissenschaften der *geschichtlich-gesellschaftlichen Wirklichkeit*, wie Dilthey[49] sagt, und ihre Zwecksetzung kann so verschieden sein, wie die Zuwendung zur Geschichte verschiedenen Interessen dienen kann.

wissenschaften«. In: *Historisches Wörterbuch der Philosophie* Bd. 3 (1974) Sp. 211-215. L. Geldsetzer, a.a.O. (s. Anm. 25). Theodor Bodamer, a.a.O. (s. Anm. 37), S. 24 ff.

47 Siehe Anm. 44.

48 Siehe z. B. Hermann von Helmholtz: »Über das Verhältnis der Naturwissenschaften zur Gesamtheit der Wissenschaft« (1862). In: ders.: *Das Denken in der Naturwissenschaft.* Darmstadt 1968, S. 7 ff. Vgl. oben Anm. 9.

49 W. Dilthey: *Einleitung in die Geisteswissenschaften*, a.a.O. S. 4.

4. Die Geisteswissenschaften gründen in der Reflexion auf Handlung, Sprache, Geschichte und Selbstverständnis des Menschen, und sie entstanden und entstehen überall dort, wo diese Reflexion einsetzt.

Da sich für alle drei genannten Thesen jeweils gute Argumente anführen lassen, dürfte es sich verbieten, sich nur für eine zu entscheiden. Tatsächlich sind sie ja auch nicht unvereinbar: Die Geisteswissenschaften haben in ihrer Geschichte einen Gestaltwandel erfahren, und jede Epoche hat ihren eigenen Begriff von ihnen erzeugt, welche Begriffe sämtlich nicht ganz in Vergessenheit gerieten. In unserer wissenschaftstheoretischen Diskussion ist eben eine vielstimmige Theorie- und Sachgeschichte präsent. Und leicht ließe sich jene Verknüpfung von Geschichte und Begriff der Geisteswissenschaften weiter differenzieren und fortsetzen, um auch ihre weiteren Begriffe – z. B. *Kulturwissenschaften, Sozialwissenschaften, Humanwissenschaften* – genauer aufzuhellen.

Hier kann nur noch kurz auf einige Probleme jener drei Hauptbegriffe hingewiesen werden:

– Wer die Geisteswissenschaften als ethische oder praktische Wissenschaften bestimmt, stellt die praktische Philosophie in ihren Mittelpunkt und wird dann die sog. kulturwissenschaftlichen Disziplinen, besonders die mit Sprache und Kunst befaßten Wissenschaften, zuzuordnen Schwierigkeiten haben.

– Wer die Geisteswissenschaften als sprachliche Wissenschaften im Hinblick auf die Bildung definiert, wird schon Linguistik und Semiotik ausgliedern müssen.

– Wer die Geisteswissenschaften als geschichtliche Wissenschaften ansieht, muß beiseite setzen, daß sie z. T. auch systematische Wissenschaften zu sein beanspruchen.

So haben alle jene Begriffe von den Geisteswissenschaften auch ihre Probleme. Und ein weiteres kommt hinzu: Jene drei zunächst so plausiblen Thesen werden insgesamt durch die einzelnen Disziplingeschichten nicht durchgehend bestätigt und gestützt. So konnte man die Philologie 3000 v. Chr. im alten Mesopotamien beginnen lassen oder erst im antiken Alexandrien; die Jurisprudenz bei der ersten historisch bezeugten Gesetzgebung oder in der mittelalterlichen Juristenschule Bolognas; die Musikwissenschaft entweder schon bei den Pythagoreern oder erst im 19. Jahrhundert. In der Disziplinengeschichte wiederholt sich das eingangs skizzierte Problem: Die Geschichtsbetrachtung ist abhängig vom jeweils leitenden Begriff.

Nun erlaubt es aber die heutige Wissenschaftstheorie kaum, den Wissenschaftsbegriff sehr eng zu fassen. Und deshalb schlage ich vor, die Frage nach Begriff und Ursprung der Geisteswissenschaften zu beantworten wie oben in These 4 formuliert: Die Geisteswissenschaften entstehen durch Reflexion auf Handlungsnormen, Sprache, Geschichte und Selbstverständnis des Menschen. Denn es spricht viel dafür, daß die Menschen nicht leben, nicht miteinander als Menschen leben können, ohne 1. miteinander zu sprechen, ohne 2. nach bestimmten Regeln sich zu verhalten, ohne 3. sich zu sich selbst zu verhalten und sich ihr Dasein zu deuten und – damit zusammenhängend – ohne 4. sich Geschichten zu erzählen. Die Nichtnaturwissenschaften gründen demnach in vorwissenschaftlichen Verhaltensformen, die den Menschen zum Menschen machen, und sie heben dies Verhalten ins Bewußtsein, um es zu reflektieren und damit zu ordnen, zu stabilisieren oder zu kritisieren. Freilich darf man sich jene vier Bereiche nicht getrennt denken, sie greifen weit ineinander. Gleichwohl können ihnen leicht die Disziplinen der Geisteswissenschaften zugeordnet werden:

– So gründen auf der Sprache die älteren Disziplinen Grammatik, Rhetorik, Dialektik und die späteren Philologien und Sprachwissenschaften.

– Das durch Regeln bestimmte praktische Verhalten ist die Basis für Ethik, Ökonomie, Politik, Rechtswissenschaft, Pädagogik und die Sozialwissenschaften insgesamt, die sich inzwischen von den Geisteswissenschaften i.e.S. absetzten.

– Die in Mythos und Religion tradierte Daseinsdeutung wird der Ausgang für Philosophie und Theologie, für Kunst und Dichtung, und von diesen ausgehend auch für Philologie und Kunstwissenschaften.

– Die zuerst in der Sage sich artikulierende kollektive Erinnerung wird in Historie transformiert (teils in Dichtung).

Wir fassen heute mit dem Begriff der Geisteswissenschaften ein vielgestaltiges, divergentes Feld von Wissenschaften zusammen, die keineswegs immer – man denke an die verschiedenen französischen Akademien – unter einem einzigen Oberbegriff zusammengefaßt wurden. Eine solche Integration – sei es unter dem Begriff der Geistes- oder der Kultur- oder der Humanwissenschaften oder anders – ist für die Orientierung unerläßlich, genauso wichtig aber das Bewußtsein der Differenzen. Deshalb sollte man auch vielleicht nicht nur von *einer* Aufgabe der Geisteswissenschaften sprechen. M. E. haben sie heute – legt man die vorgeschlagene Unterscheidung zugrunde – mindestens vier, die z. T. eng miteinander verwandt und deshalb nicht voneinander trennbar sind:

1. Sie ermöglichen die Kommunikation zwischen verschiedenen Traditionen und Sprachgemeinschaften und zwischen Vergangenheit und Gegenwart. Ohne die Geisteswissenschaften würde die menschliche Welt dem Menschen zum größten Teil fremd und unverstehbar.
2. Sie halten – inmitten von nivellierenden Massenkulturen – orientierende Normen und damit auch Maßstäbe für die Kritik präsent. Ist die Möglichkeit einer rationalen Begründung von Handlungsnormen umstritten, so ermöglichen die Geisteswissenschaften doch eine Diskussion über solche Normen und ihre Konsequenzen.
3. Sie bewahren und explizieren Deutungen des Daseins, die durch die modernen Naturwissenschaften und die moderne Arbeitswelt verdrängt werden, die aber gleichwohl nötig sind, da die Naturwissenschaften kein eigentliches »Weltbild«, d. h. keine erlebbare anschauliche Welt uns vor Augen stellen, wie sie in Mythos und Religion vorgegeben ist und im Medium der Kunst gestaltet wird.
4. Sie erinnern als historische Wissenschaften unsere Vergangenheit und sagen uns so, wer wir sind. Denn Identitätsbewußtsein und -bildung ist nicht ohne Erinnerung möglich, weder für den einzelnen noch für die Gesellschaft oder Gattung. Wir wissen nur, wer wir sind, wenn wir wissen, wer wir waren und wer wir nicht mehr sind. Die moderne Zivilisation hat nur durch die Geisteswissenschaften, nicht durch die Naturwissenschaften ein Bewußtsein ihrer selbst.

Wir neigen dazu, die Naturwissenschaften wegen ihrer technischen Verwertbarkeit für unabdingbar notwendig, die Geisteswissenschaften aber überwiegend für einen bloßen Luxus zu halten, auf den man notfalls – z. B. bei Mittelknappheit – auch verzichten kann. Je mehr aber die Naturwissenschaften via Technik

Probleme heraufbeschwören, die sie selbst nicht lösen können, desto mehr verliert auch jene Überzeugung ihre Selbstverständlichkeit, und man verlangt von den Geisteswissenschaften »Orientierungswissen«. In der Tat betreffen die Geisteswissenschaften gerade *die* Bereiche, in denen jeder Einzelne Wissen braucht, weil er hier seine Entscheidungen nicht delegieren kann. Denn mag er auch die Wahl und Reparatur all seiner technischen Geräte, mag er seine Gesundheitsfürsorge und alle Fragen der Wohlfahrt den zuständigen Fachleuten überlassen, so ist er doch in den Bereichen, auf die sich die Geisteswissenschaften beziehen, unvertretbar auf sich selbst gestellt.

– Er muß selbst – wenn in noch so kleinem Maße – moralische, soziale und politische Entscheidungen treffen und solche, die sein Glück angehen, und er benötigt deshalb orientierendes Wissen in Ethik, Politik, Geschichte, Soziologie, Ökonomie usw.

– Er muß sich zu sich selbst und der sich aufdrängenden Frage nach dem Grund seines Daseins verhalten und ist so auf Religion, Theologie und Philosophie verwiesen.

– Er muß ebenso ein Verhältnis zu der Gemeinschaft und den Gruppen ausbilden, denen er zugehört, muß darum deren Vergangenheit und Tradition kennen, und deshalb braucht er Kenntnisse der Geschichte.

– Er muß sich selbst informieren und am Kommunikationsprozeß der Gesellschaft teilnehmen können, um in ihr zu leben und zu entscheiden fähig zu sein, und deshalb braucht er sprachliche Kompetenz durch die Wissenschaften von der Sprache.

Hier überall sind die Geisteswissenschaften nie Entscheidungsinstanzen, aber sie machen mit den verschiedenen Wahrnehmungsweisen und »Sprachspielen« vertraut und geben so Urteilskompetenz. Und daneben tun sie freilich manches andere, was zu diesen Bereichen keine unmittelbare Beziehung hat.[50]

50 So hat z. B. Axel Horstmann jüngst die These vertreten, die Geisteswissenschaften vermittelten gerade kein nützliches Wissen, sondern führten die Tradition des antiken Theoria-Gedankens fort: »Antike in der Moderne – oder: Wie (un)zeitgemäß sind Geisteswissenschaften?« In: *Nutzen und Wahrheit. Triebkräfte der Wissenschaftsentwicklung und Grundorientierung einer verantwortbaren Wissenschaftspolitik*, hg. von B. Rebe. Vechta 1991, S. 211-229.

II. Skizze zum Strukturwandel der Geisteswissenschaften seit dem 18. Jahrhundert*

So wie die Wissenschaftstheorie überwiegend Theorie der Naturwissenschaften war und ist, so ist auch die Wissenschaftsgeschichte vornehmlich Naturwissenschaftsgeschichte. Und nicht nur umfängliche Sammelwerke und Überblicke hat die Historiographie der Naturwissenschaften hervorgebracht, sondern auch die Entwicklungslogik dieser Wissenschaften wurde aufzuspüren versucht. Die Geisteswissenschaften aber stehen in der Regel mehr im Hintergrund, und ihre Geschichtsschreibung zerfällt in eine Vielzahl von Spezialuntersuchungen von Begriffen, Problemen, Methoden, Disziplinen, Schulen usw.

In dieser Situation ist die große Faszination verständlich, die Foucaults *Archäologie der Humanwissenschaften*[1] noch immer ausübt. Das Werk füllt die Leerstelle der Geschichtsphilosophie, die vormals die Epochen der Vernunftentwicklung vor Augen stellte und eine Theorie der Gegenwart anbot, und riskiert es, Ordnungen im Wissen des Menschen von sich selbst zu zeigen – oder zu schaffen. Mag die Durchführung dieses Versuches von seiten einer methodisch kontrollierten historischen Forschung noch so angreifbar sein, so bleibt das Programm doch aktuell. Denn es entspringt dem legitimen Bedürfnis, in der vielstimmigen Geschichte der Wissenschaften vom Menschen auch Einheit zu sehen. So wie willkürliche Geschichtsspekulationen heute mit Recht verpönt sind, so spottet man doch mit dem gleichen Recht auch über das bloße Horten historischer Daten. Die Geschichte

* Überarbeiteter Vortrag, der im Mai 1988 in Loccum gehalten wurde. Dieser Vortrag ist unter dem Titel »Epochen und Ziele der Geisteswissenschaften« zuerst abgedruckt in: *Was sind und zu welchem Ende brauchen wir Geisteswissenschaften? Loccumer Protokolle* 18/'88, hg. von K. Ermert, S. Gürtler. Rehburg-Loccum 1989, S. 47-77.

1 Michel Foucault: *Les mots et les choses. Une archéologie des sciences humaines.* Paris 1966. Dt. Ausg. von U. Köppen: *Die Ordnung der Dinge. Eine Archäologie der Humanwissenschaften.* Frankfurt/M. 1971.

der Wissenschaften braucht – wie alle Geschichtsschreibung – eben beides: Die Versenkung in das historische Detail wie sinnvolle Fragestellungen und die Erarbeitung von übergreifenden Interpretationsmodellen. Die Spannung dazwischen ist für die historische Arbeit konstitutiv; und man sollte ihr nicht in der einen oder anderen Richtung nachgeben: Sonst preßt die Interpretation die Geschichte dogmatisch in ein erdachtes Prokrustesbett, oder die Zeugnisse werden stumm und entziehen sich der Darstellung. So hat also das Bedürfnis nach einheitsstiftenden Gesichtspunkten für die Geschichte der Geisteswissenschaften durchaus seine Berechtigung. Nur kann man ihm heute eben nur mit kritischer Vorsicht entsprechen: durch die Erprobung von Modellen, die sich aus dem Umgang mit der Wissenschaftsgeschichte ergeben und die in der historischen Forschung sich als sinnvoll und plausibel bewähren müssen. Ein solches Modell soll im folgenden kurz skizziert werden. »Skizzen« lassen immer das meiste weg. Die Gefahr, daß sich eine Karikatur ergibt, wird durch den Vorteil aufgewogen, daß heraustritt, was als das Wichtige und Charakteristische angesehen wird.

Den im deutschen Sprachraum konventionellen Term »Geisteswissenschaften« behalte ich nur bei, weil die weniger konventionellen Begriffe nicht weniger problematisch sind.[2] Und ich entwerfe eine Strukturskizze auch nur für die Entwicklung der Geisteswissenschaften seit dem 18. Jahrhundert, mit besonderem Blick auf den deutschen Sprachraum. Denn wenngleich diese Wissenschaften eine sehr viel längere und breitere Tradition haben, so ist doch gerade diese neuere Geschichte für unsere heutige Diskussion über die Geisteswissenschaften von besonderer Wichtigkeit.

Für die Rekonstruktion, oder sagen wir ruhig, für die Schematisierung dieser Geschichte wähle ich als leitenden Gesichtspunkt ein noch immer aktuelles Problem, das in einem Dissens besteht: Für die einen sind die Geisteswissenschaften viel zu wissenschaftlich geworden, um noch etwas für das Leben leisten zu können;[3] und für die anderen sind sie in der Regel noch viel zu unwissen-

2 Siehe zum Begriff »Geisteswissenschaften« den vorangegangenen Aufsatz und die dort angegebene Literatur (bes. Anm. 46).

3 Siehe die Kritik an der Verwissenschaftlichung der Geisteswissenschaften bei Nietzsche, Heidegger und Gadamer.

schaftlich, zu »ideologisch«, um überhaupt Wissenschaften heißen zu dürfen.[4] Dieser Dissens scheint für die Geisteswissenschaften typisch und spezifisch zu sein. Denn selten hörte man die Klage, die Naturwissenschaften seien leider viel zu exakt, um in der Technik Anwendung finden zu können; oder sie seien zwar äußerst nützlich für die Naturbeherrschung, aber leider nicht wissenschaftlich genug. Die Geisteswissenschaften aber, so wurde oft gesagt, verlieren an Bedeutung, an Bedeutsamkeit das, was sie an strenger Wissenschaftlichkeit gewinnen und vice versa.[5] Sie haben das Ziel, Wissenschaften zu sein; sie haben aber auch andere Ziele: Sie wollen z. B. Orientierungen für das private und öffentliche Leben geben. Und dies beides geht nicht immer leicht zusammen. Darin dürfte zu einem guten Teil der Grund für das liegen, was man die Krise der Geisteswissenschaften nannte. Im folgenden versuche ich, die Umbrüche freizulegen, durch welche die Genese jenes Konfliktes zwischen Wissenschaftlichkeit und außerwissenschaftlicher Prätention verständlich wird. Die aufgewiesenen Stufen sind sowohl als Phasen wie Problemkonstellationen gedacht; es sind gleichsam zeitliche Schichten, die sich z. T. weit überlagern und ineinandergreifen. Mein leitender Gedanke ergibt sich aus dem Verhältnis von Vernunft und Geschichte, die in drei verschiedenen Formen sich gegenübertreten. An ihnen zeigt sich, wie durch wachsende historische Aufklärung die Vernunft und dann die Geschichte ihre normative Kraft verlieren, so daß Gegenmaßnahmen nötig werden. Man könnte diese Entwicklung auch die Geschichte des Historismus nennen, und zwar die Geschichte vom emphatischen Historismus zum problematischen Historizismus.[6]

4 Siehe paradigmatisch Julius Kraft: *Die Unmöglichkeit der Geisteswissenschaft*. Zürich, Leipzig 1934, 3. Aufl. Hamburg 1977.

5 Karl Reinhardt hat das für die Klassische Philologie gezeigt: »Die klassische Philologie und das Klassische« (1941). In: H. O. Burger (Hg.): *Begriffsbestimmung der Klassik und des Klassischen*. Darmstadt 1972, S. 66-97.

6 Aus der umfänglichen Literatur dazu sei hier nur erwähnt Herbert Schnädelbach: *Geschichtsphilosophie nach Hegel. Die Probleme des Historismus*. Frankfurt/M. 1974. – Ders.: *Philosophie in Deutschland. 1831-1933*. Frankfurt/M. 1983. – Karl Georg Faber: »Ausprägungen des Historismus«. In: *Historische Zeitschrift* 228 (1979) S. 1-22. Faber unterscheidet drei Phasen des Historismus: den objektiven, den positi-

Ich gebe zuerst einen Überblick über meinen Überblick:

1. Zunächst stehen notwendige Vernunftwahrheiten kontingenten Geschichtswahrheiten, es stehen allgemeine Theorien besonderen Historien gegenüber. Die zeitlose normgebende Vernunft ordnet die geschichtlichen Tatsachen oder benutzt sie als Exempel. Aber sie hat ihre Basis in sich selbst (Rationalismus der Aufklärung).
2. Sodann erkennt die Vernunft sich selbst als geschichtlich geworden und organisiert die Historien dadurch zu einer vernünftigen Entwicklungsgeschichte. Die sich entwickelnde normative Vernunft ist dem realen Geschichtsprozeß immanent (deutscher Idealismus, früher Historismus).
3. Schließlich tritt einer vernunftlosen Geschichte, die ein Inbegriff kruder Fakten oder bloßer Naturprozeß ist, ein kritischer Verstand gegenüber, der zwar empirisches Wissen sichert, aber weder aus sich noch aus seinem Gegenstand, den historischen Daten, Normativität zu gewinnen vermag (Naturalismus und Positivismus).

Diese letzte Konstellation scheint mir die geheime Folie und der Ausgang für alle späteren Bemühungen der Geisteswissenschaften im 20. Jahrhundert zu sein, die Krise des Historismus, d.h. den historischen Positivismus und Relativismus, zu überwinden. – Gemäß diesem Überblick gehe ich nun vor. Aber ich versuche die Geschichte so zu skizzieren, daß sie nicht als Abfolge von drei in sich geschlossenen Wissensräumen (wie bei Foucault) erscheint, sondern als bewegter Prozeß.

1. Die geschichtslose Vernunft und die Historien

Im alteuropäischen Universitätssystem gibt es eine Unterscheidung von Natur- und Geisteswissenschaften allenfalls innerhalb der »Artistenfakultät«, zwischen sprachlichem Trivium und mathematischem Quadrivium. Dominant aber ist die Unterschei-

vistischen und den dualistischen oder subjektiven Historismus (S. 17). Im folgenden geht es nur um die ersten beiden Phasen. Zu dem, was Faber die dritte Phase nennt, siehe unten den Aufsatz »Das Problem des Historismus und die Geisteswissenschaften im 20. Jahrhundert«, S. 130ff.

dung zwischen dieser »unteren« und den »oberen Fakultäten«. Was wir Geisteswissenschaften nennen, findet sich in beiden Bereichen. Die geisteswissenschaftlichen Disziplinen Theologie und Jurisprudenz, die oberen Fakultäten, sind ausgerichtet auf Kirche und Staat, das Trivium in der unteren Fakultät auf Theologie und Jurisprudenz. So ist der Konstruktion der Universität zufolge die untere Fakultät die Dienerin der oberen Fakultäten, und diese dienen Kirche und Staat. In dieser Weise sind alle Geisteswissenschaften tendenziell hingeordnet auf die tradierten Orientierungssysteme der maßgeblichen Institutionen: auf die christliche Religion und das römische Recht, das wiederum durch die christliche Geschichtstheologie legitimiert ist (das römische Reich wird als Endreich verstanden). Diese Ausrichtung bestimmt auch die geisteswissenschaftlichen Fächer in der unteren Fakultät. So wird z. B. im Hinblick auf die Missionstätigkeit und die Theologie früh Arabisch, Chaldäisch und Hebräisch gelehrt. Natürlich dienen die Artes des Triviums auch manch anderem: dem Studium humanitatis, der Bildung, vielleicht auch der Neugier – aber dies ist noch zumeist eingebunden in den Rahmen der christlichen Universalgeschichte.

Die Situation ändert sich durch die Aufklärung. Die Erfahrung der Religionskriege führt zum »natürlichen System« in den Geisteswissenschaften, wie Dilthey[7] sagt, d. h. zur Ausbildung einer natürlichen Religion, die nur allgemeine Vernunftwahrheiten anerkennt, und eines Naturrechts, das auf Vernunft gegründete allgemeine Rechtsprinzipien entwirft. Dies sog. »natürliche System« hat seinen Ort erst außerhalb der Universität, dringt aber allmählich auch in die oberen Fakultäten ein. Dadurch koppelt sich auch in den Universitäten allmählich das die obersten Normen festsetzende Wissen von der Tradition ab. Da nun mehr und mehr die philosophische Vernunft die Bereiche Theologie und Jurisprudenz beherrscht, bahnt sich ein institutioneller Umschwung an: Die untere Fakultät tendiert, als philosophische die obere zu werden (siehe Kants Schrift *Der Streit der Fakultäten* von 1798).[8] In der von Humboldt neu gegründeten Universität

7 Wilhelm Dilthey: *Einleitung in die Geisteswissenschaften* (1883). *Gesammelte Schriften* Bd. 1, S. 379 ff. Ders.: »Das natürliche System der Geisteswissenschaften im 17. Jahrhundert«. *Ges. Schr.* Bd. 2, S. 90-245.

8 I. Kant: *Der Streit der Fakultäten.* Akademie-Ausgabe Bd. 7, S. 1-116.

Berlin ist dieser Umschwung vollzogen: die Philosophische Fakultät steht im Zentrum.[9]
Mit dem Vordringen des natürlichen Systems zeichnet sich in die Bereiche der oberen Fakultäten, in Theologie und Jurisprudenz, eine Unterscheidung der aristotelischen Philosophie ein: die von Vernunft und Erfahrung; von Vernunftwahrheiten und Tatsachenwahrheiten; von Theorie (oder Philosophie), die es mit dem Allgemeinen und Notwendigen zu tun hat, und Historie, die das Besondere und Kontingente berichtet.[10] In diesem Sinne verhalten sich jetzt auch die Vernunftnormen des Naturrechts zu den historisch gegebenen Rechtssystemen wie das Notwendige zum Kontingenten. Und in gleicher Weise kommt die natürliche Religion zu den positiven Religionen, zur christlichen Offenbarungsreligion zu stehen. Das natürliche System, das die obersten leitenden Normen festlegt, entmachtet damit die geltenden Rechts- und Religionstraditionen, macht sie zu zufälligen Geschichtstatsachen und nimmt ihnen so die Legitimation. Damit tut sich auch jener garstig breite Graben Lessings auf: zwischen dem Anspruch der Bibel, notwendige Vernunftwahrheiten zu vermitteln, und dem Befund, daß sie nur zufällige Geschichtswahrheiten enthält.[11] Ganz offensichtlich verstärken sich die Pole wechselseitig: Je sicherer die Vernunft Stand in ihren notwendigen Vernunftwahrheiten gewinnt, desto freier, »voraussetzungsloser« kann sie das Feld der geschichtlichen Kontingenz und damit die Traditionen versachlichen, erforschen und an den eigenen Maßstäben kritisieren. Und umgekehrt: Je mehr sich die alten Traditionen durch Kritik als inhomogene, zufällige und bedingte Geschichtstatsachen erweisen, desto nötiger wird der Übergang zur allgemeinen Vernunft. Nur diese scheint verbindliche Normen zu garantieren.
Im Zeichen dieser allgemeinen und traditionskritischen Vernunft vollzieht sich seit der Mitte des 18. Jahrhunderts ein Schub der Verwissenschaftlichung, der im Bereich der unteren Fakultät zur

9 Helmut Schelsky: *Einsamkeit und Freiheit. Idee und Gestalt der deutschen Universität und ihre Reformen.* Reinbek bei Hamburg 1963.

10 Siehe zu dieser Unterscheidung Friedrich Kambartel: *Erfahrung und Struktur. Bausteine zu einer Kritik des Empirismus und Formalismus.* Frankfurt/M. 1968, S. 50-86.

11 G. E. Lessing: »Ueber den Beweis des Geistes und der Kraft« (1777). *Sämtliche Schriften*, hg. von K. Lachmann. Bd. 13, S. 1-8.

Auflösung von Begriff und Sache der Artes liberales führt. Diese Disziplinen lösen sich auf in Philosophie oder Theorie einerseits und in historisches Wissen andererseits. Solange die Geisteswissenschaften im Kontext der alten Artistenfakultät als Artes, d. h. als Kunstfertigkeiten gedacht waren, solange waren sie ein Habitus, eine Haltung von Menschen, die durch Talent, Übung, Regelkenntnis und Kenntnis der Vorbilder die Fähigkeit erworben hatten, Werke zustande zu bringen; denn Techne (Ars) ist laut Aristoteles ein »mit wahrer Vernunft verbundener Habitus des Hervorbringens«.[12] Die Ars historica war die Kunstfertigkeit, historische Bücher zu schreiben; die Ars rhetorica die Kunst, Reden und Abhandlungen zu verfassen; die Ars poetica die Kunst zu dichten; die Ars musica die Kunst, mathematisch die Ordnung des Kosmos zu denken und zu komponieren. Das Wissen, die Regelkenntnisse, waren also keine Forschungsmethodologien, sondern waren ausgerichtet auf die Herstellung von Werken, waren bezogen auf ein Tun.

Seit der Mitte des 18. Jahrhunderts löst sich diese Vorstellung auf. Sie war zuletzt formuliert besonders in der sog. »Theorie der schönen Wissenschaften und der Künste«, und diese Literaturgattung stirbt ziemlich genau um 1800 aus. Damit wandeln sich die Disziplinen: Die Rhetorik fällt weg oder gerät an den Rand; aus der Ars historica wird die Historik als Methodenlehre für das Erreichen gesicherten historischen Wissens;[13] die Ars poetica löst sich einerseits in Ästhetik, in die Wissenschaft vom Kunstschönen, andererseits in Literaturgeschichte auf;[14] die Ars musica

12 Aristoteles: *Nikomachische Ethik* VI, 4 (1140 a).

13 Horst Walter Blanke, Jörn Rüsen (Hg.): *Von der Aufklärung zum Historismus. Zum Strukturwandel des historischen Denkens.* Paderborn 1984. Dies. und Dirk Fleischer: »Historik als akademische Praxis. Eine Dokumentation der geschichtstheoretischen Vorlesungen an deutschsprachigen Universitäten von 1750 bis 1900«. In: *Dilthey-Jahrbuch* 1(1983) S. 182-255.

14 Siehe den Artikel »Poetik« (III). In: *Historisches Wörterbuch der Philosophie*, hg. von J. Ritter, K. Gründer. Bd. 7. Basel 1989, Sp. 1021-1023. – Freilich entstand die Literaturgeschichtsschreibung nicht bloß durch die Auflösung der Poetik: Klaus Weimar: *Geschichte der deutschen Literaturwissenschaft bis zum Ende des 19. Jahrhunderts.* München 1989.

wird durch Musikästhetik und Musikgeschichte ersetzt.[15] Hier überall ist das Ziel nun das Wissen, nicht das eigene Tun. Und das Wissen weiß sich von seinem Gegenstand geschieden. (Das läßt sich z. B. an der neuen Disziplin Ästhetik demonstrieren: Bei Batteux und Baumgarten ist sie zu einem guten Teil noch selbst Ars und Regelgebung im Hinblick auf die Kunstpraxis. Bei Herder aber ist sie Scientia, Wissenschaft, im Hinblick auf die Anschauung von historisch vorgegebenen Kunstwerken.[16]) Das geisteswissenschaftliche Wissen dient also mehr und mehr dazu, den Reichtum der Geschichte anzueignen, während vorher in den Artes liberales Historien erzählt wurden, um die Stichhaltigkeit von moralischen, poetologischen und rhetorischen Grundsätzen plausibel zu machen. Der Blick richtet sich langsam auf die Geschichte um ihrer selbst willen. Und der Grund dafür liegt augenscheinlich in jener aufgeklärten Vernunft.

Es ist nämlich offensichtlich die stabilisierte allgemeine, voraussetzungslose Vernunft, die erstens viel Geschichte ertragen kann und – so zeigt sich bald – zweitens auch viel Geschichte braucht. Sie kann viel Geschichte ertragen: Denn sie hat alle konfessionellen, nationalen und ständischen Schranken aufgelöst und kann sich unvoreingenommen der menschlichen Welt in ihrer ganzen zeitlichen und räumlichen Erstreckung zuwenden. Eine neue Metaphysik erkennt nicht nur in der Natur, sondern auch in den Kulturen Offenbarungen Gottes (Herder). Das ferne China kann jetzt mindestens ebenso interessant werden wie das alte Israel. Sodann kann diese Vernunft Geschichte ertragen, weil sie einen sicheren Besitz von naturrechtlichen Normen zu haben glaubt

15 Der wirkliche Vorgang ist hier wie auch in den anderen Fällen ungleich komplizierter. Zwar wird in der Tat das Fach Musikwissenschaft im letzten Drittel des 19. Jahrhunderts überwiegend als »Musikgeschichte« Universitätsdisziplin, aber auch die naturwissenschaftlichen Grundlagen der Musik werden thematisiert. Auch das praxisbezogene Artes-Wissen geht nicht verloren. Es hat seinen Ort z. B. in den Musikhochschulen. Walter Wiora, Hans Albrecht: »Musikwissenschaft«. In: *Musik in Geschichte und Gegenwart.* Bd. 9 (1961) Sp. 1192 ff., 1203 ff. – Carl Dahlhaus: »Was heißt ›Geschichte der Musiktheorie‹?« In: *Geschichte der Musiktheorie.* Bd. 1: *Ideen zu einer Geschichte der Musiktheorie.* Darmstadt 1985, S. 8-39.

16 Siehe vom Verf. »Der Weg zur Kunstphilosophie des deutschen Idealismus«, hier bes. S. 207 ff.

und deshalb nicht orientierungslos zu werden fürchtet. Wer einen sicheren Standort hat, kann einen unbefangenen Blick riskieren. So macht die allemeine Vernunft ein breites historisches Wissen und damit historische Geisteswissenschaften möglich.

Sie macht aber zweitens auch historisches Wissen nötig. Und das ist der Übergang zur zweiten Phase:

2. Die geschichtliche Vernunft und die vernünftige Geschichte

Die aufgeklärte Vernunft macht historisches Wissen nötig, sie braucht Geschichte, um sich als wahre, als die bisher beste Vernunft bestätigen und legitimieren zu können. Deshalb erklärt sie die Vergangenheit zur allmählichen Enthüllung der Vernunft oder als Fortschritt hin zu ihr. Daraus resultieren die Fortschrittsphilosophie der Aufklärung, etwa Turgots, und mit ihr auch die neue Disziplin Wissenschaftsgeschichte, die den Fortschritt der Wissenschaften und Künste von den Anfängen bis zur Gegenwart darlegt. Diese Fortschrittsphilosophie organisiert die Historien nicht mehr so, daß sie Beispiele für moralisches Handeln, für fromme Gesinnung oder hervorragende Kunstfertigkeit geben, sondern so, daß sie – aneinandergereiht – die fortgehende Entdeckung der Vernunft oder ihr Werden und ihre Leistungen vor Augen führen. Die Historien schließen sich jetzt zu *der* Geschichte zusammen, zu einem zielgerichteten Prozeß.[17]

Dadurch gelingt zum einen die Bewältigung der irritierenden Fülle an historischen Daten; der Fortschrittsbegriff ist der Ariadnefaden. Zum anderen ergibt sich eine Aufwertung der Vergangenheit, des Alten: Es war zwar erst die Vorstufe des Gegenwärtigen, aber es war so schlecht nicht, denn in ihm wurde immerhin die Vernunft großgezogen. Nun wird es möglich, z. B. Offenbarungsreligion und Vernunft wieder zu verbinden, als Entwicklungsstufen (Lessing).[18] Auch Vernunft und Rechtstradition las-

17 Reinhart Koselleck: »Historia Magistra Vitae. Über die Auflösung des Topos im Horizont neuzeitlich bewegter Geschichte.« In: ders.: *Vergangene Zukunft. Zur Semantik geschichtlicher Zeiten*. Frankfurt/M. 1979, S. 38-66.

18 G. E. Lessing: *Die Erziehung des Menschengeschlechts* (1780). *Sämtliche Schriften*, hg. von K. Lachmann. Bd. 13, S. 416-436.

sen sich verknüpfen, denn das römische Recht steckt voller naturrechtlicher Bestimmungen, an die man sich anschließen kann.
Aber die Geschichte, besonders die vergangene Geschichte, wird noch aus einem anderen Grunde nötig: Die Vernunft braucht Geschichte, weil sie Zweifel an sich selbst bekommt. Sie ist zwar allgemein und ziemlich rein – aber damit auch ein bißchen *zu* allgemein und *zu* rein und deshalb auch zu abstrakt und zu formal. Der inneren und äußeren Natur steht sie, die vornehmlich mathematische und moralische Vernunft, eher fremd gegenüber, und für das individuelle und gesellschaftliche Glück scheint sie deshalb nicht recht tauglich zu sein, zumal ihre Fähigkeit, durch Revolutionen glücklich zu machen, nicht unumstritten ist. – Je mehr ein Ungenügen an dieser formalen Vernunft empfunden wird, desto intensiver wird die Zuwendung zu den individuellen Gestalten der Geschichte. Die Vernunftwahrheiten, die noch in der Schule Chr. Wolffs die philosophischen Systeme füllten und jetzt zur Vernunftmoral abmagerten, treten in den Hintergrund, und die wirkliche Geschichte wird immer interessanter. Denn in ihr zeigt sich eine konkrete Vernunft, eine mit dem Menschen und der Natur versöhnte. An die Stelle der allgemeinen normgebenden Menschenvernunft tritt die objektive Vernunft der Geschichte selbst. Der Tendenz nach bricht die Unterscheidung: allgemeine Theorie – besondere Historien zusammen, und es tritt an ihre Stelle die theoretisch durchdrungene Entwicklungsgeschichte und die Anschauung vorbildlicher, geglückter Kulturepochen, die den Anblick einer wirklich menschlichen Welt gewähren.[19]
Diese Anschauung aber ist nicht mehr Sache der Vernunftphilosophie, sondern der einzelnen Geisteswissenschaften, die nun als historische auch zu normgebenden Wissenschaften avancieren. Während um 1800 die aufgeklärte Naturrechtstradition endet (Indiz: in den Staatstheorien schwindet das Theorem vom Gesellschaftsvertrag) und während ungefähr gleichzeitig auch der Deismus, die natürliche Religion, versandet (Indiz: die Abkoppelung der Religion von der Moral, Hinwendung zur Religionsphilosophie und zum »Positiven« der Religion), präsentiert die historische Erinnerung vorbildliche Vergangenheiten als Kulturideale.

19 Siehe als Beispiel Johann Joachim Winckelmann: *Geschichte der Kunst des Altertums* (1764).

Diese zur Gegenwart alternativen Kulturideale sind sowohl Basis wie Ziel der historischen Geisteswissenschaften:
- Die Anschauung der »klassischen Antike« als Vorbild ist die Grundlage für klassische Philologie und klassische Archäologie.
- Die Anschauung des Orients als »Mutter der Wissenschaft« und Ort höherer Weisheit ist die Basis für das weite Feld der Orientalistik.
- Die Anschauung der Ursprünge der »romantischen Moderne« und der eigenen Nationalkultur führt zu Romanistik und Germanistik.
- Die Anschauung des »christlichen Mittelalters« motiviert Literatur- und Kunstgeschichte usw.

Ich sage bewußt »Anschauung«, denn die – offene oder geheime – Intention war, ein geschlossenes Bild einer unentzweiten, vorbildlichen Kultur zu finden.

Allerdings bargen diese rückwärtsgewandten Utopien immer ein schwieriges Problem: Die vorbildliche Vergangenheit mußte zur Gegenwart in ein Verhältnis gesetzt werden, und dies konnte in verschiedener Weise geschehen: Die Vergangenheit konnte als unwiederbringlich verloren, als immer noch wirksam oder als neu und anders zurückkommend vorgestellt werden. Darin liegen dann jeweils andere Ortsbestimmungen der Gegenwart. Diese erhält aber immer ihre Aufgabe und Bestimmung zugewiesen nicht im Hinblick auf die Forderungen einer allgemeinen Vernunft, sondern durch den Rückblick auf die (idealisierte) vergangene Geschichte.

Getragen sind in der Regel jene Rückbesinnungen von der Überzeugung, daß man nicht durch philosophische Konstruktion, sondern durch historische Interpretation und ästhetische Anschauung das Bild einer menschlichen Welt gewinnt, einer konkreten Vernunft; denn eine solche gibt es nur in der Geschichte. Die vernünftige Geschichte hat jetzt die geschichtslose Vernunft ins Abseits gedrängt. Das ist die Position des frühen Historismus, der sich konsequenterweise von der Analyse der transzendentalen Vernunft abwendet und statt dessen lieber die individuellen Sprachen studiert. Er ist nicht philosophie- und metaphysikfrei. Sondern er setzt voraus, daß sich *die* Vernunft oder *der* Geist in den individuellen Gestalten der Kultur manifestieren und auch nur dort angeschaut werden können. Die Folge: die Geschichte ist nicht mehr der Inbegriff von Exempeln oder Tatsachen, sondern der Inbegriff von Offenbarungen der Vernunft, des Geistes, des Absoluten. Im Kontext solcher Philosophie des Geistes sind die Geisteswissenschaften in sehr emphatischem Sinne »Geisteswissenschaften« (wenngleich sie diesen Namen erst später erhielten), denn der Geist ist sowohl das, was ist, als auch das, was sein soll; und deshalb sind die Geisteswissenschaften im Kontext des deutschen Idealismus deskriptiv und normativ zugleich: Sie tradieren und reflektieren das Dasein des Geistes. Sie sind selbst Formen und Ausdruck des geschichtlich fortschreitenden Geistes. Deshalb sind hier auch ›Bildung‹ und ›Wissenschaft‹ noch identisch: Die wissenschaftliche Betätigung vermittelt den einzelnen Menschen mit dem geschichtlich wirkenden Geist.

Diese durch die idealistische Philosophie imprägnierte Konzeption bestimmt in Deutschland das 19. Jahrhundert bis zu Ranke und Droysen. – Aber sie birgt Probleme, durch die sie instabil wird. Die Verbindung von Normativität und Wissenschaftlichkeit lockert sich und löst sich langsam auf. Und dies wesentlich aus drei Gründen:

a) Der wichtigste Grund ist, daß die Geisteswissenschaften als historische Forschungsunternehmen ihre Basistheorie, die Geschichtsmetaphysik des sich individualisierenden Geistes, nicht bestätigen können und deshalb langsam vergessen machen. Dadurch aber verliert die Geschichte ihre normative Kraft: Die eigene Kultur wird jetzt nur noch als kontingentes Schicksal, nicht mehr als Offenbarungsgestalt des Absoluten gewußt. Die faktische Pluralität von ästhetischen, religiösen, moralischen, rechtlichen und metaphysischen Orientierungssystemen, die durch die historischen Geisteswissenschaften erinnert und erforscht werden, kann jetzt zum Relativismus führen. Denn weder eine zeitlose Vernunft noch der geschichtlich fortschreitende, sich manifestierende Geist zeigen, welches dieser Systeme das richtige und jetzt verbindliche ist. Der Verlust der historistischen Geschichtsmetaphysik verwandelt den kulturellen Reichtum der Geschichte in einen eher desillusionierenden und desorientierenden Pluralismus. Nun weiß man zwar sehr viel – aber leider *zu* viel und nicht mehr das, woran man sich halten kann. Da beginnt die Klage über die Last der Geschichte und über den Relativismus, besonders bei Nietzsche und Dilthey.

b) Sodann hatten die geheimen Dogmatiken der Geisteswissenschaften, d. h. ihre vorausgesetzten normativen Kulturideale, die

Schwierigkeit, sich mit der modernen Welt zu arrangieren. Denn die neue Welt war nicht die alte und der Epochenbruch nicht durch historische Erinnerung tilgbar. Wie sollte man im Zeichen der Industrialisierung, des wachsenden Massenelends, der Verstädterung, wie sollte man da ganz orientalischer Brahmane oder klassischer Grieche oder mittelalterlicher Christ oder dergleichen werden? Viel leichter war es, Historiker oder Philologe zu sein. Die der Vergangenheit entnommenen Kulturideale konnten deshalb allenfalls verwandelt, gebrochen und mehr in der Phantasie als im wirklichen Leben realisiert werden. Das geisteswissenschaftliche Wissen bleibt so in relativer Distanz zum lebensweltlichen Sein und Tun der Menschen. Wo man aber z. B. wieder als Germane zu fühlen beginnt und die Nostalgie zu weit treibt, riskiert man eine objektive Komik.

c) Schließlich hatte die geisteswissenschaftliche Arbeit das Problem, mit ihren wissenschaftlichen Methoden nicht die in sie gesetzten Erwartungen erfüllen zu können; vielmehr wurde sie für die Orientierungsleistung traditioneller und neuerer Daseinsdeutungen auch zur Gefahr. So gerät in der ›historischen Schule‹ die Wissenschaft in ein sichtliches Mißverhältnis zur philosophischen Deutung der geschichtlichen Welt. Denn wurde das unbewußte Schaffen des Volksgeistes, das sowohl Märchen (Grimm) als auch Recht (Savigny) hervorbringen sollte,[20] durch die historische Forschung wirklich fortgesetzt oder zumindest gefördert – oder wurde es nicht eher durch Wissenschaft abgelöst, wenn nicht gar beendet? Die Geisteswissenschaften stehen im 19. Jahrhundert in einem Konkurrenzverhältnis mit den erfolgreichen empirischen Naturwissenschaften und sehen sich genötigt, wie diese sich auf kontrollierbare Tatsachenaussagen zu beschränken. Dadurch wird nicht nur die spekulative Philosophie unglaubwürdig, sondern auch in den einzelnen Disziplinen durchkreuzt die historisch-kritische Forschung oft die normgebenden Voraussetzungen und Erwartungen:

– So bedroht in der Theologie die historisch-kritische Forschung die Annahme eines historischen Wissens von der Person Jesu und die Voraussetzung einer authentischen christlichen Botschaft; alle Dogmen zeigen sich mit antiker Philosophie vermischt.

20 Siehe zu Grimm und Savigny: Ulrich Wyss: *Die wilde Philologie. Jacob Grimm und der Historismus.* München 1979, S. 60 ff.

– So bedroht in der historischen Rechtsschule die historische Forschung die Annahme eines homogenen römischen Rechts. Schon die vorausgesetzte fortwährende Geltung des römischen Rechts auf deutschem Territorium vertrug sich ja nicht leicht mit der These vom Volksgeist als Quelle und Träger des Rechts.
– So bedroht in der Altphilologie die Forschung die Vorstellung von einem humanen, ästhetischen, geschlossenen klassischen Altertum, fördert viel Inhumanes zutage und lehrt neben der klassischen Antike auch den Hellenismus zu würdigen.
– So bedroht die historische Forschung fortwährend den Glauben an den Fortschritt in der Geschichte, an die Überlegenheit der eigenen Nationalkultur, an die Einzigartigkeit von »Klassiken« in der Geschichte der Künste.
Der wichtige, treibende Faktor hinter dieser Dissoziation, dieser Trennung von Orientierungsnorm und wissenschaftlicher Forschung ist immer noch die aufgeklärte, allgemeine Vernunft. Denn sie hat zwar alle zeitlosen, ästhetischen, religiösen, moralischen und rechtlichen Normen aufgegeben und ist in diesen Gebieten zur historischen Vernunft geworden, die nur eine Pluralität von Normen kennt und d.h. sie zu historischen Tatsachen macht. Aber sie hat an einer Norm festgehalten, an der Norm der empirischen Wissenschaft: Nur solche Aussagen sind wissenschaftlich, die aufgrund anerkannter Methoden zustande kamen und überprüfbares Wissen von Tatsachen vermitteln. Dadurch untergräbt die Forschung ihre Basis, die ihr die Motive gab, eben z.B. die erwähnte Überzeugung von der Geschichte als Ort der konkreten Vernunft oder Übervernunft. Deshalb treten – in manchen Bereichen früher, in manchen später, aber mindestens seit der Mitte des 19. Jahrhunderts – die Geisteswissenschaften allmählich in eine dritte Phase:

3. Die vernunftlose Geschichte und der kritische Verstand

Stehen die Geisteswissenschaften unter dem Zwang, nur gesichertes historisches Tatsachenwissen zu produzieren, dann verwandelt sich die Geschichte in einen Inbegriff von Tatsachen, von kruden Facts, die keine Orientierungsleistung mehr besitzen. Dies ist im Positivismus der Fall; er beseitigt die Traditionen viel

gründlicher als die selbst normative, nämlich naturrechtliche Vernunft des 18. Jahrhunderts. Die ehemals »oberen Fakultäten«, Theologie und Jurisprudenz, die das private und öffentliche Leben bestimmten, auslegten und leiteten und die dies auch noch im Idealismus als »philosophische« Disziplinen zu leisten versprachen, sie werden jetzt tendenziell zu bloß »historischen« Wissenschaften, die sich aller Normgebung entschlagen.
Für die Theologie sähe der Übergang zum Positivismus aufgrund unseres Grobschemas etwa so aus: Die Aufklärung machte aus der Offenbarung zufällige, unglaubwürdige Geschichtstatsachen und setzte die ewigen Vernunftwahrheiten an deren Stelle. Die Religionsphilosophie und die philosophische Theologie des Idealismus rechtfertigten die christliche Offenbarung im Kontext einer vernünftigen und göttlichen Geschichte, die sowohl Religion wie Philosophie, Vernunft wie Offenbarung übergreift und sie zusammenschließt. Mit dem Ende dieser spekulativen Konzeption bleibt nur der kritische Verstand übrig, der keine Offenbarung mehr kennt und die Religion als etwas ihm Äußerliches, Fremdes, bloß Historisches von sich abstreift. Das Christentum wird zu einer kontingenten Religion eines vergangenen Zeitalters, der Antike. Franz Overbeck erklärt jetzt die »Nichtigkeit« aller Theologie, da durch »Wissenschaft« die christliche Religion nicht belebt, sondern nur zerstört werden könne.[21]
Eine ähnliche Bewegung vollzieht die Jurisprudenz: In der ersten von mir genannten Phase hatte das Naturrecht kraft der zeitlosen Vernunft festgelegt, was als recht und unrecht zu gelten hat. In der zweiten Phase zeigte Hegel die vernünftige Logik der geschichtlichen Rechtsentwicklung; Savigny aber, der Repräsentant der historischen Schule, behauptete nur noch das geschichtliche Hervorgehen des Rechts aus dem jeweiligen Volksgeist. Diese historische Schule verläßt in der zweiten Hälfte des 19. Jahrhunderts ihre Geschichtsmetaphysik und kippt – dies die dritte Phase – in den Positivismus um, und zwar in einen dreifachen: In den historischen Positivismus, in den Gesetzespositivismus und den soziologischen Positivismus. Damit hat die normative Rechtsvernunft abgedankt. Denn das geschichtliche Recht entpuppt sich nicht als Dasein konkreter Vernunft, sondern als Dasein realer

21 Franz Overbeck: *Christentum und Kultur*, hg. von C. A. Bernoulli. Basel 1919, S. 291.

Macht. Da die Jurisprudenz als Wissenschaft sich ganz abhängig von staatlicher Macht zeigte, diskutiert man jetzt *Die Werthlosigkeit der Jurisprudenz als Wissenschaft*.[22]

Wenn die Geisteswissenschaften in den Schatten der Naturwissenschaften geraten sind und wie diese – abgelöst von metaphysischen Voraussetzungen und normativen Prätentionen – für ihre Profilierung nur auf gesichertes Wissen historischer Tatsachen abzielen, dann bietet es sich an, auch noch weiter zu gehen und das Feld der Geschichte ganz so wie das der Natur zu bearbeiten. Feststellung und statistische Erfassung von Tatsachen und Suche nach allgemeinen Gesetzen für ihre Verknüpfung – das ist in der Tat das wissenschaftliche Programm auch für die Geisteswissenschaften im Positivismus (H. Th. Buckle).[23] Die Geschichte verwandelt sich dadurch in einen Naturprozeß, in eine sinn- und geistlose Geschichte, mochte das erst auch noch verdeckt sein. Der Übergang von der historistischen Geschichtsmetaphysik zu diesem Naturalismus ließe sich gut am Kraftbegriff zeigen: Bei Herder waren die in Natur und Geschichte wirkenden Kräfte Entelechien, sich von innen heraus entfaltende Kräfte, die das Dasein Gottes offenbarten. Humboldt verknüpfte diese »Kräfte« in der Geschichte eng mit den »Ideen«, eine Verbindung, die man schon bei Platon erkannte.[24] Dadurch war die Geschichte als Kraftfeld zugleich auch vernünftig und deshalb erkennbar. In der zweiten Jahrhunderthälfte aber treten an die Stelle dieser Kräfte blind wirkende ökonomische, soziale und psychische Gesetzmäßigkeiten, der Wille zur Macht oder der struggle of life. Dieser Naturalismus bildet zwei Zentren aus: Soziologie und Psycholo-

22 So der Titel eines bekannten Vortrages von Julius Hermann von Kirchmann (1848). Siehe den Aufsatz »Vom Naturrecht zum Rechtspositivismus«, hier S. 55 ff., 77 f.

23 Henry Thomas Buckle: *History of Civilisation in England* (1857-1861). Dt. Ausgabe von Arnold Ruge: *Geschichte der Civilisation in England*. 5. Ausg. Leipzig, Heidelberg 1874. Bd. 1, Abt. 1, bes. S. 18 ff.

24 Wilhelm von Humboldt: »Ueber die Aufgabe des Geschichtschreibers« (1821). *Werke*, hg. von A. Flitner u. K. Giel. Bd. 1., 2. Aufl. Darmstadt 1960, S. 588, 604. Dies Verständnis der platonischen Ideen als Kräfte z. B. bei Schleiermacher. Siehe vom Verf.: »Schleiermacher und die platonische Ideenlehre«. In: *Schleiermacher Archiv*. Bd. 1: *Internationaler Schleiermacher-Kongreß Berlin 1984*. Berlin, New York 1985, S. 849-871, hier bes. S. 861 ff.

gie, und von dort verbreitet er sich auch auf die anderen Nichtnaturwissenschaften – und mit ihm die (zumeist stillschweigende) Voraussetzung einer sinnlosen Geschichte und bald die laute Klage über den Nihilismus.[25]
Die Wissenschaft, die nun die Geschichte zum blinden Naturprozeß vergegenständlicht, ist Sache eines kritischen Verstandes, der sich nicht für »Bildung«, sondern für gesichertes empirisches Wissen und dessen Zustandekommen interessiert; daher auch die Wende zur Erkenntnis- und Wissenschaftstheorie. Orientierende Daseins- und Geschichtsdeutungen werden jetzt oft psychologisch als bloße Projektionen, als Phantasieprodukte und soziologisch als Ideologien entlarvt. Alle Thematisierung der Geschichte erweist sich schließlich nur als »Sinngebung des Sinnlosen« (Th. Lessing).[26]
Diese Überzeugung einer im Grunde irrationalen und sinnlosen Geschichte, die vom Verstand kategorial strukturiert (Max Weber)[27] oder durch Wunschprojektionen der Einbildungskraft »gedeutet« wird, wird zwar selten scharf ausgesprochen und bleibt zumeist im Hintergrund, prägt aber oder lähmt gar von dort aus die geisteswissenschaftliche Arbeit. Jetzt beginnt an der Wende zum 20. Jahrhundert die Klage über den Historismus und Naturalismus (Troeltsch),[28] die beide Formen des Positivismus sind.
Dem kritischen Verstand der neuzeitlichen Wissenschaft widerfährt allerdings eine eigentümliche Dialektik: Er wollte alle Illu-

25 Hans-Jürgen Gawoll: *Nihilismus und Metaphysik. Entwicklungsgeschichtliche Untersuchung vom deutschen Idealismus bis zu Heidegger.* Stuttgart-Bad Cannstatt 1988. – Daß im Historismus qua Positivismus und Relativismus ein »Nihilismus« stecke, sagt z. B. Heinrich Rickert: *Die Grenzen der naturwissenschaftlichen Begriffsbildung.* 2. Aufl. Tübingen 1913, S. 87f., 642f.

26 Theodor Lessing: *Geschichte als Sinngebung des Sinnlosen oder die Geburt der Geschichte aus dem Mythos* (1916). Neudr. der 4. Aufl. von 1927 Hamburg 1962. U. a. Karl R. Popper hat Lessings These von der sinnlosen Geschichte ausdrücklich als richtig erklärt. K. R. P.: »Selbstbefreiung durch das Wissen?« In: *Der Sinn der Geschichte*, hg. von L. Reinisch. 4. Aufl. München 1970, S. 100-186, hier S. 109.

27 Max Weber: *Methodologische Schriften*, hg. von J. Winckelmann. Frankfurt/M. 1968. Siehe dazu Fritz Loos: *Zur Wert- und Rechtslehre Max Webers.* Tübingen 1970.

28 Ernst Troeltsch: »Das Neunzehnte Jahrhundert« (1913). In: ders.: *Aufsätze zur Geistesgeschichte und Religionssoziologie* (*Gesammelte Schriften* Bd. 4). Tübingen 1925, S. 614-649, bes. S. 626ff.

sionen beiseite räumen, um wirklich die Wirklichkeit zu besitzen. Aber bald merkt er, kritisch auch gegen sich selbst, daß alle Wirklichkeit nur seine Konstitutionsleistung ist und das Reale sich dahinter zurückzieht, als Ding an sich, unergründliches Leben, Chaos der Empfindungen etc. Der kritische Verstand schafft so erst die traditionellen Vorurteile, aber dann auch die Realität beiseite und ersetzt sie durch sein eigenes Produkt. Er wollte Tatsachen entdecken – und hat schließlich nur seine eigenen Auslegungen in der Hand, seine Weltinterpretationen (Nietzsche).[29]
Hier kündigt sich mitten in der Krise der Geisteswissenschaften ihre neue Rechtfertigung an: Denn wenn auch der Materialismus und Naturalismus nur Weltauslegungen sind, dann ist das eigentlich Reale ja vielleicht der geschichtliche Geist, der diese Auslegungen hervorbrachte. Der Neuhegelianismus und ähnlich die hermeneutische Philosophie werden im 20. Jahrhundert diese Konsequenz ziehen und den Geisteswissenschaften dadurch ein neues Fundament geben. Dilthey, der einerseits sich auch in jenen ungeschichtlichen Naturalismus verstrickte, hat andererseits diese Wende mit vorbereitet: Geisteswissenschaftliche Arbeit ist »Hingabe« an den objektiven Geist, und deshalb dient sie schließlich auch »der Leitung der Gesellschaft«.[30] Jedenfalls führt der kritische Verstand mit seiner sinnlosen Geschichte zu Gegenreaktionen, und dazu gehören dann im 20. Jahrhundert viele Tendenzen, die die Geisteswissenschaften beherrschen: die Wende zur Wertphilosophie besonders in der Phänomenologie; die Rückwende zum Klassischen als dem einzig Normativen; die existentielle Aneignung der Tradition in der Heideggerschule; die Rückkoppelung des Marxismus an die Utopie; das Beharren auf ungebrochenen Traditionen; die Wende zu Naturrecht und Ethik usw.[31]
Das Problem, daß die Geisteswissenschaften an Nutzen fürs Leben verlieren – also an Orientierungs- und Motivationskraft, an verbindlicher Daseinsbedeutung –, was sie an Wissenschaftlichkeit gewinnen, entstammt also dem 19. Jahrhundert; einer Situa-

29 Friedrich Nietzsche: Nachgelassene Fragmente 1886/87 (Der Wille zur Macht). *Kritische Gesamtausgabe.* Abt. 8, Bd. 1. Berlin 1974, S. 323, vgl. 137f.

30 Wilhelm Dilthey: »Traum«. *Gesammelte Schriften* Bd. 8, S. 226. *Einleitung in die Geisteswissenschaften. Ges. Schr.* Bd. 1, S. 378.

31 Siehe vom Verf. »Das Problem des Historismus und die Geisteswissenschaften im 20. Jahrhundert«, hier S. 130ff.

tion, in der sie als Wissenschaften einer sich verändernden Geschichte zugleich normative Ansprüche erfüllen und ganz die Rolle der zeitlosen naturrechtlichen Vernunft übernehmen mußten. In dieser Situation zeigt sich, daß ihre auf Wissenschaftlichkeit abgestellte empirische Methode, die ebensolch solide Tatsachenaussagen gewährleisten sollte wie in den Naturwissenschaften, die normativen Prätentionen mehr gefährdete als stützte. Und dies Problem führte zu einer offen diskutierten Krise am Beginn des 20. Jahrhunderts, als durch politische und soziale Umwälzungen und den Ersten Weltkrieg sich allgemein die Erwartungen auf Orientierungshilfe an die Geisteswissenschaften richteten und enttäuscht wurden. Als empirische Wissenschaften waren sie nicht fähig, verbindliche Antworten zu geben.

Sehe ich richtig, hat sich inzwischen die Lage – z. T. paradoxerweise durch Radikalisierung – weiter entspannt. Ich deute an:

1. Man weiß, daß selbst die These von der sinnlosen Geschichte nur eine historisch bedingte Weltdeutung ist, in gleicher Weise wie das mechanistische Weltbild.
2. Die Geisteswissenschaften haben es in vielen Bereichen aufgegeben, mit den Naturwissenschaften auf dem Weg zur Exaktheit Schritt zu halten, und haben sich auf ihr eigenes Terrain besonnen. Ihre eigene Wissenschaftlichkeit dient der Abwehr von überzogenen Ansprüchen und Ideologisierungen.
3. Den gefürchteten Relativismus und Pluralismus hat man inzwischen als Vorteil, als Freiheitsgewinn gegenüber dem Anpassungsdruck von Massenkulturen wahrnehmen gelernt. Und von seiten der Geisteswissenschaften sieht man befriedigt, daß durch die neuere Wissenschaftsphilosophie auch die Naturwissenschaften nicht vom Relativismus verschont bleiben.[32] Aber wenn es denn so sein sollte, daß Pluralismus und Relativismus die Grundzüge des gegenwärtigen Zeitalters sind, dann erhebt sich die Frage, wie solcher Pluralismus friedlich möglich ist. Denn über alles darf Streit geführt werden, nur nicht über die Frage, ob man solchen Streit mit Gewalt oder Argumenten führen soll. – Die aufgeklärte Vernunft brauchte Geschichte. Braucht nicht die historische und pluralistische Vernunft ein Stück Naturrecht der Aufklärung?

32 Siehe vom Verf. »Historismus und Wahrheit in der Wissenschaftstheorie«, hier S. 158 ff.

III. Vom Naturrecht zum Rechtspositivismus*

Es ist sicherlich nicht immer sehr fruchtbar, wenn der Wissenschaftsphilosoph von seinem grünen Schreibtisch oder goldenen Turm aus dekretiert, was die Wissenschaften tun oder getan haben sollen, und dabei z. B. zum Ergebnis kommt, daß etwa die Geisteswissenschaften, obwohl sie existieren, gar nicht möglich sind, wie wir bei Julius Kraft lesen. Wegen dieser Mißlichkeit hat Erich Rothacker die »Rekonstruktion der Geschichte der Geisteswissenschaften« – wie er wörtlich sagt – zur »dringendsten Aufgabe« erklärt: Denn schließlich müsse eine Theorie und Grundlegung der Geisteswissenschaften am Gang und am wirklichen Geschäft dieser Wissenschaften orientiert sein.[1] Das Buch, in dem Rothacker diese Forderung erhebt und das er – nicht gerade bescheiden –, den Titel von Diltheys unvollendetem Hauptwerk aufgreifend, *Einleitung in die Geisteswissenschaften* nennt, dies materialreiche Buch gilt selbst fast ausschließlich solcher Rekonstruktion, und zwar der Rekonstruktion der Geisteswissenschaften im 19. Jahrhundert, beginnend mit Hegel und mit dem Positivismus und dann mit Dilthey schließend.

In diesem Zusammenhang gewährt Rothacker einen besonders breiten Raum der sog. historischen Schule, also den Autoren, die am Beginn des 19. Jahrhunderts die Geisteswissenschaften als historische Wissenschaften begründeten. Und innerhalb der historischen Schule legt er wiederum einen starken Akzent auf die historische Rechtsschule, da deren führender Kopf, K. F. v. Savigny, »dem mächtigen Organismus der historischen Schule die Grundlagen« geliefert habe.[2] Rothacker schreibt die Geschichte der historischen Schule, weil er in ihr die »wertvollste geisteswissenschaftliche Überlieferung« erblickt, die durch den Positivis-

* Umgearbeitete Fassung eines Vortrages, der unter dem Titel »Das Ende des Naturrechts und die praktische Philosophie« im März 1988 in der Philosophischen Gesellschaft in Salzburg gehalten wurde.

1 Erich Rothacker: *Einleitung in die Geisteswissenschaften.* Tübingen 1920. Zweite, photomech. gedr., durch ein ausführl. Vorw. erg. Aufl. Tübingen 1930. Siehe Inhalts-Verz. 1. Aufl. S. XII und S. 5.

2 A.a.O. S. 45.

mus abgerissen und in Vergessenheit geraten sei.[3] Der Positivismus nach der Jahrhundertwende aber erscheint bei Rothacker in Deutschland als eine Art Fremdkörper, als Import aus England und Frankreich. Und wo Rothacker diesen geisteswissenschaftlichen Positivismus ausführlich darstellt, dort ist – merkwürdigerweise – nur vom Positivismus in den Wissenschaften von der Kunst, vom Rechtspositivismus aber nirgends die Rede.
Ich unterstreiche Rothackers Forderung einer Rekonstruktion der Geschichte der Geisteswissenschaften; ich unterstreiche ebenso, daß solche Rekonstruktion besonders das 19. Jahrhundert und darin zentral auch die historische Rechtsschule berücksichtigen muß. Aber ich teile nicht Rothackers Einschätzung des Positivismus als einer Art Fremdkörper in der deutschen Wissenschaftsgeschichte; und ich teile auch nicht die Ansicht, man könne und müsse sich in besonderer Weise weiterhin an der historischen Rechtsschule orientieren. Vielmehr scheint es mir die Aufgabe der Wissenschaftsgeschichte zu sein, die historische Rechtsschule auch in ihrer Problematik zu zeigen. Denn schon ein Blick in die einschlägigen Disziplingeschichten und Handbücher belehrt uns, daß mit der historischen Rechtsschule in Deutschland die lange Tradition der normativen Rechts- und Staatstheorie zu Ende ging.[4] Um die Problematik der historischen Rechtsschule, um sie als Gefahrenzone des Rechtsdenkens ver-

3 A.a.O. S. 3.

4 Ernst von Hippel: *Geschichte der Staatsphilosophie in Hauptkapiteln.* Bd. 2, Meisenheim a.Gl. 1957. Das Buch füllt die Lücke nach Hegel zum großen Teil mit Autoren, die wir hier gar nicht erwarten würden: E. T. A. Hoffmann, Novalis, Comte, Marx, Ihering, Nietzsche, R. Steiner, Dostojewski, Tolstoi, Solowjew. – C. E. Vaughan: *Studies in the History of Political Philosophy before and after Rousseau*, ed. A. G. Little, vol. 2, New York 1960. Für die Zeit nach Hegel werden nur Comte und Mazzini genannt. – René Marcic: *Geschichte der Rechtsphilosophie. Schwerpunkte – Kontrapunkte.* Freiburg 1971. Von der nachhegelschen Philosophie werden abschließend nur erwähnt: Nietzsche, Marx und Heidegger. – Hans Maier et al. (Hg.): *Klassiker des politischen Denkens.* 5. erw. Aufl. München 1987. Bd. 2: *Von Locke bis Max Weber.* Die nachidealistische Philosophie ist repräsentiert durch Toqueville, Mill, Comte, Marx, Nietzsche und M. Weber. Am ausführlichsten informiert über das 19. Jahrhundert: I. Fetscher, H. Münkler (Hg.): *Pipers Handbuch der politischen Ideen.* Bd. 4. München, Zürich 1986.

ständlich zu machen, entwerfe nun auch ich eine Rekonstruktion; aber ich beschränke mich auf das Rechts- und Staatsdenken; riskiere allerdings eine etwas weitere historische Perspektive, um jene Schule im größeren Kontext vor Augen zu bekommen. Dabei kann ich hier freilich nur eine Grobskizze zeichnen; was den Vorteil hat, daß – mit Verlaub – meine Rekonstruktionsprinzipien sichtbar werden. Und meine wichtigsten Prinzipien sind die Fragen nach Normativität, nach Konsistenz und nach dem Verhältnis der Rechtstheorie zu dem, was sich als Wirklichkeit aufdrängt.

1. Das Ende des Naturrechts

Zweifelsohne war in der Aufklärung eine normative Staatstheorie noch das Zentrum der praktischen Philosophie. Diese Staatsphilosophie stand im Zeichen des Naturrechts, das universell gültige Handlungsregeln und eine Lehre vom richtigen Staat zu entwerfen sich bemühte.[5] Wenngleich es sehr verschiedene Spielarten dieses Naturrechts gab, so hatte die naturrechtliche Staatsphilosophie der Aufklärung doch einen gemeinsamen Charakter. Sie ruhte nämlich in der Regel auf zwei Fundamenten: auf einer Lehre vom Menschen und auf einer Lehre vom Gesellschaftsvertrag. Die erstere, die Anthropologie, zeigte die natürliche Ausstattung des Menschen (z. B. seine Schwäche und Hilflosigkeit) und seine Grundtriebe (z. B. den Selbsterhaltungstrieb), sowie zumeist auch die Handlungsnormen, die er kraft seiner Vernunft einzusehen vermag. Die Lehre vom Gesellschaftsvertrag andererseits führte vor Augen, wie so ausgestattete Wesen den Naturzustand verlassen und in einen Sozialverband eintreten müssen und wie solcher Verband, der Staat, folgerichtig auszusehen hat. Der

5 Siehe aus der umfänglichen Literatur: Leo Strauss: *Natural Right and History*. Chicago 1953. Dt. Ausg. von H. Boog: *Naturrecht und Geschichte*. Stuttgart 1956. – Hans Welzel: *Naturrecht und materiale Gerechtigkeit*. 4. Aufl. Göttingen 1962. – Ernst Bloch: *Naturrecht und menschliche Würde*. Frankfurt/M. 1961 (= *Gesamtausg.* Bd. 6). – Alfred Voigt (Hg.): *Der Herrschaftsvertrag*. Neuwied a. Rh. 1965. – Wolfgang Röd: *Geometrischer Geist und Naturrecht. Methodengeschichtliche Untersuchungen zur Staatsphilosophie im 17. und 18. Jahrhundert*. München 1970.

Struktur nach verfolgte die Staatsphilosophie eine ähnliche Methode wie die, mit der die Naturphilosophie arbeitete und mit der z. B. noch der frühe Kant seine Kosmologie entwarf: Zuerst werden die Eigenschaften der natürlichen Elemente bestimmt (bei Kant: Anziehung, Abstoßung), und dann wird demonstriert, wie aufgrund ihrer Eigenschaften die Elemente eine bestimmte Naturordnung aufbauen.[6]

Das hier nur in seinen Grundzügen angedeutete Modell naturrechtlicher Staatsbegründung gerät in der zweiten Hälfte des 18. Jahrhunderts in die Krise; und zwar offensichtlich durch ein neues Wirklichkeitsverständnis: Unter einem neuen »Empirisierungszwang«, wie Lepenies[7] es nennt, wird nur das als wirklich anerkannt, was die empirischen Wissenschaften zum Gegenstand planvoller Erforschung machen können.

Dadurch wird erstens bewußt, daß das Naturrecht in der Regel bruchlos von der Anthropologie zur Rechtsbegründung überging und so den Bereich des Seins mit dem des Sollens vermischte. Z. B. haben im Naturrecht die Menschen mit ihrem Selbsterhaltungstrieb zumeist auch sogleich das natürliche *Recht* auf Selbsterhaltung. Da die Menschen keine Macht haben, auf ihre Selbsterhaltung zu verzichten – so lesen wir z. B. bei J. Locke –, so werden sie auch »stets das *Recht* haben, das zu schützen, wovon sich zu trennen sie nicht die Macht haben.«[8] *Der* Staat also ist der richtige Staat, der den anthropologischen Konstanten Rechnung trägt. Diese Ableitung von ethischen und rechtlichen Normen aus der Anthropologie ist für uns befremdlich, sie erscheint uns inzwischen als naturalistischer Fehlschluß.[9]

Sodann wird zweitens durch den Empirisierungszwang auch die Lehre vom Gesellschaftsvertrag problematisch. Denn das 18. Jahrhundert dehnt das planvolle Erforschen der empirischen Wirklichkeit vom Bereich der Natur auch auf die Welt des Men-

6 I. Kant: *Allgemeine Naturgeschichte und Theorie des Himmels* (1755). *Akad.-Ausg.* Bd. 1, S. 215-368.

7 Wolf Lepenies: *Das Ende der Naturgeschichte. Wandel kultureller Selbstverständlichkeiten in den Wissenschaften des 18. und 19. Jahrhunderts.* Frankfurt/M. 1978, S. 16ff.

8 John Locke: *The Second Treatise of Government* (1690), § 149.

9 Siehe Wolfgang Röd: »Rationalistisches Naturrecht und praktische Philosophie der Neuzeit«. In: M. Riedel (Hg.): *Rehabilitierung der praktischen Philosophie* (s. u. Anm. 39). Bd. 1, S. 269-295.

schen, auf die Geschichte aus. Je mehr sich aber der Gang der wirklichen Geschichte ins Bewußtsein drängt, desto mehr wird aus dem naturrechtlichen Modell mit seiner Unterscheidung von status naturalis und status civilis, von Naturzustand und Staat, nur eine problematische empirische Hypothese, die sich von der Geschichte her nicht bestätigen läßt und deshalb als sinnlos erscheint. Denn die methodisch geregelte Geschichtswissenschaft weiß freilich nichts von einem Naturzustand mit selbständigen Individuen, sie weiß auch nichts von öffentlichen oder stillschweigend abgeschlossenen Gesellschaftsverträgen. Erklärungsmodelle der rechtlichen Gemeinschaft müssen nun zugeschnitten sein auf den Gang der wirklichen Geschichte. Und solche Modelle liefert jetzt die neue Disziplin »Geschichtsphilosophie«. Wer sie betreibt – wie Herder – legt den Begriff »Gesellschaftsvertrag« beiseite und versteht unter dem »Naturzustand« den gesellschaftlichen Zustand vor Ausbreitung der Zivilisation.[10]

Wegen dieser Schwierigkeiten – wegen der naturalistischen Fehlschlüsse und wegen der problematisch gewordenen Lehre vom Gesellschaftsvertrag – bereitet Kant der älteren Naturrechtslehre ein Ende und stellt das Naturrecht auf eine solidere Basis: auf die Basis der reinen, d. h. erfahrungsfreien, praktischen, d. h. aufs Handeln bezogenen Vernunft. Das Naturrecht gründet sich nun nur auf die Freiheit, und die Freiheit ist zugleich für Kant das einzige »angeborene Recht«.[11] Dadurch sind die Bereiche des Seins und des Sollens, sind Natur und Sittengesetz nun streng geschieden.

Wird die problematische Anknüpfung an eine Anthropologie durch den Ausgang von der reinen Vernunft von Kant vermieden, so verwandelt er andererseits den Gesellschaftsvertrag in eine »Idee«, und zwar in eine regulative Idee für Gesetzgebung und Gesetzesreform: Diese sollen immer so erfolgen, daß sie mit der Idee solch eines ursprünglichen Vertrages zwischen freien Indivi-

10 »Der Naturzustand des Menschen ist der Stand der Gesellschaft: denn in dieser wird er gebohren und erzogen ...« Johann Gottfried Herder: *Ideen zur Philosophie der Geschichte der Menschheit. Sämtliche Werke*, hg. von B. Suphan. Bd. 13. Berlin 1887, Repr. Hildesheim 1967, S. 375.

11 Kant: *Die Metaphysik der Sitten. 1. Tl.: Metaphysische Anfangsgründe der Rechtslehre* (1797). *Akad.-Ausg.* Bd. 6, S. 237f. Kants Begriff des Naturrechts ebd.

duen übereinstimmen. Eben dadurch wird der Gesellschaftsvertrag nun zum Schrittmacher des positiven Rechts.[12] Man sieht: Keineswegs hat dieses Vernunftrecht Schwierigkeiten, sich mit der Geschichtsphilosophie zu arrangieren. Vielmehr ist Kants Vernunft- und Naturrecht deren Herzstück: Denn es ist der von der praktischen Vernunft geforderte Maßstab für den geschichtlichen Fortschritt und zugleich auch der Hebel, das positive Recht fortschreitend in vernunftgemäßes Recht zu transformieren.[13] Nicht mehr kann die wirkliche Geschichte den Gedanken des Gesellschaftsvertrages gefährden. Sondern umgekehrt werden die wirkliche Geschichte und die wirklichen Staaten an dem Ideal eines vertraglich konstituierten Vernunftstaates gemessen.

Aber auch und gerade dies mit methodischer Strenge begründete Naturrecht wurde bald Gegenstand scharfer Kritik, wenngleich z. B. Fichte und Fries es aufnahmen und fortbildeten. Der Grund für diese Kritik lag in einer neuen Blickweise: Die neue Generation, die des deutschen Idealismus, entdeckt um 1800 nun einen allzugroßen Abstand, eine zu große Fremdheit zwischen dem Gebiet des Sollens, den Vernunftnormen, und dem Gebiet des Seins; und man findet, daß ein der Wirklichkeit fremdes Naturrecht dem Menschen Schaden zufügt. – So kritisiert man erstens, daß Kants Vernunftrecht mit der gelebten Sittlichkeit in Konflikt gerate, diese schlechter mache als sie sei, indem es z. B. eine Institution wie die Ehe nicht angemessen begreifen lasse, sondern sie durch Verrechtlichung nur verzerrt und verdinglicht in den Blick bekomme. – So kritisiert man zweitens, daß die Allgemeinheit des kategorisch gebietenden Sittengesetzes die sich entfaltende, individuelle Natur des Menschen unterdrücke; in der Kantischen und Fichteschen Moralphilosophie, so lesen wir z. B. bei Hegel 1802, sei die Natur des Menschen »ein zu Vernichtendes«, »das Gesetz der Häßlichkeit und Vernunftwidrigkeit an sich tragend.«[14]

12 Kant: *Über den Gemeinspruch: Das mag in der Theorie richtig sein, taugt aber nicht für die Praxis* (1793). *Akad.-Ausg.* Bd. 8, S. 289 ff. *Rechtslehre*, a.a.O., bes. S. 315 ff.

13 Kant: *Der Streit der Fakultäten* (1798). *Akad.-Ausg.* Bd. 7, bes. S. 70 ff. Vgl. *Zum ewigen Frieden* (1795). Bd. 8, S. 341-386.

14 G. W. F. Hegel: »Glauben und Wissen oder Reflexionsphilosophie der Subjektivität in der Vollständigkeit ihrer Formen als Kantische, Jacobische und Fichtesche Philosophie« (1802). *Theorie Werkausgabe*. Bd. 2, S. 419 f. Vgl. ders.: »Über die wissenschaftlichen Behandlungs-

Jedenfalls schien für die Philosophen nach Kant dessen praktische Philosophie, deren Gehalt wesentlich Rechtspflichten und Tugendpflichten sind und die deshalb den äußeren und inneren Zwang zum Gegenstand hat, einen permanenten doppelten Konflikt zu simulieren: den Konflikt zwischen den Interessensphären der Individuen und der Gesellschaft, und den Konflikt zwischen moralischer Vernunft und sinnlicher Natur in den einzelnen Menschen. Während das ältere, z. B. thomistische Naturrecht in aristotelischer Weise im sittlichen Handeln die Vollendung der Naturanlagen sah, betrachtet Kants Moralphilosophie die Natur eher als Störfaktor, als das, was es zu beherrschen gilt. – Kurz: Kant hatte erstmals mit methodischer Strenge das Sollen von dem Sein getrennt. Aber die nachkantische Philosophie entdeckt nun einen unseligen Zwiespalt zwischen den Normen und der Wirklichkeit; und diese Trennung erscheint als prinzipielle Schwäche des Kantischen Standpunktes.

Für diese Blickweise gibt es sicher mehrere Motive. Das wichtigste liegt in einer geschichtlichen Erfahrung, in der Erfahrung der Französischen Revolution. In den Religionskriegen hatte die Zersplitterung in verschiedene Konfessionen zum Blutvergießen geführt; eben dies war ja ein entscheidender Grund für die Ausbildung einer »natürlichen« universalen Religion und eines »natürlichen« universalen Rechts gewesen. Nun aber, in der Französischen Revolution, führte das universal gedachte Naturrecht selbst zu einem Blutbad, das sich nicht in jeder Hinsicht moralisch rechtfertigen ließ, schon weil sich auch die Revolutionäre im Namen der Moral und des Naturrechts gegenseitig aufs Schafott brachten.

Dadurch verliert das Naturrecht sein Ansehen. 1789, im Revolutionsjahr, beginnt der Jurist Gustav Hugo,[15] in dem viele den Begründer der historischen Rechtsschule sehen, seine Kritik: Das Naturrecht sei zu wirklichkeitsfremd, zu abstrakt. Das Privat-

arten des Naturrechts, seine Stelle in der praktischen Philosophie und sein Verhältnis zu den positiven Rechtswissenschaften« (1802), ebd. S. 434 ff., und F. D. E. Schleiermacher: *Grundlinien einer Kritik der bisherigen Sittenlehre* (1803). *Werke. Auswahl in vier Bänden*, hg. von O. Braun, J. Bauer. 2. Aufl. Leipzig 1928, Bd. 1, z. B. S. 56 ff., 65 ff.

15 Ernst Landsberg: *Geschichte der Deutschen Rechtswissenschaft.* 3. Abt. 2. Halbbd. München, Berlin 1910, S. 19 ff. – Wilhelm Ebel: *Gustav Hugo: Professor in Göttingen.* Göttingen 1964, S. 29 ff.

recht, so spottet Hugo, könne mit dem Naturrecht genauso wenig verbessert werden, wie man mit den metaphysischen Lehren von den allgemeinen Eigenschaften der Körper ein medizinisches Rezept herstellen könne.[16] Der übergroße Abstand zwischen allgemeiner Normenwelt und konkreter Wirklichkeit beweist nun nicht mehr die Reformbedürftigkeit der letzteren, sondern diskreditiert die Vernunftnormen. Dadurch aber trennt man sich von Kant und vom aufgeklärten Naturrecht überhaupt.

Ein Indiz für dessen Ende ist die Tatsache, daß nach Kant und Fichte, seit der Zeit um 1800, die Lehre vom Gesellschaftsvertrag aus den Staatstheorien verschwindet. Damit endet auch die Methode, von den freien Individuen her den Staat, vom Einzelnen her das Ganze zu konstruieren. Fortan wird man zumeist umgekehrt verfahren und vom organischen Ganzen des Staates oder des Volkes ausgehen. Eben dadurch vollzieht sich wieder eine Annäherung an die Methode des Aristoteles, für den ebenfalls das Ganze »früher« war als die Teile und der deshalb die Staatsphilosophie zur Grundlage der Ethik gemacht hatte. In der Moderne führt dieser Wechsel dazu, daß man die individuelle Freiheit nicht mehr zur Basis des Staates macht, sondern zu dem, was der Staat aus sich entwickelt. Und durch diesen Ausgang vom organischen Ganzen, das sich ausdifferenziert, läßt sich die Staatstheorie auch leichter mit der Geschichte in Einklang bringen.

Als die moderne Wissenschaft das Naturrecht bedrohte, stellte Kant es auf eine neue Basis und transformierte es in ein Vernunftrecht. Aber dies neu begründete Vernunftrecht geriet nun seinerseits besonders durch eine geschichtliche Erfahrung, durch die Revolution, ins Wanken. Eben dies war eine neue Erfahrung: Nicht nur die politische Geschichte und die Systeme des positiven Rechts änderten sich. Auch das Naturrecht, das vermeintlich überhistorische Recht, unterlag einem grundsätzlichen Wandel: Offensichtlich hatte die Vernunft selbst Geschichte.

Die praktische Philosophie nach Kant und Fichte hat dennoch nicht aufgehört, eine Theorie des Staates zu entwerfen. Nicht

16 Gustav Hugo: *Lehrbuch des Naturrechts, als einer Philosophie des positiven Rechts, besonders des Privatrechts.* 4. Aufl. Berlin 1819 (Repr. Glashütten i. T. 1971), S. 35, § 29. Hugo zitiert hier eine eigene Schrift von 1789 und verweist auf eine ähnliche Äußerung von Th. Schmalz.

einmal den Titel »Naturrecht« hat sie sogleich fallen lassen. Hegel trägt seine staatsphilosophischen Vorlesungen unter dem Titel vor »Naturrecht und Staatswissenschaft«.[17] Aber der Begriff der Natur hat eine neue, andere Bedeutung: Hegel meint damit die *Natur der Sache*, die Natur und den Begriff des Rechts.[18] (Die Basis ist nun eine Metaphysik des Willens, dessen Einzelheit nur eines seiner Momente ist.)

Wenn sich zeigt, daß die Vernunft selbst unwiderruflich der geschichtlichen Veränderung unterliegt, und wenn man gleichwohl zu erkennen beansprucht, was prinzipiell rechtens ist, dann bleibt nur dies: Man muß die geschichtliche Veränderung in ihrem Grundzug als vernünftig, als vernünftigen Fortschritt begreifen. Eben das tut Hegel. In seiner Geschichtsphilosophie zeigt er den Fortschritt der Vernunft auf ihrem Weg zur Freiheit, und in seiner systematischen Rechtsphilosophie integriert er die Hauptstufen und Resultate der Freiheitsentwicklung dem System. Die drei Teile seiner Rechtsphilosophie repräsentieren so die Geschichte der praktischen Philosophie und des Rechtsdenkens. 1. Teil: »Das abstrakte Recht« – hier berücksichtigt Hegel das römische Privatrecht und das Naturrecht der Aufklärung. 2. Teil: »Die Moralität« – hier wird die moderne Gesinnungsethik und die Position Kants kritisch rezipiert. 3. Teil: »Die Sittlichkeit« – das ist die Aufnahme und Umformung der praktischen Philosophie der Antike, besonders der aristotelischen.

Die Anerkennung der geschichtlichen Vielfalt des Rechts als des Daseins der Freiheit führt bei Hegel also dazu, verschiedene Gestaltungen, Ausprägungen der Rechtsidee in einem System zu vereinigen und zu rechtfertigen. Und er rechtfertigt sie nicht im erinnernden, nur historischen Rückblick, sondern als struktive Elemente der gegenwärtigen Rechtswirklichkeit. Das kommt besonders im letzten Teil des Systems zum Ausdruck, in dem Hegel

17 So der Titel von Hegels Vorlesung von 1818/19. Hegel: *Vorlesungen über Rechtsphilosophie.* Edition und Kommentar von K.-H. Ilting. Bd. 1. Stuttgart-Bad Cannstatt 1973, S. 217 ff. Die Druckfassung hat dann den Doppeltitel: *Grundlinien der Philosophie des Rechts. Naturrecht und Staatswissenschaft im Grundrisse* (1821). *Theorie Werkausgabe* Bd. 7.

18 Hegel: *Enzyklopädie der philosophischen Wissenschaften*, § 502. *Theorie Werkausg.* Bd. 10, S. 311 ff. *Grundlinien der Philosophie des Rechts*, § 3, a.a.O. S. 37.

unter dem Titel »Sittlichkeit« die drei Sphären des modernen gemeinschaftlichen Lebens: Familie – bürgerliche Gesellschaft – Staat unterscheidet. In ihnen nämlich sind jeweils andere Elemente der Rechtsidee dominant: So herrscht das »abstrakte Recht«, das die äußere Freiheit garantiert, in der Sphäre der bürgerlichen Gesellschaft, in der Sphäre des Interessenkampfes, nicht aber in Familie und Staat, die Hegel als eigentlich »sittliche« Gemeinschaften versteht.

Im Begriff der Sittlichkeit steckt das eigentlich Neue, genauer: das durch historischen Rückblick auf Aristoteles erarbeitete Neue dieser Philosophie. In ihm wird gedacht, daß Individuen und Gemeinschaft sowie sittliche Vernunft und Natur miteinander im Einklang, versöhnt sind. Dadurch bekommen die durch Traditionen eingespielten Lebensformen ein neues Existenzrecht, denn in ihnen ist die Einheit von Individuen und Gemeinschaft realisiert. Diese Einheit ist nun für Hegel sowohl Grund wie Ziel des Staates. Jener Konflikt in der bürgerlichen Gesellschaft hingegen ist der Konstruktion zufolge nur eine bestimmte Sphäre *innerhalb* und auf dem Grunde der vorausgesetzten Einheit des Staates. Damit ist die aufgeklärte Naturrechtslehre »aufgehoben«, in doppeltem Sinne. 1. Sie ist negiert: Hegel bekämpft den alten Gedanken vom Gesellschaftsvertrag, weil er den Staat wie ein Rechtsgeschäft aus der Willkür selbständiger Individuen folgen lasse. Solche freien selbständigen Individuen gebe es aber weder zeitlich noch begrifflich *vor* dem Staat, sondern nur *im* Staat.[19] 2. Die Naturrechtslehre wird aber auch aufgenommen und bewahrt: Denn Hegel hält sehr wohl den Gedanken der subjektiven Freiheit und der Gleichheit der Bürger fest. Es gehört für ihn zum Kennzeichen des modernen Staates, solche Prinzipien in sich auszubilden.[20]

Die Legitimation des Staates erfolgt nun auf zwei verschiedenen, aber parallelen Wegen: einmal geschichtsphilosophisch, von der

19 *Grundlinien der Philosophie des Rechts*, § 258, a.a.O. S. 400f; vgl. § 75, S. 157f.

20 A.a.O. §§ 182ff., 209, bes. 258. – Zum Problem der Grundrechte bei Hegel siehe Gertrude Lübbe-Wolff: »Über das Fehlen von Grundrechten in Hegels Rechtsphilosophie. Zugleich ein Beitrag zum Verständnis der historischen Grundlagen des Hegelschen Staatsbegriffs.« In: *Hegels Rechtsphilosophie im Zusammenhang der europäischen Verfassungsgeschichte*, hg. von H.-Ch. Lukas u. O. Pöggeler. Stuttgart-Bad Cannstatt 1986, S. 421-446.

objektiven, sich in der Geschichte realisierenden Vernunft aus, zum anderen aus der spekulativen Entfaltung des Begriffs des Rechtes. Beide Wege führen zum selben Ziel und erweisen den modernen Staat, den Staat nach der Französischen Revolution, als vernünftig. Hegels »Naturrecht« konstruiert nicht – wie Kant und Fichte – einen idealen überhistorischen Staat; sondern rekonstruiert und legitimiert – ähnlich wie Hobbes – den wirklichen Staat. Mir ist es hier nicht wichtig, daß diese Legitimation ihre eigenen Probleme hat: Dazu gehört m. E. die Subsumption von Moral und Sittlichkeit unter den Begriff des Rechts und die – im Gegenzug zu Kant – doch etwas zu eng geratene Verklammerung von Sein und Sollen, Wirklichkeit und Norm, die zur emphatischen Verklärung des Staates führt. Ich lasse auch die alte Frage, ob Hegels Rechtsphilosophie reaktionär oder im Kern liberal war, beiseite und betone nur dies: Hegel versucht mit großer Anstrengung ein letztes Mal, mit philosophischen Begriffen den Staat als vernünftig, als Dasein der Vernunft, zu erweisen und das Recht als gerechtes Recht einsichtig zu machen. Dies wird in der Zeit nach Hegel angesichts der sozialen Probleme der Industrialisierung und angesichts einer nur ›historischen Rechtsbegründung‹ kaum mehr zu leisten sein.
Oft wird Hegel auch der historischen Rechtsschule zugeordnet[21] – sehr zu Unrecht. Denn Hegel begegnete dieser neuen Rechtsbetrachtung mit harter Kritik: Sie nehme das Recht als Recht, nur weil es historisch nun einmal existiere, nicht, weil es vernünftig sei.[22] Darin zeigt sich die entscheidende Differenz: Hegel hält mit der Aufklärung noch daran fest, daß sich das Recht vor der Vernunft muß als gerechtes Recht ausweisen lassen. Als die historische Schule diesen Anspruch aufgab, leitete sie die Abwendung von der Rechts- und Staatsphilosophie überhaupt ein.
Im sog. »Kodifikationsstreit«, d. h. im Streit um die Frage, ob man ein gemeindeutsches Privatrecht schaffen solle, gewinnt 1814/15 die neue Richtung Profil: C. F. von Savigny setzt jetzt

21 E. Landsberg thematisiert Hegel in seiner Geschichte der Rechtswissenschaft im Kapitel über die »Frühblütezeit der historischen Schule«; Hegel, sein Schüler Gans und dessen Kontrahent Stahl füllen hier den Abschnitt »Die Spekulation« (a.a.O. S. 344 ff.). An dieser Systematisierung dürfte nur die Subsumtion von Hegel und Gans unter den Begriff der Spekulation sinnvoll sein.
22 Hegel: *Grundlinien der Philosophie des Rechts*, § 3, a.a.O. S. 34 ff.

der »ungeschichtlichen Schule«, nämlich der vom Naturrecht beeinflußten Rechtswissenschaft der Aufklärung, die eigene »geschichtliche Schule« entgegen.[23] Recht ist für Savigny das, was nicht aus bewußtem Willen, sondern aus dem mehr unbewußten Schaffen des Volksgeistes hervorgeht. Deshalb bringt die historische Schule dem Gewohnheitsrecht, als der Basis allen positiven Rechts, das größte Interesse entgegen. Dies Gewohnheitsrecht versteht Savigny als das »natürliche Recht«, im Gegensatz zum »gelehrten Recht« der Juristen.[24] Dies natürliche Recht, das wie Sprache, Religion und Sitte ein Teil der Lebens- und Denkweise der Völker ist, löst das Naturrecht ab. Das ältere Naturrecht erscheint jetzt nur als abstraktes, willkürliches Konstrukt, das der konkreten Wirklichkeit fremd gegenübersteht. Eine Auseinandersetzung mit dem Naturrecht hat Savigny allerdings nie geführt; seine geschichtliche Rechtsbetrachtung brauchte nicht argumentativ verteidigt zu werden, sie setzte sich von selbst durch. (Denn die naturrechtlichen Kodifikationen wurden vom deutschen Bürgertum zumeist als Fremdbestimmung empfunden: Der »Code civil« war Ausdruck der Herrschaft Napoleons, das »Preußische Allgemeine Landrecht« Ausdruck des aufgeklärten Absolutismus.)

Die entscheidenden Doktrinen Savignys, die aller philosophischen Rechtslehre den Boden entzogen, waren folgende Behauptungen: 1. Das Recht ist ein Produkt nicht der Vernunft, sondern ein Produkt von den der Vernunft übergeordneten sog. bildenden, »stillwirkenden Kräften« des Volkes.[25] 2. Das Recht ist individuell wie Sprache und Kultur überhaupt.[26] Durch diese Überzeugungen vom individuellen, unbewußt schaffenden Volksgeist

23 Carl Friedrich von Savigny: *Vom Beruf unsrer Zeit für Gesetzgebung und Rechtswissenschaft* (1814). Ders.: »Über den Zweck dieser Zeitschrift« [für geschichtliche Rechtswissenschaft] (1815). Diese Texte in: Hans Hattenhauer (Hg.): *Thibaut und Savigny. Ihre programmatischen Schriften.* München 1973. Nach dieser Ausgabe wird im folgenden zitiert.

24 Savigny: *Vom Beruf unsrer Zeit für Gesetzgebung und Rechtswissenschaft*, a.a.O. S. 104f.

25 A.a.O. S. 105.

26 »Das Recht wächst also mit dem Volke fort, bildet sich aus diesem, und stirbt endlich ab, so wie das Volk seine Eigentümlichkeit verliert.« A.a.O. S. 104.

als Rechtsquelle wurde der Vernunft die Kompetenz entzogen, im Namen eigener Einsicht über Recht und Unrecht zu entscheiden und eine Rechtsbegründung zu versuchen. Die Vernunft kann jetzt nur noch dienlich sein, die vorgegebene individuelle Rechtstradition auszulegen und zu systematisieren. Zu diesem letzteren Zweck rezipierte schon Gustav Hugo die Philosophie Kants. Und darin besteht schließlich auch die anerkannte wissenschaftliche Leistung der historischen Schule: Neben der historischen Erforschung der Quellen systematisierte, definierte und formalisierte sie den vorgegebenen Rechtsstoff mit nie dagewesener Genauigkeit.
Die historische Schule bildete sich auf dem Gebiet des Privatrechts aus. Dennoch hatte sie große Bedeutung für *alles* Rechtsdenken. Denn sie begründete die Überzeugung, daß das Recht einer philosophischen Betrachtung nicht fähig und eine Sache der Juristen sei.

2. Das Ende der normativen Rechts- und Staatsphilosophie

Bevor ich auf die Probleme und Folgen der historischen Schule eingehe, ein kurzer Rückblick. Die Auflösung des Naturrechts in Deutschland läßt sich idealtypisch in folgenden vier Schritten zeigen:
a) Zunächst wird die Rechts- und Staatsidee von einer Vernunft konstruiert, die auf geschichtliche Vielfalt und Veränderung gar keine Rücksicht nimmt: Die Rechtsvernunft ist ohne Geschichte. Das ist der Standpunkt des aufgeklärten Naturrechts.
b) Sodann wird das aus reiner Vernunft konstruierte Staatsideal zum Ziel der fortschreitenden Geschichte gemacht. Die geschichtsfreie Rechtsvernunft bestimmt das Ziel der Geschichte. Das ist die Position von Kants Vernunftrecht.
c) Darauf wird das Rechts- und Staatsideal als sich fortschreitend entwickelnde Rechtsidee interpretiert und in die Geschichte hineinverlegt. Die Rechtsvernunft begreift das Recht in seiner vernünftigen Entwicklung, als *logische* Entwicklung sowohl wie als *historische*. Die Rechtsvernunft hat nun selbst Geschichte, allerdings eine solche, die sich als logisch und vernünftig begreifen läßt. Das ist das spezifische »Naturrecht« Hegels.

d) Schließlich wird der Gedanke einer philosophisch explizierbaren Rechtsidee aufgegeben. Es bleibt die Rechtsgeschichte übrig, die »höher« ist als die Vernunft.[27] Damit dankt die Rechtsvernunft als eigene Instanz ab; sie weiß sich als kontingent und geschichtsbestimmt. Nicht mehr setzt die gegenwärtige Vernunft einen Maßstab für Recht und Unrecht. Sondern die Rechtstradition ist der Maßstab für die gegenwärtige Vernunft. Dies ist die Stellung der historischen Schule.

Wenngleich also Hegels Rechtsphilosophie zeitlich später liegt als Savignys Begründung einer historischen Rechtsbetrachtung, steht Hegel der Aufklärung näher: Denn der Anspruch wird aufrecht erhalten, daß sich das Recht muß von der Vernunft als Recht begreifen lassen. Diesen Anspruch hat Savigny aufgegeben und hat so die Sachlage umgekehrt: Die Vernunft muß sich vor dem geschichtlich gegebenen Recht legitimieren. Beide, Hegel und Savigny, so hat man ganz richtig gesagt, denken im Rahmen einer Geschichtsmetaphysik: Die Geschichte ist die Evolution und Offenbarung des Absoluten. Aber bei Savigny manifestiert sich dies Absolute am deutlichsten am Anfang, im Ursprung (im römischen Recht) – bei Hegel am Ende, in der eigenen Gegenwart. Savigny sucht das Recht deshalb im gelebten, nicht gesetzten Gewohnheitsrecht; Hegel aber im ausdrücklichen Rechtsbewußtsein, im selbstbewußten Geist. Für Savigny ist die Geschichte eine organische Entwicklung, und das organische Werden ist allein Zeichen ihrer Göttlichkeit. Bei Hegel aber ist die Geschichte ein vernünftiger Fortschritt, dessen Vernunft sich zeigen läßt und der auch die Vernünftigkeit der Gegenwart verbürgt. Und deshalb – so meine These – ist in Deutschland die historische Schule der eigentliche Einschnitt in der Geschichte der Rechtsphilosophie, der Einbruch der Geschichte, der die Philosophie verstummen macht. Die Einsicht in den »Historismus« des Rechts[28] ent-

27 Savigny hatte geschrieben, »daß aller Glaube und alles Gefühl für das was nicht unsres gleichen ist, sondern höher als wir, auf einer ähnlichen Sinnesart beruht«, wie sie das Volk dem Recht entgegenbringt. *Vom Beruf unsrer Zeit*, a.a.O. S. 122f.

28 Dieser Historismusbegriff so schon bei Heinrich Moritz Chalybäus: *System der speculativen Ethik, oder Philosophie der Familie, des Staates und der religiösen Sitte.* Bd. 2. Leipzig 1850, S. 42. Kritisch gegen die historische Schule gewendet a.a.O. Bd. 1, S. 7. Vgl. Immanuel Hermann Fichte: *System der Ethik.* Tl. 1. Leipzig 1850, S. 470f. Beide

zieht den Bereich des Staates einer normativ orientierten philosophischen Diskussion. Indem der Staat und das Recht zu übervernünftigen Manifestationen im Zusammenhang einer unbegreifbaren göttlichen Offenbarungsgeschichte werden, wandern sie aus der Philosophie aus und werden zum Thema der geisteswissenschaftlichen Einzeldisziplinen, zuerst von Jurisprudenz und Geschichtswissenschaft, später auch von Soziologie und politischer Ökonomie.

Die historische Rechtsschule hat – wie erwähnt – große anerkannte Leistungen hervorgebracht, in der historischen Erforschung des Rechts wie in seiner Systematisierung. Noch das BGB Japans soll durch sie beeinflußt sein. Gleichwohl war die Position Savignys instabil, denn in ihr steckten Spannungen und Widersprüche, und sie geriet in immer schärferen Gegensatz zur staatlichen und gesellschaftlichen Situation.

a) Savigny behauptete, Privatrecht und Staatsrecht stünden in organischem Zusammenhang und bildeten ein organisches Ganzes.[29] Zugleich aber erklärte er, das Staatsrecht sei nicht Sache des Juristen. Sein konservatives Desinteresse an der Errichtung einer preußischen Verfassung stand so im Widerspruch zu seiner organischen Rechtsauffassung.

b) Savigny verknüpfte das Recht eng mit dem Volksgeist. Aber er kämpfte in Deutschland nicht für das germanische, sondern für das rezipierte römische Recht; und er tat dies in einer Zeit, als das ›Heilige Römische Reich Deutscher Nationen‹ bereits untergegangen war und so durch Traditionsbruch die Geltung des römischen Rechts weiter an Selbstverständlichkeit verloren hatte. Der Kampf zwischen den Romanisten und Germanisten, der am Ende der 30er Jahre in der Jurisprudenz ausbrach, war so schon bei Savigny vorprogrammiert.

c) Savigny erklärte zur eigentlichen Rechtsquelle das Volk. Aber da für ihn nur in ihrer Jugend die Völker rechtsschöpferisch waren, sollte in der Spätzeit, also in Savignys Gegenwart, die ge-

Autoren, wie der Spätidealismus allgemein, distanzierten sich von einer rein geschichtlichen Rechtsbetrachtung und versuchten eine Rechtsbegründung auf dem Wege der Spekulation, fanden damit aber keine Resonanz mehr. Siehe auch die großen ethischen Systeme von Johann Ulrich Wirth und Karl Philip Fischer.

29 C. F. v. Savigny: *System des heutigen Römischen Rechts.* 1. Bd. Berlin 1840, S. 22.

lehrte Jurisprudenz die Stelle des Volkes einnehmen. Und so forderte und etablierte Savigny, der den unbewußten Volksgeist als Rechtsquelle beschwor, ein mit wissenschaftlicher Methodik arbeitendes ausgesprochenes Juristenrecht.
Dieser Übergang zur modernen Wissenschaft, der zum Theorem vom unbewußten Wirken des Volkes schlecht paßte, zeigt sich in der gesamten Konzeption. Nirgends wurde die Metaphysik der sich entwickelnden Volksgeister expliziert oder plausibel gemacht; sondern es wurde historische und definitorische Kärrnerarbeit geleistet – wissenschaftliche Bemühungen, die den Glauben an einheitlich sich entfaltende Volksgeister eher auflösten als bestätigten, jedenfalls solchen Glauben gut dahingestellt sein und beiseite lassen konnten.
Aber nicht nur *innere* Widersprüche machten die Position der historischen Rechtsschule instabil, sondern sie geriet auch wachsend in einen Widerspruch zur sozialen Wirklichkeit. Die sozialen Probleme widerlegten das Verständnis des Rechts als Produkt einer übervernünftigen und göttlichen Geschichte und des Volkes. Savigny hatte, wie Achim von Arnim berichtet, mit Gustav Hugo lange Gespräche über die Vornamen von Juristen der Rechtsgeschichte geführt, aber am aktuellen sozialen Problem der Bauernbefreiung schlicht vorbeigesehen.[30] Der Staatsrechtler der historischen Schule J. K. Bluntschli hatte die Verelendung des vierten Standes zwar vermerkt, aber er konnte sie mit seiner organischen Rechtsphilosophie nicht in Einklang setzen.[31] Anders als Hegel konnte Bluntschli sie nicht mehr staats- und rechtsphilosophisch begreifen; und so blieb sie draußen, vor der Tür der

30 Reinhold Steig: »Achim von Arnim über Savignys Buch vom Beruf unserer Zeit für Gesetzgebung.« In: *Zeitschrift der Savigny-Stiftung für Rechtsgeschichte*. Germ. Abt. Bd. 13 (1892) S. 228-234.

31 Johann Kaspar Bluntschli: *Allgemeines Staatsrecht, geschichtlich begründet*. München 1852, S. 94-97. In den späteren Auflagen betont Bluntschli – mehr beschwörend als überzeugend –, die Gesellschaft seiner Zeit leide zwar an »Desorganisation«, aber zum Glück sei die nichtbesitzende Bevölkerung mit der besitzenden »noch organisch verbunden«. Der Staat müsse bewirken, »daß so wenig als möglich Abfälle der organisierten Berufsstände in das notwendig unorganisierte atomistische Proletariat versinken.« *Allgemeine Staatslehre*, 6. Aufl., durchges. von E. Loening. Stuttgart 1886. Neudr. Aalen 1965, Bd. 1, S. 213-215.

Rechtstheorie, als ein Störfaktor, der die Rede von der organischen Entwicklung des Rechts unglaubhaft machte. Die historische Schule hatte der Aufklärung vorgeworfen, daß sie mit dem Naturrecht der Wirklichkeit von außen fremde, abstrakte Prinzipien aufpressen wolle, daß die Aufklärung also Naturrecht und Wirklichkeit nicht vermitteln könne. Aber dies Problem hat die historische Schule auch selbst: Die neue soziale Situation, hervorgerufen durch die Industrialisierung, blieb ihr fremd, wurde von der organischen Rechtsphilosophie nicht erreicht. So standen sich eine traditionalistische Rechtsvernunft und die soziale Wirklichkeit fremd gegenüber. Die Rechtstheorie reagierte nicht mehr auf die Regelungsbedürfnisse der Gegenwart.[32]

Auch die Erfahrung der neuen Rechtssetzungen untergrub die Überzeugung, daß Recht aus dem Volksgeist hervorgehe. Es zeigte sich vielmehr als Produkt von staatlicher Macht und von Interessen. Das ist z. B. im neuen Handelsrecht der Fall, wie F. Wieacker zeigt.[33] Indem sich aber das Recht nicht als Produkt des organisch sich entwickelnden Volksgeistes, sondern als Ergebnis wirtschaftlicher Macht und der Willkür der Staatsmacht erwies, geriet die historische Schule in eine Legitimationskrise. 1848 hielt der Staatsanwalt J. von Kirchmann einen berühmt gewordenen Vortrag über *Die Wertlosigkeit der Jurisprudenz als Wissenschaft.* Und darin heißt es: »drei berichtigende Worte des Gesetzgebers, und ganze Bibliotheken werden zu Maculatur.«[34] Savignys Überzeugung, die Rechtswissenschaft habe ihre Würde als Organ und Fortbildung des »natürlichen Rechts« im Volk, des Volksrechts, hat sich nun als Illusion entlarvt. Laut Kirchmann ist die Rechtswissenschaft vom natürlichen, wahren Recht genauso

32 Ernst-Wolfgang Böckenförde: »Die Historische Rechtsschule und das Problem der Geschichtlichkeit des Rechts.« In: *Collegium Philosophicum. Studien Joachim Ritter zum 60. Geburtstag.* Basel, Stuttgart 1965, S. 9-36.

33 Franz Wieacker: *Privatrechtsgeschichte der Neuzeit unter besonderer Berücksichtigung der deutschen Entwicklung.* 2. Aufl. Göttingen 1967, S. 462 ff.

34 Julius von Kirchmann: *Die Wertlosigkeit der Jurisprudenz als Wissenschaft. Ein Vortrag gehalten in der Juristischen Gesellschaft zu Berlin 1848.* Darmstadt 1966, S. 25. Siehe dazu F. Wieacker, a.a.O. S. 415 f. Eric Wolf: *Große Rechtsdenker der deutschen Geistesgeschichte.* Tübingen 1962, S. 625 f.

abgeschnitten wie von der Politik; ja sie ist verurteilt, das natürliche Recht im Volk durch Verwissenschaftlichung zu zerstören und den zufälligen, willkürlichen positiven Gesetzen zu dienen.[35] Aus dieser Krise, die Kirchmann anspricht, rettet sich die historische Schule nicht durch eine Verfassungstheorie; sondern sie vollzieht weiter den Übergang in den Positivismus. Genauer: sie geht von einem Positivismus, der das »Positive« altehrwürdiger Rechtstraditionen bewahrt, verehrt und zur Geltung bringt, zu einem neuen Positivismus über, der sich ganz auf das beschränkt, was dem wissenschaftlichen Verstand faktisch gegeben ist. Und das ist sogar in einem dreifachen, ja zumindest in einem dreifachen Sinne der Fall:

a) Die Schule bildet in sich so etwas wie einen historischen Positivismus aus. Denn sie macht mit historisch-philologischer Methodik die Erforschung des römischen Rechts zu einer hochspezialisierten Geschichtswissenschaft; zu einer »nur wenigen Eingeweihten zugänglichen Geheimwissenschaft«, wie P. Koschaker[36] sagt, und d. h. zu einer Altertumswissenschaft, die sich von der Rechtsdogmatik und -praxis ganz abgelöst hat. Schon die ersten Bände der von Savigny editierten *Zeitschrift für geschichtliche Rechtswissenschaft* sind mit rein historischen Detailuntersuchungen angefüllt.

b) Die historische Schule geht sodann zu einem Gesetzespositivismus über, der das vom Staat – und nicht vom Volksgeist – gesetzte positive Recht als einzige Grundlage der juristischen Arbeit akzeptiert und sich auf die formale Bearbeitung, auf Systematisierung und Definitionen, beschränkt.

Dieser Übergang zum Gesetzespositivismus ist z. B. besonders deutlich auch bei Friedrich Julius Stahl, der sich schon selbst als Staatsphilosoph der historischen Schule verstand. Es ließe sich en

35 J. v. Kirchmann, a.a.O. S. 33 f., 45. – Savigny war noch der Überzeugung, die Rechtswissenschaft könne in der Moderne das Amt des Volksgeistes bei der Rechtserzeugung übernehmen: das Recht werde »erst durch Sitte und Volksglaube, dann durch Jurisprudenz erzeugt.« *Vom Beruf unsrer Zeit*, a.a.O. S. 105. Kirchmann aber sieht die Jurisprudenz ganz von Rechtssetzung und Gesetzgebung abgetrennt. Das ist auch die Klage des engagierten Demokraten, der den Juristenstand nur im Dienst des Staates, nicht im Dienst des Volkes sieht.

36 Paul Koschaker: *Europa und das Römische Recht*. München, Berlin 1947, bes. S. 308 ff.

detail zeigen, wie diese sog. Philosophie schließlich darauf hinausläuft, den tatsächlich gegebenen Staat als gottgewollt und seine Gesetze als Inbegriff der Gerechtigkeit zu interpretieren. Anders als bei Savigny haben nun das Gewohnheitsrecht und die Sitte des Volkes bei Stahl keine juristische Relevanz mehr.[37]

c) Die historische Schule kippt sodann in einen soziologischen Positivismus um. Da die alte Rahmentheorie, die Metaphysik des Volksgeistes, mit den modernen Erfahrungen und dem neuen Wissen von den Kräften der Geschichte unverträglich war, wurde sie durch eine neue Basistheorie ersetzt. Rechtsformen werden jetzt verstanden als Ergebnis sozialer Kämpfe und als Instrumente der Machtausübung. Das ist bei Rudolph Ihering der Fall: Er betrieb zunächst »Begriffsjurisprudenz« im Sinne der histori-

37 Stahl stellt seine Rechts- und Staatslehre, wie schon der Untertitel sagt, auf die »Grundlage christlicher Weltanschauung« und erklärt, daß diese »Grundannahme« wie jede andere eine Sache des »Glaubens« sei. Friedrich Julius Stahl: *Die Philosophie des Rechts.* Bd. 2: *Rechts- und Staatslehre auf der Grundlage christlicher Weltanschauung.* 1. u. 2. Abt. 2. Aufl. Heidelberg 1845/46. Zit.: 1. Abt. Einleitung § 5, S. 4f. Die Rechtsphilosophie hat es jetzt aufgegeben, rationale, allgemeingültige Prinzipien aufstellen zu wollen. Als »geschichtliche Philosophie«, die sich im Einklang mit der »positiven Philosophie« des späten Schelling weiß, ebnet Stahls Rechtsphilosophie einem bedenklichen Gesetzespositivismus den Weg. Denn anders als Savigny löst Stahl die positiven Gesetze vom »natürlichen Recht«, vom lebendigen Rechtsbewußtsein im Volk ab und erklärt das vom Staat sanktionierte positive Recht zum einzigen Recht: »Die Rechtsideen ... und selbst das rechtliche Bewußtseyn des Volkes sind in keiner Weise noch ›Recht‹ zu nennen.« »Recht und *positives Recht* betrachten wir ... als zwei völlig gleichbedeutende Begriffe.« Stahl, a.a.O. §§ 8-9, S. 181. Stahl versteht sich mit dieser Ansicht als Philosoph der historischen Rechtsschule: Der »wahre Geist« der »historischen Juristenschule« bestehe »in einer *unmittelbaren Durchdrungenheit von der Erkenntniß der Positivität des Rechts*, wie sie hier aus philosophischen Principien abzuleiten versucht worden ist.« A.a.O. § 12, S. 186. Diese philosophische Ableitung, wenn man sie so nennen will, ist allerdings so wenig überzeugend, daß sich die Philosophie vielmehr aufzuheben droht. Zunächst wird die Gerechtigkeit zum Maßstab des positiven Rechts erklärt, zugleich diesem aber völlig untergeordnet (§ 11, S. 184), schließlich fällt die Gerechtigkeit dem Inhalt nach völlig mit dem positiven Recht zusammen (§ 40, S. 244 in Verbindung mit § 31, S. 232).

schen Schule, ging am Ende der 50er Jahre des 19. Jahrhunderts aber zur Selbstkritik und dann zur »Interessenjurisprudenz« über. Recht ist für den späteren Ihering ausschließlich das vom Staat gesetzte Recht. Es ist kein Selbstzweck, sondern nur ein Mittel im Dienste von Interessen der Gesellschaft. Dadurch ist die Frage nach dem »wahren« Recht sinnlos geworden: Es gibt so viele Rechtsformen wie Gesellschaften mit verschiedenen Zwecksetzungen. Die still wirkenden, organischen Kräfte des Volkes, von denen Savigny sprach, wurden durch psychologische Motive und gesellschaftliche Interessen ersetzt, mit ausdrücklichem Seitenblick auf Darwin.[38] Damit ist das Recht nicht mehr als gerechtes Recht legitimiert, sondern als Funktionsträger im Interessenkampf erklärt. Die Jurisprudenz wird nun zu einer Art Sozialtechnologie.

Also: in dem Augenblick, in dem nicht mehr der Wille der Menschen, sondern die anonyme »Geschichte«, dies Kollektivwesen, das Subjekt des Rechts wird, ohne daß die Geschichte wie bei Hegel sich als vernünftig begreifen läßt, nehmen die empirischen Geisteswissenschaften – Geschichtswissenschaft und Rechtsgeschichte, bald auch Soziologie und Ökonomie – der Philosophie das Thema Staat aus der Hand; ganz ähnlich, wie heute Kulturanthropologie, Soziologie und Wissenschaftsgeschichte der philosophischen Wissenschaftstheorie das Thema Wissenschaft entziehen. Die praktische Philosophie reduziert sich jetzt zumeist auf die Ethik – eine Schrumpfung, die noch vor wenigen Jahren Manfred Riedel zum Anlaß nahm, ein zweibändiges Werk mit dem Titel *Rehabilitierung der praktischen Philosophie* herauszugeben.[39]

Wenn im Differenzierungsprozeß der Wissenschaften Arbeitsfel-

38 Rudolf von Ihering: *Der Zweck im Recht.* 1. Bd., 1. Aufl. Leipzig 1877; 1. Bd., 2. Aufl. und 2. Bd., 1. Aufl. ebd. 1884. Franz Wieacker hat plausibel gemacht, daß schon der Titel von Iherings Buch *Der Kampf ums Recht* (1872) in Anlehnung an Darwins struggle of life gebildet wurde: »Bemerkungen über Ihering und den Darwinismus«. In: *Biologismus im 19. Jahrhundert. Vorträge eines Symposiums vom 30. bis 31. Okt. 1970 in Frankfurt a.M.*, hg. von G. Mann. Stuttgart 1973, S. 158-163.

39 Manfred Riedel (Hg.): *Rehabilitierung der praktischen Philosophie.* Bd. 1: *Geschichte, Probleme, Aufgaben.* Freiburg 1972. Bd. 2: *Rezeption, Argumentation, Diskussion.* Freiburg 1974.

der aus dem Bereich der Philosophie herausbrechen und nun von anderen Wissenschaften übernommen werden, sollte man das nicht beklagen. Im vorliegenden Fall aber ist der Übergang des Themas Staat von der Philosophie an theoriearme Jurisprudenz und Geschichte ein ernstzunehmendes Symptom, nämlich für die neue Legitimation von Staat und Recht. Denn die neue, ausschließlich geschichtliche Legitimation erwies sich als nicht sehr stabil, als problematisch. Sie hat nämlich nur solange Überzeugungskraft, wie sich die Geschichte als göttliche Geschichte zeigt; wie die Rechtsverhältnisse, die sich durchzusetzen die Macht haben, auch als gerecht akzeptiert werden; wie Recht wirklich als Produkt organischen Wachstums und nicht als willkürliche Setzung sich zeigt. Diese Voraussetzungen aber waren nicht gegeben oder lösten sich auf.

Es kann also keine Rede davon sein, daß die historische Rechtsschule durch den Positivismus verdrängt wurde. Vielmehr ging sie selbst mehr und mehr in den Positivismus über. Und dadurch trug sie wesentlich dazu bei, daß in Deutschland die Tradition der normativen Rechts- und Staatslehre versandete. Eine solche mußte den neuen Regelungsbedürfnissen der modernen Gesellschaft Rechnung tragen. Das tat nach Hegel aber am ehesten die Lehre vom Sozialstaat Lorenz von Steins[40] – ein Autor, der von Rothacker – wie er selbst sagt – nur »anmerkungsweise erwähnt« wird[41] und der auch in fast allen Disziplingeschichten zu kurz kommt. Stein gelingt eine überzeugende Legitimation von Staat und Recht im 19. Jahrhundert dadurch, daß er den Staat nicht primär zum Bewahrer der Fülle tradierten Rechtsstoffes, sondern zum Anwalt der politischen und sozialen Freiheit macht und zeigt, wie diese Prinzipien durch geeignete Staatsverfassung und -verwaltung gegenüber einer prinzipiell antagonistischen Gesellschaft zur Geltung gebracht werden können. – Am Beginn des 20. Jahrhunderts versuchte dann die sog. Freirechtsschule (Ernst Fuchs, E. Ehrlich, H. Kantorowicz) den Positivismus und die Begriffsjurisprudenz der historischen Schule durch die Konzentra-

40 Lorenz von Stein: »Der Begriff der Gesellschaft und die Gesetze ihrer Bewegung« (Einleitung zu: *Geschichte der sozialen Bewegung in Frankreich von 1789 bis auf unsere Tage*). In: ders.: *Gesellschaft – Staat – Recht*, hg. von E. Forsthoff. Frankfurt/M., Berlin, Wien 1972, S. 21-113.

41 E. Rothacker, a.a.O. S. 16.

tion auf die richterliche Tätigkeit, durch das Richterrecht zu überwinden: Gerechtes Recht ergebe sich nicht aus Historie und aus Deduktionen, sondern durch die rechtsschöpferische Anwendung der Rechtstradition auf die bestimmte Situation – eine Parallele zu Neuhegelianismus und philosophischer Hermeneutik, die ja ähnlich den Positivismus der Geisteswissenschaften durch die Berufung auf den geschichtlichen Geist und die konkrete Situation des Menschen zu unterlaufen suchten. In beiden Fällen, in der Jurisprudenz wie in der Philosophie, ergab sich dann auch eine Kritik am Mangel sicherer Prinzipien, an drohender Willkür.

Aber ich möchte dies hier nicht weiter ausführen, sondern stattdessen die Aufmerksamkeit nochmals kurz auf die ersten beiden Jahrzehnte des 19. Jahrhunderts lenken: Hier überschneiden sich Aufklärung und Historismus. Fichte konstruierte naturrechtlich bis ins Detail hinein einen Staat, den die reine praktische Vernunft zu fordern schien, und er deduzierte in ähnlicher Weise apriorisch einen »Weltplan«, nach welchem die Weltgeschichte sollte abgelaufen sein.[42] Seine Philosophie war durchweg normativ und gesetzgebend – aber sie stand vermittlungslos neben der Wirklichkeit, war ein subjektiver Entwurf, und so war sie letztlich für niemanden verbindlich und gesetzgebend. Die historische Schule hingegen verachtete alle Konstruktionen und verzichtete auf eigene Normsetzungen, verwies auf das gelebte Gewohnheitsrecht, auf »dasjenige, was sich so von selber macht«,[43] und hielt sich »an die Geschichte, wie sie ist, und wie wir sie kennen«.[44] Sie wollte es nur mit einem geltenden, anerkannten Recht zu tun haben – geriet dadurch aber auf einen Weg, auf dem sie schließlich über Recht und Unrecht nur innerhalb des geltenden Rechts unterscheiden konnte und sich so schließlich der Normativität des Faktischen beugen mußte. Die radikalen philosophischen Naturrechtslehrer der Aufklärung erkannten in der Vielfalt und Diver-

42 J. G. Fichte: *Grundlage des Naturrechts nach Prinzipien der Wissenschaftslehre* (1796). *Der geschloßne Handelsstaat* (1800). *Die Grundzüge des gegenwärtigen Zeitalters* (1806). *Die Staatslehre oder über das Verhältnis des Urstaates zum Vernunftreiche* (1813).

43 Gustav Hugo, bei Wilhelm Ebel, a.a.O. S. 32.

44 Savigny: »Recension des Lehrbuchs der Geschichte des Römischen Rechts von Gustav Hugo« (1806). In: ders.: *Vermischte Schriften*. Berlin 1850, Bd. 5, S. 6.

genz der geschichtlichen Rechtsformen nur die Herrschaft von Zufall und Willkür und suchten deshalb allgemeingültige Prinzipien des Vernunftrechts. Die historische Schule aber perhorreszierte die »Gleichförmigkeit« des Rechts, sah in der Geschichte eine innere Notwendigkeit und gerade in den Naturrechtsentwürfen bloße Produkte der Willkür.[45]

Fand man in den beiden Positionen nur zwei komplementäre Einseitigkeiten, mußte man sie zu vereinen suchen. Eben das war das Programm des Juristen A. F. J. Thibaut; der historische Geist müsse sich in der Rechtswissenschaft mit dem philosophischen brüderlich verbinden.[46] Denn von der Rechtsgeschichte führe kein unmittelbarer Weg zur Rechtspraxis, und der reine Historiker habe nicht einmal einen »Gesichtspunkt«, der ihn in der Fülle des Stoffes etwas suchen, finden und verstehen lasse.[47] Thibaut ist schon tief überzeugt, daß alle Erfahrung und Geschichtsforschung – wie wir heute sagen – theoriegeleitet ist. Würde jemand ohne Vorwissen und ohne gezielte Beobachtung die Welt betrachten, »so würde alles todt und ungesehen vor seinen Augen vorüberziehen.«[48] Da alle Erkenntnis nur aufgrund von »Contrasten und Aehnlichkeiten« möglich sei, brauche der Jurist für die Erkenntnis und Beurteilung des positiven Rechts als »Maßstab« ein System des Naturrechts.[49] Aber auch umgekehrt benötige der Jurist Rechtsgeschichte und positives Recht, schon, um die »Armut«, die Abstraktheit des philosophischen Naturrechts zu kor-

45 Dies Problem ist auch ein wichtiger Diskussionspunkt zwischen Thibaut und Savigny. Während Savigny mit Berufung auf Montesquieu in der »Idee der Gleichförmigkeit« des Rechts nur »unbeschreibliche Gewalt« erkennt, erklärt Thibaut, die rechtlichen Grundsätze dürften wegen der natürlichen Unterschiede der Staaten so wenig verschieden sein, wie es für die vier Temperamente nicht je verschiedene Ethiken gäbe. Savigny: *Vom Beruf*, a.a.O. S. 121. Anton Friedrich Justus Thibaut: *Ueber die Nothwendigkeit eines allgemeinen bürgerlichen Rechts für Deutschland* (1814). Bei Hattenauer (Hg.), a.a.O. S. 87.

46 A. F. J. Thibaut: »Ueber den Einfluß der Philosophie auf die Auslegung der positiven Gesetze.« In: ders.: *Versuche über einzelne Theile der Theorie des Rechts*. 2. Ausg. Jena 1817. Bd. 1, S. 124-175, hier S. 131.

47 A.a.O. bes. S. 140 f.

48 A.a.O. S. 161.

49 A.a.O. S. 163.

rigieren.[50] Es sei die Aufgabe des Juristen, daß »er der fast natürlichen Einseitigkeit und Kurzsichtigkeit des Philosophen von Profession entgegenarbeitet.«[51] Deshalb fordert Thibaut den »historisch-philosophischen Juristen«, der Philosophie und Geschichte verknüpft: »ohne Philosophie giebt es keine vollendete Geschichte; ohne Geschichte keine sichere Anwendung der Philosophie.«[52] Die fruchtbare Verbindung könne aber zuerst nur in der Erprobung einiger wahrscheinlicher Hypothesen bestehen, da ein verbindliches System des Naturrechts noch nicht existiere; es sei ein »Ideal«, aber ein erreichbares.[53]

Diese Diskussion in der Rechtswissenschaft am Beginn des 19. Jahrhunderts wiederholt sich heute ähnlich in der Wissenschaftsphilosophie. Die eine Partei – z. B. der Konstruktivismus – fordert und formuliert einen normativen Wissenschaftsbegriff, um die Wissenschaft leiten und die Wissenschaftsgeschichte bewerten zu können – gerät dadurch aber in die Gefahr, Normen aufzustellen, an die sich niemand hielt und halten wird. Die andere Partei – die der Historiker – begnügt sich, historisch gegebene Normensysteme zu vergleichen und ihren Wandel zu beschreiben, aber dadurch hat sie nun keinen Maßstab der Kritik mehr.[54] Deshalb suchte I. Lakatos[55] beiden Seiten Rechnung zu tragen und sich in der Mitte zu plazieren: Man brauche in der Tat einen normativen Wissenschaftsbegriff, um die Wissenschaft von der Nichtwissenschaft unterscheiden und in richtiger Weise die »externen«, äußeren Bedingungen des Wissenschaftswandels von den »internen«, in der Forschung gegebenen abheben zu können. Ohne solch leitenden Begriff werde die Geschichte »irrational« wie bei Th. S. Kuhn und Feyerabend. Allerdings müsse dieser Wissenschaftsbegriff mit der Wissenschaftsgeschichte in mög-

50 Thibaut: *Ueber die Nothwendigkeit eines allgemeinen bürgerlichen Rechts für Deutschland*, a.a.O. S. 209.

51 Thibaut: »Ueber den Einfluß der Philosophie auf die Auslegung der positiven Gesetze«, a.a.O. S. 173.

52 A.a.O. S. 174.

53 A.a.O. S. 173, 157.

54 Siehe dazu und zum folgenden den Aufsatz »Historismus und Wahrheit in der Wissenschaftstheorie«, hier S. 158 ff.

55 Imre Lakatos: »Die Geschichte der Wissenschaft und ihre rationalen Rekonstruktionen«. In: *Kritik und Erkenntnisfortschritt*, hg. von I. Lakatos u. A. Musgrave. Braunschweig 1974, S. 271-311.

lichst guter Passung sich befinden, müsse den Test durch die Geschichte bestehen können. Daher sein an Kant angelehntes Diktum: »Wissenschaftsphilosophie ohne Wissenschaftsgeschichte ist leer; Wissenschaftsgeschichte ohne Wissenschaftsphilosophie ist blind.«[56] Ganz ähnlich argumentierte Thibaut: Um nicht bloß die äußeren, historischen (externen), sondern die vernünftigen (internen) »Gründe« der Gesetze einsehen zu können, muß man Rechtsvernunft mitbringen und also ein Naturrecht haben. Nur durch dies Vorwissen kann auch der Interpret im römischen Recht den vernünftigen Grundzug von den »einzelnen Verirrungen« unterscheiden, also Kritik üben.[57] Aber das leitende Naturrecht darf keine willkürliche »Erfindung« sein.[58] Wie Lakatos über diejenigen spottet, die die Wissenschaftsgeschichte aufgrund ihrer einseitigen Methodologien in das Prokrustesbett ihrer rationalen Rekonstruktionen zwängen, so wendete sich auch Thibaut gegen den Mißbrauch erdachter Philosophie im Recht: »Das positive Recht ist lange genug durch widernatürliches Zusammenpressen unter eine seynsollende philosophische Form gemißhandelt.«[59] – Mit Thibaut freundschaftlich und sachlich verbunden war Hegel. Und auch Hegel polemisierte einerseits gegen bloß ausgedachte Rechtszustände und Normensysteme und andererseits gegen die historische Rechtsschule, die in der Geschichte nicht die Vernünftigkeit des Rechts von der Unvernunft unterscheiden, sondern nur historische Gründe für das Recht nennen könne.[60] Freilich, was Thibaut für das Recht erst suchte, die Vernunftnorm, glaubte Hegel schon gefunden zu haben – und in ähnlicher Weise Lakatos für die Wissenschaft.
Aber alle drei wollten Theorie und Geschichte verbunden wissen, und das scheint mir richtig zu sein, auch für die Wissenschaftsgeschichtsschreibung. Deshalb legte auch ich meiner Rekonstruktionsskizze Prinzipien zugrunde: Ich fragte nach Konsistenz und Wirklichkeitsbezug des Rechtsdenkens und nach der folgenrei-

56 A.a.O. S. 271.
57 Thibaut: »Ueber den Einfluß der Philosophie auf die Auslegung der positiven Gesetze«, a.a.O. S. 139 ff.
58 A.a.O. S. 170.
59 A.a.O. S. 151.
60 Siehe Hegels Kritik an Fichte einerseits, an Gustav Hugo und Savigny andererseits: *Grundlinien der Philosophie des Rechts. Theorie Werkausg.* Bd. 7, Vorrede S. 25 f.; § 3, S. 37 ff., 44 f.; § 211, S. 363.

chen Auflösung eines normativen Rechts- und Staatsbegriffes. Man kann darüber streiten, ob diese Gesichtspunkte für eine genauere Rekonstruktion des Rechtsdenkens noch viel zu formal sind – oder schon viel zu gehaltvoll und damit zu sehr kritisch eingreifend in die Rechtsgeschichte. Denn schließlich enthielt meine Darstellung z. B. die unausgesprochene Forderung, es solle und müsse eine normative Rechts- und Staatstheorie geben.

IV. Herder und die Metaphysik

1. Einleitung

Die Philosophie des 20. Jahrhunderts hat sich oft und gern auf Herder bezogen, da er – noch fern von spekulativen Gedankenhochflügen und kritisch auch gegen die Doktrinen der Popularaufklärung – wichtige neuere Tendenzen vorwegnahm: Er trieb Sprachphilosophie statt Transzendentalphilosophie und Anthropologie statt Geistmetaphysik; er sah den Menschen durch Traditionen, durch seine Geschichte bestimmt und schränkte die Autonomie der Subjektivität und der kritischen Vernunft ein; er entwarf ein Bild einer pluralistischen, divergenten, nie ganz erkennbaren Weltgeschichte und kritisierte den Gedanken einer einlinigen Fortschrittsgeschichte. Sprachlichkeit, Natürlichkeit, Geschichtlichkeit und damit Endlichkeit des Menschen sind die Kennzeichen der Herderschen Philosophie, durch die sie der Gegenwartsphilosophie verwandt und verständlich erscheint.

Insbesondere galt und gilt Herder als Philosoph und Wegbereiter des sog. ›Historismus‹.[1] Und dieser ›Historismus‹ ist sowenig überwunden und veraltet, daß er nun auch in die Wissenschaftsphilosophie und damit in das Selbstverständnis der Naturwissenschaften eindringt.[2] Nicht nur die Geschichte des Rechts, der Moral, der Religion, der Kunst, der Wirtschaft, der sozialen und politischen Verhältnisse zeigt ein vielgestaltiges und stets sich wandelndes Gesicht, sondern auch die Wissenschaftsgeschichte. Durch diese neue Sachlage ist bekanntlich die normative Wissenschaftstheorie mit ihrer Annahme eines überhistorischen Ratio-

1 Friedrich Meinecke: *Die Entstehung des Historismus* (= *Werke* Bd. 3). München 1959, S. 355-444. – Georg G. Iggers: *Deutsche Geschichtswissenschaft*. 2. Aufl. München 1972, Kap. 2: »Die Wurzeln des deutschen Historismus«, S. 43 ff.

2 Thomas S. Kuhn: *Die Struktur der wissenschaftlichen Revolutionen*. 2. Aufl. Frankfurt/M. 1979. – Stephen Toulmin: *Kritik der kollektiven Vernunft* (*Menschliche Erkenntnis* Bd. 1). Frankfurt/M. 1978. – Kurt Hübner: *Kritik der wissenschaftlichen Vernunft*. 3. Aufl. Freiburg, München 1986. – Yehuda Elkana: *Anthropologie der Erkenntnis*. Frankfurt/M. 1986.

nalitätsideals in große Schwierigkeiten geraten. Allerdings schlug dies auf die Geschichtsschreibung der Wissenschaften zurück; denn auch diese – so zeigte sich bald – benötigt Theorie, schon um überhaupt bestimmen zu können, was in die Wissenschaftsgeschichte gehört und was nicht.
Den wichtigsten Anstoß, die Wissenschaftsgeschichte nicht mehr als Fortschritt am Leitfaden eines einzigen Wissenschaftsideals, sondern in ihrem radikalen Wandel und in ihrer Pluralität zu sehen, hat bekanntlich Th. S. Kuhn gegeben, dessen Position man deshalb »Historismus« nannte. Und mit Kuhn hat man gelegentlich auch Herder verglichen.[3] Da dieser die Fortschrittsphilosophie der Aufklärung kritisierte und die Divergenz der historischen Welt zur Anerkennung brachte, erscheint er nun gleichsam als Kuhn des 18. Jahrhunderts. Wenn aber die Hauptschwierigkeit und der wunde Punkt des Historismus sein Verhältnis zur Theorie sind, dann bietet es sich an, dies Problem bei Herder zu untersuchen. Und da Theorie im eigentlichen Sinne bis ins 18. Jahrhundert die Metaphysik war, fragen wir nach Herders Verhältnis zu dieser philosophischen Grundlagenwissenschaft, fragen nach dem Schicksal der Ersten Philosophie im Zeichen des historischen Bewußtseins.
Wilhelm Dilthey, der merkwürdigerweise zu Herder keine eigene Abhandlung verfaßte, hat zu jener Frage eine plausible These formuliert: Viel radikaler und wirkungsreicher als Kants Kritizismus entzöge das moderne historische Bewußtsein aller Metaphysik den Boden, indem es die Bedingtheit, Geschichtlichkeit und Endlichkeit der Vernunft zeige, die sich so augenfällig als unfähig erweise, auf metaphysische Fragen eine wissenschaftlich tragfähige Antwort zu geben. Denn nie könne sie bei dem Lösungsversuch der »Lebensrätsel« ihren begrenzten Horizont, ihre Endlichkeit überschreiten und allgemeingültiges Wissen erlangen.[4] – Allerdings läßt sich skeptisch fragen, ob nicht Diltheys Theorie der endlichen Vernunft, seine Lebensphilosophie, eine neue Fun-

3 Reinhard Brandt: »Kant – Herder – Kuhn«. In: *Allgemeine Zeitschrift für Philosophie* 5/2 (1980) S. 27-36.

4 Wilhelm Dilthey: *Weltanschauungslehre. Abhandlungen zur Philosophie der Philosophie. Gesammelte Schriften* Bd. 8, bes. S. 3 ff., 75 ff. Ders.: »Das Wesen der Philosophie« (1907). *Gesammelte Schriften* Bd. 5, bes. S. 352 ff., 404 ff.

damentalphilosophie und eine neue Gestalt der Metaphysik darstellt.[5]

2. Wandlung des Metaphysikbegriffs

Der erste Eindruck bestätigt, was man aufgrund von Diltheys Diagnose vermuten muß: Die Geburt des geschichtlichen Denkens ist bei Herder zugleich der Tod der Metaphysik. Herder hat sich in seiner Geschichtsphilosophie nämlich an verschiedenen Stellen ausdrücklich von der Metaphysik und ihrem Hantieren mit abstrakten Begriffen und Deduktionen distanziert.[6] Entsprechend wird hier auch die »Spekulation« Gegenstand der Kritik: Sie gebe keine Richtlinien für das praktische Handeln, züchte einen unberechtigten Stolz gegenüber den sog. »Wilden« und könne sogar zum »Opium« werden.[7] – Gleichwohl ist in der Literatur gelegentlich unbefangen von der Metaphysik Herders gesprochen worden,[8] und das hat auch seine Berechtigung.
Denn näheres Hinsehen überzeugt, daß Herder sich nur von ei-

5 Siehe dazu Maria Nazaré C. P. Amaral: »Philosophie der Philosophie: ein wirksames Pflaster zur Heilung der vom historischen Relativismus geschlagenen Wunde?« In: *Dilthey-Jahrbuch für Philosophie und Geschichte der Geisteswissenschaften* 6 (1989) S. 277-291, bes. 290.

6 Johann Gottfried Herder: *Ideen zur Philosophie der Geschichte der Menschheit.* Teil 1-4 (1784-1791). In: *Sämtliche Werke*, hg. von B. Suphan, Bd. 13-14. Berlin 1887/1909 (Repr. Hildesheim 1967) (im folgenden: *Ideen*), hier Bd. 13, S. 165, 177, 290. Gleichwohl hat Herder auch in den *Ideen* der Metaphysik eine bestimmte Aufgabe zugewiesen: »Alle unsre Metaphysik ist Metaphysik, d. i. ein abgezognes, geordnetes Namenregister hinter Beobachtungen der Erfahrung. Als Ordnung und Register kann diese Wißenschaft sehr brauchbar seyn und muß gewissermaasse in allen andern unsern künstlichen Verstand leiten; für sich aber und als Natur der Sache betrachtet, giebt sie keinen einzigen vollständigen und wesentlichen Begriff, keine einzige innige Wahrheit.« (Ebd. S. 358)

7 *Ideen* Bd. 13, S. 335, 360 f., 394.

8 Siehe z. B. Wilhelm Fischer: *Herders Erkenntnislehre und Metaphysik.* Salzwedel o.J. [1878] (Diss. Leipzig). Zur Stellung der Metaphysik bei Herder siehe Alfons Reckermann: *Sprache und Metaphysik. Zur Kritik der sprachlichen Vernunft bei Herder und Humboldt.* München 1979, S. 13 ff. und die Literaturangaben S. 124, Anm. 19. Ob man allerdings

ner bestimmten Metaphysik distanziert, von der Metaphysik als erfahrungsfreier, deduktiver Begriffswissenschaft. Seine *Metakritik zur Kritik der reinen Vernunft* opponiert gegen diese Form der Metaphysik so, daß auch Kants Transzendentalphilosophie noch mitgetroffen wird: »Wer sie [die Metaphysik] als eine Thörin betrachtet, die außer und vor aller Erfahrung etwas sucht, wovon sie durchaus keinen Begriff hat und haben kann, der dichtet, wie die Scholastiker, sich selbst eine Metaphysik, die lieber *Pro-* oder *Hyperphysik* heißen sollte; die menschliche Vernunft erkennet dieses nicht an. Nirgends anders hin als *in sich selbst* kann sich die Vernunft verirren, durch Mißbrauch ihrer Kräfte oder ihres Werkzeugs; sich außer sich in einen Zustand, ehe menschliche Vernunft war, setzen, um zu sehen, wie menschliche Vernunft werde? ist nicht Philosophie, sondern *Plotinische Dichtung*.«[9]

Als Grundwissenschaft und Erste Philosophie hingegen wird die Metaphysik bei Herder dem Begriff und der Sache nach aber durchaus beibehalten, ja, sie wird im Anschluß an Aristoteles gegen Kant ins Feld geführt. Herder bestimmt den Begriff der Metaphysik bei Aristoteles schon ähnlich wie Hans Reiner:[10] Die

mit Reckermann Herders metaphysische Position vornehmlich als neuzeitkritisch verstehen muß, scheint mir zweifelhaft zu sein.

9 J. G. Herder: *Verstand und Erfahrung. Eine Metakritik zur Kritik der reinen Vernunft.* 1. Tl. (1799). *Vernunft und Sprache. Eine Metakritik* ... 2. Tl. (1799). *Sämtl. Werke* Bd. 21. Berlin 1881 (Repr. Hildesheim 1967) (im folgenden: *Metakritik*), hier S. 39. – Ich gehe hier und im folgenden von der *Metakritik* aus, da sie mir fast alle früheren Gedanken Herders zum Thema Metaphysik in sich aufzunehmen scheint. Es sei aber ausdrücklich darauf hingewiesen, daß für Herders metaphysisches Denken mindestens noch die folgenden früheren Arbeiten in Betracht zu ziehen sind, die ich hier nicht angemessen berücksichtigen kann: »Versuch über das Sein« (1764), »Fragmente über Wolff, Baumgarten und Leibniz« (1767/68), »Zum Sinn des Gefühls« (1769), *Vom Erkennen und Empfinden der menschlichen Seele* (1774, 3. Aufl. 1778), »Über die dem Menschen angeborene Lüge« (1777), *Gott. Einige Gespräche* (1787, 2. Aufl. 1800). Alle diese Schriften abgedruckt in: J. G. Herder: *Werke*, hg. von W. Pross. Bd. 1 u. 2. München, Wien 1984/87.

10 Hans Reiner: »Die Entstehung und ursprüngliche Bedeutung des Namens Metaphysik«. In: *Zeitschrift für philosophische Forschung* 8 (1964) S. 210-237.

Aristotelische Metaphysik sei der Sache nach die »erste«, auf dem Weg der Erkenntnis aber die »letzte Wissenschaft«, die den schwierigsten Gegenstand habe: »Ihr doppelsinniger Name *Metaphysik* will, daß sie *nach* oder *über* der Physik die ersten *Gründe und Principien der Dinge*, d. i. unsres Erkenntnißes von ihnen erforsche. Sonach mußte sie freilich von der Physik, wie von der Moral und den Redekünsten getrennt werden, und es war ein verdienstliches Werk des Aristoteles, daß er sie trennte; sie lag bei seinen Vorgängern unter physischen und andern Fragen gleichsam begraben. Wenn Er sie als eine eigne Wissenschaft aufstellte, die er die *erste Philosophie, Weisheit*, nannte, so ward sie eben damit auch die *letzte* Philosophie: denn alle die Wißenschaften mußten ihr vorhergegangen sein, deren Ursachen und Grundsätze sie erforschen sollte.«[11] Den so bestimmten Metaphysikbegriff macht Herder sich zu eigen: Metaphysik ist ihm die Grundlagentheorie der Wissenschaften. Nur als solche steht sie über der Physik. Wurde in der älteren Tradition ihr Name oft so ausgelegt, daß Metaphysik die über die physikalische Körperwelt hinausliegende unkörperliche Geisteswelt zum Thema habe, steht sie für Herder nur insofern über der Physik, als sie über diese reflektiert und ihr die Grundlagen zeigt.

Sie ist bei Herder aber auch noch in einem anderen, Aristoteles ganz fremden Sinne »Nachphysik«, wie es in den *Spinoza-Gesprächen* ausdrücklich heißt.[12] Die Metaphysik hat einen nachgängigen Charakter, weil sie auch *inhaltlich* an die Ergebnisse der Erfahrungswissenschaften von der Natur gebunden ist und sich dies Wissen zunutze macht. Hätte bereits Spinoza die neueren Kenntnisse des Magnetismus und der Elektrizität gehabt, er hätte laut Herder auch seine Metaphysik besser gestaltet und dann z. B. die Elemente »Ausdehnung« und »Materie« durch lebendige Kräfte ersetzt. »Spinozas Zeiten waren die Kindheit der Naturkunde, ohne welche die Metaphysik Luftschlösser baut oder im Finstern tappet.«[13] Vom angebrochenen »Frühling« der Naturwissenschaften erwartet deshalb Herder die Fortschritte der Me-

11 *Metakritik* S. 38 f.

12 J. G. Herder: *Gott. Einige Gespräche* (1787/1800). *Sämtl. Werke* Bd. 16. Berlin 1887 (Repr. Hildesheim 1967) S. 400-580 (im folgenden: *Gott*), hier S. 463 f.

13 *Gott* S. 450 f.

taphysik, nicht von der kritischen Transzendentalphilosophie, die ihm vielmehr noch zum »alten leeren Winterstrohkranz des Transcendentalismus« gehört.[14] Und die Voraussetzung dafür ist die Überzeugung, daß gerade durch die modernen Naturwissenschaften die Welt sich immer mehr als vernünftiger Kosmos, als Spiegel von Gottes Weisheit, Güte und Allmacht zeigt: »Je mehr die wahre Physik zunimmt: desto weiter kommen wir aus dem Reich blinder Macht und Willkür hinaus, ins Reich der weisesten Nothwendigkeit, einer in sich selbst vesten Güte und Schönheit.«[15] Da die Metaphysik in dieser Weise auch in ihrem Gehalt vom Erfolg der Naturwissenschaften abhängt, ist sie bei Herder anders als bei Aristoteles auch die *historisch* späteste Wissenschaft. Sie begnügt sich gern, systematisch und historisch die *letzte* zu sein: »denn sie bescheidet sich, daß ihr kein anderer Platz gebühre und weiß, daß je später sie ihn einnimmt, sie ihn desto ehrenhafter bekleide.«[16]

Eine enge Verzahnung von Metaphysik und Physik war ein wichtiges Kennzeichen der Wissenschaften bis ins 18. Jahrhundert, konnte doch z. B. Leibniz mit physikalischen Argumenten die metaphysischen Voraussetzungen von Descartes' Physik angreifen.[17] Gleichwohl zeigt sich bei Herder etwas Neues: Die metaphysischen Annahmen sollen nicht durch empirische Wissenschaften nur bestätigt werden, sondern die Metaphysik *gründet* sich auch auf die Physik. Die Metaphysik, wenngleich Grundlagentheorie der Erfahrungswissenschaften, ist inhaltlich auch von diesen abhängig. In den *Spinoza-Gesprächen* heißt es, Gott könne sowenig ohne Welt gedacht werden, wie eine Baumwurzel ohne Stamm und Krone absterben müsse.[18] Das hat für die Wissenschaftskonzeption zur Folge, daß die Metaphysik – Theologie und Ontologie – nicht ohne Naturkunde und -wissenschaft lebendig bleiben kann.

14 *Metakritik* S. 271.
15 *Gott* S. 471 f.
16 *Metakritik* S. 40.
17 Leibniz: *Discours de Métaphysique* § 17 f.
18 *Gott* S. 539 f.

3. Ontologie als Logik des Ontischen

Herders *Metakritik* von 1799 setzt das Ende der alten Metaphysik als Faktum voraus und formuliert das Programm ihrer Neugestaltung einleitend durch die Überzeugung, daß »der sogenannten *ersten Philosophie*, (Metaphysik genannt), nicht anders zu helfen sei, als daß sie völlig Sektenlos wie die Mathematik, rein von jedem unverständlichen Wortnebel, eine klare Exposition der ersten Begriffe unsres Verstandes und unsrer Vernunft, mithin wirklich *erste und letzte Philosophie*, eine reine *Sprache des anerkennenden Verstandes* werde.«[19] Und die Grundrisse einer solchen Metaphysik werden in der Polemik gegen Kants Transzendentalismus von der *Metakritik* auch ausgeführt. Indem Herders Metaphysik – polemisch gegen die sich und die Welt *setzende* Vernunft der Transzendentalphilosophie – die »Sprache des anerkennenden Verstandes« sein will, hat sie näher betrachtet zwei Ausgangspunkte, die sich korrelativ verhalten: a) das vom Verstand Anerkannte, das *Sein*, und b) den anerkennenden *Verstand* selbst. Die ontologischen Kategorien ergeben sich so aus dem *Inhalt* des Denkens sowohl wie aus seiner *Form*.

a) Laut Herder kann es keinen menschlichen Verstand geben, wenn er nicht etwas denkt. Deshalb geht Herders Metaphysik von der Tatsache aus, »daß wir selbst sind und daß Etwas ist«,[20] mithin, sie setzt das *Sein* voraus, das so ihr erster und grundlegender Begriff wird. Aber sie betrachtet das Sein nicht wie die Aristotelische Metaphysik daraufhin, daß es ist, und zwar ewig, unbeweglich und abgetrennt,[21] sondern im Hinblick darauf, daß es sich offenbart. Sie ist nicht Wissenschaft des ὄν ᾗ ὄν, sondern »Wißenschaft des Seyns, sofern ... es sich selbst *ausdrückt, darstellt*.«[22] Die Metaphysik ist so nicht nur Theorie des Seins, sondern auch Theorie des Werdens, des Entstehens und Vergehens. Kant hatte Aristoteles vorgeworfen, er habe die Kategorien in seiner Metaphysik nur aufgerafft, und Kant hatte beansprucht, ausgehend von der Tätigkeit des Urteilens erstmals eine systematisch geordnete Tafel der reinen Verstandesbegriffe erstellt zu

19 *Metakritik* S. 11.
20 *Metakritik* S. 68.
21 Aristoteles: *Metaphysik* 1064a.
22 *Metakritik* S. 67.

haben.[23] Gleichwohl wiederholt Herder – wie später Fichte – diese Kritik gegenüber Kant selbst: die Urteilstafel der Vernunftkritik stecke voller Willkürlichkeiten und sei keine *»sich selbst aussprechende Ordnung«*: »Das Schema der Kategorien geht also nicht aus *Einem Princip*, dem wirkenden Verstande hervor; *es ist nicht systematisch*.«[24] Eine wirkliche Systematik aber folge aus jenem Gedanken des Seins, das sich offenbart, sich dadurch eine Sphäre der Endlichkeit gibt und seine Bestimmtheit zeigt. Denn der anerkennende Verstand bemerke: *»Daseyn offenbaret sich selbst. Es setzt seinen Ort. Es hat seine Dauer, durch Kraft.«*[25] An dieser Tatsache, die sich der Verstand zur Anerkennung bringt, zeigt sich die »Kategorie des Seyns«, die sich in vier Begriffe auseinanderlegt: Sein – Dasein – Dauer – Kraft. (Auch Raum und Zeit sind dadurch an die Hand gegeben: der Raum als Nebeneinander ist dem Dasein, die Zeit, das Nacheinander, der Dauer zugeordnet.[26]) Diese vier »Urbegriffe« der Kategorie des *Seins* bilden das Fundament der »Ontologie«. Von der Kategorie des Seins aus gewinnt Herder drei weitere Kategorien, die ebenfalls je eine Wissenschaft basieren: Die Kategorie der *Qualität* ist das Fundament der »Naturkunde« (oder »Naturgeschichte«), die Kategorie der *Kräfte* fundiert die »Naturwißenschaft«, und die Kategorie des *Maasses* liegt der »Mathematik« zugrunde.[27] Herders Kategorientafel macht den Eindruck großer Symmetrie: Vier Kategorien, die sich in jeweils vier Unterbegriffe aufgliedern, fundieren vier Wissenschaften, die offensichtlich die vier Grundwissenschaften darstellen.

Besonders Herders Schrift *Gott*, seine *Spinoza-Gespräche*, zeigen den Horizont, in dem dieser Ansatz entwickelt wurde. Hier wird auf Lessings Suche nach einem höchsten Prinzip zurückgegriffen, von dem Ausdehnung, Bewegung und Gedanke abhängen,[28] und

23 Kant: *Kritik der reinen Vernunft*, B 107.

24 *Metakritik* S. 79.

25 *Metakritik* S. 142, vgl. 62 ff., 68.

26 *Metakritik* S. 67, 100.

27 *Metakritik* S. 110 f. »Naturkunde« und »Naturgeschichte« meinen die rein empirische, »Naturwissenschaft« die theoretische Wissenschaft von der Natur.

28 Friedrich Heinrich Jacobi: *Ueber die Lehre des Spinoza, in Briefen an den Herrn Moses Mendelssohn. Werke*, hg. von F. Roth u. F. Köppen, Bd. 4/1. Darmstadt 1976, S. 61.

als dies Prinzip das »Dasein« namhaft gemacht. Es liege nicht, wie Lessing meinte, *außer* jedem Begriff, aber *über* und *vor* jedem Begriff.[29] Gemeint: Dasein liegt nicht *außer* dem Begriff, weil wir den Begriff des Daseins haben, aber *vor* dem Begriff, da alles Denken dies Dasein voraussetzt. Dasein – so wird aus Spinozas Ethik entnommen – sei der »Grund aller Kräfte«: »Es giebt keinen absolutern, reineren, fruchtbareren Begriff in der menschlichen Vernunft: denn über das ewige, durch sich bestehende vollkomenste Daseyn, durch welches Alles gesetzt, in welchem Alles gegeben ist, läßt sich nicht steigen.«[30] Dasein ist hier Dasein Gottes: »Seine Existenz ist der Untergrund aller Wirklichkeit, der Inbegriff aller Kräfte.«[31] Und dies absolute Dasein teilt sich allem endlichen Dasein mit: *»Das höchste Daseyn hat seinen Geschöpfen nichts Höheres zu geben gewußt, als Daseyn.«*[32] Die ganze Welt ist nichts als »Ausdruck« und Offenbarung des göttlichen Daseins, und was in der Welt »Dasein« ist, das bezeugt das Dasein Gottes.[33] Hier finden sich Sätze, die die Reihenfolge der Kategorien, wie sie die *Metakritik* darbietet, zwanglos nahelegen, sie als Glieder eines Gedankens zeigen. Da heißt es z. B. – ich füge die Seinsbegriffe der *Metakritik* in Klammern hinzu –, daß die Welt »in jedem Punkt, im Wesen jedes Dinges und seiner Eigen-

29 *Gott* S. 501 f.
30 *Gott* S. 503, 526.
31 *Gott* S. 503.
32 *Gott* S. 541.
33 Gott *»ist vor Allem und es besteht Alles in ihm*: die ganze Welt ein Ausdruck, eine Erscheinung seiner ewig-lebenden, ewig-wirkenden Kräfte.« *Gott* S. 502. – Eilert Herms hat bei Herder eine Widersprüchlichkeit bemerkt: Der Seinsgrund (Gott) werde einerseits vom »Sein des Seienden« geschieden, andererseits aber werde diese Grenze wieder aufgelöst, denn auf beide fänden dieselben Kategorien Anwendung. (»J. G. v. Herder«. In: *Theologische Realenzyklopädie*, Bd. 15. Berlin, New York 1986, S. 85 f.). Mir scheint aber, daß Herder den Seinsgrund als immanente Ursache versteht und so nicht strikt vom Seienden abtrennt. Deshalb kann Herder schon in seiner Schrift »Zum Sinn des Gefühls« (1796) vom Gedanken des Menschen, der sich im Universum offenbart, indem er ein Körper wird, unmittelbar zum Gedanken Gottes übergehen, der sich im Universum offenbart. Auch hier schon finden auf beide Bereiche dieselben Kategorien Anwendung: Raum, Zeit und Kraft (*Werke*, hg. von W. Pross, Bd. 2, München, Wien 1987, S. 244 f.).

schaften, ... den ganzen Gott *(Sein)* offenbaret, wie er nämlich in *dieser* Hülle, in *diesem* Punkt des Raumes *(Dasein)* und der Zeit *(Dauer)* sichtbar und energisch *(Kraft)* werden konnte ...«[34]
Daraus ergibt sich, daß der *ontologische* Grundgedanke der *Metakritik* – Sein offenbart sich – zugleich ein *theologischer* Gedanke ist: Wie die ganze Welt, das All, Gottes Dasein offenbart, so auch jeder einzelne Gegenstand in ihr. Und deshalb sind jene vier Urbegriffe an allem Einzelnen in gleicher Weise ablesbar. In der Geschichte der Metaphysik waren Ontologie und rationale Theologie im 18. Jahrhundert auseinandergetreten; bei Chr. Wolff wurden sie fast ganz selbständige Disziplinen, nur äußerlich durch den Namen Metaphysik verbunden.[35] Bei Herder aber fallen die Bereiche zusammen: Die Ontologie ist schon Theologie, so, wie es auch für Aristoteles behauptet wurde.
Herder hat zugleich eine weitere Trennung aufgehoben: die von natürlicher Theologie und Offenbarungstheologie. Denn indem das, was bei Spinoza »Ausdruck«[36] hieß, jetzt als Offenbarung verstanden wird und die ganze Welt als Offenbarung Gottes erscheint, wurde aus »Offenbarung« ein philosophischer Begriff, und es fiel die alte Grenze zwischen dem, was durch Vernunft erkannt, und dem anderen, das nur durch Offenbarung erlangt werden konnte. Für die neue philosophische Theologie gibt es nur *eine* Wirklichkeit, die insgesamt Offenbarung des göttlichen Daseins ist. Herder konnte diesen metaphysischen Offenbarungsbegriff von Malebranche übernehmen, der damit die Brücke über die cartesische Kluft von res extensa und ego cogitans schlug, oder von Shaftesbury, der in der Naturordnung eine Offenbarung Gottes erkannte. Aber aktuell und legitim wird der

34 *Gott* S. 487. Diese Reihenfolge der Kategorien schon ähnlich 1769 in der Schrift »Zum Sinn des Gefühls« (siehe vorige Anm.).

35 Tilman Borsche: »Metaphysik« (VI). In: *Historisches Wörterbuch der Philosophie*, hg. von J. Ritter, K. Gründer. Bd. 5. Basel, Stuttgart 1980, Sp. 1249 f.

36 Laut Spinoza sind die Attribute der Substanz Ausdruck ihrer Realität: »folglich ist auch nichts klarer, als daß das unbedingt unendliche Wesen ... notwendig als das Wesen zu definieren ist, das aus unendlich vielen Attributen besteht, deren jedes eine gewisse ewige und unendliche Wesenheit ausdrückt.« *Ethica*, pars I, propos. 10, schol. (Übersetzung von Otto Baensch).

Begriff für Herder – wie für Jacobi, auf den er sich bezieht[37] – gerade durch den Kantischen Kritizismus. Denn indem die Transzendentalphilosophie vom denkenden Ich aus nicht mehr die Realität, die Dinge an sich, und nicht mehr den Inbegriff der Realität, Gott, zu erreichen vermochte, sie als unerkennbar oder zum absoluten Ich erklärte und dadurch »Egoismus« und »Nihilismus« heraufbeschwor,[38] gab sie ihm die Bestätigung, daß vom Sein selbst, das sich offenbart, auszugehen war.

b) Die ontologischen Kategorien ergeben sich bei Herder aber nicht nur aus dem sich offenbarenden Sein, das auf die Vernunft »eindrängt«, sondern zugleich und in einem aus dem Verstand selbst. Wiederholt heißt es, der Verstand »construire« die Kategorien, sie seien Produkte einer »Verstandeshandlung«: »Die Kategorie ist also nichts als der in seiner Construction dargestellte *Vernunft-Actus*.«[39] Nicht also sind die Kategorien und ihre Systematik nur der Bewegung des Seins abgenommen, sondern sie folgen auch und gerade aus der Gesetzmäßigkeit des Verstandes selbst. Die die Struktur des Seins anerkennende Vernunft aktualisiert zugleich ihr ureigenstes Wesen, und die ontologischen Urbegriffe sind zugleich »allgemeinste Verstandesbegriffe«.[40] Sie resultieren aus der »Hauptkraft« unserer Natur, aus dem »Innewerden«, und dies steht »unter dem großen Gesetz: ›Eins in Vielem‹.« »Eine Verstandeshandlung *›Anerkennung des Einen in Vielem‹* hat sie [die Kategorie] constituiret.«[41]

37 *Metakritik* S. 150 Anm., *Gott* S. 512. Vgl. Friedrich Heinrich Jacobi: *Über die Lehre des Spinoza, in Briefen an den Herrn Moses Mendelssohn.* In: *Werke*, hg. von F. Roth, F. Köppen. Bd. 4/1. Darmstadt 1976, S. 72. Ders.: *David Hume über den Glauben, oder Idealismus und Realismus. Ein Gespräch* (1787). A.a.O. Bd. 2, S. 105, 164 ff.

38 Siehe zu den Begriffen »Egoismus« und »Nihilismus« im Zusammenhang der Kritik an der Transzendentalphilosophie Hans-Jürgen Gawoll: *Nihilismus und Metaphysik.* Stuttgart-Bad Cannstatt 1989, bes. Kap. 1. Ders.: »Interesse und Welt – Zum geschichtlichen Zusammenhang von Realitätsproblem und Nihilismus.« In: *Archiv für Begriffsgeschichte* 32 (1990) S. 181-201. Herder spricht im Hinblick auf die Transzendentalphilosophie nur von »Egoismus« (*Metakritik* S. 297), wirft aber Kant verschiedentlich vor, daß ihm die Welt zum »Nichts« werde (z. B. *Metakritik* S. 190).

39 *Metakritik* S. 257, vgl. 62, 68, 110.

40 *Metakritik* S. 172 u. ö.

41 *Metakritik* S. 86, 110.

Das ist von Herder so gedacht, daß der Verstand aus einem diffusen, unbestimmten Ganzen ein Besonderes herausgreift und es von anderem unterscheidet.[42] Insgesamt sind es dann drei Schritte, die der Verstand vollzieht und die vier Glieder zur Folge haben, da sich auf der zweiten Stufe eine Unterscheidung – mit Hegel gesprochen – eine Sphäre der Differenz ergibt. Herder faßt die Tätigkeit des gesetzmäßigen Verstandes, aus welcher die Systematik der Kategorien folgt, so zusammen: »Ein Verständliches muß dem Verstande gegeben seyn, und er verstehet es nur durch *Unterscheidung*. Das Unterschiedene aber muß er verbinden; sonst kam er nicht zum Verstande des Ganzen. Ein *Datum* also (Thesis) und in ihm *Disjunction* (Analyse) und *Comprehension* (Synthesis) ordnen sich selbst in *vier Glieder*, deren letztes, indem es zum ersten zurückkehrt, zugleich zu einer neuen Kategorie weiter schreitet. Die beiden mittleren Glieder, die aus dem ersten entspringen, verbreitern das erste Glied und ergeben dadurch das vierte. So z. B. in der *Kategorie des Seyns*, wo ohne diesen Begriff weder Raum noch Zeit stattfindet, beziehen diese beide sich disjunctiv auf einander, bis der erste Begriff eben durch diese Auseinandersetzung im vierten [Kraft] vollständig erscheinet.«[43] Der anerkennende Verstand nimmt also jedesmal denselben Weg, um sich das gegebne Sein zu assimilieren: von der unbestimmten Einheit über die differente Zweiheit oder Vielheit zur höheren, in sich bestimmten, konkreten Einheit.

An dieser Dialektik wäre manches Schwankende zu bemerken; so arbeitet Herder auf der zweiten Stufe teils nur Momente und Aspekte, teils ausgesprochene Gegensätze heraus. Aber wichtig ist uns etwas anderes: Herder hat großes Gewicht darauf gelegt, daß die ontologischen Kategorien aus einem gesetzmäßig und methodisch handelnden Verstand hervorgehen, wiewohl sie zugleich aus dem sich offenbarenden Sein folgen. Beides hat Herder so eng ineinandergewoben, daß die Ordnung der Kategorien zuweilen weder aus der subjektiven Tat des Denkens noch aus der vorgegebnen Offenbarung des Seins resultieren, sondern sich durch ihre immanente Logik selbst aufzubauen scheinen: So heißt es, die Kategorie des Seins mit ihren Unterbegriffen »spricht sich selbst aus«, und die Kategorientafel müsse eine »sich selbst aus-

42 *Metakritik* S. 86, 92, 211 f., 255 u. ö.
43 *Metakritik* S. 111 f.

sprechende Ordnung« sein.[44] Die Verbindung der Logik des Seins mit der des Denkens strebt einer Ebene zu, auf welcher die Kategorien gleichsam als Stufen einer objektiven Vernunft, als Entwicklung der ›Sache selbst‹ erscheinen.
Herders Bemühen, die Gesetzmäßigkeit des Verstandes beim Aufbau der Kategorien und in der Erkenntnis überhaupt zu erweisen, hat sein Motiv sicherlich auch in einem metaphysischen Gedanken, der in den *Spinoza-Gesprächen* erörtert wird. Hier wird aus den logischen Gesetzen der Vernunft auf das Dasein Gottes geschlossen: »Denn nochmals gesagt, es gibt eine *Vernunft*, eine Verknüpfung des Denkbaren in der Welt nach unwandelbaren Regeln, folglich muß es einen *wesentlichen Grund dieser Verknüpfung* geben; gesetzt, daß auch nur ein Einziges denkendes Wesen wäre.«[45] Die Regeln, nach denen der Verstand verfährt und verfahren muß, sind nicht von ihm selbst gesetzt. Vielmehr sind es »göttliche Regeln«, die das Dasein einer vom Menschen unabhängigen, »selbständigen Wahrheit« beweisen.[46] So wie die Musik vom Dasein einer »notwendigen, ewigen Harmonie« Kunde gibt und deshalb z. B. für Vanini eine Demonstration Gottes sein konnte, so beweisen die »innere Notwendigkeit« unseres Denkens und die »Harmonie und Ordnung« in der Verknüpfung des Denkbaren das Dasein einer »selbständigen Wahrheit« und eines »durch sich selbst notwendigen Grundes«.[47] Wenn aber die Gesetze der Vernunft »göttliche Regeln« sind, muß für Herder die gesetzmäßig aufgebaute Ontologie auch Theologie und die »sich selbst aussprechende Ordnung« der Denk- und Seinsbestimmungen eine (indirekte) Demonstration Gottes sein. Die *Metakritik* behauptet ja auch in gleicher Weise wie die *Spinoza-Gespräche*, daß die Vernunft »auf ein *Nothwendiges*, d. i. Höchstbestimmtes, Daseyn« gegründet ist.[48]

44 *Metakritik* S. 142, 79, vgl. 259.
45 *Gott* S. 517.
46 Ebd.
47 *Gott* S. 518.
48 *Metakritik* S. 259, vgl. 258. Es ist davon auszugehen, daß Kants Gottesbeweis in der Schrift von 1763 *Der einzig mögliche Beweisgrund zu einer Demonstration des Daseins Gottes* für Herder prägend war und durch die Vernunftkritik nicht seine Gültigkeit verlor. Kant, *Akad.-Ausg.* Bd. 2, S. 63-164.

Daraus ergibt sich auch, daß Herder, der von keiner reinen, sondern nur von einer menschlichen Vernunft meint sprechen zu können, doch mit dem Begriff einer nur menschlichen Vernunft nicht auskommt. Wenn die »Urbegriffe« sowohl aus dem sich offenbarenden Sein wie aus dem Handeln der menschlichen Vernunft folgen, dann ist die Zusammenstimmung von »Vernunft« und »Sein« vorausgesetzt; und dies Sein ist bei Herder in der Tat selbst vernünftig. Der Inbegriff des Seins ist zugleich der »allwirkende Verstand«, der »allumfassende Verstand des Weltganzen«, die »ewige« und »unendliche Vernunft«; es ist »ein Verständliches, daß zu ihm, dem Verstande, ein Geistiges, das zu ihm, dem Geiste spricht.«[49] Die menschliche anerkennende Vernunft zeichnet deshalb nur die Strukturen der göttlichen Weltvernunft nach. Und sie ist dazu in der Lage, da sie zwar eine beschränkte, aber keine mangelhafte Kopie jener göttlichen Vernunft ist.[50] Letztlich sind menschliche und göttliche Vernunft in Übereinstimmung, und dies ist der Grund unserer Erkenntnisgewißheit:

»Daß *dasselbe* Gesetz in mir wie in der Natur, im Erkenntnißvermögen wie im Erkennbaren, obwaltet; daß, wenn ich irrte, mir die Natur, d. i. die weitere Erfahrung zurechthilft, und ich wie einen *Zusammenhang meiner Gedanken*, so auch weiter und weiter einen *Zusammenhang ihrer Werke*, beide in Harmonie wahrnehme; dies *sichert* meine Vernunft, denn ich sehe, meine innere ist auch des mir zur Anerkennung gegebenen Weltalls Regel. Die Vernunft, sehe ich, gehört zum Gegenstande, wie der Gegenstand zur Vernunft; nach Einem Gesetz, zu einander *geordnet*.«[51]

Herders Erste Philosophie ruht also auf der Voraussetzung einer (relativen) Übereinstimmung von menschlicher und Seinsvernunft. Um dies nicht im Angesicht des Kritizismus als willkürliche dogmatische Setzung erscheinen zu lassen, hat Herder jene Korrespondenz, ausgehend vom »Innewerden«, von der Selbsterfahrung des Menschen, plausibel zu machen versucht. Polemisch gegen Kants Zergliederung der reinen Verstandesfunktionen und gegen die Trennung Sinnlichkeit – Verstand verweist Herder auf die leib-seelische Einheit des Menschen, auf das »lebendige Dasein«, das nur ist, indem es Erfahrungen macht, und zwar auch und gerade mit sich selbst: »denn sobald *lebendiges Daseyn* ge-

49 *Metakritik* S. 97, 101, 258 f., 174.
50 *Metakritik* S. 259.
51 *Metakritik* S. 297 f., vgl. 89, 174.

setzt wird, erfährets. Es ist sich selbst Erfahrung: *ein sich selbst in Raum und Zeit innerer Kräfte zusammenfaßendes, offenbahrendes Wesen.*«[52] Für dies Dasein, das »sich selbst Erfahrung« ist, erhellt unmittelbar, daß die Verstandesbegriffe zugleich ontologische Begriffe sind. Der Mensch nämlich bildet die Begriffe Sein, Raum, Zeit und Kraft nur deshalb angemessen aus, weil er sich selbst als seiend, räumlich, zeitlich und als Kraft erfährt und unmittelbar inne wird. Wenn Hume[53] behauptete, der Begriff der Kraft werde auch durch die Selbstbesinnung nicht deutlicher, da uns auch die Kraft des auf den Körper wirkenden Willens nicht bewußt werde (keinen »Eindruck« hinterlasse), so hält dem Herder entgegen, daß für uns unsere Willenskraft und ihre Wirkung sehr wohl als Tatsache der Empfindung gegeben und unmittelbar gewiß sind: »Die erste innige Empfindung: ›ich will und es wird!‹ knüpfte auf die ganze Lebenszeit des Menschen für ihn Ursache und Wirkung.«[54] »Wie alles um uns her, ist der Mensch sich selbst ein *Gegebenes*; er *findet* sich im Universum, wohin er sich nicht selbst setzte, und findet sich am innigsten als *Kraft*, als *Ursache*.«[55]

Herder stellt sich mit diesem Ansatz zwischen die Fronten: Er meidet einerseits den Rationalismus und die Transzendentalphilosophie, da er eine »reine«, erfahrungsunabhängige Vernunft nicht anzuerkennen vermag; er distanziert sich aber auch vom Empirismus, da dieser keine notwendige Verknüpfung kennt, weder im Sein noch im Denken, so daß es weder Gewißheit über das Sein als Kraft noch »göttliche Regeln« in der Vernunft gibt. Statt dessen sucht Herder von dem sich selbst erfahrenden Dasein her das Denken sowohl als logisch wie gegenstandsbezogen aufzuweisen. Der Ansatz ist der einer Erfahrungsphilosophie, die »Erfahrung« im weitesten Umfang des Wortes nimmt; denn es ist »hier nicht blos von äußerer grober Erfahrung an Gegenständen im Raum und in der Zeit die Rede ..., sondern auch von innerer Erfahrung, d. i. von einer Zusammensetzung der Begriffe nach

52 *Metakritik* S. 69.
53 David Hume: *Enquiry concerning human understanding*, sect. VII, part I.
54 *Metakritik* S. 307 f.
55 *Metakritik* S. 152.

der Natur unseres Verstandes, die weder Raum noch Zeit zur Anschauung bedürfen.«[56]

4. Zwischen endlicher und absoluter Vernunft

In Herders Grundlegung der Ersten Philosophie kündigen sich unerwartet Gedanken Diltheys an. Dilthey nämlich stellt sich ebenfalls zwischen Transzendentalphilosophie und Empirismus, legt »die ganze, volle, unverstümmelte Erfahrung dem Philosophieren zugrunde«[57] und sucht die Kategorien ebenfalls aus dem »Innewerden«[58] des Lebens zu entwickeln. Die Kategorien als »Lebenskategorien« – wie z. B. Selbigkeit, Rück- und Wechselwirkung – müssen als Ausdruck wie als Selbstdeutung des Lebens verstanden werden.[59] Über ihre Gültigkeit und ihren Gehalt befindet nicht der Verstand, sondern der Lebensvollzug selbst; das sich innewerdende Leben vollzieht und reflektiert sich in diesen Formen. Laut Dilthey hat als einziger Fichte diese Möglichkeit der Kategorienbegründung geahnt.[60] Aber Diltheys Nähe zu Herder dürfte größer sein, da auch Herder nicht das Ich und die Vernunft, sondern das »lebendige Dasein«, den ganzen Menschen, zum Erkenntnissubjekt erklärt.
Allerdings stechen sogleich zwei wichtige Unterschiede ins Auge:

56 *Metakritik* S. 38. – Es wäre zu zeigen, inwiefern Herder auf die Position des jungen Kant zurückgeht, der schon 1763 die Metaphysik auf Erfahrung begründet wissen wollte. Siehe I. Kant: *Untersuchungen über die Deutlichkeit der Grundsätze der natürlichen Theologie und Moral.* In: *Akad.-Ausg.* Bd. 2, S. 273-301, bes. 286.

57 Wilhelm Dilthey: »Grundgedanke meiner Philosophie.« In: *Weltanschauungslehre. Abhandlungen zur Philosophie der Philosophie. Gesammelte Schriften* Bd. 8, S. 171.

58 W. Dilthey: *Grundlegung der Wissenschaften vom Menschen, der Gesellschaft und der Geschichte. Ausarbeitungen und Entwürfe zum zweiten Band der Einleitung in die Geisteswissenschaften (ca. 1870-1895)*, hg. von H. Joach u. F. Rodi. *Gesammelte Schriften* Bd. 19, bes. S. 52 ff.

59 W. Dilthey, a.a.O. S. 359 ff. Ders.: *Der Aufbau der geschichtlichen Welt in den Geisteswissenschaften. Gesammelte Schriften* Bd. 7, S. 228 ff.

60 W. Dilthey: *Der Aufbau der geschichtlichen Welt*, a.a.O. S. 234, 157, 333, 310.

a) Für Dilthey ist das Leben unergründlich und deshalb für den logischen Verstand unzugänglich. (Dilthey grenzt daher die ›formalen‹ Kategorien des Verstandes von den Lebenskategorien ab.[61]) Bei Herder wurden Leben und Denken von ein und demselben Gesetz durchherrscht, und die Verstandesbegriffe kommen an dem sich selbst innewerdenden, lebendigen Dasein zum Ausweis. b) Für Dilthey – anders als für Herder – bedeutet die Übertragung der Lebenskategorien auf die Gegenstände äußerer Erfahrung, auf die Natur, eine Metabasis eis allo genos, einen Fehlschritt, den die Erkenntnistheorie aufdecken und verhindern muß. Denn werden die innegewordene, erfahrene Kategorie »Selbigkeit« zum abstrakten Begriff der »Substanz« und die Kategorie »Rück- und Wechselwirkung« zum Begriff der »Kausalität« verdünnt und auf die äußere Natur übertragen, dann werden Kategorien der Selbstdeutung des Lebens zu allgemeinen Begriffen für die Welt insgesamt – dies ist aber für Dilthey eine »ganz subjektive Metaphysik«, d.h. kein wissenschaftliches Verfahren.[62]

Es kann keinem Zweifel unterliegen, daß für Dilthey Herders Philosophie eine solch problematische Metaphysik darstellen mußte. Daran zeigt sich, worin der für uns »metaphysische«, d.h. die Idee kritischer Wissenschaft überschreitende Charakter der Herderschen Philosophie liegt, nämlich in der Methode der Analogisierung,[63] die Einsichten aus der Selbsterkenntnis des Menschen auf die Natur insgesamt zu übertragen erlaubt. Man sollte darin nicht vorschnell nur einen Denkfehler sehen. Vielmehr ist es der angestrengte Versuch, die Realität des Erkenntnisgegenstandes und damit für die wissenschaftliche Wahrheit einen »metaphysischen Realismus« zu sichern, da der Kritizismus die Welt in ein Konstrukt der Vernunft zu verwandeln drohte. Die Basis dieses Versuchs ist immerhin eine relativ konsistente philosophische Konzeption; es ist der Gedanke der einen Natur, von der auch der erkennende Mensch nur ein Teil ist: »Ist es nicht aber

61 W. Dilthey: *Grundlegung der Wissenschaften vom Menschen*, a.a.O. S. 361.

62 A.a.O. S. 358.

63 H. B. Nisbet: *Herder and the Philosophy and History of Science*. Cambridge 1970, S. 25 ff., 32 ff. Hans Dietrich Irmscher: »Beobachtungen zur Funktion der Analogie im Denken Herders«. In: *Deutsche Vierteljahrsschrift* 55 (1981) S. 64-97.

Eine Natur, in der ich ihn [den Gegenstand] und mich finde? Bin ich nicht selbst mein Gegenstand und mein Betrachter? Warum sollte ich also unter tausenden Eine Aeußerung meiner Naturkraft von allen Kräften der Natur abgetrennt, ja ihnen entgegengesetzt *wähnen*? Thut irgend ein Organ, irgend ein Gefäß meines Körpers je etwas anders, als das ihm Gleichartige *läuternd sich aneignen*?«[64]

Überschreitet Herder – für den Kritizismus ganz illegitim – mit diesem Begriff der »Natur« im Sinne der älteren Metaphysik das erkennende Subjekt und zeigt sich in jenem Zitat ein naturalistischer Grundzug (auch der Verstand ist eine Kraft unter Kräften), so verfolgt Herder andererseits schon ein ähnliches Ziel wie der spekulative Idealismus, der das Erkennen und das Erkennbare, Subjekt und Objekt in einer höheren Einheit vermittelt. Man hat mit Recht schon oft bei Herder Vorklänge der idealistischen Systeme vermerkt.[65] Auf den Idealismus vorausweisend ist vor allem seine gesamte Tendenz, die von Kant und der Aufklärungsphilosophie heraufbeschworenen Trennungen aufzuheben und so einer Vereinigungsphilosophie den Weg zu bahnen. Die kritische Philosophie hätte man laut Herder nicht die *»zermalmende«* nennen sollen, sondern eher »die *zerspaltende* (philosophia schismatica)«.[66] Und so kämpft Herder gegen die Kantische Abtrennung des Apriori vom Aposteriori, die auf der einen Seite einen leeren Verstand und auf der andern eine unerkennbare Welt erzeuge;[67] gegen die Trennung von Vernunft und Sinnlichkeit, die die Ein-

64 *Metakritik* S. 88.

65 Rudolf Haym: *Herder*, 2 Bde. Neudr. Berlin 1958, Bd. 1, S. 274, 710; Bd. 2, S. 328, 729 f. Thomas M. Seebohm: »Der systematische Ort der Herderschen Metakritik«. In: *Kant-Studien* 63 (1972) S. 59-73. Wilhelm Dobbek: »Die coincidentia oppositorum als Prinzip der Weltdeutung bei J. G. Herder wie in seiner Zeit«. In: *Herder-Studien*, hg. von Walter Wiora, Würzburg 1960, S. 16-47. E. Herms, a.a.O. (Anm. 33) S. 81 f.

66 *Metakritik* S. 316.

67 *Metakritik* S. 94, 190. – Hier wie auch sonst können die Anregungen, die Herder für seine Kant-Kritik von J. G. Hamann erhalten konnte, nicht diskutiert werden. Aber es sei an dieser Stelle zumindest hingewiesen auf Hamanns Rezension der »Kritik der reinen Vernunft« (1781), in: *Sämtliche Werke*, hg. von J. Nadler. Bd. 3. Wien 1951, S. 275-280, und auf Hamanns »Metakritik über den Purismus der Vernunft« (1784), a.a.O. S. 281-289.

heit des Menschen zerreiße;[68] gegen die Trennung von theoretischer und praktischer Vernunft, die zur Entmachtung der Vernunft führe;[69] gegen die Aufspaltung der Natur in Dinge an sich und Erscheinungen, die die Realität vernichte.[70] Alle diese Trennungen will Herder in der Regel nicht im dem Sinne aufheben, daß er sie zum Verschwinden bringt, sondern er will sie als Korrelate oder als konträre Gegensätze verstanden wissen, die nur in ihrer Relation zueinander existieren, zuweilen aber auch im Sinne einer Coincidentia oppositorum zusammenfallen.[71] Ein bevorzugtes Modell in seinem Polaritätsdenken ist das Magnetfeld, in welchem die Pole nicht isoliert voneinander gedacht werden können. In dieser Weise hebt Herder die Kantische Vorstellung einer streitsüchtigen, sich entzweienden Vernunft auf und macht sie zur versöhnenden »Friedensstifterin«.[72]
In diesem Zusammenhang ist hier besonders das Verhältnis von Metaphysik und Logik von Interesse. Herder hat am Schluß seiner *Metakritik* Kant den Vorwurf gemacht, »die sogenannte Kritik der reinen Vernunft« sei »eine Zwittergestalt aus Logik und Metaphysik«; und er hat demgegenüber auf das wirklich »wissenschaftliche« Verfahren Lamberts hingewiesen, der »Logik und Metaphysik, d. i. Form und Materie besonders abhandelte.«[73] Dies Insistieren auf der Trennung von Logik und Metaphysik erklärt sich wohl nur aus Herders polemischer Stellung gegen Kant; es läuft seinem eigenen Ansatz zuwider. Denn er polemisiert ja gegen Kants »kritische Leerheit«[74] besonders deshalb, weil dieser von einer formalen Vernunft ohne Gegenstände meint sprechen zu können, weshalb Herder auch die Formallogik kaum schätzen kann. In der Tat hatte er schon in einer frühen Skizze zum »Problem: wie die Philosophie zum Besten des Volkes allgemeiner und nützlicher werden kann«[75] die Logiker der Schulphilosophie als »Maschinenartige Lehrer« kritisiert. Die Logik, die

68 *Metakritik* S. 96 f., 314 ff.
69 *Metakritik* S. 280 f., 315 f.
70 *Metakritik* S. 315.
71 *Metakritik* S. 181 f., 190. Vgl. *Gott* S. 555 ff. W. Dobbeck: »Die coincidentia oppositorum« (s. Anm. 65). H. B. Nisbet, a.a.O. S. 71 ff.
72 *Metakritik* S. 255.
73 *Metakritik* S. 318 f.
74 *Metakritik* S. 271, vgl. 62, 94 u. ö.
75 Herder: »Problem: wie die Philosophie zum Besten des Volkes allge-

bisher nur »trostlose, gar zu allgemeine Regeln« enthalten habe, müsse »als Metaphysik behandelt und gar nicht als instrumentales Wissen vorausgesetzt werden«. Eine solche Verbindung von Logik und Metaphysik stellt dann die *Metakritik* selbst vor Augen; sie entwirft eine Ontologie als Logik des Ontischen oder – mit einem Hegelschen Ausdruck[76] – eine »ontologische Logik«: Die allgemeinen Verstandesbegriffe gehen aus der logischen, gesetzmäßigen Bewegung des Denkens und zugleich aus der Bewegung und Offenbarung des Seins hervor; die Bewegung des Denkens korrespondiert der des Seins. Das Denken trennt und verknüpft so, wie es erstens seine Natur verlangt und wie zweitens auch die Dinge verknüpft sind.

Herder hat die Schritte, in denen der Verstand die Kategorien gewinnt, sogar als logischen Schluß gekennzeichnet,[77] um sie als logisches Vorgehen auszuweisen. Und deshalb ist sein eigenes philosophisches Unternehmen – anders als das Kantische – eine planvolle Verknüpfung von Logik und Metaphysik. Herder, der unter »Dialektik« nur Disputierkunst und Wortstreit versteht, nähert sich deshalb gleichwohl wieder der platonischen Dialektik und arbeitet der Dialektik des deutschen Idealismus vor; ist er doch in vieler Hinsicht ein wichtiger Anreger und Wegbereiter für die deutschen Idealisten gewesen, allerdings von diesen nicht zitiert und deshalb von den buchstabentreuen Philosophiehistorikern in der Regel unterschätzt.

Man hat hier besonders auf Parallelen zwischen Thesen der *Metakritik* und Hegels *Logik* hingewiesen: Herders Methode, über zwei bzw. drei Stufen zu einer höheren Kategorie zu gelangen, die zur ersten zurückkehrt und die dann wiederum in vier Glieder sich aufteilt (s. o.), kann man ohne Gewaltsamkeit auf Hegel beziehen, da Herders ›Tetraktys‹ sich auf drei Grundschritte reduzieren läßt und Hegel seinen Dreischritt gelegentlich als Vierstu-

meiner und nützlicher werden kann.« *Sämtl. Werke* Bd. 32, Berlin 1899 (Repr. Hildesheim 1967) S. 31-61, hier S. 32, 38 f.

76 G. W. F. Hegel: »Philosophische Encyklopädie für die Oberklasse« (1808 ff.) §§ 15 ff. *Theorie Werkausgabe* Bd. 4. Frankfurt/M. 1970, S. 12 ff. Die »ontologische Logik«, auf welche in dieser frühen Enzyklopädie Hegels die »subjektive Logik« und die »Ideenlehre« folgen, wird bestimmt als »das System der reinen Begriffe des Seienden«.

77 *Metakritik* S. 256.

figkeit expliziert hat.[78] Beidemal resultiert aus der Bewegung des Denkens eine Ontologie. Hegelisch ist die Methode, die ausgehend von der Einheit über die Entgegensetzung (die bei Herder allerdings kein Widerspruch ist) zur höheren Einheit führt;[79] Hegelisch auch besonders Herders Kampf gegen den unendlichen Regreß, in den laut Kant die Vernunft auf der Suche nach dem Unbedingten gerät; nein, die Vernunft laufe in sich selbst zurück, denn »im kleinsten und größeren Umfange ... ist das Wesen der Vernunft wie des Circels: ›Radien sind ohne Mittelpunkt nicht; von ihm gehen alle aus und kehren zu ihm wieder‹.«[80] So polemisiert Herder gegen das, was Hegel die »schlechte Unendlichkeit« nennen wird, und sieht wie Hegel die Vernunft in einer Kreisbewegung den Begriff bestimmen: sie »führe ihn in sich selbst zurück.«[81] »Entgegengesetzt also einem natürlichen Hang zu Paralogismen, Antinomien und einem sinnlosen Laufen ins Unendliche dürfen wir die *Vernunft* als unser letztes, *in sich selbst beschloßenstes Vermögen* ansehen ...«[82]

Gleichwohl ist Herder im Ausgangspunkt (noch) weit von Hegel entfernt: Seine Ontologie ist nicht das Reich des reinen in sich beschlossenen Denkens; sondern alles Denken ist auf das vorgegebene Sein bezogen, und beides wird als getrennt und in harmonischer Übereinstimmung, nicht aber als identisch vorgestellt. Die erkennende subjektive Vernunft und die erkennbare objektive Vernunft bleiben letztlich unterschieden.

Deshalb ist Herders Nähe zu Schleiermachers *Dialektik* größer. Auch in dieser wurde bewußt die Aristotelische Trennung von Logik und Metaphysik wieder aufgehoben. Schleiermacher hat – anders als Kant – nicht die Kategorien vom Ding an sich getrennt und so eine Ontologie unmöglich gemacht; er hat aber auch nicht wie Hegel Denken und Sein identisch gesetzt. Vielmehr hat er die Formen des Seins und die Formen des Denkens in ein Korrespondenzverhältnis gebracht.[83] Die bei Herder nur als »harmonisch« behauptete Beziehung wird hier zu einer Theorie der Korrespon-

78 Th. M. Seebohm, a.a.O. (s. Anm. 65), S. 68 f.

79 *Metakritik* S. 181.

80 *Metakritik* S. 254.

81 *Metakritik* S. 258.

82 *Metakritik* S. 258.

83 Friedrich Schleiermacher: *Dialektik*, hg. von L. Jonas. *Sämmtliche Werke*. 3. Abt. Bd. 4/2. Berlin 1839, bes. S. 102-146. *Friedrich Schleier-*

denz von Urteilsformen und Seinsformen ausgestaltet und im absoluten Grund vermittelt. Wie bei Herder steht im Mittelpunkt der Ontologie der Begriff der Kraft, und wie bei Herder wird das Wissen auf ein letztes, nicht mehr hinterfragbares Fundament gestellt, auf den transzendenten Grund.
Herders Philosophie bestimmt die menschliche Vernunft durch ihr Verhältnis zur göttlichen Seinsvernunft. Dadurch hat sie eine Zwischenstellung: Sie ist einerseits nicht die Gestalt der göttlichen Vernunft selbst, sondern nur ihr weniger vollkommenes Abbild; aber sie ist andererseits auch nicht die schlechthin auf sich gestellte, endliche Vernunft, die über sich kein Richtmaß mehr hat. Die philosophischen Positionen nach Herder haben diesen doppelten Vernunftbegriff in der einen oder anderen Richtung aufgehoben.

5. Resümee und Ausblick: Metaphysik und Geschichte

Aus dem Vorangegangenen erhellt, daß die Metaphysik im Zeichen des Historismus bei Herder keinesfalls abdankt, sondern nur einen neuen Charakter bekommt: a) Die Metaphysik verwandelt sich von einer Theorie des Seins in eine Theorie des sich offenbarenden Seins und damit auch in eine Theorie des Werdens. b) Aus der Metaphysik als einer reinen, erfahrungsfreien Vernunftwissenschaft wurde eine durch Erfahrung fundierte und die Erfahrungswissenschaften basierende Wissenschaft.
a) Da Herder vom Sein spricht, nicht insofern es ist, sondern insofern es sich offenbart und in endlichen Gestaltungen manifestiert, sind in seiner Metaphysik Theologie und Ontologie nicht mehr trennbar, und die Ontologie wird zur Theorie des in die Sphäre von Entstehen und Vergehen übergehenden Seins. Zwar hat Herder den Übergang vom Sein zu seiner Offenbarung nicht spekulativ expliziert; aber wir haben hier gleichwohl schon Hegels Auffassung der Offenbarung als Manifestation des Absoluten vor uns. Und wie bei Hegel ergeben sich die Kategorien als Stufen einer Entwicklung, und zwar des Seins wie des Denkens. Sie

machers Dialektik, hg. von R. Odebrecht. Leipzig 1942 (Repr. Darmstadt 1976), S. 236 ff., 251 ff.

folgen aus einer Bewegung, die von der Einheit über die Differenz zu höherer Einheit führt.

In dieser Metaphysik sind die Probleme, die bei Kant für die theoretische Vernunft unzugänglich waren und deshalb zu Postulaten der praktischen Vernunft wurden – Gott, Freiheit, Unsterblichkeit der Seele –, aufgelöst; sie sind im Hegelschen Sinne »aufgehoben« in dem Gedanken eines beseelten Kosmos, in dem alle sich frei entfaltenden Kräfte eine stete Umwandlung bewirken und in dem es keinen Tod, sondern nur Verwandlungen und Palingenesien gibt. Deshalb ist der Tendenz nach auch die alte Disziplinenteilung der Metaphysik in Ontologie, Theologie, Psychologie und Kosmologie aufgehoben. Die Erste Philosophie als Ontologie begreift jene anderen Gebiete ein, so wie Herders *Metakritik* in der Tat alle Themen der älteren Metaphysik eng verknüpft.

b) Herder erneuert die Ontologie ausgehend von der Erfahrung. Bekanntlich war es laut Kant der Fehler der alten Metaphysik, jenseits der Erfahrung auf der Basis der reinen Vernunft sich Erkenntnisse zugetraut zu haben, zu denen diese Basis nicht taugte. Auf dem Standpunkt der reinen Vernunft ließen sich für Kant nur die Bedingungen der Möglichkeit von Erfahrung und Wissenschaft einsehen, nicht aber Metaphysik im alten Sinne treiben. Deshalb rückt er an die Stelle der Metaphysik die Erkenntniskritik als Erste Philosophie. In dieser Situation sucht Herder die Metaphysik zu erneuern, indem er – angeregt durch J. G. Hamann und den frühen Kant – Kants kritische Stoßrichtung gegen ihn selbst wendet und das moderne Erfahrungsprinzip radikalisiert: Nicht nur die alte Metaphysik, auch die neue Transzendentalphilosophie überschreitet illegitimerweise die Erfahrung, indem sie eine reine Vernunft behauptet und einen Standpunkt vor aller Erfahrung einnehmen zu können meint. *Alle* Erkenntnis, auch die der Erkenntnistheorie, entspringt der Erfahrung.

In dreifacher Weise wird von Herder die Metaphysik auf die Erfahrung gegründet und von der Erfahrung abhängig gemacht: 1. Erfahrung ist innere Erfahrung, Innewerden des denkenden Daseins seiner selbst; und darin vor allem finden die Einsichten in die Kategorien und Gesetze des Verstandes ihren Ausweis. 2. Erfahrung ist äußere Erfahrung, die in methodisch geregelter Weise von den Naturwissenschaften betrieben wird. Das durch die Physik vermittelte Erfahrungswissen von der äußeren Natur vermag die Metaphysik zu fördern; so wie z. B. die moderne Physik für Herder die Bestätigung gibt, daß mit Recht die Metaphysik den Kraftbegriff ins Zentrum stellt. 3. Der Bereich akkumulierter und sedimentierter sowohl innerer wie äußerer Erfahrung ist die Sprache. Wenn Herder Kants apriorische, reine Vernunft durch die sprachliche Vernunft ersetzt, so bringt er lediglich sein Prinzip zur Anwendung, daß nur durch Erfahrung die Vernunft zur Vernunft wurde.[84] Da in der Sprache sich eine lange Geschichte der Kollektiverfahrung niederschlug, ist sie eine verläßlichere Basis für die Erste Philosophie als der subjektive Verstand des Kritizismus, der sich eine künstliche Welt selbst konstruiert.

Es ist erstaunlich, daß Herder in seinem Grundriß des Wissenschaftssystems von der Ontologie aus nur die Wissenschaften von der Natur begründet (Naturkunde, Naturwissenschaft/Physik und Mathematik),[85] nicht aber ebenso die Wissenschaften von der Geschichte, vom Staat, von der Literatur und den Künsten usw. Die Rücksicht auf die geschichtliche Welt fehlt,[86] und der wichtigste Mitbegründer des Historismus kommt hier offensichtlich nicht vom Bann seines Gegners frei, von der Kantischen Vernunftkritik (die aber immerhin am Schluß neben der »Metaphysik der Natur« eine »Metaphysik der Sitten« projektiert[87]). Dennoch tritt Herders Erste Philosophie zur Geschichte in ein enges Verhältnis, ja sogar in ein doppeltes: a) Die Metaphysik basiert und fördert das geschichtliche Denken und die Geschichtsphilosophie; aber auch umgekehrt: b) Die Geschichte und das geschichtliche Wissen fundieren die Metaphysik – so daß sich beide Bereiche wechselseitig voraussetzen.

a) Der philosophisch-theologische Gedanke aus den *Spinoza-Gesprächen*,[88] die ganze Welt sei eine Offenbarung des göttlichen Daseins und dieser göttliche Grund könne so wenig ohne Welt gedacht werden wie eine lebendige Baumwurzel ohne Stamm und Krone, führt in der Wissenschaftskonzeption zur engen Verknüpfung der Metaphysik als Prinzipienwissenschaft mit der Physik als Naturwissenschaft (s. o.). Der Gedanke gibt aber auch

84 *Metakritik* S. 41, 70 ff., 163 ff., 180 f. u. ö.

85 *Metakritik* S. 110 f.

86 Ein spärlicher Hinweis auf die Geschichte, in welcher Kräfte wirkten wie in der Natur, nur *Metakritik* S. 143.

87 Kant: *Kritik der reinen Vernunft*, B 869.

88 *Gott* S. 539 f.

Vertrauen in die historische Welt und motiviert, sich frei von den engeren Grenzen der theologischen Heilsgeschichte und frei von pragmatischen und moralischen Zwecksetzungen sich der Fülle der divergenten Erscheinungen zuzuwenden, da sie ebenfalls Formen des sich offenbarenden Seins sind. Entgrenzt so die neue Metaphysik den historischen Erfahrungsraum und leistet die Erarbeitung einer Fülle von historischem Wissen Vorschub, so gibt sie zugleich einen Gedanken an die Hand, jene Stoffmassen neu zu ordnen. Da alle historischen Erscheinungen (die sog. Tatsachen) als Erscheinungen von wirkenden Kräften gedacht sind, haben sie jetzt auch darin – nicht mehr in ihrer rhetorischen Anordnung – ihr Einheitsprinzip. Besonders W. v. Humboldt wird dies später ausführen.[89] Allerdings wird in Herders Geschichtsphilosophie noch keineswegs der historische Entwicklungsgang wie bei Hegel mit dem Entwicklungsgang des Denkens parallel gesetzt und die Geschichte mit philosophischen Begriffen durchdrungen und strukturiert. Erste Philosophie und Geschichtsphilosophie kommen erst nur teilweise in unmittelbare Berührung. Neben Ansätzen, Entwicklungsgesetze von organischen Kräften in der Geschichte aufzuweisen,[90] finden sich vor allem ältere Darstellungsmuster für die Gliederung des Stoffes (wie z. B. die Lebensalter),[91] und häufig wird die bunte Mannigfaltigkeit der Geschichte einfach erzählt, ohne einem leitenden philosophischen Gedanken untergeordnet zu werden. Man könnte darin ein noch unentwickeltes, nicht gänzlich durchgeführtes philosophisches Konzept erblicken; vielleicht aber auch die Anerkennung einer nicht ganz der Theorie sich einfügenden

89 Herder: »Über die Reichsgeschichte: ein historischer Spaziergang.« *Kritische Wälder* III. *Sämtl. Werke* Bd. 3. Berlin 1878 (Repr. Hildesheim 1967), S. 462-471. »Bei uns kommt das Wort *Geschichte*, nicht von *Schichten* und Episch ordnen, und Pragmatisch durchweben, sondern von dem vielbedeutenden strengen Worte: *Geschehen* her, und darüber will ich auch nicht bis auf Einen Punct in Ungewißheit bleiben.« (S. 469). – Wilhelm von Humboldt: »Ueber die Aufgabe des Geschichtschreibers« (1821). *Werke*, hg. von A. Flitner u. K. Giel. 2. Aufl. Bd. 1. Darmstadt 1960, S. 585-606.

90 *Ideen* Bd. 14, S. 225 ff.

91 Peter Frenz: *Studien zu traditionellen Elementen des Geschichtsdenkens und der Bildlichkeit im Werk Johann Gottfried Herders.* Frankfurt/M., Bern 1983.

kontingenten Wirklichkeit.[92] Jedenfalls unterstützt Herders Ontologie das historische Wissen, ohne dies durchgängig dem philosophischen Begriff zu unterwerfen. Sie vermittelt nur die – Theologie und Biologie verbindende – Überzeugung, daß hinter aller Divergenz das sich differenzierende, entwickelnde und so offenbarende göttliche Sein steht.

b) Wird so eine neue, unbefangenere, offenere Zuwendung zur Geschichte durch die Metaphysik basiert, so findet aber auch umgekehrt die Metaphysik auch durch die Geschichte und durch historisches Wissen ihre Stützung. Denn die Wissenschaftsgeschichte zeigt den Fortgang der Naturwissenschaften, von denen die Metaphysik abhängig ist (s. o.). Vor allem zeigt die Sprachgeschichte die Resultate der Arbeit des anerkennenden Verstandes, der seine Erfahrungen in der Sprache niederlegte. Der Rückgriff auf die Sprache ist deshalb für die Metaphysik der Rekurs auf die ›Erfahrungen des Bewußtseins‹, des anerkennenden Verstandes. Obwohl es viele individuelle Erfahrungsräume und deshalb viele Sprachen gibt, zeigen sich in ihnen doch Gemeinsamkeiten und Ähnlichkeiten, so daß durch die Sprachen die Völker verbunden sind, während die »Spekulation«, auch der Kritizismus, aus dieser Gemeinschaft heraustreten.[93] Die *Metakritik* stützt deshalb ihre Aussagen auch immer auf Beobachtungen in der Sprache, d. h. auf die Erfahrungen der Gattung.

Indem Herder die Metaphysik von der Erfahrung abhängig macht, bringt er sie freilich in eine Schwierigkeit: Einerseits werden ihr Aussagen abverlangt, die unmittelbar gewiß sind – andererseits aber werden ihre Aussagen der ständigen Prüfung durch Erfahrung ausgesetzt. Sehe ich richtig, ist Herder diesem Problem durch eine bestimmte Auffassung vom Fortschritt der Metaphysik begegnet: Ihre Einsichten werden nicht prinzipiell falsch, nur schälen sich ihre Wahrheiten immer deutlicher heraus und treten in ein helleres Licht (ein Beispiel: als Empedokles von Liebe und Haß zwischen den Dingen sprach, hatte er laut Herder träumend schon Newtons Unterscheidung von Attraktion und Repulsion vorweggenommen, ein Denkmodell, das Herder auch auf die or-

92 Wolfgang Pross: »Herder und Vico: Wissenssoziologische Voraussetzungen des historischen Denkens«. In: *Johann Gottfried Herder 1744-1803*, hg. von G. Sauder. Hamburg 1987, S. 88-173, hier S. 102 f.

93 *Ideen* Bd. 13, S. 360 ff.

ganische und auf die leib-seelische Natur des Menschen überträgt[94]). Auch in der Sprachentwicklung zeigt sich ja dieser Fortschritt: Denn wenn auch »derselbe Eine menschliche Verstand in mancherlei Sprachen seine Begriffe anders construiret, d. i. bindet, trennt und andeutet«, so wird doch die Sprache insgesamt ein immer klarerer »Ausdruck« des Verstandes und auch der Dinge.[95] Jedenfalls hat Herder nicht den Gedanken der einen Vernunft aufgegeben und durch die Vielheit der Sprachen ersetzt, und er hat trotz der Überzeugung von einer sich immer sprachlich aktualisierenden Vernunft den Anspruch aufrechterhalten, daß eine allgemeingültige Erste Philosophie möglich sei. Die Einsicht in die Divergenz und den Wandel aller Kulturen macht für Herder nicht Metaphysik unmöglich, sondern führt zu einer neuen Metaphysik, die die vielstimmige und bewegte Geschichte begreifbar macht.

Deshalb repräsentiert Herder keineswegs einen sog. »kognitiven Historismus«[96], der alles Wissen zum Ausdruck einer individuellen Kultur erklärt. Der Historismus also führt bei Herder nicht zum Ende der Metaphysik, sondern nur zu ihrer Verwandlung. Und deshalb ist Herder so wenig der Kuhn des 18. Jahrhunderts, wie Kuhn der Herder des 20. Jahrhunderts ist.

94 *Vom Erkennen und Empfinden der menschlichen Seele. Sämtl. Werke* Bd. 8, S. 169 f. Vgl. *Werke*, hg. von W. Pross. Bd. 2, S. 53, 56, 243 ff., 762, 834, 840 u. ö.

95 *Metakritik* S. 25, 125-128.

96 Siehe Y. Elkana: *Anthropologie der Erkenntnis* (Anm. 2), S. 28 f.

v. Schopenhauer und die Geschichte*

Bekanntlich nannte man seit der Antike Demokrit den lachenden und Heraklit den weinenden Philosophen. Denn jenem blieben die Prinzipien, die Atome, stets konstant, diesem aber war alles im Wandel begriffen. Wer in der Antike feste, stehende Prinzipien hatte, der war offensichtlich zugleich ein glücklicher Optimist. Wer hingegen in einer rastlos bewegten, stets sich ändernden Welt zu leben glaubte, war dadurch unglücklich und pessimistisch. In der Moderne hat sich dies augenscheinlich umgekehrt: Die idealistischen Geschichtsphilosophen mit ihrem dynamischen Weltbild sind hier eher die Lacher und Optimisten, während Schopenhauer mit seiner ewig gleichen Welt der Weiner und Pessimist ist. – Warum ist – mitten in der idealistischen, optimistischen Epoche – Schopenhauers Weltbild so statisch und dabei zugleich so traurig? Und welche Folgen hat das für die historischen Geisteswissenschaften?
Das Thema »Schopenhauer und die Geschichte« ist zweideutig. Es kann erstens heißen: Schopenhauer *über* die Geschichte, Schopenhauers Geschichtsdenken oder Geschichtsphilosophie; zweitens aber auch: Schopenhauer *in* der Geschichte, Schopenhauer im historischen Kontext. Ich halte mich an die ältere Hermeneutik und gehe 1. von Schopenhauers Thesen zur Geschichte aus, um diese dann 2. in ihrem historischen Zusammenhang zu erörtern.

1. Schopenhauer über die Geschichte oder Schopenhauers Geschichtsphilosophie

Hier kann ich mich kurz fassen, denn der wichtigste Befund ist allzu bekannt: Schopenhauer hat keine Geschichtsphilosophie ausgebildet, ja er verachtete diese in seiner Zeit hoch im Kurs stehende Disziplin. Er hatte auch keinen Ehrgeiz, einen ge-

* Überarbeiteter Text eines Vortrages, der im Dezember 1988 im Rahmen einer Ringvorlesung über Schopenhauer an der Ruhr-Universität Bochum gehalten wurde.

schichtlichen Sinn zu kultivieren, und wäre nie auf den Gedanken gekommen, von der Geschichtlichkeit des Menschen zu sprechen. Vielmehr überließ er es Hegel und Schleiermacher, den Begriff Geschichtlichkeit in die Sprache einzuführen; überließ den historischen Sinn den neuen Geisteswissenschaften und die Geschichtsphilosophie den von ihm gehaßten Kathederphilosophen, besonders Fichte und Hegel. Gleichwohl hat auch er einiges zur Geschichte gesagt und dabei seinen Standpunkt gerechtfertigt.

a) Das Wort Geschichte ist bekanntlich doppeldeutig; es kann den Inbegriff der Ereignisse, aber auch den Inbegriff der Erzählungen, es kann die res gestae und die historia meinen. Hegel nennt jenes den objektiven, dies den subjektiven Geschichtsbegriff. Ich beginne mit dem letzteren, mit der Geschichte als Erzählung oder mit der Geschichte als Wissenschaft: Bei Schopenhauer ist sie keine. Denn Schopenhauer denkt noch ganz – und das ist das Unzeitgemäße an ihm – wie Aristoteles. Gemäß dem aristotelischen Verständnis hat es die Wissenschaft, die Philosophie, mit dem Allgemeinen und Notwendigen zu tun, mit dem, was nicht anders sein kann, als es ist. Die Historie hingegen – im weitesten Sinne als Erfahrungswissen – gilt dem bunten Feld von kontingenten Einzeltatsachen, dem, was auch anders sein könnte; sie ist Kunde von einzelnen Begebenheiten und deshalb keine Wissenschaft. Und noch ganz ähnlich dekretiert auch Schopenhauer: Geschichte sei keine Wissenschaft, weil sie kein notwendiges, allgemeines Wissen habe; sie wisse von keinen Regeln, unter die sie einzelne Fälle subordiniere, und könne lediglich Begebenheiten koordinieren; sie kenne nur individuelle Ereignisse und Gestalten, und da man das Individuelle nie ganz kennen könne – Schopenhauer übernimmt von Goethe das Prinzip individuum est ineffabile –, sei Geschichte zwar Wissen, aber keine Wissenschaft, sei immer unvollkommenes Wissen, Halbwissen.[1]

Die genauere Bestimmung des Verhältnisses von Wissenschaft und Geschichte ist bei Schopenhauer ein nicht sehr fruchtbares Gebiet seines Denkens. Der Philosoph, für den nur Mathematik

1 Arthur Schopenhauer: *Die Welt als Wille und Vorstellung*. 3. Aufl. 1859, Bd. 1 und 2. *Sämtliche Werke,* hg. von P. Deussen. München 1911, Bd. 1 und 2 (im folgenden abgekürzt: WW I und II). Siehe zum Vorstehenden: WW II, S. 499 ff.

und die empirischen Naturwissenschaften »wirkliche Wissenschaften« sind, meint, in der *Wissenschaft* sei das Gewisseste die Kenntnis des Besonderen, der einzelnen Tatsachen, während das Wissen des Allgemeinen das Ungewisseste sei, weil nur von jenen Tatsachen induktiv abgeleitet. In der *Geschichte* aber verhalte es sich umgekehrt: das Gewisseste sei das Allgemeinste (nämlich z. B. »die Zeitperioden, die Succzession der Könige, die Revolutionen, Kriege und Friedensschlüsse«), während die Kenntnis des Besonderen, der einzelnen Handlungen und Begebenheiten, das Ungewisseste, aber Interessanteste sei.[2] Nun wird man vielleicht zustimmen, wenn es heißt, in der Wissenschaft verhalte sich das Besondere zum Allgemeinen wie der Fall zur Regel, in der Geschichte aber wie das Teil zum Ganzen, und auch das »Allgemeine« sei hier individuell. Aber man fragt sich, ob die Kenntnis des Allgemeinen und Besonderen in der Geschichte sich so betrachtet nicht wechselseitig voraussetzen; ob das Allgemeine wirklich gewisser sein könne als das Besondere; vor allem aber, ob die Geschichte wirklich je spezieller desto interessanter werde. Schopenhauer vertritt diese Auffassung, weil für ihn das einzig philosophisch legitime Interesse an der Geschichte ein anthropologisches und moralisches ist: Die Erkenntnis des Schicksals der Individuen, wie es sich besonders in den Autobiographien spiegelt, vermittelt uns Einblick in das ewig gleichbleibende Wesen des Menschen und dient der moralischen Belehrung. Der Blick in die Geschichte führt bei Schopenhauer also sofort über sie hinaus zum ewig Gleichen und Allgemeinen. Und der Grund dafür liegt in seiner Metaphysik, die auch seine Auffassung von der Geschichte als Inbegriff der res gestae prägt. Deshalb wende ich mich jetzt

b) Schopenhauers objektivem Geschichtsbegriff, seiner Sicht und Interpretation der Ereignisgeschichte zu. Denn jene Geschichtslogik, für die Geschichte keine Wissenschaft ist, hat freilich ihre ontologischen Voraussetzungen. Wer – wie später der Neukantianismus – meinte, die Geschichte sei das Feld des Werthaft-Individuellen, für den gab es auch Geschichtswissenschaft, nämlich als »idiographische Wissenschaft«, die jenes Individuelle beschreibt.[3] Aber Schopenhauer ist einen anderen Weg gegangen,

2 WW 1, S. 502.

3 Wilhelm Windelband: »Geschichte und Naturwissenschaft« (1894). In:

und zwar deshalb, weil ihm die Geschichte kein Inbegriff von werthaften individuellen Kulturgestalten und -gebilden, sondern nur ein sinnloses Gewimmel von individuellen Begebenheiten war. Die Geschichte qua historia ist bei Schopenhauer nicht wissenschafts*fähig*, weil die Geschichte qua res gestae gar nicht wissenschafts*würdig* ist.
»Wahn nur Wahn, alles ist Wahn! Was bleibt dem Menschen bei all seiner Mühe, die er sich macht unter der Sonne? Ein Geschlecht geht, und ein Geschlecht kommt, die Erde aber bleibt ewig stehen. Die Sonne geht auf, und die Sonne geht unter, und ihrem Ort strebt sie zu und geht dort wieder auf... Alle Dinge hetzen sich müde, kein Mensch kann es sagen (wozu)... Was war, wird wieder sein; was geschah, wird wieder geschehen, und nichts Neues gibt es unter der Sonne. Gibt es etwas, von dem man sagen kann: ›Sieh, dieses ist neu!‹? Längst war es zu Zeiten, die vor uns gewesen... Ich besah mir alle Werke, die unter der Sonne geschehen, und siehe da, alles ist Wahn und ein Jagen nach Wind.« Diese Sätze stammen bekanntlich nicht von Schopenhauer, sondern aus der Bibel, Buch Kohelet.[4] Aber sie zeichnen sehr genau den resignierten, tief depressiven Blick auf die Geschichte, der auch für Schopenhauer charakteristisch ist. Seine Geschichtsphilosophie, wenn man von einer solchen hier sprechen kann, faßt sich nämlich in dem Satz zusammen, die Losung der Geschichte müsse heißen »eadem, sed aliter«, »dasselbe, nur anders«.[5] Der Philosoph wird nicht müde zu wiederholen, daß in der Geschichte immer dasselbe geschehe und alle große Philosophie auch nur zu dieser Einsicht geführt habe. Und dies Identische, das philosophisch einzig Wissenswerte, sei dies, daß immer Menschen gezeugt und geboren werden, die sich quälen und leiden und die dann wieder sterben. Der Blick in die Geschichte ist also der Blick in das Werk des »Weltwillens«, der sein unsinniges Vergnügen daran findet, zu gebären und zu zerstören. Er ist eine blinde Naturmacht, und so verwandelt sich die Geschichte bei Schopenhauer in einen reinen Naturprozeß; wobei die damals für

ders.: *Präludien. Aufsätze und Reden zur Philosophie und ihrer Geschichte.* 6. Aufl. München 1919, Bd. 2, S. 136 ff.

4 *Die Heilige Schrift des Alten und Neuen Testamentes,* übers. u. hg. von V. Hamp, M. Stenzel, J. Kürzinger. Wiesbaden 1977, S. 810 f.

5 WW II, S. 506.

die Geschichte noch neue Prozeßkategorie[6] unangebracht ist, denn es gibt kein geregeltes Procedere des Ganzen, sondern nur ein chaotisches Gewimmel leidender Individuen. Wer hier Zusammenhänge und Sinnstrukturen erkennt, wer sich bemüht, die Ereignisgeschichte zu deuten, ist laut Schopenhauer ein Phantast; er gleicht einem, der »in den Gebilden der Wolken Gruppen von Menschen und Thieren« sieht. Und wer hier gar, wie Hegel, vom Fortschritt der Geschichte zu sprechen wagt, betreibt reine »Konstruktionsgeschichte[], von plattem Optimismus geleitet«.[7] Die Einheit der Geschichte ist keine Einheit des Verlaufs und Zusammenhangs; sondern sie ergibt sich nur aus jenem ewigen und statischen Weltwillen hinter oder unterhalb der divergenten Ereignisse. Deshalb ist – wie bei Aristoteles, so auch bei Schopenhauer – die Poesie für die Philosophie viel wichtiger als die Geschichte, da die Poesie viel eher das Typische und Konstante des menschlichen Lebens darzustellen vermag; und die Geschichte gewinnt an »Bedeutsamkeit«, wenn sie romanhaft wird und sich der Poesie nähert.[8] Was aus der Geschichte zu lernen sei, könne man schon einem einzigen Geschichtswerk – etwa dem des Herodot – entnehmen. Denn jede Historie zeige nur das ewig gleiche Wesen des Menschen und diene dadurch der moralischen »Belehrung«,[9] nämlich der Überzeugung, sich vom Weltlichen abkoppeln zu müssen (s. u).

Die Abwendung von der Weltgeschichte und die Hinwendung zur Autobiographie, die Gleichgültigkeit gegenüber der Geschichte als methodisch verfahrender Wissenschaft und das Interesse an einer poetischen Geschichtsschreibung zeigen, daß die Historiographie bei Schopenhauer nur der Übergang zu Anthropologie und Kunst sein kann: Diese bringen viel besser zuwege, was es zu leisten gilt, nämlich die Erkenntnis des Menschenwesens. Man sieht: in Schopenhauers System sind seine Aussagen über die Geschichte gänzlich abhängig von seinem metaphysischen Prinzip, dem Weltwillen. Was aber die Entstehung des Systems anlangt, so dürfte es sich umgekehrt verhalten: Das me-

6 Kurt Röttgers: »Der Ursprung der Prozeßidee aus dem Geiste der Chemie«. In: *Archiv für Begriffsgeschichte* 27 (1983) S. 93-157.

7 WW II, S. 504.

8 WW I, S. 288 ff.; WW II, S. 499 f., 504.

9 WW II, S. 504.

taphysische Prinzip wurde offensichtlich durch geschichtliche Erfahrungen ausgebildet. Der »Abscheu vor der Weltgeschichte«[10] ist bei Schopenhauer nicht Folge, sondern eher Ursprung seines Systems.

Gleichwohl hat Schopenhauer der Historie eine Aufgabe zugewiesen; und man traut kaum seinen Augen, denn er huldigt hier doch plötzlich den Maximen seiner Zeit. Wir lesen: »Was die Vernunft dem Individuo, das ist die Geschichte dem menschlichen Geschlechte.«[11] Durch das Geschichtsbewußtsein unterscheide sich der Mensch vom Tier, könne er seine Gegenwart als Resultat der Vergangenheit begreifen und »sogar auf die Zukunft Schlüsse machen«; durch Geschichte habe das Menschengeschlecht ein »besonnenes und zusammenhängendes Bewußtsein« seiner selbst und ein Bewußtsein seiner Einheit. Das Geschichtsinteresse resultiert also – wie in der zeitgenössischen Geschichtsphilosophie – aus einem Interesse an der Vernunft, an einem vernünftigen Selbstbewußtsein. Aber Schopenhauer verfolgt diesen Gedanken nicht weiter, den Philosophen geht nämlich dies werdende Selbstbewußtsein in der Gattung wenig an; er hält es vielleicht für einen Traum[12] und insistiert auf seiner traurigen Einsicht, daß im Hintergrund jenes Selbstbewußtseins sich immer nur das alte Naturschauspiel von Geburt, Leid und Tod abspielt. Das geschichtliche Selbstbewußtsein der Menschheit und die metaphysische Selbsterkenntnis des Menschen haben sich hier völlig voneinander getrennt.

10 Erwin Chargaff: *Abscheu vor der Weltgeschichte.* 2. Aufl. Stuttgart 1988.
11 WW II, S. 507 (im Text gesperrt).
12 Schopenhauers Aussagen sind in diesem Punkt nicht ohne Widersprüche. In WW II, S. 507f. heißt es: »In diesem Sinne also ist die Geschichte anzusehen als die Vernunft, oder das besonnene Bewußtseyn des menschlichen Geschlechts, und vertritt die Stelle eines dem ganzen Geschlechte unmittelbar gemeinsamen Selbstbewußtseyns, so daß erst vermöge ihrer dasselbe wirklich zu einem Ganzen, zu einer Menschheit, wird. Dies ist aber der wahre Werth der Geschichte«. Aber wenig vorher lesen wir, die Einheit des Bewußtseins des Menschengeschlechts sei nur eine »Fiktion«, die Völker und ihr Leben seien »bloße Abstraktionen«. »Was die Geschichte erzählt, ist in der That nur der lange, schwere und verworrene Traum der Menschheit.« (Ebd. S. 504).

Es bedarf keines großen Scharfsinnes, die unlösbaren Schwierigkeiten dieser Konzeption einzusehen. Denn erstens führt sie zu der unhaltbaren Auffassung, daß Philosophie, Kunst, Religion und Wissenschaft ganz ungeschichtliche, prozeßlose Bereiche sind, die völlig isoliert vom Gang der Weltgeschichte existieren, ja, daß die Philosophie nichts mit dem Selbstbewußtsein der Menschheit zu tun hat. Und zweitens sind die epochalen Umwälzungen in der Geschichte für die Philosophie doch kaum eine quantité négligeable. Denn wenn es auch die Konstanten Geburt und Tod gibt, so macht es doch keinen geringen Unterschied – gerade nicht für die Philosophie –, ob z. B. Gesellschaften einen ausgeprägten Totenkult haben oder Bestattungen in die Nähe der Abfallbeseitigung geraten; ob man von der Auferstehung der Toten, der Unsterblichkeit der Seele, von der Wiedergeburt oder der schlechthinnigen Endlichkeit des Menschen überzeugt ist. – Wegen dieser Schwierigkeiten der Schopenhauerschen Philosophie ist es denn auch weniger interessant, was an seiner Geschichtsauffassung richtig oder falsch ist, als die Frage, wie sie überhaupt möglich war. Denn Schopenhauer statuiert einen unhistorischen Naturgrund der Geschichte und konstruiert ein völlig statisches Weltbild – mitten im sogenannten Historismus.

2. Schopenhauer in der Geschichte oder Schopenhauer im historischen Kontext

Man hat herausgearbeitet, daß in der zweiten Hälfte des 18. Jahrhunderts, in der Sattelzeit, wie Koselleck sie nannte, sich das gesamte Weltbild zu verzeitlichen und geschichtlich zu werden begann. Was das für den Menschen bedeutete, läßt sich durch einen Vergleich verdeutlichen. Nach einer älteren Selbstinterpretation des Menschen sind wir auf dem Theatrum mundi Schauspieler, die ihre Rolle spielen müssen. Die Schauspieler wechseln, die Rollen nicht; es wird gleichsam ein bekanntes Stück aufgeführt. Aber im 18. Jahrhundert wird diese Sachlage komplizierter; auch die Rollen wechseln, sogar die Bühne, ja das gesamte Welttheater gerät in Bewegung, und keineswegs ist ganz sicher, was gespielt und wie es enden wird. Viele Geisteswissenschaften zeigen sich jetzt bemüht, die Struktur des Schauspiels zu erraten und es richtig fortführen zu helfen. Sie werden jetzt zu historischen, immer auch mit dem geschichtlichen Wandel befaßten Wissenschaften:

– Die Geschichtswissenschaft berichtet nicht nur vergangene Ereignisse, sondern stellt jetzt den Gang »der Geschichte« dar;
– die Rechtswissenschaft muß die historische Entwicklung der Rechtssysteme berücksichtigen und wird zur historischen Rechtswissenschaft (Savigny);
– die Theologie muß dem Wandel der Religion Rechnung tragen, und so werden die Dogmatiken zu historischen Disziplinen (Schleiermacher);
– die Sprachwissenschaft erkennt in der Sprache nicht mehr ein logisches, sondern ein historisch sich änderndes System und wird zur historischen Sprachwissenschaft (Humboldt, Bopp);
– die Ästhetik kann nicht mehr nur ästhetische Normen statuieren, sondern muß deren Wandel reflektieren und Kunstgeschichte treiben (Herder, A. W. und F. Schlegel);
– die Metaphysik ist nicht mehr nur Theorie des ewigen Seins, sondern vor allem Theorie des Werdens, sie bildet Entwicklungslogiken aus und reflektiert ihre eigene historische Entstehung (Hegel).

Nicht nur die Bereiche der menschlichen Kultur sind in Bewegung geraten, auch das Absolute, Gott, bleibt nicht mehr der transzendente Gott des Deismus, sondern wird zur immanenten Weltursache, zur lebendigen, wirkenden Kraft. Auch die Natur zeigt sich jetzt als geschichtlich und bewegt: Lamarck stellt 1809 in seiner *Philosophie zoologique* die Artenkonstanz in Frage und bahnt der Evolutionstheorie den Weg. In der Naturphilosophie der Schellingschule wird der Mensch bereits als das letzte Produkt einer sich entwickelnden Natur verstanden, so daß die menschliche Geschichte nur die der Natur fortsetzt.[13] Kurz: Kultur und Natur, Mensch und sogar Gott sind für das beginnende 19. Jahrhundert nur angemessen in ihrem Werden und Gewordensein zu begreifen. Und in diesem Kontext ist Schopenhauers statisches Weltbild mit der metaphysischen Annahme eines ewig identischen Weltgrundes, der sich auf immer gleiche Weise in der menschlichen Geschichte spiegelt, ein historisch auffälliges, erklärungsbedürftiges Phänomen, eine philosophiehistorische Anomalie. Sie verständlich zu machen, bietet sich zuerst an, zur Bio-

13 Henrik Steffens: *Anthropologie,* 2 Bde. Breslau 1822.

graphie die Zuflucht zu nehmen und Schopenhauers schlimme Lebenserfahrungen zu erinnern. Aber dies reicht nicht aus, denn Erfahrungen werden in einem bestimmten kulturellen Kontext verarbeitet, und aus der Biographie ist nicht die eindrucksvolle Rezeptionskarriere von Schopenhauers Werk verständlich zu machen. Deshalb ist die historische Situation zu berücksichtigen.
Warum also entwirft Schopenhauer – unzeitgemäß – eine solch ungeschichtliche Weltanschauung, und warum ist diese dabei so pessimistisch?
a) Meine erste These dazu ist die folgende: Schopenhauer denkt nicht ungeschichtlich *trotz* des Historismus, sondern *wegen* des Historismus; seine Philosophie ist eine Antwort und Reaktion auf den Historismus, auf die plötzlich so radikal bewegte Geschichte und auf das in alle Bereiche eindringende geschichtliche Denken. Und zwar wendet sich Schopenhauer gegen das Fortschrittsdenken wie gegen das Veränderungsdenken überhaupt.
(1) Die klassische Geschichtsphilosophie Kants, Hegels und des frühen Schelling hatte einen Leitfaden für die Geschichtsbetrachtung: die Freiheit. Keinesfalls war man überzeugt, daß die Menschen stets moralischer, schon gar nicht, daß sie sichtlich immer glücklicher würden (und insofern hat Schopenhauer ganz zu Unrecht Hegel Eudämonismus vorgeworfen). Vielmehr betonten diese Geschichtsphilosophen, daß die Geschichte – ohne jenen Leitfaden betrachtet – sich nur als das »verworrene Spiel menschlicher Dinge« zeige, »dessen Anblick uns nöthigt, unsere Augen von ihm mit Unwillen wegzuwenden« (Kant)[14], ja, daß die Weltgeschichte geradezu die »Schlachtbank« sei, »auf welcher das Glück der Völker, die Weisheit der Staaten und die Tugend der Individuen zum Opfer gebracht worden« (Hegel).[15] Aber man war überzeugt, daß gleichwohl die Geschichte das Feld der werdenden Freiheit war und auch sein sollte, und deshalb nahm die philosophische Vernunft ein besonderes Interesse an ihr. Wurde jener Leitfaden, die Freiheit, aufgegeben, dann blieben nur das verworrene Spiel und die Schlachtbank übrig; die Folge: Abscheu vor der Weltgeschichte. Eben dies ist bei Schopenhauer der Fall:

14 I. Kant: »Idee zu einer allgemeinen Geschichte in weltbürgerlicher Absicht« (1784). *Akad.-Ausg.* Bd. 8, S. 30.

15 G. W. F. Hegel: *Vorlesungen über die Philosophie der Geschichte. Theorie-Werkausg.* Bd. 12. Frankfurt/M. 1970, S. 35.

Die Überzeugung von einer konstanten Unglücksbilanz in der Geschichte läßt den Leitgedanken der werdenden Freiheit zunichte werden, sich blamieren. Oder anders: Schopenhauer fragt nach dem Glück in der Weltgeschichte und hält den Freiheitsphilosophen das unveränderte Leiden der Menschen entgegen. Er tut das nicht durch Zufall in einer Zeit, als in breiten Schichten des Bürgertums die Französische Revolution, jenes Ergebnis der aufgeklärten Vernunft, ihre Faszination verloren hatte. Gegenüber jener Fortschritts- und Freiheitsphilosophie war es nicht wichtig zu sagen, daß die Leiden des Menschen vor und in der Zivilisation jeweils andere waren, sondern nur, daß sie eben Leiden waren. Schopenhauers Philosophie ist so betrachtet die Gestalt der an der Freiheitsidee und am Geschichtsfortschritt irre gewordenen und verzweifelten Vernunft. Fortan wird die Geschichtsphilosophie, wo sie Fortschrittsphilosophie bleibt, oft vom Schatten Schopenhauers begleitet, d. h. von der Sorge, es könne der Fortschrittsglaube sich als Illusion entlarven. Ernst Bloch hat Schopenhauers Philosophie als Gegenpol der Hegelschen durchaus ernst genommen, als Vorschein eines vielleicht endgültig mißlungenen Geschichtsprozesses, eines vereitelten Geschichtszieles.[16]

(2) Aber Schopenhauer wendet sich nicht nur gegen die Fortschrittsphilosophie, sondern gegen das geschichtliche Denken insgesamt und artikuliert so eine Art Krisenbewußtsein des Historismus. Innerhalb einer relativ kurzen Geschichtsspanne hatten erst das Christentum und sodann auch die aufklärerischen Gegenentwürfe, Naturrecht und natürliche Religion, als Orientierungssysteme ihre Selbstverständlichkeit verloren, und das alteuropäische Gesellschaftssystem war ins Wanken geraten. Wenn sich aber alles ändert, ohne sichtlich besser und stabiler zu werden, wächst mit der Verunsicherung das Bedürfnis nach dem, was immer und ewig ist. Diesem Bedürfnis kommt Schopenhauers Philosophie nach. Sie fixiert das Sein inmitten des Werdens, das Konstante in allem Entstehen und Vergehen. Und da bereits alle Bereiche der Kultur in den Fluß der Geschichte eingetaucht waren, konnte dies Konstante nur *unterhalb* der Geschichte gefunden werden, in einem dunklen Naturgrund. Schopenhauers Absolutes, der Weltwille, ist als blinder Drang ein reines Naturprin-

16 So E. Bloch in seiner Vorlesung »Schopenhauer und Hegel« im Wintersemester 1963/64 an der Universität Tübingen.

zip, viel näher dem Freudschen Triebbegriff als dem Kantischen Begriff des Willens. Schopenhauer gewinnt – so meine ich – jenes Prinzip aus dem ewigen Werden und Vergehen selbst, bringt dies nur auf den Begriff. Denn wenn sich alles stets und ständig wandelt, dann ändert sich im Ergebnis gar nichts mehr, es gibt nur diesen Wandel, der auf der Stelle tritt. Diese Dialektik bringt Schopenhauers Weltwille, das Gegenprinzip zu Hegels Weltgeist, zum Ausdruck; der Wille ist in ewiger dynamischer Bewegung, aber es geschieht immer dasselbe. Diese Metaphysik bringt dem modernen Bewußtsein eine große Entlastung: Man kann die kompliziert gewordene historische Welt ruhig vergessen, wenn man das Wesentliche wissen will. – So spricht denn in der Tat vieles dafür, daß gerade der Historismus, daß die Erfahrung von radikalem Geschichtswandel ein Bedürfnis nach dem radikal Ungeschichtlichen, nach dem Statischen und Einfachen erzeugte und dies Bedürfnis von Schopenhauers Metaphysik erfüllt wurde. Später, seit der zweiten Hälfte des 19. Jahrhunderts, wird diesem Verlangen oft auf nichtmetaphysische Weise entsprochen, durch Typenlehren und besonders durch die Anthropologie. Sie ist es vor allem, die später unterhalb der bewegten Geschichte deren identischen tragenden Grund zu erkennen sucht.[17]
Zu dieser These – Schopenhauers ungeschichtliche Metaphysik als Antwort auf den Historismus – fügt sich auch sehr gut Schopenhauers Rezeption der indischen Philosophie. Wenn sich alles ändert und so letztlich alles steht, ist das Älteste genauso aktuell wie das Neueste. Ja gerade, wenn die neueren Orientierungssysteme durch Geschichtswandel ihre Glaubwürdigkeit verloren, bekommen die ältesten die höchste Faszination und Autorität, sind sie doch von der Gegenwartskrise unberührt.[18] Und wenn das europäische Fortschrittsdenken seine Überzeugungskraft verlor, bedarf es für die Kritik einer Berufungsinstanz, die durch ehrwürdiges Alter legitimiert ist. So erzeugt die Erfahrung von radikalem Geschichtswandel eine Sehnsucht nach dem Uralten,

17 Siehe den Aufsatz »Das Historismusproblem und die Geisteswissenschaften im 20. Jahrhundert«, hier bes. S. 135 ff.

18 Siehe dazu Hermann Lübbe: »Über den Grund des Interesses an historischen Gegenständen. Kulturelle und politische Funktion der historischen Geisteswissenschaften«. In: *Geisteswissenschaft als Aufgabe. Kulturpolitische Perspektiven und Aspekte*, hg. von H. Flashar, N. Lobkowicz, O. Pöggeler. Berlin, New York 1978, S. 179-193.

nach dem, was sich am längsten in der Welt hat halten können. Freilich gibt es für das breite Interesse an der indischen Philosophie und Kunst z. Zt. der Romantik und bei Schopenhauer noch weitere Motive; aber eins der wichtigsten ist dies: Die indische Philosophie ist in großer zeitlicher und räumlicher Ferne und dadurch von der bewegten europäischen Geschichte nicht tangiert.

Seit dem 19. Jahrhundert wird den Geisteswissenschaften offensichtlich zweierlei abverlangt: Im Dienste der historischen Aufklärung zeigen sie uns eine komplizierte, stets sich wandelnde Geschichte – und zur Bewältigung dieses Wandels und der offenen »Lebensrätsel« (Dilthey) vermitteln sie alte Weisheit und vormoderne Daseinsdeutungen; und dazu gehört nicht nur die Rezeption des Buddhismus, sondern z. B. auch die Verehrung der Vorsokratiker bei Nietzsche und Heidegger und die Rückwendung zum Mythos. Zwischen jener Aufklärung und diesem Deutungsbedürfnis des ›Lebens‹ besteht naturgemäß eine starke Spannung: Indem die historische Aufklärung sich auch auf jene Deutungen richtet und sie als zeitbedingte, vielgestaltige und sehr verschieden interpretierbare Erscheinungen zeigt, bedroht sie deren Geltung. So konnte bezweifelt werden, daß Schopenhauer den von ihm rezipierten Buddhismus wirklich verstanden hat.

b) Aber allein aus jener ersten quasi geschichts- und kulturphilosophischen Vermutung ergibt sich noch keineswegs, warum Schopenhauers Weltanschauung so pessimistisch, warum nach seinen eigenen Worten jeglicher Optimismus geradezu »ruchlos« ist. Deshalb ergänze ich meine erste These um eine zweite, quasi religionsphilosophische. Und diese lautet schlicht dahin, daß sich in Schopenhauers Philosophie die Rückkehr des Bösen, des Teufels vollzieht, in etwas verdeckter, aber besonders radikaler Gestalt. Mit ungefähr 18 Jahren fragte sich der Philosoph, ob wirklich ein Gott diese Welt gemacht haben könne, und seine Antwort war: »Nein, eher ein Teufel.«[19] Dieser Überzeugung ist Schopenhauer treu geblieben. Sie muß in den historischen Kontext gerückt werden.

In Schopenhauers Philosophie zeigt sich nämlich »die Karriere

19 *A. Schopenhauer: Gespräche*, hg. von A. Hübscher. Stuttgart 1971, S. 131 (Nr. 230).

des Bösen«[20], die sich seit dem Ende des 18. Jahrhunderts allgemein in der Literatur beobachten läßt. Die Aufklärung hatte sich alle argumentative Mühe gegeben, den Teufel aus der Welt zu vertreiben.[21] Das Böse sollte kein eigenständiges Prinzip, sondern nur ein Mangel des Guten sein. Gott habe die beste der möglichen Welten geschaffen, so lehrte Leibniz, und zu dieser gehöre auch – als malum metaphysicum – der Mangel, als Unvollkommenheit; und darin gründeten die Übel in der Natur (das malum physicum) und das moralisch Böse (das malum morale). Die Konzeption war nicht sehr stabil, ein einziges Erdbeben – wie das von Lissabon – konnte sie erschüttern. In die Krise geriet sie endgültig am Ende der Spätaufklärung, die ungewollt dem Teufel die Tür geöffnet zu haben scheint. Kant beendete die optimistische Überzeugung, daß der Mensch von Natur gut oder fast gut sei und behauptete die »Einwohnung des bösen Prinzips neben dem guten«, »das radikal Böse in der menschlichen Natur«.[22] Der allgemeine Hang zum Bösen im Menschen war ihm kein Fehler der Schöpfung, sondern hatte seinen Grund in der Freiheit des Menschen, die nicht ohne die Möglichkeit des Bösen gedacht werden könne. Für den Bereich der mala moralia ist also der Mensch allein verantwortlich, und Gott wird von ihnen ganz entlastet. Er wird aber auch aus dem Bereich der mala physica herausgehalten; und eben dies war ein zweischneidiges Schwert, denn hier fehlte jetzt der Verursacher, und es konnte nicht gezeigt werden, daß Gott sie *nicht* zu verantworten habe. Mit der Metaphysik endet bei Kant auch die Theodizee. Die große Menge der natürlichen

20 Siehe dazu und zum folgenden: Christoph Schulte: *Radikal böse. Die Karriere des Bösen von Kant bis Nietzsche.* München 1988. Ich meine, daß man diesem Zusammenhang auch die Metaphysik Schopenhauers zuordnen muß. Schon ein Blick in die Schopenhauer-Register belehrt, welch großes Interesse der Philosoph dem Teufel entgegenbrachte und daß ihm die Welt in der Tat die Hölle oder der Teufel war. Julius Frauenstädt: *Schopenhauer-Lexikon.* Bd. 2. Leipzig 1871, S. 369 f. Gustav Friedrich Wagner: *Schopenhauer-Register,* neu hg. von A. Hübscher. Stuttgart-Bad Cannstatt 1960, S. 404.

21 Karl Aner: *Die Theologie der Lessingzeit.* Halle 1929. Repr. Hildesheim 1964, S. 234 ff. Hansjürgen Günther: *Das Problem des Bösen in der Aufklärung.* Bern, Frankfurt/M. 1974.

22 I. Kant: *Die Religion innerhalb der bloßen Vernunft* (Erstes Stück). *Ak.-Ausg.* Bd. 6, S. 19.

Übel kann nun nicht mehr theologisch aus der Erbsünde oder metaphysisch aus der Schöpfungsordnung verständlich gemacht, sie muß – abgeschnitten von diesen Traditionen – als Naturtatsache hingenommen werden. Die durch die Natur verursachten Leiden sind nunmehr sinnlose Leiden.

Dies Deutungsdefizit durch Traditionsverlust hat die Philosophie nicht ausgehalten. Sie ist wieder bei Theologie und Theosophie in die Schule gegangen und hat den Teufel zurückgeholt, der sowohl das Böse im Menschen wie in der Natur verursacht habe (F. v. Baader).[23] Sie hat eine Metaphysik entwickelt, die die Möglichkeit alles Bösen, wohlgemerkt: die Möglichkeit, in Gott fand, in einem ihm selbst unzugänglichen und dunklen Bezirk, der wesentlich Wille und Sehnsucht ist (Schelling). Dadurch ergab sich ein sehr spannungsreicher Gottesbegriff, denn Gott ist jetzt einerseits Vernunft, andererseits aber ein Alogon. Wollte man noch einen Schritt weitergehen, um das Böse in der Welt radikal ernst zu nehmen, dann mußte man manichäisch zwei Götter behaupten, einen guten und einen bösen; aber dieser Weg war im Zeichen des spekulativen Einheitsdenkens versperrt. Deshalb tut Schopenhauer gleich zwei Schritte und löst jene Schwierigkeit, das Böse ohne Dualismus als eigenes Prinzip zur Geltung zu bringen, durch einen mutigen Handstreich: Er läßt den Gedanken des guten Gottes einfach fallen und ersetzt ihn durch den »Weltwillen«. Dieser Weltwille, das Absolute oder der Gott Schopenhauers, erfüllt genau die Funktion, die bei Luther »der Fürst dieser Welt«[24], der Teufel hatte: Alles Schlechte dieser insgesamt schlechten Welt hat letztlich in ihm seinen Grund.

Allerdings hat er nun ganz neue Züge, die ihn als Teufel unkenntlich machen. Er ist im Zeichen des Naturalismus zu einer anonymen unpersönlichen Naturmacht geworden, die keine List mehr braucht, da sie allmächtig ist. Aber dadurch gerade ist der Wille nun ganz eindeutig der Täter alles Bösen in der Welt der Natur und des Menschen. Daß er auch der Verursacher der mala moralia ist, zeigt Schopenhauers Ethik, die sich zwar in den entscheidenden Passagen begrifflich eng an Kant anschließt, aber den Kantischen Begriffen einen ganz anderen Sinn gibt.

23 Siehe dazu und zum folgenden: Ch. Schulte, a.a.O. Kap. 5 und 6.

24 Vgl. Joh. 12,31; 14,30; 16,11. Schopenhauer bezieht sich darauf selbst, z. B. WW II, S. 715.

Woher stammen das Schlechte und Gute im menschlichen Denken und Handeln?[25] Schopenhauers Antwort: aus dem intelligiblen Charakter des Menschen. Was ist der intelligible Charakter? Er ist ein »untheilbarer unveränderlicher Willensakt« jenseits der Erscheinungswelt. Ist dies ein Willensakt einer individuellen Person, die ihn verantwortet, ein Akt individueller Freiheit? Nein, es ist ein Akt des Weltwillens selbst, der sich individualisiert, d.h. »in bestimmtem Grade« erscheint. – Dies ist kein Anschluß an Kant, sondern die Verkehrung der Kantischen Ethik in ihr Gegenteil: Das Böse resultiert nämlich nicht mehr aus der Freiheit verantwortlicher Menschen, sondern aus dem freien, allmächtigen Weltwillen, dem Absoluten. Deshalb hat auch laut Schopenhauer *der* Mensch den bösesten Charakter, der den heftigsten Willen in sich trägt und die geringste Einsicht hat, die jenen zu brechen vermag.

Wenn also für Schopenhauer alles Leben wesentlich Leiden bedeutet und nur ein stetes Sterben ist;[26] wenn alles Leben des Menschen nur zwischen Schmerz und Langeweile pendelt;[27] wenn die Weltgeschichte nur den fürchterlichsten Egoismus und »namenlosen Jammer« zeigt und dies kein Staat und keine Institution je werden ändern können;[28] wenn in der Menschenwelt Zufall und Irrtum, Thorheit und Bosheit, das Absurde und Verkehrte, das Platte und Abgeschmackte, das Böse und Hinterlistige durchaus *herrschen,*[29] dann trägt dafür die Verantwortung der Gott dieser Welt, der darum der Teufel ist. »Die Verantwortlichkeit für das Daseyn und die Beschaffenheit dieser Welt kann nur sie selbst tragen, kein Anderer.«[30] Und das Wesen der Welt ist der Weltwille. – Nun ist jenseits der theologischen und metaphysischen Tradition die Leerstelle wieder gefüllt: Das Böse, auch und gerade das malum physicum, hat seinen Täter und so seine Deutung. Dieser Täter ist als blinde Naturmacht konzipiert, aber – so verrät Schopenhauers Sprache – sie steht unter moralischer Anklage, und so ist sie doch wieder eine neue Gestalt des Teufels, gleichsam seine säkularisierte, aber nun allmächtig gewordene Gestalt.

25 Siehe zum folgenden WW 1, S. 337ff. (§ 55).
26 WW 1, S. 366f.
27 WW 1, S. 367f.
28 WW 1, S. 381, 391. 29 WW 1, S. 381ff. 30 WW 1, S. 415.

Nicht überall ist dies sogleich deutlich. Da heißt es z. B. wie bei Schiller und Hegel, die Weltgeschichte sei das Weltgericht, und es herrsche Gerechtigkeit in der Welt; Schuld und Leid hielten sich die Waage.[31] Aber jenes Gericht und diese Gerechtigkeit widerfahren nicht den Menschen, den Individuen und Völkern, sondern nur dem Weltwillen selbst: In seiner Dumpfheit quält er sich selbst; so hat er die Lust des Quälens, die Schuld und den Schmerz zugleich. Nichts anderes meint Schopenhauers Begriff der ewigen Gerechtigkeit. Deshalb geschieht laut Schopenhauer uns in unserem Leid auch immer durchaus recht. Denn solange wir die Welt bejahen, und dies tun wir schon durch unsere Geburt, solange partizipieren wir auch an Schuld und Leid des Weltwillens. – Freilich müssen wir diesen Willen nicht bejahen, wir können der Schopenhauerschen Ethik zufolge den Teufel besiegen: durch Weltverneinung. Alles wirklich Gute – das Schöne der Kunst, die Weisheit der Philosophie, die Moral des Handelns – alles Gute, das immer nur wie ein einsamer Meteorit in der Masse des Schlechten begegnet, entsteht durch die entschiedene Negation jenes Weltwillens; es ist das schlechthin andere dieser schlechten Welt. Die Umkehr zu diesem anderen, die Abkehr von der Welt, wird erreicht durch Erkenntnis des Teufels in sich, in anderen, in allem; sie wird also erreicht durch Erkenntnis oder, um es griechisch auszudrücken, durch Gnosis.

Mit dem Wort Gnosis bezeichnet man auch eine historisch einflußreiche Religion und Philosophie, die in die Entwicklung des frühen Christentums eingriff, mit ihm verschmelzen konnte und seine Identität bedrohte, als Häresie. Die Sachlage ist kompliziert und umstritten. Aber als kennzeichnend für den Gnostizismus gilt die Auffassung, daß die Welt von einem bösen Prinzip beherrscht werde, dem man sich durch Erkenntnis entziehen müsse. Laut Hans Blumenberg hat erst – vergeblich – das Christentum, dann – mit mehr Erfolg – die Neuzeit jene Gnosis zu überwinden versucht.[32] Aber z. B. nach Hans Jonas ist noch und gerade die moderne Philosophie des 20. Jahrhunderts in ihrem Charakter oft gnostisch, nämlich durch die Überzeugung geprägt, daß der

31 WW I, S. 390, 414 ff.

32 Hans Blumenberg: *Säkularisierung und Selbstbehauptung. Erweiterte und überarbeitete Neuausgabe von »Die Legitimität der Neuzeit«, erster und zweiter Teil.* Frankfurt/M. 1974, bes. S. 146 ff.

Mensch ein Fremder in dieser Welt ist, gegen die er sich denkend zur Wehr setzen muß.[33] Sollte dies zutreffen, dann gebührt Schopenhauer die Ehre, der erste große Gnostiker der modernen Philosophie zu sein, denn kaum hat jemand wie er die Welt als Werk des Bösen ausgelegt. Daraus resultiert auch u. a. sein hohes Ansehen im Rahmen der Radikalkritik der Frankfurter Schule. Max Horkheimer hat in seiner Gedenkrede auf Schopenhauer von 1960, in diesem seinen Bekenntnis *zu* Schopenhauer, expressis verbis das Gnostische dieser Philosophie der schlimmen Welt als das eigentlich Tiefe, Wahre und Epochale herausgestellt, als das, wodurch sie der Hegelschen überlegen sei.[34]

Ohne interpretatorischen Zwang lassen sich besonders zwischen dem Halbgnostiker Marcion[35] aus dem 2. Jahrhundert und Schopenhauer einige Parallelen zeigen, denn auch Marcion verwarf

33 Hans Jonas: »Gnosis, Existentialismus und Nihilismus« (zuerst engl. 1952). In: ders.: *Zwischen Nichts und Ewigkeit. Drei Aufsätze zur Lehre vom Menschen.* Göttingen 1963, S. 5 ff. Auch in: ders.: *Organismus und Freiheit. Aufsätze zu einer philosophischen Biologie.* Göttingen 1973, S. 292-316. – Zur neueren Diskussion des Verhältnisses von Philosophie und Gnosis siehe den von P. Koslowski herausgegebenen Sammelband *Gnosis und Mystik in der Geschichte der Philosophie,* Zürich, München 1988. Merkwürdigerweise gilt hier ein Kapitel z. B. Fichte, nicht aber Schopenhauer und auch nicht Hegel, der – unter Voraussetzung eines sehr weiten Begriffs von Gnosis – schon von F. Ch. Bauer als Gnostiker interpretiert wurde. Zur Problematik des Begriffs Gnosis, besonders als Interpretationskategorie, siehe Walter Jaeschke: »Gnostizismus – Ein Schlagwort zwischen geschichtlicher Aufklärung und Häresomachie.« In: *Archiv für Begriffsgeschichte* 28 (1984) S. 269-280.

34 Max Horkheimer: »Die Aktualität Schopenhauers«. In: *Über Arthur Schopenhauer,* hg. von G. Haffmans. Zürich 1977, S. 145-164, bes. S. 158 f.

35 Siehe zu Marcion Adolf von Harnack: *Marcion: das Evangelium vom fremden Gott.* Leipzig 1921. E. C. Blackman: *Marcion and his influence.* London 1949. Zu Schopenhauers Sympathie mit den Gnostikern und Markioniten siehe z. B. WW II, S. 710 f., wo er die Markioniten gegen die Kritik der Kirchenväter verteidigt, sowie ebd. S. 714 f., wo er auf die etymologische Verwandtschaft von ›deus‹ und ›Teufel‹ hinweist. Hier erfahren wir auch, wo Schopenhauer u. a. seine Anregungen bekam: Isaac Jacob Schmidt: *Über die Verwandtschaft der gnostisch-theosophischen Lehren mit den Religionen des Orients, vorzüglich dem Juddhaismus.* Leipzig 1828.

den Gedanken der guten Schöpfung. Wie bei Marcion die Welt ein Werk eines schlechten Demiurgen, so ist die Welt bei Schopenhauer beherrscht durch den unsinnigen Weltwillen. Wie bei Marcion jener Judengott, der Demiurg, gerecht und grausam ist, so auch bei Schopenhauer der Weltwille (dieser allerdings ist dies nur gegen sich selbst). Wie Marcion das Alte Testament und alles Jüdische verwarf, so distanziert sich auch Schopenhauer nachdrücklich vom Judentum und trennt die Lehre Christi scharf von jenem ab. Und wie die Gnostiker allgemein ihr Erlösungswissen dem Autoritätsglauben der verblendeten Menge entgegenstellten, so präsentiert auch Schopenhauer mit dem Gestus des allein Erleuchteten seine pessimistische Philosophie einem Zeitalter, das von der Vernunft in der Geschichte überzeugt war. Freilich, Marcions und die gnostische Theologie sind dualistisch, Schopenhauers Philosophie aber monistisch. Aber dieser Monismus bringt Schopenhauers System in Schwierigkeiten; denn es vermag nicht verständlich zu machen, wie der allmächtige Weltwille soll im Menschen sich selbst verneinen können, wie er sich – ähnlich Münchhausen – soll am Schopf packen und aus dem Sumpf ziehen können, der er selbst ist. So haben wir hier einen modernen Gnostizismus, in dem das Böse so mächtig ist, daß das Gute zum Rätsel wird. Und dieser Gnostizismus verrät sich am eindrücklichsten in Schopenhauers Proklamation der Askese, die vom bösen Weltprinzip befreien, die den Weltwillen verneinen soll. Denn im oben zitierten Buch Kohelet des Alten Testamentes führt der versperrte Blick in den Sinn der Geschichte noch keineswegs zur Askese und zum Selbsthaß, vielmehr heißt es: »Wohlan, so iß dein Brot in Freude und trinke frohen Herzens deinen Wein! Denn Gott gefällt seit je solch Tun von dir. Allzeit seien deine Kleider weiß, und Öl soll deinem Haupt nicht fehlen! Genieße das Leben mit der Frau, die du liebst, alle Tage deines nichtigen Lebens, die Gott dir gibt unter der Sonne! Denn das ist dein Anteil am Leben und an deiner Mühe, mit der du dich plagst unter der Sonne. Alles, worauf deine Hand nur stößt, vollführe mit Kraft! Denn es gibt kein Handeln und Planen, nicht Wissen und Weisheit in der Totenwelt, wohin du wanderst.«

Das Weltbild Schopenhauers ist also deshalb so traurig, weil in ihm der Teufel zurückkehrt, zwar nicht mehr leicht erkennbar, aber mächtiger denn je, nämlich allmächtig geworden. Der Befund ist nicht gar so erstaunlich, wenn man sich vergegenwärtigt, daß der Teufel auch in anderen Zusammenhängen sich nachdrücklich zu Wort meldete; nämlich vor allem in der sog. »schwarzen Romantik«[36], also in der Kunst, die freiere Lizenzen hatte, etwas durch die Aufklärung unmodern Gewordenes auszusprechen; die vom Teuflischen handeln konnte, ohne die Frage nach der Einheit des Weltbildes beantworten zu müssen. Jedenfalls ist die idealistische Geist- und Geschichtsphilosophie geradezu umlagert von künstlerisch artikulierten Albträumen und Nachtgedanken. Ich erinnere nur an einige Beispiele: 1804 erscheint unter dem Pseudonym Bonaventura der Roman *Nachtwachen,* mit dem Vanitas-mundi-Motiv auf jeder Seite und der Beschwörung des Nichts am Schluß. Bei E. T. A. Hoffmann – besonders in seinen *Phantasie- und Nachtstücken* – werden allenthalben das Abgründige, das Wider- und Unvernünftige des Daseins und der Wahnsinn ins poetische Bild gesetzt: Rat Krespel sammelt wertvolle Violinen, um sie einmal zu spielen und dann zu zerstören. L. Tieck gibt z. B. im *Runenberg* die Ahnung einer dämonischen, zerstörerischen Natur, die unter den lachenden Fluren sich verbirgt. Jean Paul vermittelt in seiner berühmten »Rede des toten Christus vom Weltgebäude herab, daß kein Gott sei« den Schauder über eine gottverlassene Welt und hält in seiner *Clavis Fichteana* der Philosophie des absoluten Ich und der Freiheit die so evidente, bedrückende Endlichkeit des Menschen entgegen. Die ganze Lyrik Lenaus durchzieht die Schwermut und Verzweiflung über eine leere Transzendenz. Und während der Theologe Schleiermacher den Menschen schlechthin abhängig von Gott sah, bringt Baudelaire in seinen *Fleurs du Mal* die Herrschaft des Bösen zur Geltung: »Der Teufel hält die Fäden, die uns bewegen!«[37] Gemeinsam ist all jenen Erfahrungen, die sich hier aussprechen, das Gefühl, daß die Selbstinterpretation des Menschen der Aufklärungsphilosophie, daß die bürgerliche Ordnung, die schöne Natur der Ästhetik und die gesetzmäßige Natur der Naturwissenschaften bloße Oberflächenphänomene sind, eine dünne Schicht über einem dunklen, ja schauderhaften Abgrund.

36 Eine Fülle von Material dazu findet sich z. B. bei Mario Praz: *Liebe, Tod und Teufel. Die Schwarze Romantik,* übers. von L. Rüdiger. München 1963.

37 Charles Baudelaire. »Au lecteur«. »An den Leser«. In: *Die Blumen des Bösen. Les Fleurs du Mal,* vollst. zweisprach. Ausg. von Fr. Kemp. München 1986, S. 8/9.

Und dies ist auch die Lebenserfahrung, die Schopenhauers Metaphysik bestimmt: »In der That steht alles zeitliche Glück und wandelt alle Klugheit – auf untergrabenem Boden.«[38] Wer über die Erscheinungswelt hinausblicke, den erfasse ein »ungeheures Entsetzen«.

Die Frage, warum das Böse als ein eigenes Prinzip nach der Aufklärung zurückkommt, ist letztlich die Frage, warum die Aufklärung zu Ende ging, und deshalb nicht vollständig beantwortbar. Hier nur eine vorläufige These: Der Teufel – das Böse als selbständiges, in der Natur und dem Menschen präsentes Prinzip – kehrt nach dem Ende von Theologie, Metaphysik und Aufklärungsphilosophie deshalb zurück, weil ohne ihn die Übel der Welt nicht hinreichend deutbar sind; weil sie so ungeheuerlich erscheinen, daß sie weder als natürlich hingenommen noch glaubhaft aus dem freien Willen verantwortlicher Menschen hergeleitet werden können und sie zu verantworten der Mensch auch gar nicht aushält. Diese Situation war gegeben, als der Mensch sich zum Geschichtssubjekt gemacht hatte, ohne dieser Rolle ganz gewachsen zu sein.

Als der Mensch die Übel der Welt als Ergebnis seiner Sünde wußte, hatte er das religiöse Problem seiner Rechtfertigung vor Gott. Als er die Übel nicht mehr auf seine Sünde zurückführte, hatte er das philosophische Problem der Theodizee, der Rechtfertigung Gottes angesichts der Übel. Als der Mensch den Gottesgedanken fallen ließ und die Welt – zumindest die geschichtliche Welt – lieber selbst gestalten und verantworten wollte, ohne daß sie dadurch sichtlich vollkommener geworden war, hatte er wieder das Problem der Rechtfertigung seiner selbst, aber jetzt als philosophisches Problem der Anthropodizee, als Rechtfertigung des Menschen vor sich selbst angesichts der Übel. Auf dies letzte, moderne Problem gibt die Wiederkunft des Teufels, gibt Schopenhauers Philosophie eine Antwort. Schopenhauer hat nicht nur das ältere Theodizeeproblem, er hat auch das modernere Anthropodizeeproblem mit Mut und Eleganz gelöst: durch Streichung von Gottes Güte und Weisheit und seine Reduktion auf seine Allmacht – und so durch seine Verwandlung in den Teufel. Darin, in der so radikalen Lösung des Anthropodizeeproblems dürfte ein gut Teil von Schopenhauers Faszination und Populari-

38 WW I, S. 417.

tät begründet liegen. – Aber sein System hat, wie bemerkt, ein Restproblem: die Erklärung des Guten in der Welt angesichts eines allmächtigen schlechten Gottes. Die alten Gnostiker waren in diesem Punkt konsequenter als die neuen.
In diesem philosophischen System Schopenhauers finden die historischen Geisteswissenschaften keine Begründung und kein Interesse mehr. Im Gegenteil: diese Philosophie will noch viel radikaler von der »Last von Geschichte«[39] befreien als Kant. Das ist nicht nur die alte, philosophisch motivierte Abwehr der Polymathie, der unnötigen oder gar schädlichen Vielwisserei. Sondern es ist die neue Abwendung von einer für sinnlos gehaltenen historischen Welt. Das am Ende des 18. Jahrhunderts – paradigmatisch bei Herder – eröffnete historische Universum hat nun bei Schopenhauer seine Faszination schon wieder verloren; denn es zeigt nur Leid und Unglück. Die historischen Geisteswissenschaften können und sollen nun nicht mehr der Bildung zur Humanität (Herder), sondern der Leidbewältigung dienen, und d. h. sie sollen Erlösungswissen vermitteln, zu diesem zumindest hinführen. Man erkennt dies bei Schopenhauer an der Rolle der Historie. In einer Zeit, in welcher durch die Erfahrung radikalen Geschichtswandels sich der alte Topos, die Geschichte sei Lehrerin des Lebens, auflöste[40], hält Schopenhauer an ihm fest und erwartet von der Historie »Belehrung«. Aber diese Belehrung soll nicht mehr der Orientierung in der Welt des praktischen Handelns dienen, sondern Einblick in den Jammer des menschlichen Daseins gewähren und die Abwendung von jener Welt herbeiführen. Gemessen an seiner Leistung für die existentielle Lebensbewältigung und die private Erbauung wird die Fülle geisteswissenschaftlichen Wissens, das in seiner Zeit sich ausbildete, überwiegend unnötig; ja, Schopenhauer macht tendenziell die Verwissenschaftlichung

39 I. Kant: *Akad.-Ausg.* Bd. 8, S. 30. (»Idee zu einer allgemeinen Geschichte in weltbürgerlicher Absicht«). Die Rolle des »Leitfadens« für das Studium der Geschichte, den bei Kant die Geschichtsphilosophie bildete, übernimmt bei Schopenhauer die Anthropologie. Aber dadurch wird das Geschichtsstudium eigentlich überflüssig. Siehe z. B. WW II, S. 503.

40 Reinhart Koselleck: »Historia Magistra Vitae. Über die Auflösung des Topos im Horizont neuzeitlich bewegter Geschichte« (1967). In: ders.: *Vergangene Zukunft. Zur Semantik geschichtlicher Zeiten.* Frankfurt/M. 1979, S. 38-66.

der Kultur rückgängig. Denn nicht die Kenntnis der ethischen Systeme ist wichtig, sondern das gelebte Mitleid; nicht gilt es, Kunstgeschichte zu studieren, sondern Kunstwerke anzuschauen; nicht Religionsgeschichte und theologische Dogmatik zu treiben, sondern ein Heiliger zu werden.

Aber so einfach ist das richtige Leben in der Moderne nicht zu haben, und Schopenhauers Philosophie gerät in Schwierigkeiten. Sie besiegelt ja die Entzweiung der modernen Welt in Verstand und Gefühl: Die Naturwissenschaften sprechen die Gesetze der bloßen Erscheinungswelt aus – Metaphysik und Kunst aber gelten dem ›Höheren‹, dem Wahren, Guten, Schönen und Heiligen, und lassen das ›Ding an sich‹ ahnen. Wie die Welt zerfällt die intellektuelle Kultur in Vorstellung und Wille, Erscheinung und Ding an sich, und die der zweiten Sphäre zugeordneten Bereiche Metaphysik und Kunst sind Sache der Subjektivität, nicht die der objektiven Wissenschaft; und die historischen Geisteswissenschaften fallen aus der Konzeption heraus. Während sich im 19. Jahrhundert die Geisteswissenschaften von der Philosophie loslösen, betreibt Schopenhauer Philosophie ohne Geisteswissenschaften. Es ist unübersehbar, daß diese Konzeption bei Schopenhauer in Widersprüche führt: Schopenhauer rechtfertigt die Geschichte als werdendes Selbstbewußtsein der Menschheit – und destruiert sie zugleich als bloßen Traum, da der Mensch immer derselbe bleibe; er macht Religion, Kunst und Philosophie zu völlig weltenthobenen, geschichtslosen Bereichen – obwohl schon die Erfahrungen seiner Zeit dies widerlegten; er stützt sich ganz auf seine intuitiv gewonnene Metaphysik – aber er sieht sich gleichwohl gedrungen, deren Wahrheit durch Berufung auf historische Vorbilder wie Buddhismus und Christentum abzustützen; er beschwört die altindische Weisheit – und kann nicht aufhören, ein moderner, europäischer Bürger und ein polemischer Gelehrter zu sein. So ist die Schopenhauersche Metaphysik – wie jede Wendung zum unmittelbaren Leben – zwar ein verlockender, aber kein redlicher Weg, dem Historismus zu entkommen. Und die historischen Geisteswissenschaften bleiben weiterhin nötig. Die durch Schopenhauer bezeichnete Aufgabe aber bleibt ebenfalls bestehen, nämlich Geisteswissenschaften in einer Welt zu betreiben, die nicht das Paradies ist.

VI. Das Historismusproblem und die Geisteswissenschaften im 20. Jahrhundert*

Am Beginn des 20. Jahrhunderts glaubte man die Geisteswissenschaften von einer Krankheit befallen, die man »Historismus« nannte. Ernst Troeltsch und andere erkannten darin – wie im »Naturalismus« – das belastende Erbe des 19. Jahrhunderts. Nun, da wir dem Ende des 20. Jahrhunderts entgegengehen, scheint den einen die Lage im Grunde unverändert zu sein: »Der Historismus [als Relativismus] ist dasjenige, dessen ›Überwindung‹ immer noch auf der Tagesordnung steht.« (H. Schnädelbach)[1] Ja, durch das Eindringen der Wissenschaftsgeschichte in die Wissenschaftstheorie wurde ein überhistorisches Wissenschafts- und Rationalitätsideal problematisch, und daraus ergab sich die Aufgabe, den Historismus nun auch auf dem Felde der Wissenschaftstheorie bekämpfen zu müssen.[2] Aber andererseits zeichnet sich eine andere, viel freundlichere Stellung zum Historismus und zum 19. Jahrhundert ab. Der Historismus gilt als unaufgebbare wissenschaftliche und kulturelle Leistung. Weniger von einer Krise und Erkrankung der Geisteswissenschaften hören wir als vielmehr von ihrer »Unvermeidlichkeit«, trotz oder besser gerade wegen ihres Historismus (O. Marquard).[3]

* Vortrag, gehalten in der Philosophischen Gesellschaft der Universität Graz, zuerst veröffentlicht in: *Archiv für Kulturgeschichte* 71 (1989) S. 463-486; für den Neudruck überarbeitet.

1 Herbert Schnädelbach: *Philosophie in Deutschland 1831-1933.* Frankfurt/M. 1983, S. 52. Ähnlich Wilhelm Kamlah: »Die Formierung der ›Geisteswissenschaften‹ in der Auseinandersetzung mit den Naturwissenschaften«. In: Dietrich Hart (Hg.): *Propädeutik der Literaturwissenschaft.* München 1973, S. 9-22, siehe S. 20 ff.

2 Siehe den Aufsatz »Historismus und Wahrheit in der Wissenschaftstheorie«, hier S. 158 ff.

3 Odo Marquard: »Über die Unvermeidlichkeit der Geisteswissenschaften« (1985). In: ders.: *Apologie des Zufälligen.* Stuttgart 1986, S. 98-116. Der Begriff Historismus ebd. S. 109. Vgl. Marquards Aufsatz: »Apologie des Zufälligen«, ebd. 117-139. Hermann Lübbe: »Historismus oder die Erfahrung der Kontingenz religiöser Kultur.« In: Willi Oelmüller

In dieser Situation drängt sich die Frage auf, wie diese unterschiedliche Bewertung zustande kommt. Vor allem aber muß gefragt werden, was den Historismus als historische Erscheinung insgesamt in ein viel günstigeres Licht hat treten lassen: Hat man – wie Troeltsch das wünschte – den »schlechten« Historismus überwunden und ist zum »guten« übergegangen? Oder hat man sich an den problematischen Historismus nur gewöhnt? Oder hat man die Vorteile und Chancen des Historismus so sehr schätzen gelernt, daß man seine Nachteile und Gefahren gern in Kauf nimmt? Oder was ist passiert? Auf diese Fragen möchte ich eine Antwort zu geben versuchen.

Zuerst einmal ist die Bedeutung des schillernden Historismusbegriffs zu klären. Denn immerhin ist es möglich, daß die unterschiedliche Stellung zum »Historismus« deshalb so groß ist, weil man sich darunter verschiedene Phänomene oder zumindest verschiedene Aspekte derselben Sache vorstellt. In der Tat hat der Begriff »Historismus« ein solch breites Spektrum von Bedeutungen, daß schon Karl Heussi 1932 riet, keiner solle den Begriff benutzen, ohne hinzuzufügen, was er damit meine.[4] Heussis historischer und systematischer Klärungsversuch ist gescheitert. Denn keiner begrenzt wie er den Begriff auf die Geschichtsschreibung um 1900. Viel eher bezeichnet man damit das geschichtliche Denken insgesamt, das sich in der Absetzung von der rationalkonstruierenden Denkweise der Aufklärung ausbildete. Wer sich heute für diesen Historismus interessiert, vermeidet aber in der Regel, den Begriff genau zu definieren; vielleicht aus dem Gefühl heraus, gerade die Vielfalt der Bedeutungen sei dem vielschichtigen Phänomen angemessen.[5] Für unseren Zusammenhang ist eine Begriffsklärung unerläßlich.

(Hg.): *Wahrheitsansprüche der Religionen heute.* Paderborn 1966, S. 65-83. Ders.: *Fortschritt als Orientierungsproblem.* Freiburg i. Br. 1975. Ders.: *Geschichtsbegriff und Geschichtsinteresse. Analytik und Pragmatik der Historie.* Basel, Stuttgart 1977. Ders.: *Die Aufdringlichkeit der Geschichte. Herausforderungen der Moderne vom Historismus bis zum Nationalsozialismus.* Graz, Wien, Köln 1989. Lübbe und Marquard haben zur Grundlage die Arbeit Joachim Ritters: »Die Aufgabe der Geisteswissenschaften in der modernen Gesellschaft« (1963). In: Joachim Ritter: *Subjektivität.* Frankfurt/M. 1974, S. 105-140.

4 Karl Heussi: *Die Krisis des Historismus.* Tübingen 1932, S. 15.

5 Vgl. z. B. Peter Hanns Reil: *The German Enlightenment and the Rise*

Verfolgt man den Begriffsgebrauch von den Anfängen in der Romantik bis in die 20er Jahre unseres Jahrhunderts und klammert alle Nuancierungen aus, dann lassen sich fünf Grundbedeutungen unterscheiden, die aber selten allein auftreten, sondern sich zumeist überlagern. Historismus konnte heißen:[6]

1. die Ausweitung der geschichtlichen, genetischen Betrachtungsweise auf alle Phänomene der Kultur, also universelle geschichtliche Betrachtung der menschlichen Welt, die dadurch als geschichtliche, als geschichtsbestimmte Welt in den Blick kommt (so wohl schon bei Fr. Schlegel);[7]
2. Geschichtsphilosophie, die die Ordnung und Vernünftigkeit der ganzen Geschichte und ihren Ablauf meint begreifen oder zumindest ahnen zu können, also Geschichtsmetaphysik (so der Begriffsgebrauch in der Mitte des 19. Jahrhunderts: programmatisch bei Ch. J. Braniß, kritisch bei R. Haym im Hinblick auf die Philosophie Hegels);
3. der verklärende Rückblick in die Vergangenheit und das Festhalten am Alten bei gleichzeitiger Kritik an allem Neuen, also Romantizismus und Traditionalismus (so z. B. L. Feuerbach in seiner Kritik an dem Historiker Heinrich Leo);
4. die Beschränkung der historischen Forschung auf das Ansammeln und Sichern historischer Daten, also historischer Positivismus und Objektivismus (so R. Eucken u. a. über die Tendenz des 19. Jahrhunderts);
5. die Relativierung aller Wert- und Orientierungssysteme zu vergänglichen Erscheinungen im unberechenbaren Fluß der Geschichte, also historischer Relativismus (so der Begriffsgebrauch bei vielen Autoren am Beginn des 20. Jahrhunderts).

Diese fünf Grundbedeutungen – also noch einmal: 1. universelle

of Historicism. Berkeley, Los Angeles, London 1975. Horst Walter Blanke / Jörn Rüsen (Hg.): *Von der Aufklärung zum Historismus. Zum Strukturwandel des historischen Denkens.* Paderborn, München, Wien, Zürich 1984.

6 Die Belege zum folgenden beim Verf.: »Historismus, Historizismus«. In: *Historisches Wörterbuch der Philosophie* Bd. 3 (1974) Sp. 1141-1147.

7 Die in dem genannten Artikel (Anm. 6) noch nicht verzeichneten Belege des Begriffs bei Friedrich Schlegel finden sich in: *Kritische Friedrich-Schlegel-Ausgabe,* hg. von Ernst Behler, Bd. 16, S. 35, 37, 38, 41; Bd. 18, S. 91, 484, 490; Bd. 19, S. 184. Schlegel ist der erste, der den Historismusbegriff häufiger verwendet.

geschichtliche Betrachtung, 2. Geschichtsmetaphysik, 3. Romantizismus und Traditionalismus, 4. Objektivismus und Positivismus, 5. Relativismus – diese fünf Grundbedeutungen spiegeln in etwa den Gang der Stellung des Bewußtseins zur Geschichte vom Ende des 18. bis zum Ende des 19. Jahrhunderts. Drei verschiedene Geschichtsauffassungen scheinen in diesem Wortgebrauch durch: Zunächst ist die ganze Geschichte vernünftig und göttlich (im Historismus 1 und 2), dann nur die Vergangenheit (im Historismus 3), zuletzt wird die Vernünftigkeit der Geschichte zum Problem (im Historismus 4 und 5).

Wenn Troeltsch,[8] der bedeutendste Diagnostiker des Historismus am Beginn unseres Jahrhunderts, 1913 von den »entnervenden Wirkungen« des Historismus sprach, der »die allbekannten Erscheinungsformen der Müdigkeit und Blasiertheit in den Kreisen der wissenschaftlichen Bildung« hervorgebracht hat, dann meinte er den Historismus in den beiden letzten Bedeutungen, den historischen Positivismus und Relativismus. Er meinte die »völlig relativistische Wiedererweckung beliebiger vergangener Bildungen mit dem belastenden und ermüdenden Eindruck historischer Aller-Welts-Kenntnis und skeptischer Unproduktivität für die Gegenwart«. Und eben dies ist das die Geisteswissenschaften beunruhigende Problem: der Positivismus und Relativismus, die wissenschaftliche Faktenhuberei bei gleichzeitiger Wertrelativität, d. h. theoretischer und lebensweltlich-praktischer Orientierungslosigkeit.

Über die Herkunft und die Beziehung der beiden Seiten des Problems steht folgendes zu vermuten: Der Historismus als »Positivismus« ist vor allem ein Ergebnis der Konkurrenz der Geisteswissenschaften mit den Naturwissenschaften, er ist die Verwissenschaftlichung der Geisteswissenschaften. Der Historismus als »Wertrelativismus« folgt daraus, aber er ist als sozusagen öffentliches Problem – wie bereits Heussi richtig erkannte – auch ein Ergebnis realgeschichtlicher Erfahrungen, wie sie der Erste Weltkrieg spüren ließ. Diese beiden Historismen verstärken sich wechselseitig und sind so zwei Seiten derselben Erscheinung, die

8 Ernst Troeltsch: »Das Neunzehnte Jahrhundert« (1913). In: ders.: *Aufsätze zur Geistesgeschichte und Religionssoziologie* (*Gesammelte Schriften* Bd. 4). Tübingen 1925, S. 614-649; bes. 626 ff.

als »Krise der Geisteswissenschaften«[9] bezeichnet wurde: Je mehr durch historisches Wissen auch die eigenen »Werte« zu kontingenten »Tatsachen« neben anderen solchen Tatsachen herabsinken, desto stärker wird die Unsicherheit und Orientierungslosigkeit; die Kenntnis der Pluralität der Daseinsdeutungen, der Religionen und Metaphysiken – so hatte schon Dilthey[10] gezeigt –, irritiert im Hinblick auf die eigene Tradition. Und umgekehrt: Je problematischer, je »subjektiver«, einem die eigenen Vorurteile und Wertungen erscheinen, desto mehr versucht man, zumindest möglichst gesichertes Wissen im Feld der Geschichte zu gewinnen, mag dies Wissen noch so bedeutungslos und belanglos sein. Man beschränkt sich, um der Wissenschaft willen, auf Datensicherung. Historischer Positivismus und Relativismus bilden jedenfalls das Historismusproblem, dessen Fortleben oder Auflösung zum Thema gemacht werden soll.

In einem ersten Teil werde ich jetzt zunächst die wichtigsten Reaktionen und Antworten der Geisteswissenschaften auf das Historismusproblem skizzieren und sodann in einem zweiten abschließenden Teil ein Resümee ziehen und den heutigen Problemstand diskutieren. – Der Überblick wird naturgemäß etwas grob und schematisch ausfallen, denn die Geschichte der Geisteswissenschaften im Hinblick auf das Historismusproblem hat kaum in einem Buch, geschweige in einem Vortrag Platz. Aber ich habe bei meinem vereinfachenden Vorgehen gleichwohl nur zur Hälfte ein schlechtes Gewissen: Denn wir sind in den Geisteswissenschaften – gerade im Zeichen des Historismus – schlechthin darauf angewiesen, sowohl einen größeren Zusammenhang und Rahmen entwerfen wie auf das historische Detail uns konzentrieren zu müssen. Ohne jenen Zusammenhang droht die Arbeit sinnlos, ohne dies Detail gehaltlos zu werden. Deshalb gibt es zwei Gefahren: die erste ist, daß man den Wald vor lauter Bäumen nicht mehr sieht; die zweite, daß man nur einen Wald imaginiert, ohne zu wissen, ob dort überhaupt und welche Bäume stehen. Sehe ich richtig, droht diesem Überblick – wegen des weitgespannten The-

9 Vgl. z. B. Arthur Liebert: *Die geistige Krisis der Gegenwart.* 2. Aufl. Berlin 1923.

10 Wilhelm Dilthey: *Das geschichtliche Bewußtsein und die Weltanschauungen. Ges. Schr.* Bd. 8, S. 3 ff. Ders.: *Die Typen der Weltanschauung und ihre Ausbildung in den metaphysischen Systemen,* ebd. S. 75 ff.

mas – die zweite Gefahr mehr als die erste. Aber ich hoffe, nicht nur einen Wald, sondern zuweilen auch einen Baum zeigen zu können, zum Beweis, daß dort, wo ich ihn vermute, tatsächlich auch ein Wald steht.

1. Die Antworten auf das Historismusproblem oder: Skizze der Gegenmaßnahmen

Man kann jene beiden Seiten des Historismusproblems in traditioneller Philosophensprache vereinfacht auch so ausdrücken, daß es sich hier um ein Bewußtsein handelt, für das die Geschichte nur eine Vielheit ohne Einheit und ein Werden ohne Sein ist. Diese Situation zu bewältigen, treten sowohl die Einzelwissenschaften wie die Philosophie an, ja besonders diese, denn Krisen in den Wissenschaften provozieren Grundsatzreflexionen und also Philosophie. Wenn alles im Fluß ist und der Boden der Geschichte wankt, dann sucht man nach etwas Festem, das Halt bieten kann, eben nach einem Sein in diesem Werden. Und wenn sich das Feld der Geschichte in eine unübersichtliche Datenhäufung zersplittert, dann sucht man darin Ordnung, man sucht Einheit in der Vielfalt. In der Tat sind die Geisteswissenschaften im 20. Jahrhundert dabei, diese beiden Suchaktionen durchzuführen. Deshalb gliedere ich meine Grobskizze der Gegenmaßnahmen gegen den Historismus nach jenen beiden Gesichtspunkten: 1. die Suche nach dem Festen, dem Sein; und 2. die Suche nach der Ordnung, der Einheit. Freilich sind beide Tendenzen nicht gänzlich trennbar – aber im Zeichen des Historismus muß man sich eben gelegentlich mit provisorischen Ordnungsmaßnahmen begnügen.

1. Die Suche nach dem Festen

a) Wenn der Boden der Geschichte wankt, muß man tiefer graben, um eine feste, tragende Schicht zu erreichen. Und man findet sie konsequenterweise in der menschlichen Natur. Denn sie ist die Bedingung der Möglichkeit der dynamischen, wankenden Geschichte. Daraus resultiert eine neue, breite Zuwendung zur philosophischen Anthropologie. Sie findet das Feste, das Sein im Werden, gleichsam *unterhalb* der Geschichte.

Schon Dilthey hatte für seine Theorie der Geisteswissenschaften nach einem anthropologischen Fundament gesucht. Wenngleich nach seiner Einsicht durch das entwicklungsgeschichtliche Denken der »Typus Mensch in dem Prozeß der Geschichte zerschmilzt«,[11] erkennt auch er den lebendigen Grund aller wechselnden Erscheinungen der Kultur in der menschlichen Natur. Im 20. Jahrhundert wird Diltheys Intention von der Kulturanthropologie aufgenommen. Bereits M. Scheler konzipierte die Anthropologie, um den Historismus als Relativismus – den er bereits für überlebt hielt – endgültig zu überwinden. H. Plessner,[12] dessen anthropologisches Hauptwerk zu sehr in den Schatten von Heideggers *Sein und Zeit* geriet, knüpfte an Dilthey an: Es ging ihm um die Konstanz der Gattung in der Variabilität der Geschichte, um die menschliche Natur als Bedingung der Möglichkeit von Geschichte. Dergestalt wurde die philosophische Anthropologie zur neuen systematischen Philosophie im Zeichen des Historismus. Während K. Löwith hoffte, durch Anthropologie dem Menschen ein gültiges Orientierungssystem für Selbstverständnis und Daseinsbewältigung geben zu können, ist Plessner vorsichtiger verfahren: Er grenzt durch Anthropologie den Wertpluralismus und -relativismus nur ein, indem er zeigt, die Natürlichkeit und Endlichkeit des Menschen lassen gar nicht einen so großen Spielraum zu, daß alle Kultur- und Wertsysteme für ihn frei disponibel wären und zur Wahl stünden. So zeigt die philosophische Anthropologie in einer Zeit, in welcher alles unsicher und alles möglich zu sein scheint, zumindest natürliche Grenzen. Aber Plessner kann und will freilich keine moralischen, ästhetischen oder religiösen Normen begründen, die die beklagte Relativität aller Werte auflösten.
Inzwischen hat die Anthropologie z. B. als »strukturale Anthropologie« (C. Lévi-Strauss) und in Gestalt mancher Psychologien erneut ihre Attraktivität für die Geisteswissenschaften bewiesen. Naturgemäß kann sich solche Anthropologie leicht mit dem Interesse am Mythos verbinden, da sich eben auch dieser in allen

11 Dilthey a.a.O. S. 6, 77.
12 Helmuth Plessner: *Die Stufen des Organischen und der Mensch* (1. Aufl. 1928). *Ges. Schr.* Bd. 4. Ders.: *Conditio humana* (= Einleitung zur Propyläen-Weltgeschichte, Berlin 1961). Pfullingen 1964. Zum Historismus ebd. S. 3 ff.

Kulturen mit den anthropologischen Konstanten befaßt, mit Geburt, Sexualität, Leid, Schuld, Tod usw. Aber auch daraus ergibt sich in der Regel keine Orientierung für das Verhalten innerhalb der modernen Zivilisation, sondern allenfalls deren radikale Kritik. Wenn aber von einer Theorie der menschlichen Natur aus stark normative Aussagen über die Kultur getroffen werden, wie etwa in Arnold Gehlens Lehre von der Notwendigkeit freiheitsbegrenzender Institutionen oder in Herbert Marcuses aus Freuds Psychologie entwickelter Utopie einer repressionsfreien Gesellschaft, dann gerät solche Theorie notwendig in den Normenbegründungs- und Werturteilsstreit und muß sich evtl. »naturalistische Fehlschlüsse« vorwerfen lassen. Aus Anthropologie und Psychologie ergibt sich so allenfalls ein Pluralismus von Normen und Kulturidealen.

Heidegger hat es bekanntlich strikt verboten, seine Existentialanalyse eine Anthropologie zu nennen, und er verachtete seinen abtrünnigen Schüler, den Anthropologen Löwith, als unphilosophischen Biologen. Dennoch ist Heideggers berühmtes Buch *Sein und Zeit* als Anthropologie bezeichnet worden. Und in der Tat wollte Heideggers Fundamentalontologie, genau wie die Anthropologie, zum Quellpunkt und zum Fundament der bewegten Geschichte vorstoßen. Dabei wird hier allerdings nicht die Natur, sondern die Geschichtlichkeit des Daseins entdeckt. Diese Geschichtlichkeit, diese Bewegtheit ist hier das gleichsam ›Feste‹, welches die Philosophie im Strom der Geschichte oder besser unterhalb dieses Stromes aufweist. Heidegger beanspruchte bekanntlich, durch den Rückgang auf die Geschichtlichkeit des Daseins allen Historismus qua Positivismus zu unterlaufen und aus dem Wege zu schaffen. Aber Gadamer[13] hat mit Recht gesagt, die Rede von der Bewegtheit und Geschichtlichkeit des Daseins sei »ein Historismus zweiten Grades«, und das heißt, der Relativismus wurde keineswegs überwunden, sondern nur in der Geschichtlichkeit des Daseins verankert und so zum Prinzip gemacht. Der historische Positivismus aber konnte so wenig durch

13 Hans-Georg Gadamer: *Wahrheit und Methode.* 2. Aufl. Tübingen 1965, S. 500. Gadamer sagt zwar, Heideggers eigene Intention sei eine andre gewesen, die Frage nach dem Sein. Aber Gadamer gibt der Lesart recht, die bei Heidegger die »geschichtliche Relativität« zum Prinzip gemacht sieht.

die Berufung auf die Eigentlichkeit und Entschlossenheit des Daseins außer Kraft treten, als die Interpretationen auf diesem Standpunkt – des Subjektivismus verdächtigt – durch bewährte historische und philologische Methoden kontrolliert werden mußten. – Das »Feste«, welches Heideggers Analyse eruiert, sind nur die Formalstrukturen des Daseins. Alles Inhaltliche – all das, was man damals die moralischen, religiösen, ästhetischen und wissenschaftlichen »Werte« nannte – wird zur Sache der existentiellen Entscheidung. Gegründet in der Bewegtheit des Daseins ist es unwiderruflich wandelbar und vergänglich. Heidegger bestätigt so letztlich die These vom Ruin aller Werte; ihr Wandel hat seinen Grund in der »Ruinanz« des Daseins, wie Heidegger in einer frühen Vorlesung von 1921/22 sagt.[14]

b) Sucht die Anthropologie – und auch die ›Daseinsanalytik‹ – das Sein im Werden, das Feste, soz. *unterhalb* der Geschichte, in deren Basis, in der Natur und im Dasein des Menschen, so die Wertphilosophie *außerhalb* oder *über* der Geschichte. Der Neukantianismus, z. B. Heinrich Rickert,[15] hat vier überhistorische Wertbereiche postuliert, die ein Apriori aller Kulturwissenschaften seien: das Wahre, das Gute, das Schöne und das Heilige. Laut Rickert sprechen die Kulturwissenschaften keine Werte aus, sie werten nicht, aber sie beziehen Tatsachen auf Werte und setzen deshalb geltende Werte voraus. Die Zuwendung der Kulturwissenschaften zu den individuellen »Objekten, an denen anerkannte Werte haften«,[16] ist nur möglich unter der Voraussetzung von allgemeinen, überhistorischen Werten.

Ich kann die Faszination von Rickerts Argumentation hier nicht entfalten, ich kann und muß nur kurz ihre Problematik andeuten. Denn diese hat ihr die Überzeugungskraft genommen. Diese Problematik besteht kurz gesagt darin, daß die überhistorisch und apriorisch postulierten Werte neben oder besser über den gegebenen Kulturen als ein bloß fingiertes platonisches Ideenreich erschienen. Was ist z. B. der Wert des ›Heiligen‹ über und neben

14 Martin Heidegger: *Phänomenologische Interpretationen zu Aristoteles. Einführung in die phänomenologische Forschung*, hg. von W. Bröcker, K. Bröcker-Oltmanns (= *Gesamtausg.* Bd. 61) S. 2 u. ö.

15 Heinrich Rickert: *Die Grenzen der naturwissenschaftlichen Begriffsbildung.* 2. Aufl. Tübingen 1913, bes. S. 383 ff., 586 ff.

16 H. Rickert: *Kulturwissenschaft und Naturwissenschaft.* 2. Aufl. Tübingen 1910, S. 27.

den verschiedenen Religionen? Entsteht nicht dieser Begriff des Heiligen nur in bestimmter geschichtlicher Religion und erhält nur von dieser dann seinen Bedeutungsgehalt? – Das überhistorische Wertreich wurde also durch das historische Denken in die Geschichte zurückgeholt.

Die Bedeutung des Neukantianismus bestand deshalb nicht in der überzeugenden Begründung eines transhistorischen Wertreichs, sondern in der Rechtfertigung der Kulturwissenschaften mitsamt ihrem Wertepluralismus und -relativismus als Wissenschaften. Der Aufweis einer genuin kulturwissenschaftlichen Logik, die Rechtfertigung der »idiographischen Methode« neben der »nomothetischen«, gaben, ebenso wie die Theorie Diltheys, den Kulturwissenschaften ein neues Selbstbewußtsein neben den Naturwissenschaften. So hatte Rickert in seiner »logischen Einleitung in die historischen Wissenschaften«[17] in der Tat das eine Ziel erreicht und die Kulturwissenschaften als Wissenschaften neben den Naturwissenschaften gerechtfertigt; aber sein anderes Ziel, die Kulturwissenschaften vom Historismus qua »Relativismus« und »Nihilismus« zu befreien,[18] blieb ein offenes Problem. Fortan sucht man keine allgemeinen Werte mehr *über* der Geschichte, sondern nur individuelle Wertgestaltungen *in* der Geschichte. Friedrich Meinecke[19] kann sich in diesem Sinne an den Neukantianismus anschließen und den Historismus als Wertepluralismus auch verteidigen. Die gewöhnliche, die »horizontale« Geschichtsbetrachtung suche nach Ursache und Wirkung, und sie mache die Geschichte zu einem fortströmenden Fluß. Aber die »vertikale« Geschichtsbetrachtung, die eigentlich wichtige, hebe aus der Geschichte das Werthaft-Individuelle, die spezifische Kulturleistung der einzelnen Epochen heraus. Die »Werte«, dasjenige, was eine nur chronologisch und am Kausalbegriff orientierte Geschichtswissenschaft ausklammern muß, finden sich nicht *außerhalb* der Geschichte, sondern nur und ausschließlich

17 So der Untertitel von Rickerts in Anm. 15 zitiertem Buch.

18 H. Rickert: *Grenzen* S. 8 f.

19 Friedrich Meinecke: »Geschichte und Gegenwart« (1930). In: Ders.: *Zur Theorie und Philosophie der Geschichte. Werke* Bd. 4 (1959), S. 92 ff. Ders.: »Deutung eines Rankewortes« (1942), ebd. S. 117 ff. Ders.: »Irrwege in unserer Geschichte?« (1949), ebd. S. 209 ff. Für Meineckes Auseinandersetzung mit Rickert siehe bes. seinen Aufsatz: »Kausalitäten und Werte in der Geschichte«, ebd. S. 61 ff.

in ihr, in den individuellen Gestaltungen der Kultur. Und der Historiker, der sich auf diese Individualitäten einstellen muß, findet naturgemäß eine Pluralität von Wertsystemen und -gebilden. Der Neukantianismus führt also im Übergang von Rickert zu Meinecke zum Historismus zurück, aber zu einem, der nun ein gutes Gewissen über sich selbst hat.

Eine solche Bewegung vollzieht sich in der Wertphilosophie allgemein, die vor allem durch die Phänomenologie fundiert wurde. Max Schelers materiale Wertethik vermochte sich nicht zu behaupten. Auf welcher ontologischen Ebene sollten diese Werte existieren?[20] Sehr wohl aber ist die phänomenologische Blickrichtung, die auf die spezifischen Werte der Kultur, also z. B. auf die ästhetischen Qualitäten der Kunstwerke abhebt, bis heute aktuell geblieben. Es wurde bewußt, daß solche Qualitäten nicht nur subjektiv, keine bloßen Projektionen sind, sondern eine eigene Objektivität haben[21] (mag diese Objektivität auch jeweils nur in bestimmter Kommunikationsgemeinschaft Anerkennung finden). Allerdings gibt es solche Werte eben nicht apriorisch, vor und außer der Geschichte, sondern nur in individueller Form in den Gebilden selbst. Gegen eine äußerliche historische Betrachtung, für die alles im historischen Zusammenhang, im Fluß der Geschichte untergeht, hat sich damit eine innere, auf die spezifischen Qualitäten ausgerichtete Betrachtung ausgebildet, wie sie z. B. in der Literaturwissenschaft als »immanente Interpretation« bekannt wurde.[22] Und immer, wenn der spezifische Aussagegehalt der kulturellen Gebilde übergangen wird, so steht zu vermuten, wird als Gegenbewegung eine Konzentration auf das Übergangene, Ausgeblendete einsetzen – sei es unter dem Stichwort der »Werte« oder im Hinblick auf die existentielle Betroffenheit oder unter einem anderen Leitbegriff. Am Interesse im Raum des Marxismus an einer Kunstphänomenologie, die wieder »das Werk selbst« ins Zentrum rückt,[23] ist dieser Zusammenhang gut ables-

20 Siehe dazu H. Schnädelbach, a.a.O. (s. Anm. 1) S. 229 ff.

21 Roman Ingarden: *Das literarische Kunstwerk*. 1. Aufl. 1931. 3. Aufl. Tübingen 1965. Ders.: *Untersuchungen zur Ontologie der Kunst*. Tübingen 1962.

22 Emil Staiger: *Die Zeit als Einbildungskraft des Dichters*. Zürich 1939 (Einleitung). – Ders.: *Die Kunst der Interpretation*. Zürich 1955. – Wolfgang Kayser: *Das sprachliche Kunstwerk*. Bern 1948 u. ö.

23 Norbert Krenzlin: *Das Werk »rein für sich«. Zur Geschichte des Ver-*

bar. So führt die Suche nach dem Halt, dem Festen, dem orientierenden Wertsystem in die Geschichte zurück und entdeckt dort eine Vielzahl von Werten – und erneuert so den Historismus als Relativismus.

c) Wenn es die Halt bietenden Normen und Werte aber nicht außerhalb der Geschichte gibt und sich innerhalb ihrer nur viele konkurrierende Normen finden, dann wird es verlockend, dies Feld zu reduzieren, *eine* Tradition als die maßgebliche auszuzeichnen. Die phänomenologische Kunstbetrachtung, Heidegger und der George-Kreis haben sich in dieser Weise auf das einzig Große, das Bedeutendste konzentriert.[24]

Es ist dies der dritte Lösungsversuch des Wertrelativismus: Man sucht den Halt, das Feste, die Norm nicht unter oder über der Geschichte, sondern *in* ihr und erklärt *eine* Tradition, *ein* Normensystem zum wahren und einzig verbindlichen. Dies ist z. B. im Konfessionalismus der Fall, im Neuluthertum und in der Neuscholastik; beides Bewegungen, die schon im 19. Jahrhundert den Weg zurück, zu den Quellen der wahren Tradition zu gehen suchten und im 20. Jahrhundert, im Zeichen des Historismus qua Relativismus, an Aktualität nichts verloren. Ein weiterer wichtiger Repräsentant für jenen Reduktionsversuch ist der sog. Dritte Humanismus, der sich in der berühmt gewordenen ›Naumburger Tagung für Klassische Altertumswissenschaft‹ von 1930 nachdrücklich artikulierte: Hier wurde die antike Klassik zum »einmaligen, objektiven, absoluten Wert« – wie z. B. Stroux[25] sagte –, sie wurde zum schlechthin verbindlichen Kulturideal erklärt. Gegen allen Pluralismus und Relativismus ist man entschlossen, an dieser einen Tradition festzuhalten und ihre Verbindlichkeit zu glauben. Gadamers Theorie des Klassischen als dem in der Geschichte immer Verbindlichen hat in diesem Dritten Humanismus ihre Wurzeln (sie nimmt insonderheit Gedanken Schade-

hältnisses von Phänomenologie, Ästhetik und Literaturwissenschaft. Berlin 1979.

24 Jost Hermand: *Synthetisches Interpretieren. Zur Methodik der Literaturwissenschaft.* München 1968.

25 Johannes Stroux: »Die Anschauung vom Klassischen im Altertum.« In: Werner Jaeger (Hg.): *Das Problem des Klassischen und die Antike. Acht Vorträge, gehalten auf der Fachtagung der Klassischen Altertumswissenschaft zu Naumburg* 1930. Stuttgart 1933, 2. Aufl. Stuttgart, Darmstadt 1961, S. 1.

waldts auf),[26] und überhaupt vollzieht Gadamer mit seiner Rede von *der* Tradition eine Vereinfachung, eine Homogenisierung der Traditionenvielfalt, die seine Antwort auf den Historismus als einen Reduktionsversuch kennzeichnen läßt.

Aber die Auszeichnung eines Orientierungssystems als des einzig verbindlichen kann nur aufgrund eines Glaubens erfolgen, denn faktisch ist die Geschichte vielstimmig. Und solcher Glaube mag in der Religion, nicht aber in den Geisteswissenschaften allgemein berechtigt sein. (Wenn der Theologe Karl Barth sagt, der Glaube sei nicht subjektiv, sondern durch das Offenbarungshandeln Gottes gewirkt, so ist diese Redeweise durch die Theologie gerechtfertigt. Wenn aber Schadewaldt sagt, das Klassische der Antike produziere von sich aus die Bewunderung fürs Klassische, dann ist das eine Selbsttäuschung; denn in der Sphäre der Wissenschaft wird man sagen dürfen, daß nur unter bestimmten historischen Bedingungen die klassische Antike Bewunderer in ihren Bann zog, die sie zum einzig verbindlichen Kulturideal erklärten.) Aber auch im Gebiet der Religion wird man – gegen Karl Barth – die Anerkennung vieler Religionen neben der eigenen fordern müssen und das Christentum als Offenbarung und als Nicht-Religion nicht ganz aus jener Religionsvielfalt herauslösen dürfen. Die Erklärung einer Religion, eines Kunststils, einer Metaphysik zur einzig gültigen Norm ist im Zeichen des Historismus ein Willkürakt, der nicht nur wissenschaftlich, sondern auch moralisch bedenklich ist, da doch andere Normensysteme heruntergestuft werden. Es ist eigentlich der Historismus qua Traditionalismus, der in diesem dritten Lösungsversuch, in der Reduktion der geschichtlichen Vielfalt, gegen den Relativismus ins Feld geführt wird.

d) Wenn aber die verbindlichen Normen weder über noch in der Geschichte auffindbar sind, dann ergibt sich als letzter Ausweg der Versuch, jenen Pluralismus bestehen zu lassen, aber zumindest die friedliche Koexistenz von divergierenden Wert- und Normensystemen denkbar und realisierbar zu machen, also ein Normensystem zu finden, das nur die freie Existenz der Orientierungssysteme garantiert und so minimalen, aber doch ethisch soliden Halt gewähren kann. Daraus folgt die Wende zur Ethik und zum Naturrecht, in Deutschland forciert durch die Erfahrung des

26 H.-G. Gadamer: *Wahrheit und Methode,* S. 269 ff. Vgl. den Aufsatz »Die theologischen Probleme des Klassik-Begriffs«, hier S. 228 ff.

Kontinuitätsbruchs im Bereich des positiven Rechts während der NS-Zeit. Wenn positives Recht heute für Recht erklärt, was gestern noch Unrecht war, dann wird die Orientierung an einer überhistorischen Idee des Rechts dringlich.

Die neue Zuwendung zum Naturrecht aber hat wegen der Begründungsschwierigkeiten und wegen der geschichtlichen Vielfalt der Naturrechtskonzeptionen diesem nicht seine alte Geltung zurückgebracht, die es bis ans Ende des 18. Jahrhunderts hatte, sondern nur eine große Anzahl historischer Forschungen und schließlich wieder Kritik auf den Plan gerufen. *Naturrecht in der Kritik* heißt ein bekannter Sammelband.[27] Aber der Versuch, allgemeine moralische und rechtliche Regeln für ein friedliches Nebeneinander verschiedener Wertsysteme zu finden, bleibt aktuell. Ich werde darauf zurückkommen. Hier nur soviel: diese Regeln und Normen werden keine materiale Wertethik, sondern nur formal sein können, da die sittlichen Lebensformen je bestimmten Kulturen zugehören und so individuell sind.

Ich ziehe ein vorläufiges Resümee: Die Erfahrung, daß der Boden der Geschichte wankt, führt in den Geisteswissenschaften zur Suche nach Halt, nach etwas Stetigem, Festem, vor allem nach gültigen festen Normen. Dies Feste, dies Sein im Werden, findet man a) in der menschlichen Natur, vermittels Anthropologie – aber dadurch ist keine Norm begründbar, sondern allenfalls der Normenpluralismus reduzierbar. Man sucht b) den Halt in überhistorischen Werten – aber deren kann man angesichts der wandelbaren und vielfältigen Geschichte nicht recht habhaft und sicher werden; als sicher ergibt sich nur der Wertepluralismus in der Geschichte. Man klammert sich c) an eine bestimmte Tradition und hält diese als verbindlich fest – aber man tut es gegen das wissenschaftliche Gewissen und vielleicht sogar gegen das moralische, da man anderen Traditionen die Anerkennung verweigert. Schließlich sucht man d) zumindest eine formale Norm, einen normativen Minimalkonsens, um divergente Wertsysteme friedlich koexistieren zu lassen – aber dieser Anschluß ans Naturrecht kann natürlich kein inhaltlich durchgehend bestimmtes Kulturideal begründen.

So zeichnet sich ab, daß der Wertepluralismus, die Vielheit der

27 Franz Böckle, Ernst-Wolfgang Böckenförde (Hg.): *Naturrecht in der Kritik*. Darmstadt 1973.

Kultursysteme, als ein historisches Faktum akzeptiert werden muß und eine Vielzahl von Geisteswissenschaften nach wie vor beschäftigt sind, diese Systeme auszulegen.

2. Die Suche nach Einheit und Ordnung

Die Geisteswissenschaften waren im 19. Jahrhundert zu historischen Wissenschaften geworden, und unter dem Konkurrenzdruck mit den empirischen Naturwissenschaften tendierten sie dazu, nur noch historische Daten zu sichern. Dadurch gerieten sie in den Historismus qua historischen Positivismus, für den die Geschichte zur Vielheit von Daten ohne Einheit wurde.

a) Gegen diese Tendenz gewendet, besinnen sich seit dem Ende des 19. Jahrhunderts die Geisteswissenschaften darauf, daß sie nicht nur historische, sondern auch *systematische* Wissenschaften sind und bauen ihre systematischen Konzeptionen aus: Es geht ihnen darum, die Eigenart ihres jeweiligen Gegenstandsbereiches zu bestimmen und geeignete theoretische Modelle und Beschreibungskategorien auszubilden. Beispiele dafür gibt es in der Kunstgeschichte, die jetzt oft bewußt als »Kunstwissenschaft« auftritt (A. Riegl, H. Wölfflin), in der Sprachwissenschaft (F. de Saussure, R. Jakobson u. a.), in der Religionstheorie (R. Otto) und in der Mythenforschung (P. Ehrenreich). Der Grundgedanke ist hier überall ähnlich: Mag die Geschichte noch so stark sich wandeln, so bleibt doch das Wesen oder die Struktur des jeweiligen Bereichs konstant: die Sprache bleibt Sprache, der Mythos bleibt Mythos usw. Und dies Konstante gilt es systematisch zu erfassen, um 1. den Gegenstandsbereich bestimmen und abgrenzen und um dadurch 2. die Mannigfaltigkeit der Daten den einzelnen Feldern zuordnen und vielleicht auch besser interpretieren zu können: Man muß wissen, was Sprache ist, um Einzelsprachen beschreiben und vergleichen zu können; und ebenso im Falle des Rechts, der Kunst, der Religion. Ernst Cassirers *Philosophie der symbolischen Formen* ist von seiten der Philosophie der bedeutendste Versuch, für die Gebiete der Geisteswissenschaften eine systematische Grundlage zu erschließen. Daneben leisten Phänomenologie und Semiotik den Geisteswissenschaften Hilfe, sich auch als systematische Wissenschaften zu verstehen.

Wurde dadurch der Historismus überwunden? Ich habe den Eindruck, daß heute die Systematik sich von der historischen Forschung und Interpretation zu trennen tendiert. Z. B. befinden sich Linguistik und Philologie sogar oft in verschiedenen Instituten. Und darin mag sich ein prinzipielles Problem zeigen: daß nämlich die systematischen Theorien die divergente geschichtliche Mannigfaltigkeit der Phänomene nicht angemessen erfassen lassen, so, daß die kulturellen Gebilde sozusagen zum Sprechen gebracht werden könnten. Die generellen Theorien oder – hegelisch gesprochen: das Allgemeine – drohen das Besondere, die individuellen Erscheinungen der Kultur entweder auszuschließen oder sie zu homogenisieren, gleichsam auf einen gemeinsamen Nenner zu bringen. Und überhaupt besteht die Gefahr, daß in jeder historischen Untersuchung oder Interpretation sich nur immer die systematische Theorie bestätigt. Deshalb ist nur die Systematik fruchtbar, die sich angesichts der Geschichte auch in Frage zu stellen vermag. – Aber es gibt weitere Maßnahmen, die Pluralität der Geschichte und die Datenfülle zu meistern.

b) Dazu gehört im 20. Jahrhundert zuerst die Universalgeschichte, die die Rolle der älteren Geschichtsphilosophie übernimmt. Sie hat im Zeichen des Historismus und im Zeichen des krisenhaften Wandels eine neue große Aktualität. Denn wenn alles fließt, dann fragt es sich, ob dies nach einer Ordnung geschieht und ob es eine Strömungsrichtung gibt. O. Spenglers *Untergang des Abendlandes* konnte sowohl als Ausdruck des Historismus wie als Antwort auf diesen interpretiert werden: Der beklagte Wertrelativismus wird nämlich zum Prinzip der Geschichte gemacht, er ist durch den Aufstieg und Verfall der Kulturen bedingt. Den Historismus qua historischen Positivismus bewältigt Spengler durch kühne Deutungen, durch seine morphologische und analogisierende Methode. Und darin zeigt sich das generelle Problem aller Universalgeschichte im 20. Jahrhundert: Die Einheit der Geschichte und die Struktur des Wandels sind mehr ein Produkt der dichterischen Einbildungskraft und stehen in starker Spannung zur historischen Forschung. Auch noch Toynbees Universalgeschichte ist nach J. v. Kempski eine »Stilisierung der Geschichte«.[28]

Das bedeutet allerdings keineswegs das Ende aller Geschichtsphi-

28 Jürgen von Kempski: »Stilisierte Geschichte.« In: ders.: *Brechungen.*

losophie. Trotz aller Schwierigkeiten[29] mit ihr ist sie – gerade im Zeichen des Historismus, des Wandels und der historischen Datenhäufung – gefordert, und sie wird auch faktisch betrieben. Nicht zwar als spekulative Konstruktion, sondern als Interpretationsrahmen und Deutungshypothese für Verständnis und Darstellung geschichtlicher Phänomene und Zusammenhänge und für die Selbstinterpretation der Gegenwart vor dem Hintergrund der Vergangenheit. Fast in allen geschichtlichen Darstellungen finden sich dergestalt Ansätze und Rudimente von Geschichtsphilosophie, die einen provisorischen Ausgriff auf den größeren Zusammenhang ermöglichen und eine Perspektive vorzeichnen.

Also: der Historismus zerstört nicht nur die ältere, am Fortschrittsbegriff orientierte konstruktive Geschichtsphilosophie, sondern der problematische Historismus fordert Geschichtsphilosophie und erzeugt sie: als Deutungshypothese für historische Zusammenhänge und zur Ortsbestimmung der Gegenwart. Max Webers These zum europäischen Rationalisierungsprozeß, Horkheimers und Adornos These der Dialektik der Aufklärung, Löwiths Säkularisierungsthese und Blumenbergs Gegenthese – das sind Formen der Geschichtsphilosophie im Zeichen des Historismus. Wir benötigen solche Deutungsmuster, die sich in der empirischen Forschung bewähren müssen, schon um leitende Gesichtspunkte zu haben und die Datenmengen zu bewältigen. Und ich neige dazu, auch viele Ansätze des Strukturalismus zu forschungsleitenden Interpretationshypothesen zu erklären. Freilich, die Geschichtsphilosophie – welcher Art auch immer sie sei – vermag nur eine *provisorische Einheit* zu stiften. Und für die Begründung einer Ethik, die im Sinne der erwähnten Suche nach festen Normen Halt zu bieten vermöchte, ist sie so sehr und so wenig tauglich wie die Anthropologie.

c) Neben die Deutungshypothesen der Geschichtsphilosophie treten spezifische Begriffe, die die Datenmenge organisieren helfen: besonders die Begriffe Typus, Paradigma und Struktur. – Besondere Bedeutung hat heute bekanntlich der Strukturbegriff

Kritische Versuche zur Philosophie der Gegenwart. Hamburg 1964. S. 7ff.

29 Odo Marquard: *Schwierigkeiten mit der Geschichtsphilosophie*. Frankfurt/M. 1973.

durch die vielgestaltige Methode, die man »Strukturalismus«[30] nennt. Seine Stellung zum Problem des Historismus scheint mehrere Aspekte zu haben. Einerseits trennt er sich von der individualisierenden Betrachtungsweise und von der Auffassung, daß die Geschichte in ununterbrochenem Fluß sei oder gar vom Menschen ›gemacht‹ werde. Insofern konnte er als Gegenposition zum Historismus angesehen werden. Die diffuse Datenfülle bewältigt er durch den Aufweis (relativ) konstanter Strukturen, die Einheit in die Mannigfaltigkeit bringen. (Dadurch hat auch er die Funktion der älteren Geschichtsphilosophie übernommen, obwohl er empirisch zu verfahren bemüht ist.) Andererseits aber teilt er mit dem als Problem erfahrenen Historismus, daß der Mensch der – wenn auch mehr statischen als dynamischen – Geschichte ausgeliefert ist, in seinem Denken fest eingebunden in die Strukturen. Insofern scheint der Strukturalismus einen anderen und noch unausweichlicheren Positivismus zu vertreten als den, welchen man vom Historismus befürchtete. Wenngleich die Leistungen der zum Strukturalismus gezählten Autoren wie Fernand Braudel unbestritten und unaufgebbar sind, dürfte gerade der – gegen den Historismus gewandte – Strukturalismus gegenläufig den Historismus mit seinen Problemen wieder attraktiv machen. Denn treten die Besonderheit der kulturellen Gebilde und ihre Qualitätsdifferenzen im Strukturalismus nicht so sehr in den Hintergrund, daß der Wertepluralismus und -relativismus geradezu wünschbar wird? Während dieser Pluralismus vormals zur Orientierungslosigkeit zu führen schien, kann er vor dem Hintergrund der Strukturen als Bedingung von Freiheit wahrgenommen werden.

d) Eng mit dem Strukturalismus verknüpft und teilweise identisch mit ihm ist die Sozialgeschichte. Und auch sie dürfte eine ähnliche Wirkung erzeugen. Die sozialgeschichtliche Methode hat als erste innerhalb der Geschichtswissenschaften eine lebhafte Historismusdiskussion ausgelöst. Bereits Karl Lamprecht[31] wollte gegen die individualisierende eine »kollektivistische« Geschichtsschreibung ausgebildet wissen. Den Durchbruch und den

30 Siehe die verschiedenen Positionen etwa bei Walter L. Brühl (Hg.): *Funktion und Struktur. Soziologie vor der Geschichte.* München 1975, und bei Adelbert Reif (Hg.): *Antworten der Strukturalisten.* Hamburg 1973.

31 Matti Viikari: *Die Krise der »historistischen« Geschichtsschreibung und die Geschichtsmethodologie Karl Lamprechts.* Helsinki 1977.

Erfolg, die Lamprechts Programm einer »Kulturgeschichte« noch nicht beschieden waren, hat inzwischen die Sozialgeschichte erreicht, teilweise beeinflußt durch den Marxismus, teilweise durch die strukturgeschichtliche Forschung im Umkreis der französischen Zeitschrift *Annales*. Die Sozialgeschichte hat sich in Deutschland als Opposition gegen die Tradition der Geschichtsschreibung des 19. Jahrhunderts profiliert, und sie nennt diese Tradition in der Regel den »Historismus«: Dieser habe auf individuelle Ereignisse abgehoben, die aus der bewußten Intention von handelnden Menschen hervorgehen und die mit Hilfe der philologischen Hermeneutik zu erschließen seien – die Sozial- und Strukturgeschichte aber erforsche mit quantitativen (statistischen) Methoden die anonymen allgemeinen Bedingungen und Determinanten, die den Akteuren im Rücken des Bewußtseins liegen.[32] Die Geschichtsschreibung rückt so näher an Soziologie und Anthropologie heran.

Mit dem Vorwurf gegenüber dem Historismus, in der Ereignisgeschichte nur die Oberfläche, nicht aber die wirklichen Ursachen für die geschichtlichen Veränderungen gefunden zu haben, verbindet sich oft ein moralischer Vorwurf: der Historismus wird für den Sieg des Nationalsozialismus mit verantwortlich gemacht. Denn der Historismus, den Meinecke[33] als die produktive Antwort auf den Rationalismus der Aufklärung und als große deutsche Leistung herausgestellt hatte, dieser Historismus sei es gewesen, der zur Vergöttlichung der Staatsmacht geführt habe (z. B. G. G. Iggers). Die Diskussion bekommt so eine politische Brisanz: Der »Historismus« ist das Geschichtsdenken von Herder bis Treitschke, und dies rückt in das verdächtige Licht, fatale Wirkungen gezeitigt zu haben. Die nicht abgeschlossene Diskussion um den »deutschen Sonderweg« ist so auch eine Diskussion über Recht und Unrecht des Historismus.

32 Georg G. Iggers: *Deutsche Geschichtswissenschaft. Eine Kritik der traditionellen Geschichtsauffassung von Herder bis zur Gegenwart.* 2. Aufl. München 1972. Wolfgang W. Mommsen: *Die Geschichtswissenschaft jenseits des Historismus.* 2. Aufl. Düsseldorf 1972. Dazu Jörn Rüsen: »Überwindung des Historismus?« In: *Philosophische Rundschau* 20 (1974) S. 269-286. Zur neueren Wende zur Sozialgeschichtsschreibung siehe den repräsentativen Band von Hans-Ulrich Wehler (Hg.): *Geschichte und Soziologie.* Köln 1972.

33 F. Meinecke: *Die Entstehung des Historismus* (1936). *Werke* Bd. 3.

Was die Auflösung des Historismusproblems i.S. des historischen Positivismus und Relativismus durch die Sozialgeschichte betrifft, so ist meine Vermutung dazu die folgende: Die Sozialgschichte – so läßt sich vereinfacht sagen – bringt die Geschichtsschreibung in die Nähe der Naturwissenschaft. Wie diese sammelt sie aufgrund von Hypothesen Daten, die dann zur Präzisierung oder Korrektur der Hypothesen führen. In der Regel also wird die Datenmenge durch Hypothesen erzeugt und auch bewältigt. Allerdings trennt die Sozialgeschichte etwas ab, was sie mit ihren zumeist quantitativen Methoden nicht erreicht und was als »Wertsphäre« dann – z.B. von Phänomenologie und Hermeneutik – eigens in den Blick genommen werden muß. Deshalb steht zu vermuten, daß auch die Sozialgeschichte, die sich gegen den Historismus wandte, gegenläufig den Historismus provoziert, nämlich die Einstellung, die mit hermeneutischen oder phänomenologischen Methoden das sog. »Werthaft-Individuelle« sich zueignet, es affirmiert oder kritisiert. Und wenn die Sozialgeschichte soziale Zwänge und Mißstände identifiziert und aufdeckt, dann setzt sie ganz offensichtlich naturrechtliche oder ethische Normen stillschweigend als geltend voraus und bestätigt so, daß es nicht nur Sozialgeschichte gibt und geben darf.

II. Ergebnis und Problemstand

Die kleine, allzu knappe und schematische Skizze der Gegenmaßnahmen gegen die Probleme des Historismus, gegen die Erfahrung radikalen Geschichtswandels und unübersichtlicher Datenmengen, hat folgendes zum Ergebnis: Die Suche nach dem Festen, dem Sein, der Orientierungsnorm führt zur Entdeckung vieler Normen. Und die Suche nach der Einheit in der geschichtlichen Vielheit führt zwar zu einheitsstiftenden Begriffen, Modellen, Hypothesen; aber die Geschichtseinheit kann nur eine provisorische sein, und die Suche nach Einheit muß an den immer individuellen Werten und Normen gleichsam vorbeisehen, muß sich von ihrem Anspruch auf Geltung distanzieren. Beide Fragerichtungen stehen zumeist in Opposition zueinander. Aber der Schul- und Richtungsstreit sollte nicht darüber hinwegsehen lassen, daß sie beide berechtigt sind, ja einander fordern. Warum soll in der Kunstgeschichte nicht eine sozialgeschichtliche Situationsanalyse mit der phänomenologischen Beschreibung und der Interpretation bestimmter Werke parallel gehen? Warum soll in der Philosophie eine strukturale Analyse der Denkformen einer Epoche sich nicht mit der Interpretation eines Werkes vertragen? Die ältere Hermeneutik – bei Schleiermacher und Boeckh – verlangte, beide Aspekte zu verbinden.[34]

Jedenfalls haben – so pauschal betrachtet – die Geisteswissenschaften die Situation, die als Krise empfunden wurde, trotz der Gegenmaßnahmen noch kaum verlassen oder verändert. Die Geisteswissenschaften als Wissenschaften vergegenwärtigen viele Wertsysteme oder keine. Demgemäß schlagen sie zwei Richtungen ein: Entweder sie explizieren individuelle Kultursysteme, als interpretierende Wissenschaften; oder sie liefern systematische Theorien zu Gegenstandsbereichen und machen Aussagen über die allgemeinen Strukturen der menschlichen Kultur überhaupt (oder über einen ihrer Bereiche oder eine Epoche). Überpointiert gesagt: Sie liefern einen Normenpluralismus oder einen normenlosen Monismus. Was man heute in der Regel »Historismus« nennt, ist jener Normenpluralismus, befördert durch die individualisierende und die hermeneutische Methode, durch welche eine Vielzahl von Kultursystemen erinnert und ausgelegt wird. Und dieser Historismus steht in Spannung, in Opposition zu den normenlosen Monismen – wenn ich so sagen darf –, die zu generalisierend und »nomothetisch« verfahren, um Normen entdekken zu können (sie entdecken allenfalls Determinanten).

Deshalb haben wir – unter dem Vorzeichen des Historismus – entweder eine Religionsgeschichte, die uns viele Religionen vor

34 Keinesfalls begnügte sich die ältere sog. »historistische« Geschichtsbetrachtung mit der hermeneutischen Erkundung der bewußten Intentionen in Sprache und Handlung historischer Persönlichkeiten. Wenn Schleiermacher sagt, die Griechen hätten den Menschen nur als dem Schicksal unterworfenes Naturwesen betrachten können, oder wenn Yorck von Wartenburg schreibt, die Griechen zeigten insgesamt nur eine »okkulare Bewußtseinsstellung«, dann meinen diese Autoren nicht, die Griechen hätten dies bewußt intendiert, sondern die Sichtweise der Griechen sei die ihnen auferlegte unbewußte Schranke gewesen. – Im 20. Jahrhundert hat besonders Th. W. Adorno am Beispiel der Musik vor Augen geführt, daß eine sozialgeschichtliche Perspektive mit der Ausrichtung auf den ästhetischen Gehalt der Werke vereinbar ist.

Augen führt – oder wir haben eine generelle Religionssoziologie und -psychologie; aber nie zeigt uns die Wissenschaft die wahre Religion. Deshalb haben wir eine Kunstgeschichte, die uns mit vielen Stilen bekannt macht – oder wir haben eine allgemeine Theorie des ästhetischen Stils oder Kunstsoziologie oder Strukturtheorien; aber wir bekommen nicht mehr von der Wissenschaft die schönste Kunstform demonstriert, eine übergeordnete Geschmacksnorm. Deshalb bekommen wir in der Geschichte der Metaphysik verschiedene Systeme vorgeführt – oder, wie bei Dilthey, eine Theorie zur Entstehung der Metaphysiken; aber wir bekommen keinen Beweis für die Wahrheit einer einzigen. Deshalb lernen wir in der Rechtsgeschichte viele Rechtssysteme kennen – oder wir haben eine Rechtssoziologie; aber wir haben Schwierigkeiten, durch Wissenschaft ein Rechtssystem als das maßgebliche zu legitimieren.

Aus dieser Situation erklären sich die unterschiedlichen Stellungnahmen zum Historismus heute. Die einen befürworten ihn, da der Pluralismus von Werten besser sei als der Verzicht auf sie. Die anderen aber möchten den Historismus überwinden, da die Vielheit konkurrierender Normen- und Wertsysteme so gut sei wie keines: denn welches ist das wahre und bietet Halt und Orientierung?

Es trägt zur Versachlichung und zur genaueren Einschätzung der als »postmodern« geltenden Problemlage bei, wenn man sich vergegenwärtigt, daß diese Situation nicht erst im 20. Jahrhundert entstanden ist. Sie bildete sich vielmehr zusammen mit der Neuzeit und der Entstehung der Geisteswissenschaften besonders seit dem 18. Jahrhundert heraus. Ich deute dies kurz an:

1. Bereits um 1700 ergibt sich in der berühmten ›Querelle des anciens et des modernes‹ eine Irritation im Bereich des ästhetischen Geschmacks: Ist noch immer die antike Kunst das leitende Vorbild, oder hat bereits die moderne Kunst die alte überholt und ganz neue Maßstäbe gesetzt? Aus dieser Frage entsteht bald die Einsicht in die Unvergleichbarkeit der Kunsstile.[35] Herder billigt bereits jeder Epoche und Nation eine eigentümliche Geschmacksnorm zu. Am Ende des 18. Jahrhunderts ist ein allge-

35 Hans Robert Jauß: »Antiqui / moderni (Querelle des Anciens et des Modernes).« In: *Historisches Wörterbuch der Philosophie,* Bd. 1, Sp. 410-414.

meiner, verbindlicher Schönheitsbegriff für viele Autoren problematisch geworden.[36] Fortan gibt es keine ahistorischen Regeln mehr für die Kunstproduktion und -kritik, es gibt nur den Gang der Geschichte selbst als Maßstab und mit ihr verschiedene Konventionen und Traditionen. Die romantische und idealistische Ästhetik muß diese Pluralität und Geschichtlichkeit des Schönen reflektieren, und sie tut das, indem sie in das System der Ästhetik die Geschichte der Kunst integriert.[37]

2. In den Religionskriegen hatte der Wahrheitsanspruch der Religionen zum Blutbad geführt, denn durch Wissenschaft war die Wahrheitsfrage hier nicht zur Entscheidung zu bringen. Deshalb hat die Aufklärung dann im Bereich der Religion Toleranz gefordert, war selbst aber zumeist zum reinen Vernunftglauben im Sinne des Deismus übergegangen. Der junge Schleiermacher bringt 1799 in seinen *Reden über die Religion* eine neue Wendung: Das Feld der Religion ist nicht das Feld der allgemeinen wissenschaftlichen Wahrheit, sondern das der Frömmigkeit. Dadurch sind alle positiven Religionen als individuelle Gestalten der Frömmigkeit gerechtfertigt.[38] Freilich kann jeder nur eine Religion haben, die, welche er eben hat. Aber er muß anerkennen, daß es andere Religionen gibt, die seiner hinsichtlich der »Wahrheit« nichts nachstehen. Die wissenschaftliche Vernunft versucht nun gar nicht mehr, die Wahrheit der Religion zu beweisen; sie leiht allenfalls der Theologie die Begriffe, um die positive Religion auszulegen, in Sprache zu übersetzen.

3. Die Französische Revolution hatte den Glauben zerstört, daß

36 Siehe den Aufsatz »Der Weg zur Kunstphilosophie des Deutschen Idealismus«, hier S. 201 ff., bes. 218 ff.

37 H. R. Jauß: »Schlegels und Schillers Replik auf die ›Querelle des Anciens et des Modernes‹.« In: ders.: *Literaturgeschichte als Provokation.* Frankfurt/M. 1970, S. 67-106. Peter Szondi: *Poetik und Geschichtsphilosophie* I, hg. von S. Metz u. H.-H. Hildebrandt. Frankfurt/M. 1971, S. 11-265: »Antike und Moderne in der Ästhetik der Goethezeit.«

38 F. Schleiermacher: *Über die Religion. Reden an die Gebildeten unter ihren Verächtern.* Berlin 1799 (*Kritische Gesamtausg.* I. Abt., Bd. 2). Der spekulative Idealismus (Hegel) hat sich mit dieser Sichtweise nicht begnügt, aber sie hat sich als die modernere und stabilere erwiesen. Siehe Hermann Lübbe: *Religion nach der Aufklärung.* Graz, Wien, Köln 1986. Zu Schleiermacher siehe hier bes. S. 208 ff.

durch ein rational konstruiertes Natur- oder Vernunftrecht sich eine freie, humane Gesellschaft herstellen ließe. Die historische Rechtsschule hat dann am Beginn des 19. Jahrhunderts darauf verzichtet, eine rationale Rechtsbegründung zu geben, und hat sich auf das geschichtlich gewachsene Recht berufen, das dem Geist eines bestimmten Volkes gemäß ist. Aufgrund dieser Ansicht kann es so viele Rechtssysteme geben wie es Volksgeister, Völker gibt.[39] Und das Recht ist wie der Volksgeist in lebendiger Entwicklung begriffen. Dadurch ist es nicht mehr möglich, alle Rechtsverhältnisse aller Völker an ein und derselben Rechtsnorm zu messen. Denn eine solche überhistorische Norm gibt es nicht.

4. Schließlich zeigt sich in der zweiten Hälfte des 19. Jahrhunderts, daß alle Metaphysiken keine Wissenschaften sind, auch nicht die großen neuen Systeme des deutschen Idealismus. Dilthey[40] erklärt sie deshalb zu »Weltauslegungen«, die weder beweisbar noch widerlegbar sind und deshalb in ewigem Konflikt miteinander stehen bleiben werden. Die drei von Dilthey unterschiedenen Typen der Metaphysiken – Naturalismus, subjektiver und objektiver Idealismus – haben dieselbe Stellung zur Wissenschaft wie bei Lessing die drei monotheistischen Religionen: Sie haben eine existentielle Wahrheit, aber keine wissenschaftliche.

So ist denn schon in der zweiten Hälfte des 19. Jahrhunderts der im 20. Jahrhundert so bedrückend empfundene Problemstand erreicht: Es gibt viele Kunststile, ohne übergeordnete Schönheitsnorm; es gibt viele positive Religionen, ohne Kriterium, durch welche eine wahrer ist als die andere; es gibt viele Rechtssysteme, aber kein Naturrecht als überhistorischen Maßstab; es gibt schließlich viele Metaphysiken, die aber sämtlich keine wissenschaftliche Wahrheit beanspruchen können.

39 Bereits Montesquieu hatte das Recht jeweils durch die natürlichen Umstände (Klima, geographische Lage usw.) und durch die historische Situation (Religion, Sitte, Politik usw.) geprägt und so individuell gestaltet gesehen. Deshalb konnte man ihn als eigentlichen Urheber einer »organischen«, »historistischen« Rechtsbetrachtung bezeichnen. Martin Göhring: *Montesquieu. Historismus und moderner Verfassungsstaat.* Wiesbaden 1956.

40 Siehe Diltheys *Abhandlungen zur Philosophie der Philosophie* (*Ges. Schr.* Bd. 8) und *Das Wesen der Philosophie* (Bd. 5, S. 339-416). Die Metaphysik als »Interpretation« und »Auslegung« der Welt u. a. Bd. 5, S. 353, 356, 379; Bd. 8, S. 82.

Diese Situation, daß die Geisteswissenschaften zwar eine große Fülle an historischem Wissen, nicht aber feste Normen zu geben vermochten, ist der Hintergrund für Nietzsches Schrift *Vom Nutzen und Nachteil der Historie für das Leben*,[41] die erste große Anklageschrift gegen den Historismus als Relativismus und Positivismus. Allerdings ist das Unbehagen an dem Übermaß an geschichtlichem Wissen so alt wie das universale geschichtliche Denken überhaupt. 1816 sagte der Theologe de Wette über den Altphilologen August Boeckh: Boeckh »scheint von dem unphilosophischen Historizismus zurückgekommen zu sein, wenigstens äußerte er sich letzthin, man wage bald gar nicht mehr, selbst zu denken, sondern nur alte Weisheit wiederzukäuen«.[42] Das sind die lähmenden Erscheinungen des Historismus, die Nietzsche, Dilthey und dann Troeltsch nachdrücklich beim Namen nennen. Aber das Unbehagen wird zur öffentlichen Krise erst in den 20er Jahren unseres Jahrhunderts, und das hat seine sozialen und realpolitischen Gründe: In einer Zeit des Umbruchs blickt man allgemein erwartungsvoll auf die Geisteswissenschaften und bemerkt nun schmerzlich, daß sie den gewünschten Halt im Wandel der Zeiten nicht zu geben vermögen. Da beginnt die allgemeine und öffentliche Klage über den Historismus.

Ist nun unsere Lage wirklich noch ein und dieselbe? – Sehe ich richtig, so hat sie sich durch Radikalisierung gewandelt: Die Relativität der Kunststile, der positiven Religionen, der Rechtssysteme, der Metaphysiken war beklagt worden im Hinblick auf ein Ideal absolut geltender Wahrheit, und diese Wahrheit dachte man sich beheimatet in der Wissenschaft, genauer: in der Naturwissenschaft. Inzwischen aber ist dies Ideal selbst problematisch geworden, man spricht vom Historismus in der Wissenschaftstheorie.[43] Dadurch vollzieht sich ein grundlegender Wandel in der Einschätzung aller Wertsysteme: Denn wenn auch die Wissenschaft geschichtlich und relativ ist, wenn auch sie, wie schon

41 Friedrich Nietzsche: *Vom Nutzen und Nachteil der Historie für das Leben* (1874). Zweites Stück der Unzeitgemäßen Betrachtungen. *Werke*, hg. von Karl Schlechta, Bd. 1, S. 209-285.

42 Bei Max Lenz: *Geschichte der Königlichen Friedrich-Wilhelms-Universität zu Berlin*. Bd. 1, Halle a. d. S. 1910, S. 573. In diesem Zitat findet sich der früheste mir bekannte Beleg für den Ausdruck »Historizismus«.

43 Siehe oben Anm. 2.

Nietzsche[44] behauptete, nur eine Welt*interpretation,* nicht deren *Abbildung* bietet, dann ist die Geschichtlichkeit und Relativität von Kunststilen, Rechts- und Religionssystemen und Metaphysiken nicht mehr ein Makel, der sie hinter die Wissenschaft zurücksetzt. Es gibt kaum noch eine Instanz, die beanspruchen könnte, von jenem Makel frei zu sein. Deshalb sehen wir, wie gegenwärtig die Mythen neben der Wissenschaft neue Anerkennung und Rechtfertigung erfahren;[45] wie die Wissenschaft als Form der Kunst interpretiert wird[46] und wie man der romantischen Naturphilosophie ein systematisches Interesse entgegenbringt.[47] Darin steckt freilich überall ein Stück Zivilisationskritik, aber das wissenschaftstheoretische Problem ist älter, es ist das Problem des Historismus, das sich zuerst in den Geisteswissenschaften zeigte. Bereits Ernst Cassirer hatte übrigens den Geltungsbereich der Wissenschaft eingeschränkt und neben ihr Kunst, Religion, Mythos und Sprache als eigenständige Symbolformen und Weltinterpretationen gerechtfertigt. Dies hat nun neue Aktualität durch die Relativierung des Wissenschaftsideals bekommen.

Wie immer die Diskussion um den Historismus in der Wissenschaftstheorie ausgehen mag – man wird grundsätzlich gut tun, sich auf einen stetigen Wandel und vor allem auf einen Pluralismus der Kultur einzurichten. Und zwar schon deshalb, weil mit den Tendenzen zu einer uniformen Weltzivilisation auch die Gegenbewegungen wachsen: Regionalismus, Separatismus, das Insistieren auf kultureller Identität. Da die Geisteswissenschaften diesen Pluralismus teils zum Ausdruck bringen, teils selbst befördern, schließe ich mit drei Thesen zu diesem modernen Phänomen.

1. Der Pluralismus ist erträglich. Denn durch die Endlichkeit des Menschen wird dieser Pluralismus für den einzelnen faktisch reduziert. Man kann nie alle Religionen kennen, schon gar nicht gleich gut, sondern nur einige oder viele. Und man kann nur eine

44 F. Nietzsche: *Die fröhliche Wissenschaft,* Aphorismus 373-374. *Kritische Gesamtausg.,* Abt. v, Bd. 2, S. 307 ff. *Nachgelassene Fragmente* (1886/87). Ebd. Abt. viii, Bd. 1, S. 137 f. 323.

45 Kurt Hübner: *Die Wahrheit des Mythos.* München 1985.

46 Paul Feyerabend: *Wissenschaft als Kunst.* Frankfurt/M. 1984.

47 Marie-Luise Heuser-Keßler: *Die Produktivität der Natur. Schellings Naturphilosophie und das neue Paradigma der Selbstorganisation in den Naturwissenschaften.* Berlin 1986.

haben. Wer besorgt ist, die falsche zu haben, orientiere sich an dem weisen Nathan Lessings. Das gleiche gilt für den Geisteswissenschaftler, z. B. den Kunsthistoriker. Er wird nie alle Kunstformen kennen, sondern nur sehr viele. Und er wird wahrscheinlich nur zu wenigen Stilen, Epochen und Künstlern ein inneres verstehendes Verhältnis entwickeln, und vieles wird ihm fremd bleiben. Man sieht an diesem Beispiel sogleich, daß im Bereich der Geisteswissenschaften auch die Vereinfachung, die Reduktion, die Einseitigkeit als Problem erfahren wird. Sodann wird durch die geschichtliche Situation und die gelebten Traditionen die Pluralität reduziert. Nicht in jeder Situation und in jeder Tradition ist alles Vergangene von Interesse, sondern nur ein Ausschnitt.

2. Der Pluralismus ist sogar nützlich und moralisch wünschbar. Denn er bringt einen Gewinn an Freiheit, während ein Monismus Anpassungsdruck und Uniformität bedeutet. Gibt es mehrere Kultursysteme, bleibt dem einzelnen ein großer Entscheidungsspielraum frei. Er muß nicht in *die,* er kann in *eine* Kirche gehen oder den Kirchgang unterlassen. Und das gleiche gilt für die Kunst und die Metaphysik. Die Pluralität und gegenseitige Begrenzung der Wertsysteme und Traditionen ist für die Suche nach Sicherheit, nach unbedingtem und durch Wissenschaft verbürgtem Halt freilich hinderlich, und die konkurrierenden Systeme drohen sich aneinander abzuschleifen und ihre Kontur zu verlieren. Aber für die Freiheit sind Pluralismus und Konkurrenz förderlich, denn sie bewirken eine gewisse Neutralisierung und verhindern so Fanatismus und überzogene Ansprüche.[48] Eine offene Gesellschaft und eine vielstimmige Geschichte sind Korrelate. Nicht ein Pluralismus von Traditionen ist das eigentliche Problem, sondern eine uniforme Massenkultur.

3. Wer sich so für einen Pluralismus von Traditionen ausspricht – und damit auch für den Historismus –, hat damit keinesfalls alle Normen aufgegeben und irrt nicht – wie Troeltsch über Dilthey sagte – steuerlos im Reichtum der Historie umher. Vielmehr hat er faktisch sich zu Normen bekannt. Denn wer den Pluralismus begrüßt, der kann eine kulturelle Zwangsuniformität nicht billigen. Und wer sich für Toleranz erklärt, der kann die Intoleranz

48 Das ist der Grund, warum – anders als H.-G. Gadamer – J. Ritter einen »Objektivismus« und »Positivismus« in den Geisteswissenschaften nicht bekämpfte. Siehe seine in Anm. 3 genannte Arbeit.

nicht tolerieren. Wer den Bestand divergenter Kultursysteme nicht reduziert, sondern akzeptiert wissen will, der fordert die Freiheit dieser Systeme – und keinesfalls eine schrankenlose, sondern nur jeweils die, die mit der Freiheit der anderen vereinbar ist. So scheint mir im Zeichen des Historismus die Orientierung gerade an der formalen Ethik und dem formalen Vernunftrecht Kants gefordert zu sein. Denn es war diese praktische Philosophie der Aufklärung, die mit weltbürgerlicher Gesinnung die »Last von Geschichte«, wie schon Kant sagte,[49] also den Historismus, zu ertragen vermochte. Und keineswegs bedeutet jenes Vernunftrecht die Uniformität der Staaten und Völker, wie die historische Rechtsschule meinte. Vielmehr lesen wir in Kants Schrift *Zum ewigen Frieden*,[50] die Religions- und Sprachenvielfalt schon zeige, daß die Natur keinen uniformen Weltstaat, sondern die Existenz verschiedener Nationen gewollt hat. Mag sich also die Geschichte wandeln und mag sie noch so pluralistisch werden, wichtig ist, daß zumindest dieses Prinzip der Anerkennung der Freiheit der anderen dabei nicht verlorengeht.[51] – Bin ich nun selbst ein historistischer Traditionalist, indem ich mich auf den alten Kant berufe?

49 I. Kant: »Idee zu einer allgemeinen Geschichte in weltbürgerlicher Absicht« (1784). *Akad.-Ausg.* Bd. 8, S. 30.

50 Kant: »Zum ewigen Frieden« (1795). *Akad.-Ausg.* Bd. 8, S. 367.

51 Unsere Überlegungen führen zu mindestens zwei Problemen, die im Rahmen einer eignen Abhandlung zur Ethik diskutiert werden müßten: Das erste Problem ist die Spannung, ja der mögliche Konflikt zwischen einer allgemeinen formalen Ethik und den besonderen tradierten Lebensformen und ihren sittlichen Einstellungen; das zweite Problem ist der mögliche Vorwurf, jede allgemeine Ethik sei nur das Produkt einer bestimmten Tradition. Siehe zum ersten Problem: *Moralität und Sittlichkeit. Das Problem Hegels und die Diskursethik*, hg. von W. Kuhlmann. Frankfurt/M. 1986.

VII. Historismus und Wahrheit in der Wissenschaftstheorie*

1. Einleitung: Der Weg der Geisteswissenschaften in den »kognitiven Historismus«

Unter dem Begriff »Historismus«[1] verstehen wir gewöhnlich ein Problem der Geisteswissenschaften, über das man seit dem Ende des 19. Jahrhunderts klagt; man meint damit historischen Positivismus und Relativismus, also die Anhäufung historischer Daten einerseits und die Relativierung der Werte andererseits. Dieser Historismus hat laut Ernst Troeltsch[2] »entnervende Wirkungen« gezeitigt, nämlich zum einen »Blasiertheit«, den hochmütigen Stolz auf einen unermeßlichen Reichtum historischer Kenntnisse hervorgebracht; zum anderen aber auch »Müdigkeit« bewirkt: durch die resignierende Einsicht, daß alles, was dem menschlichen Dasein Sinn und Orientierung gibt, offensichtlich im Fluß der Geschichte dem Menschen wieder entgleitet, sich als bloß kontingent, aber nicht als wahr und während erweist. Das historistische Bewußtsein ist also laut Troeltsch eine Verbindung von Reichtum und Armut: man weiß unendlich viel – aber nicht das eine, das nottut. Das Rätselhafte an der Gestalt W. Diltheys, das die Schüler dieses »Philosophen des Historismus« bemerkten, mag in dieser historistischen Erfahrung seinen Grund haben; im Gefühl, inmitten der Fülle historischen Wissens der »Korruptibilität«,[3] der Vergänglichkeit des menschlichen Daseins und seiner Sinnbezüge inne zu werden.

* Ausarbeitung eines Vortrages, der im Mai 1989 in der Katholischen Akademie Schwerte im Rahmen einer Tagung über »Wahrheit und Geschichte« gehalten wurde. Bisher unveröffentlicht.

1 Zur Klärung des Begriffs »Historismus« siehe den Aufsatz »Das Historismusproblem und die Geisteswissenschaften im 20. Jahrhundert«, hier S. 132 f.

2 Ernst Troeltsch: »Das 19. Jahrhundert« (1913). In: Ders.: *Aufsätze zur Geistesgeschichte und Religionssoziologie (Gesammelte Schriften* Bd. 4). Tübingen 1925, S. 626.

3 Wilhelm Dilthey: *Die Typen der Weltanschauung und ihre Ausbildung in den metaphysischen Systemen. Gesammelte Schriften* Bd. 8, S. 79.

Die Wurzeln dieses Historismus hat man im 18. Jahrhundert gefunden, in einem älteren Historismus, der erstmals die Welt des Menschen als geschichtliche Welt begriff. Ich zeige – mit Blick auf unser Thema – den Übergang von diesem älteren zu dem neueren, problematischen Historismus kurz am Leitfaden der Begriffe der historischen Tatsache und der historischen Wahrheit.
Der Rationalismus der Aufklärung unterschied in aristotelischer Tradition Vernunfterkenntnis (cognitio causarum) und historische (empirische) Erkenntnis (cognitio factorum) und so auch Vernunftwahrheiten (vérités de raison) und Tatsachenwahrheiten (vérités de fait).[4] Jene sind notwendig, diese aber zufällig, d. h. auch ihr Gegenteil ist möglich. Eine wahre historische Erzählung berichtet also von kontingenten, wirklich geschehenen Ereignissen und wahrgenommenen Dingen.[5] In der frühen Neuzeit gibt es schon viele Überlegungen, wie man ein möglichst sicheres Wissen von der Welt der Zufälligkeiten, von den »Tatsachen«, wie man seit dem 18. Jahrhundert im Deutschen sagt,[6] erhalten kann.
Doch diese Auffassung wandelt sich im Historismus, im älteren oder früheren Historismus, radikal. Laut W. v. Humboldt hat es der Historiker gar nicht nur mit »Thatsachen« zu tun, sondern auch und vor allem mit »Ideen«, die den Tatsachen erst einen Kontext und Zusammenhang geben und sie so sinnvoll und verständlich machen. Die Tatsachen allein sind nur »die nothwendige Grundlage der Geschichte, der Stoff zu derselben, aber nicht die Geschichte selbst.«[7] Und was wir als historische Tatsache ansehen, ist immer ein Produkt gedanklicher Arbeit: »Die

4 G. W. Leibniz: *Monadologie*, § 33. I. Kant: *Kritik der reinen Vernunft*, B 864. Siehe insgesamt dazu: Friedrich Kambartel: *Erfahrung und Struktur. Bausteine zu einer Kritik des Empirismus und Formalismus.* Frankfurt/M. 1968, S. 50-86.

5 »Veritates historicae sunt propositiones singulares, si fuerunt verae.« Friedrich Christian Baumeister: *Philosophia definitiva.* 7. Aufl. Wittenberg 1746, S. 55.

6 Der deutsche Begriff »Tatsache« taucht erstmals 1756 bei J. J. Spalding auf, und zwar als Übersetzung des englischen Ausdrucks »matter of fact«. Reinhart Staats: »Der theologiegeschichtliche Hintergrund des Begriffes ›Tatsache‹.« In: *Zeitschrift für Theologie und Kirche* 70 (1977), S. 316-345.

7 Wilhelm von Humboldt: »Ueber die Aufgabe des Geschichtschreibers«

Thatsachen der Geschichte in ihren einzelnen verknüpfenden Umständen [sind] wenig mehr, als die Resultate der Ueberlieferung und Forschung, die man übereingekommen ist, für wahr anzunehmen, weil sie am meisten wahrscheinlich in sich, auch am besten in den Zusammenhang des Ganzen passen.«[8] Eigentliche »historische Wahrheit« aber hat solches Tatsachenwissen nicht. Vielmehr kann nur das Wissen »Wahrheit« beanspruchen, welches auch über die Tatsachen hinausgeht und die in ihnen und hinter ihnen »schaffenden Kräfte« und sich offenbarenden »Ideen« zu erreichen sucht und so auch die innere Notwendigkeit der Geschichte zu Bewußtsein bringtrfo149 [9] »Das Geschäft des Geschichtschreibers in seiner letzten, aber einfachsten Auflösung ist Darstellung des Strebens einer Idee, Daseyn in der Wirklichkeit zu gewinnen.«[10] Diese Erkenntnis der Ideen, die einerseits ewig sind, aber andererseits sich in der Geschichte erst allmählich realisieren, ist dem Historiker möglich, weil er als Mensch eine menschliche Welt erkennt und weil die »tief in der Brust des Menschen gewurzelten Ideen«[11] sowohl im Historiker wie in der Geschichte wirksam sind. Wie überall, so kann es für Humboldt also auch von der Geschichte nur dann ein Wissen geben, wenn »eine vorhergängige, ursprüngliche Uebereinstimmung zwischen dem Subject und Object« vorausgesetzt werden kann.[12]

Die alte Unterscheidung von Vernunftwahrheiten und Tatsachenwahrheiten ist hier aufgegeben; sie fällt jetzt – in abgewandelter Form – in die Geschichtserkenntnis selbst, als Unterscheidung zwischen der Erkenntnis der sich verwirklichenden Ideen und der Erkenntnis der für sich nichtssagenden und oft schlecht verbürgten Tatsachen. Historische Wahrheit, die diesen Namen verdient, ist nun keine bloße Tatsachenwahrheit mehr, sondern schließt solche nur ein. Es ist eine Korrespondenztheorie, ein »metaphysischer Realismus«, den Humboldt bezüglich der Wahrheit vertritt: Die Gedanken des Historikers können – zumindest annäherungsweise – die in der Geschichte wirkenden

(1821). *Werke,* hg. von A. Flitner u. K. Giel. 2. Aufl. Bd. 1. Darmstadt 1960, S. 585-606, hier S. 586.

8 Ebd.

9 A.a.O., bes. S. 587 f., 590, 595, 601, 603 f.

10 A.a.O., S. 605.

11 A.a.O., S. 588.

12 A.a.O., S. 596 f.

Gedanken und Kräfte erreichen, weil Subjekt und Objekt vorgängig übereinstimmen.

J. G. Droysen hat in seiner *Historik* die ausführlichste und überzeugendste Ausgestaltung dieser Denkweise des früheren Historismus entworfen. Er unterscheidet scharf die »historischen Richtigkeiten« von der »historischen Wahrheit«: jenes sei nur »die tote Masse historischer Gelehrsamkeit«; diese aber zeige sich erst, wenn alles einzelne in den Zusammenhang der geschichtlich wirkenden »sittlichen Mächte« gestellt werde.[13] So wichtig für Droysen diese Sittlichkeit in der Geschichte ist, so kritisch steht er dem Begriff der »objektiven Tatsache« gegenüber: er sei »ein völlig unklarer und willkürlicher« Begriff. Denn was wir in der Geschichte »Tatsache« nennen, das sei 1. eigentlich eine innere Tatsache, ein Willensakt, 2. in der Regel ein ganzer Komplex solcher Akte, und 3. hätten wir diese Tatsachen immer nur durch Quellen und so nur »Auffassungen« von ihnen.[14] Geschichtswissenschaft kann deshalb für Droysen keine Wissenschaft von objektiven Tatsachen sein. Ihre Wahrheit liegt vielmehr in der Korrespondenz mit dem wahren Sein in der Geschichte, das zugleich das Gute, das die sittliche Welt ist. Diesem Wahren und Guten, das als Abbild Gottes, des Absoluten, sich in der Geschichte realisiert, muß der Historiker sich forschend annähern.[15] Und während er dies tut, dient er selbst der werdenden Sittlichkeit. Die Geschichtswissenschaft ist also im Kontext dieses Historismus gar nicht vornehmlich auf historische Wahrheit im Sinne richtiger und vollständiger Tatsachenerkenntnis aus. Vielmehr will sie aus der Geschichte das ontologisch Wahre, das zugleich das Gute ist, herausheben, und deshalb kann sie mit Recht beanspruchen, auch der Praxis Orientierung zu geben.[16]

Droysen hat seine Historik-Vorlesung zum letzten Mal im Win-

13 Johann Gustav Droysen: *Historik. Historisch-kritische Ausgabe*, hg. von P. Leyh. Bd. 1. Stuttgart 1977, S. 60 f. »Die geschichtlichen Dinge haben ihre Wahrheit in den sittlichen Mächten ...; sie sind deren jeweilige Verwirklichung. Historisch Denken heißt in diesen Wirklichkeiten ihre Wahrheit sehen.« *Grundriß der Historik* (3. Aufl. 1882), a.a.O., S. 425.

14 A.a.O., S. 113 ff., 232 f., 418 f.

15 A.a.O., S. 61, 283, 324 ff.

16 Das gilt auch schon für Humboldt. »Ueber die Aufgabe des Geschichtschreibers«, a.a.O., S. 590.

tersemester 1882/83 vorgetragen. 1889 erschien in erster Auflage E. Bernheims *Lehrbuch der Historischen Methode*,[17] ein Buch, das den Umschwung des geistigen Klimas und den neuen Zustand der Geisteswissenschaften am Ende des 19. Jahrhunderts verrät. Die Unterscheidung von »historischer Richtigkeit« und »historischer Wahrheit« ist hier aufgegeben. Die umfängliche Methodenlehre will ausschließlich den Weg zu möglichst sicherem Wissen von Tatsachen zeigen, und dieser Begriff der Tatsache ist kein prinzipielles Problem mehr. An die Stelle der »Ideen« und »sittlichen Mächte« sind nun physische, psychische und kulturelle »Faktoren« getreten.[18] Darin spiegelt sich scharf der neue problematische Historismus: Die Geisteswissenschaften akkumulieren wie die Naturwissenschaften empirisches Tatsachenwissen. Religiöse, ästhetische und sittliche Normen sind nun ebenfalls nur historische Tatsachen. Für die Wissenschaft sind nur noch solche Regeln und Normen verbindlich, die dem Erreichen von empirischem Wissen dienen, also Forschungsnormen.

Bei Bernheim zeigt sich auch sogleich die Aporie dieses Ansatzes. Der Historiker braucht Auswahlkriterien, also »Maßstäbe« und »Werte«; die aber sind bloß subjektiv.[19] Deshalb muß laut Bernheim der Historiker »sich zu universalhistorischen Gesichtspunkten, zu denen der Geschichtsphilosophie erheben, um die relativen Wertmaßstäbe, die er anwendet, auch in ihren kleinsten Abstufungen an jenem umfassendsten, dem Maßstab der menschlichen Gesamtentwicklung, zu messen«.[20] Aber auch dieser Ausweg ist eine Sackgasse; denn Bernheim hat für die Beurteilung jener Gesamtentwicklung keine verbindliche Philosophie. Der ältere Historismus hatte noch einen ontologischen Wahrheitsbegriff und verband das Wahre mit dem Guten. Für den neuen Historismus hingegen gibt es Wahrheit nur als Richtigkeit von Tatsachenaussagen. Aus dem Guten wurden die bloß subjektiven

17 Ernst Bernheim: *Lehrbuch der Historischen Methode und der Geschichtsphilosophie*. Leipzig 1889. 3. u. 4. Aufl. Leipzig 1903. Zitate nach dieser späteren Ausgabe.

18 A.a.O., S. 589 ff.

19 A.a.O., S. 704 ff. Ein signifikanter Beleg für Bernheims Objektivismus ist, daß ihm J. M. Chladenius, der im 18. Jahrhundert die Perspektivität der historischen Erkenntnis betonte, schon zu weit gegangen zu sein scheint. A.a.O., S. 707.

20 A.a.O., S. 716.

Werte, die den Tatsachen selbst ganz äußerlich und an sie nur herangetragen sind. Jetzt müssen sich die Geisteswissenschaften auf Tatsachenfeststellungen beschränken, oder sie verirren sich im Werturteilsstreit. Und dies ist die von Troeltsch kritisierte Situation des Historismus.

Aus dieser Lage bricht der Neuhegelianismus aus. B. Croce behauptet, dort, wo man in der Geschichte »Sachen«, Tatsachen vermutete, dort seien »Geistesakte«.[21] Bestehe eine Geschichte nur aus Tatsachen, dann sei es eine »tote Geschichte«, eine bedeutungs- und inhaltsleere Chronologie, denn rohe Tatsachen seien stumm.[22] Eine lebendige und »wahre« Geschichte fasse immer die Tatsachenkenntnis sogleich mit aktuellen Bewertungen zusammen. Solche wahre Geschichte entspringe immer den Interessen und dem Leben des gegenwärtigen Geistes, der seine Vergangenheit gegenwärtig habe; sie sei eine Geschichte *in* der Gegenwart und *von* der Gegenwart: es sei »jede wahre Geschichte Geschichte der Gegenwart.«[23]

Ich möchte versuchen, diesen provokativen Angriff auf die Auffassung, Geschichte sei Wissenschaft von den Tatsachen der Vergangenheit, ein wenig zu erläutern. Der Satz »Im Jahre 44 v. Chr. wurde Caesar ermordet« ist zweifellos wahr, und auch Croce würde ihn nicht bestreiten. Aber der Satz ist nicht immer und ewig wahr, er hat bestimmte Voraussetzungen. Er ist z. B. nur wahr für einen, der nach Caesar lebt und der unsere Zeitrechnung teilt. Er ist auch nur wahr für jemanden, der unter dem Namen Caesar jenen römischen Imperator und Feldherrn und nicht

21 Benedetto Croce: *Theorie und Geschichte der Historiographie* (deutsche Erstausg.: Tübingen 1915). Zitiert nach: *Gesammelte Philosophische Schriften*, hg. von H. Feist. 1. Rhe. Bd. 4. Tübingen 1930, hier S. 13. So wie Kant durch den Empirismus Humes aus dem »dogmatischen Schlummer« geweckt wurde, so erwachen innerhalb der Geschichtstheorie jetzt laut Croce »die Geister aus ihrem empiristischen Schlaf«. Croce versteht die Abwendung vom historischen Positivismus in Analogie zur transzendentalen Wende Kants. Und das hat auch seine Berechtigung, da beidemal eine Wende zum Subjekt erfolgt, zur gesetzgebenden reinen Vernunft (Kant) und zum geschichtlich handelnden Geist (Croce). Zum folgenden siehe auch B. Croce: *Logik als Wissenschaft vom reinen Begriff. Gesammelte philosophische Schriften.* 1. Rhe. Bd. 2. Tübingen 1930, S. 183 ff.

22 B. Croce: *Theorie und Geschichte der Historiographie,* a.a.O., S. 10, 48 ff.

23 A.a.O., S. 4.

Nachbars Hofhund denkt. Je mehr nun der Satz mit Inhalt gefüllt wird, die Gestalt Caesars, seine Ermordnung und der Kontext in der Phantasie vor Augen gestellt und gedanklich durchdrungen werden, desto mehr zeigt sich das spezifische Wissen und die Sichtweise des jeweiligen Zeitalters: dessen Kenntnis, Interpretation und Bewertung Caesars und des Römertums. Der Historiker sagt also immer etwas über das Verhältnis seiner Gegenwart zur Vergangenheit, und er wendet sich der Vergangenheit nur deshalb zu, weil ein gegenwärtiges Interesse dies verlangt. – Freilich, man könnte Croce leichter zustimmen, wenn er nur sagte, jede lebendige Geschichte entspringe den Interessen der Gegenwart. Aber da die Vergangenheit nur *ist*, indem sie uns gegenwärtig ist, und da laut Croce eine wahre Geschichte Aufschluß über den gegenwärtigen Geist geben muß, kann er pointiert formulieren, »jede wahre Geschichte [sei] Geschichte der Gegenwart«.

Historische Tatsachen gibt es für Croce also jeweils nur im Kontext von interessegeleiteten Interpretationen und Bewertungen, nicht isoliert als vorgegebene sichere Basis für geschichtliche Darstellungen und Urteile. Croce hat damit den historischen Positivismus mit seiner Trennung von Tatsachen und Werten überwunden. Aber er hat hinterrücks ein neues Problem geschaffen: Er hat einen »kognitiven Relativismus« in die Geisteswissenschaften gebracht, einen historischen Relativismus der Erkenntnis. Denn zeigten sich vorher alle ästhetischen, religiösen, rechtlichen und moralischen Normen dem Fluß der Geschichte unterworfen und floh man deshalb zu den gewissen Tatsachen, so zeigt sich nun, »daß *jene Tatsachen in Wirklichkeit nicht existieren*«,[24] d. h. als rohe, wertfreie Tatsachen nur Produkt einer verfehlten, unfruchtbaren Wissenschaft sind. Alle Geisteswissenschaften und ihre Gegenstände sind nun gänzlich der Bewegung des geschichtlichen Geistes unterworfen. Wenn später E. D. Hirsch[25] den »Historismus« von H.-G. Gadamers Hermeneutik kritisiert, dann meint er eben jenen historischen Relativismus der Erkenntnis, den schon Croce zum Prinzip machte.
Das Neue dieser Position erhellt durch einen Vergleich Croces mit Droysen. Auch für Droysen gab es keine »reinen Tatsachen«, die nicht durch Interpretationen imprägniert sind; und Droysen hatte betont, »historische Wahrheit« sei stets »selective Wahr-

24 A.a.O., S. 56.
25 Eric Donald Hirsch: *Prinzipien der Interpretation*. München 1972, S. 301 ff.

heit«, nämlich immer abhängig von dem historischen »Standpunkt« des Historikers. Aber Droysen lehrte, daß der Historiker sich gleichwohl der »absoluten Wahrheit« annähern könne und alle relative Wahrheit auch solche Annäherung sei.[26] Diesen Gedanken hat Croce verworfen. Der Geist wisse stets, was er zu wissen braucht. Die Annäherung an eine »absolute Wahrheit« kann für Croce nur die unsinnige Voraussetzung eines »Dinges an sich« jenseits des geschichtlichen Geistes bedeuten.[27] Für Droysen erhielten die historischen Begegenheiten ihr Licht durch den in ihnen wirkenden, objektiven Gedanken, den der Historiker zu erfassen habe.[28] Bei Croce aber stammt dies Licht allein aus dem gegenwärtigen Geist, seinen Interessen und Gedanken. Eine »wahre Geschichte« ist jetzt allein die, welche dem gegenwärtigen Geist Aufschluß über sich selbst gibt. »Wahrheit« kann jetzt nicht mehr als Korrespondenz verstanden werden, sondern eher als Enthüllung oder Selbsterhellung des geschichtlich bewegten Geistes. Die alte Gegenüberstellung von vérités de raison und vérités de fait, die im frühen Historismus – zur Unterscheidung von Idee und Tatsache geworden – in die Geschichtsschreibung selbst fiel und von der im späten 19. Jahrhundert nur die vérités de fait übrigblieben, diese Gegenüberstellung wird von Croce aufgenommen und als dialektische Einheit gefaßt: Jedes historische Urteil verbinde Universales und Individuelles, Begriff und Anschauung, so wie jede wahre Geschichte Philosophie und Philologie verknüpfe.[29]

Croce nannte seine Position selbst »storicismo«. Es ist ein Historismus als Relativismus der Erkenntnis, der hier den Historismus als Positivismus beendet. In seiner *Logik* hatte Croce auch schon die Naturwissenschaften im geschichtlichen Geist begründet; ihre »Schematisierungen« seien von kulturellen Faktoren abhängig.[30] So bleiben auch die Naturwissenschaften nicht vom Historismus verschont. Schon vorher hatte F. Nietzsche dekretiert: »es giebt *keine ewigen Thatsachen*: so wie es keine absoluten Wahrheiten

26 J. G. Droysen: *Historik*, a.a.O., z. B. S. 230, 283, 324 ff.
27 B. Croce: *Theorie und Geschichte der Historiographie*, a.a.O., S. 39 f.
28 J. G. Droysen: *Historik*, a.a.O., bes. S. 214 ff., 230 ff.
29 B. Croce: *Logik*, a.a.O., S. 130 ff., 183 ff. *Theorie und Geschichte der Historiographie*, a.a.O., S. 16, 46.
30 B. Croce: *Logik*, a.a.O., bes. S. 232.

giebt.«[31] Der positivistische Tatsachenglaube ist ihm nur ein Irrglaube: »nein, gerade Thatsachen giebt es nicht, Nur Interpretationen. Wir können kein Factum ›an sich‹ feststellen.«[32]

2. Der Einbruch des Historismus in die Wissenschaftstheorie der Naturwissenschaften

Während noch immer gefordert wird, die Geisteswissenschaften müßten den Historismus überwinden, drang längst das Problem auch in das Gebiet der Naturwissenschaften ein, und zwar über Wissenschaftstheorie und Wissenschaftsgeschichte; man spricht hier von einem »kognitiven Historismus« oder einem »historischen Relativismus«, dem keine Wissenschaft entgehe. – Ich stelle zunächst kurz drei historische Positionen der Wissenschaftsphilosophie vor, um dann in die neue Historismusdiskussion auch den älteren Historismus einzubeziehen und schließlich einige Resultate zu formulieren.

a) Thomas S. Kuhn

Bereits 1935 holte Ludwig Fleck für die Naturwissenschaften das nach, was Croce schon vorher für die Geschichte getan hatte: Er löste den traditionellen Begriff der wissenschaftlichen Tatsache auf. Solche Tatsachen ließen sich nicht, wie der Positivismus glaube, in unmittelbarer Beobachtung gewinnen und in Protokollsätzen festhalten; sondern sie seien das Ergebnis eines »Denkstils« einer Forschergemeinschaft und so auch Produkt der Geschichte.[33] Aber dieser Ansatz war zunächst ohne Resonanz geblieben. Erst das bekannte Buch von Th. S. Kuhn *Die Struktur*

31 Friedrich Nietzsche: *Menschliches, Allzumenschliches* (1878). *Kritische Gesamtausgabe*, hg. von G. Colli u. M. Montinari. Abt. 4, Bd. 2. Berlin 1967, S. 21.

32 F. Nietzsche: Nachgelassene Fragmente 1886/87 (Der Wille zur Macht). *Kritische Gesamtausgabe*, Abt. 8, Bd. 1. 1974, S. 323, vgl. 137f.

33 Ludwig Fleck: *Entstehung und Entwicklung einer wissenschaftlichen Tatsache.* Basel 1935, bes. Kap. 4, S. 189ff. Ders.: *Erfahrung und Tat-*

wissenschaftlicher Revolutionen (1962),[34] das den Gedanken Flecks aufnahm und fortführte, hat in der Wissenschaftsphilosophie eine noch andauernde Historismusdiskussion ausgelöst. Kuhn vertritt bekanntlich die These, daß alle empirischen Naturwissenschaften an Paradigmen gebunden sind, die im Verlauf der Geschichte absterben und durch neue ersetzt werden, eine These, die laut Stegmüller »die größte existierende Herausforderung an die gegenwärtige Wissenschaftstheorie« wurde.[35] Denn während diese Theorie bisher ein normatives Wissenschaftsideal formuliert hatte und den Wissenschaften den Weg zur Wahrheit zeigen wollte, hatte Kuhn ihr nun den Boden untergraben oder besser als geschichtlich fließend gezeigt: Denn mit den Paradigmen wechseln laut Kuhn auch die Normen der Forschung und damit die Wahrheitskriterien.

Kuhn hatte sich allerdings über das Problem des Fortschritts zur Wahrheit sehr vorsichtig ausgedrückt. Einerseits heißt es, er sei überzeugt, »daß sowohl die Anzahl der von der Wissenschaft gelösten Probleme wie auch die Exaktheit der einzelnen Problemlösungen immer weiter wachsen werden«; aber andererseits ist es für ihn eine historische Tatsache, daß bei allen wissenschaftlichen Revolutionen auch Fragen mit ihren Antworten, Probleme und Problemlösungen auf der Strecke bleiben und vergessen werden, so daß die wissenschaftliche Fortschrittsgeschichte auch immer eine Verlustgeschichte ist. Deshalb begegnet er dem Anspruch der Wissenschaft auf stetige Annäherung an die Wahrheit mit Skepsis: »Wir müssen vielleicht – explizit oder implizit – die Vorstellung aufgeben, daß der Wechsel der Paradigmata die Wissenschaftler und die von ihnen Lernenden näher und näher an die Wahrheit heranführen.«[36]

Damit war erstens die herrschende normative Wissenschaftstheorie, die des kritischen Rationalismus, in Frage gestellt: K. R. Pop-

sache. Gesammelte Aufsätze, hg. von L. Schäfer u. Th. Schnelle. Frankfurt/Main 1983.

34 Thomas S. Kuhn: *The Structure of Scientific Revolutions*. Chicago 1962 (2. Aufl. 1970). Im folgenden zitiert nach der deutschen Ausgabe: *Die Struktur wissenschaftlicher Revolutionen. Zweite revidierte und um das Postskriptum von 1969 ergänzte Auflage*. Frankfurt/M. 1976.

35 Wolfgang Stegmüller: *Neue Wege der Wissenschaftsphilosophie*. Berlin, Heidelberg, New York 1980, S. 27.

36 Th. S. Kuhn, a.a.O., S. 181 f.

per hatte behauptet, das wissenschaftliche Ethos verlange, stets alle Hypothesen falsifizieren zu wollen, um dadurch stets härtere, besser bestätigte Hypothesen zu erhalten und sich so der Wahrheit anzunähern. Diese Möglichkeit der Annäherung wird nun bezweifelt. Und zweitens war das allgemeine kulturelle Selbstbewußtsein im Hinblick auf die Wissenschaft in Frage gestellt. Denn mochte es zweifelhaft sein, ob die Menschen fortschreitend moralischer, glücklicher, religiöser, ob die Rechtsordnungen immer gerechter und die Künste immer schöner wurden, ja mochte man bezweifeln, daß die Geisteswissenschaften je wirkliche Fortschritte erzielt hatten, so war man sich im Grunde doch einig, daß zumindest die empirischen Naturwissenschaften immer bessere, d. h. wahrere Theorien produzierten; schien doch schon die technische Anwendung dieser Wissenschaften sichtbar ihre Wahrheit zu bezeugen. Nun aber stellte Kuhn die Entwicklung der Naturwissenschaft mit der Entwicklung des Gesellschaftssystems gleich: Wer unbefangen von Fortschritt spricht, ergreift nur naiv Partei für die Sieger der Revolutionen.

b) Kurt Hübner

Kuhn war mit dem Wort »Wahrheit« sehr sparsam umgegangen, und von »Historismus« hat er nicht gesprochen. Allerdings wurde ihm sehr bald Historismus im Sinne des historischen Relativismus zum Vorwurf gemacht. Hingegen hat Kurt Hübner[37] seine eigene Wissenschaftstheorie selbst »historistisch« genannt. Wie vorher schon in der Philosophie und den Geisteswissenschaften, so kann auch in der Wissenschaftsphilosophie »Historismus« sowohl ein Begriff der Kritik wie ein Programm sein. Hübner knüpft nicht an Kuhn, sondern an Paul Duhém an, den französischen Mathematiker, Physiker und Wissenschaftshistoriker der zweiten Hälfte des 19. Jahrhunderts. Duhém war zur Überzeugung gelangt, daß sich kein physikalisches System rein logisch erklären lasse; nur im Kontext seiner historischen Situation werde es verständlich.

Ausgehend von Duhém und die Wissenschaftsgeschichte beob-

37 Kurt Hübner: *Kritik der wissenschaftlichen Vernunft.* 3. Aufl. Freiburg, München 1986.

achtend, behauptet Hübner, daß allen empirischen Naturwissenschaften mindestens fünf Sorten von »Festsetzungen« zugrunde lägen, und diese Festsetzungen in verschiedenen historischen Phasen der Wissenschaften auch jeweils anders ausfielen: Es gäbe (1.) Festsetzungen über die Meßweisen; (2.) solche, durch die man aufgrund von Meßresultaten zu Naturgesetzen kommt; (3.) andere, die über die Art der Axiome entscheiden; (4.) wieder andere, die festlegen, wann Theorien als widerlegt gelten; (5.) schließlich solche, die bestimmen, welche Eigenschaften eine Theorie haben muß.[38]

Diese Festsetzungen sind das Ensemble der wissenschaftlichen Prinzipien und Normen. Laut Hübner kann der Wissenschaftstheoretiker nur sagen, daß solche Festsetzungen überall vorgenommen wurden, wo es empirische Naturwissenschaften gab. Aber niemand vermöge letztlich zu begründen, welche Festsetzungen die einzig richtigen sind; weder empirisch noch logisch ließe sich für diese Grundsätze eine überzeugende letzte Begründung geben. Das heißt nicht, daß sie beliebig und völlig willkürlich sind. Sie resultieren vielmehr aus dem jeweiligen Stand der Wissenschaft und aus ihrer historischen Situation: Religion, Metaphysik, Politik, wirtschaftliche Situation usw. bestimmen mit, warum diese und nicht jene Prinzipien in Geltung sind.

Hübner verfolgt mit seinem Historismus vor allem eine kritische, ja polemische Absicht; er möchte die moderne Wissenschaftsgläubigkeit zerstören: den Glauben, die Wissenschaften beruhten nur auf unbezweifelbaren Tatsachen, und Tatsachen seien nur in und gerade durch die modernen Naturwissenschaften verbürgt. Diesen Glauben versucht er als Irrglauben zu entlarven, indem er zeigt: Wissenschaftliche Tatsachen gibt es nur unter Voraussetzung historisch bedingter Festsetzungen. Was wir Tatsachen nennen, sind für Hübner im Lichte von Theorien »gedeutete Wahrnehmungen« – »reine« Tatsachen aber könnten gar nicht aufgewiesen werden.[39]

Das führt zur Verabschiedung eines absoluten Wahrheitsbegriffes und zu seiner Ersetzung durch einen »relationalen«. Dieser besagt: Wahr kann nur etwas aufgrund jener wechselnden Festsetzungen genannt werden, nie schlechthin. Dadurch ist nun bei

38 A.a.O., S. 86f.
39 A.a.O., S. 55ff., 68ff., 190ff. u.ö.

Hübner alle Wahrheit an eine bestimmte historische Situation gebunden, die mit den Festsetzungen auch die Kriterien für die Wahrheit festlegt. Von einer absoluten Wahrheit zu reden aber ist für Hübner sinnlos. Denn nie ließe sich zeigen, wann diese erreicht sei, da die Wissenschaft ja von ihren historischen, kontingenten Voraussetzungen, den Festlegungen, nicht loskomme. Und auch kann man laut Hübner nicht zeigen, daß die Wissenschaft in ihrer Entwicklung einem Ziel zustrebt; denn die Festsetzungen ändern sich, und niemand vermag zu entscheiden, ob sie der Wahrheit immer dienlicher werden – eben weil wir nicht wissen, was *die* Wahrheit jenseits der kontingenten Voraussetzungen überhaupt ist.[40]

Hübner betont, daß seine relationale Wahrheitsauffassung allen vier wichtigen Wahrheitstheorien Genüge tue: Sie sei eine Korrespondenztheorie, denn sie behaupte die Übereinstimmung, die Korrespondenz von Theorie und Tatsachen, freilich: von gedeuteten Tatsachen; sie sei 2. eine Kohärenztheorie, denn sie erwarte, daß die wissenschaftlichen Prinzipien einen kohärenten Wissenszusammenhang ermöglichen; sie sei 3. auch eine Evidenztheorie, indem sie die »grundsätzliche objektive Erkennbarkeit von Wahrheit« verlangt (freilich: unter Voraussetzung jener Festsetzungen); sie sei 4. eine pragmatische Theorie der Wahrheit, weil sie nur von derjenigen Wahrheit zu sprechen erlaubt, die »Teil der Welt ist, in der Menschen jeweils praktisch handeln und objektiv Wirklichkeit erfahren«.[41]

Gleichwohl ist der Bruch mit dem traditionellen Wahrheitsverständnis erheblich: denn Wissenschaft kann nicht mehr als fortschreitender Prozeß der Annäherung an die Realität verstanden werden. Die Natur selbst bleibt hinter der Wissenschaft verborgen. Wissenschaftliche Wahrheit ist jetzt unwiderruflich »geschichtlich«. Und das heißt nicht, einmal sei wahr, was ein andermal falsch ist. Sondern es bedeutet, »daß das *physikalische Bild der Natur ... einer spezifischen Situation entspringt und mit ihr wieder verschwindet.* Das Bild der Natur ist in dieser Hinsicht selbst nur ein integraler Bestandteil der Geschichte.«[42] Der Gedanke einer allgemeinen Vernunft, die in sich ewige Prinzipien

40 A.a.O., S. 207ff., 271-285 u.ö.
41 A.a.O., S. 281.
42 A.a.O., S. 77.

für die Unterscheidung von wahr und falsch enthält, und der Gedanke einer identischen Realität, über welche die Wissenschaft immer mehr wahre Sätze auszusagen vermag, sind hier aufgegeben.

c) Yehuda Elkana

Zu ganz ähnlichen Ergebnissen kommt Y. Elkana in seiner *Anthropologie der Erkenntnis*,[43] die 1986 in deutscher Übersetzung erschien. Er nennt seine Position nicht Historismus, aber unbefangen »kognitiven Relativismus«, und er behauptet ebenfalls, solcher Relativismus sei mit einem Realismus, d.h. mit der Überzeugung, daß wahre Aussagen über die Realität möglich sind, durchaus vereinbar. Elkana verweist für den neueren kognitiven Relativismus auf den Einfluß Wittgensteins und seiner Schule. Wittgenstein hatte gesagt: »Alle Prüfung, alles Bekräften und Entkräften einer Annahme geschieht schon innerhalb eines Systems.«[44] Und eben dies ist Elkanas Überzeugung: Alle wissenschaftlichen Theorien und alle Experimente sind nur sinnvoll in einem vorgegebenen Rahmen, in ihrem historischen Kontext. Der denkbar größte Kontext ist die jeweilige Kultur, und die Wissenschaft eine ihrer »Dimensionen«, eines ihrer Teilsysteme, neben Lebenswelt, Religion, Kunst, Moral usw. Da Wissenschaft in der Kultur wurzelt, ist sie so historisch wie diese, sie ist »historisch aufgebaut«.[45] Verlangt man aber eine Rechtfertigung und Begründung der Wissenschaft unabhängig von den historischen, individuellen Kulturen, stößt man ins Leere: Es gibt keinen Standpunkt außerhalb der Kulturen, von dem aus sie vergleichbar wären und sich über die besten Normen streiten ließe; wir finden keine Universalien jenseits der individuellen Sprachen und Wissenssysteme; wir kennen nicht den großen Kontext aller kulturellen Kontexte der Wissenschaften, von dem her die historischen Wissensgestaltungen eine letzte Begründung finden könnten. Nur

43 Yehuda Elkana: *Anthropologie der Erkenntnis. Die Entwicklung des Wissens als episches Theater einer listigen Vernunft.* Frankfurt/M. 1986.

44 A.a.O., S. 29.

45 A.a.O., S. 18.

unter Voraussetzung eines Bezugsrahmens können wir z. B. die westliche Wissenschaftskultur die »rationalste« nennen.[46]
Auch der Wissenschaftswandel folgt – wie der Wandel der Kultur – nicht einer einsichtigen Logik. Wir können jeweils nur notwendige, aber keine hinreichenden Bedingungen für die Wissenschaftsentwicklung in einer Kultur finden. Sie ist zu einem guten Teil schlicht zufällig. Deshalb interpretiert Elkana die Wissenschaftsentwicklung mit einer ästhetischen Kategorie, nämlich als Drama; er behauptet, »daß alles Wissen den Regeln des epischen und dramatischen Theaters folgt«.[47]
Wenngleich die Pluralität und der Wandel der Kulturen, in denen die Wissenschaft jeweils ihre Begründung erfährt, unvermeidlich sind, behauptet auch Elkana die Möglichkeit der Wahrheit und nennt sich einen »Realisten«. Denn *innerhalb* der verschiedenen Systeme ließe sich sehr wohl über wahr und falsch sinnvoll streiten, und *in* ihnen sei festgelegt, was als Tatsache gelten könne und was nicht. Nur solle man nicht erwarten, es gebe einen überhistorischen Standpunkt, von dem aus sich allgemeingültige Wahrheitskriterien aufstellen und die wirklichen, für alle gültigen Tatsachen finden ließen. (Beispiel Elkanas: Die Vertreter des geozentrischen Weltbildes, die Ptolemäer, und die Vertreter des neueren heliozentrischen Weltbildes, die Kopernikaner, sahen die Welt verschieden an; aber sie konnten sich noch sinnvoll streiten, denn sie hatten einen gemeinsamen Rahmen: für sie waren Erde und Sonne Himmelskörper. Wer aber in einer Welt lebt, in der Sonne und Erde nur Farberscheinungen oder Götter sind, wird nicht mit jenen in eine sinnvolle Diskussion eintreten können.)
So haben wir es auch bei Elkana mit einem relationalen Wahrheitsbegriff zu tun: Wahrheit ist nur möglich unter Voraussetzung kulturell bedingter Wahrheitskriterien und »Wissensvorstellungen«. Und die Annahme einer »absoluten Wahrheit« wird dezidiert verworfen.[48] Elkana ist überzeugt, mit seinen Thesen nur das auf den Begriff zu bringen, was wir faktisch leben: Wir seien immer Realisten und Relativisten zugleich. Denn wir leben und urteilen unter der Voraussetzung von moralischen, religiösen und ästhetischen Normen – und wir wissen doch, daß wir diese

46 A.a.O., S. 19.
47 A.a.O., S. 13.
48 A.a.O., S. 31.

letztlich nicht begründen können. Und mit der Wissenschaft sei es nicht anders. Wir treiben Wissenschaft aufgrund von »Wissensvorstellungen«, für die wir – analog zu den von Hübner genannten »Festsetzungen« – keine letzte Begründung haben. Die Wissenschaft wird hier den anderen Normenbereichen völlig gleichgestellt. Alle Normensysteme sind individuell, verschieden und wandelbar. Sie sind nicht »subjektiv« und beliebig, aber sie sind auch nicht universell gültig, vielmehr so allgemein und individuell wie die Kulturen.[49] Deutlicher noch als bei Hübner wird bei Elkana die Wissenschaftsphilosophie in eine Kulturtheorie transformiert. Während Hübner seine Position noch »Wissenschaftstheorie« nennt, hält Elkana eine solche Theorie nicht mehr für möglich.

Ich gebe ein kurzes Resümee: Die historische Wissenschaftsphilosophie kennt keine Wahrheit schlechthin, keine absolute Wahrheit mehr und deshalb auch nicht den Gedanken der Annäherung der »relativen« Wahrheit an die »absolute«. Sie anerkennt nur eine »relationale« Wahrheit, eine Wahrheit unter Voraussetzungen; unter Voraussetzungen eines kulturellen Rahmens, eines historischen Kontextes, von Festsetzungen, die keiner letzten Begründung fähig sind. Diese Voraussetzungen sind nicht beliebig, stehen nicht in der Macht der Individuen, sondern sind an die geschichtliche Situation und die Kulturen geknüpft. Die menschliche Geschichte zeigt sich in dieser Sichtweise als diskontinuierlich: Individuelle Wissenschaftsformen stehen nebeneinander und lösen einander ab. Wer von Fortschritt zur Wahrheit spricht, legt nur das kontingente Maß einer bestimmten individuellen Wissenschaftsnorm an.

3. Die neuere Historismuskritik und der ältere Historismus

Dieser Historismus wurde freilich nicht von allen Wissenschaftsphilosophen hingenommen oder gar willkommen geheißen. Er stellte und stellt vielmehr noch eine ausgesprochene Provokation an die Wissenschaftstheorie traditionellen Zuschnitts dar, und diese hat entsprechend reagiert. Ich gehe auf drei Gegenpositio-

49 A.a.O., S. 39.

nen ein: auf den kritischen Rationalismus, den Konstruktivismus und die Transzendentalphilosophie; und ich zeige dabei, wie sich die neuere Historismusdiskussion zum älteren Historismus verhält.

a) Kritischer Rationalismus: Karl R. Popper

Popper hat keinen Anlaß gesehen, durch die historischen Thesen seine Überzeugung zu korrigieren, daß die Wissenschaft sich der Wahrheit, d.h. der Realität, fortschreitend anzunähern vermag. Die Naturwissenschaftler seien wie »Maurer an einer Kathedrale«.[50] Dies die Wissenschaft in alter Weise verklärende Bild meint: Kein einzelner hat die absolute Wahrheit je im Besitz, aber die Wissenschaft als Kollektivunternehmen bringt sie allmählich zustande. Poppers Angriff auf den Historismus richtet sich vor allem gegen die Auffassung, es gäbe gegeneinander irrationale, nicht vergleichbare Rahmen der Wissenschaft, und diese Rahmen verhielten sich wie unübersetzbare Sprachen. Er nennt das den »Mythos des Rahmens«. Denn faktisch seien Sprachen übersetzbar, und in der Wissenschaft ließen sich immer Theorien und Rahmenvorgaben im Hinblick auf den größeren empirischen Gehalt vergleichen. Deshalb ließen sich auch bessere und schlechtere Theorien unterscheiden, und so sei nachweisbar Fortschritt möglich. Sollen wir zustimmen?
Popper hat sicherlich in einem Punkt gegen den neuen Historismus recht: Wir sind in unser Sprach- und Wissenssystem nicht so eingesperrt, daß wir uns nicht fremde Systeme zumindest annäherungsweise aneignen könnten; denn wie wäre es sonst möglich, begründet ihre Verschiedenheit zu behaupten? Hier könnte Popper sich auf seinen Feind Hegel berufen: Die Grenze – hier die der eigenen Kultur – zu erkennen heißt schon, sie zu überschreiten. Aber Popper irrt, wenn er glaubt, Sprachen – wie Hopi, Englisch und Chinesisch – seien fraglos ineinander übersetzbar

50 Karl R. Popper: »Die Normalwissenschaft und ihre Gefahren.« In: *Kritik und Erkenntnisfortschritt,* hg. von I. Lakatos u. A. Musgrave. Braunschweig 1974, S. 51-57, hier S. 57 (Originalausgabe des Bandes: *Criticism and Growth of Knowledge.* London 1970).

und so auch die Wissenssysteme, und deshalb seien diese hinsichtlich des empirischen Gehalts vergleichbar. Chinesische Lyrik gilt als nahezu unübersetzbar, und so gibt es z. B. eine ästhetische Erfahrung, die nur im Kontext einer Sprache und Kultur zu haben ist. Und wer die chinesische Medizin für prinzipiell besser hält als unsere, hat der nicht schon für eine bestimmte Kultur und für ein Weltbild Partei genommen? Ein Theorienvergleich im Hinblick auf den größeren Wahrheitsgehalt dürfte nur zwischen Theorien problemlos sein, die derselben Wissenschaftstradition angehören (wie die Newtonsche und Einsteinsche Physik), zwischen Theorien aus ganz divergenten Kulturen aber in Aporien geraten und aus dem Bereich der Wissenschaft hinausführen.

In der Auseinandersetzung zwischen Popper und der historistischen Wissenschaftsphilosophie wird ein Problem diskutiert, das schon den älteren Historismus beunruhigt hatte: Gibt es überhaupt ein schlechthin allgemeingültiges Wissen – oder ist alles Wissen an bestimmte historische Voraussetzungen gebunden und nur im jeweiligen Kontext wahr? Lassen sich die Wissenssysteme aufeinander beziehen und miteinander vergleichen – oder sind es voneinander prinzipiell getrennte Räume? Man meinte nämlich erkannt zu haben: Alles Denken ist an die Sprache gebunden (Hamann, Herder);[51] Sprachen sind jeweils individuelle »Weltansichten« (W. v. Humboldt);[52] die »Begriffssysteme« – und damit die Wissenschaften – sind in allen Sprachen verschieden, die Sprachen gegeneinander »irrational«: kein Wort der einen hat in einer anderen seine genaue Entsprechung (Schleiermacher).[53] Gleich-

51 Johann Georg Hamann: »Metakritik über den Purismus der Vernunft« (1784). *Sämtliche Werke*, hg. von J. Nadler. Bd. 3. Wien 1951, S. 281-289. Johann Gottfried Herder: *Metakritik zur Kritik der reinen Vernunft* (1799). *Sämtliche Werke*, hg. von B. Suphan. Bd. 21. Berlin 1881.

52 Wilhelm von Humboldt: »Ueber das vergleichende Sprachstudium in Beziehung auf die verschiedenen Epochen der Sprachentwicklung« (1820). *Werke*, hg. von A. Flitner u. K. Giel. Bd. 3. 4. Aufl. Darmstadt 1963, S. 1-25, hier S. 20.

53 Friedrich D. E. Schleiermacher: »Ueber die verschiedenen Methoden des Uebersezens« (1813). *Sämmtliche Werke*. 3. Abt. Bd. 2. Berlin 1838, S. 207-245, hier S. 212, 216 f., 224. Ders.: *Dialektik*, hg. von L. Jonas. *Sämmtl. Werke*. 3. Abt. Bd. 4/2. Berlin 1939, S. 228 ff., 259 f., 577-584. Schleiermacher nimmt die Bestimmtheit des Denkens durch

wohl bestätigt jener ältere Historismus nicht den neueren, sondern nimmt eine Mittelstellung ein: Da man davon ausging, daß die verschiedenen Sprach- und Wissenssysteme Individualisierungen der *einen* zugrundeliegenden Vernunft sind, konnte man einerseits die Differenz dieser Systeme behaupten, andererseits aber auch voraussetzen, daß von einer Sprache aus die anderen zumindest annäherungsweise angeeignet werden können. So gibt es im Rahmen dieser metaphysischen Konzeption weder einen Standpunkt über den individuellen Kulturen, noch die unauflösbare Bindung an die eigene; weder die Freiheit von allen, noch die einzelne Kultur als Gefängnis. Und dies dürfte am ehesten unseren Erfahrungen entsprechen.
Zugleich erlaubte diese Konzeption, an der Idee des Wissensfortschritts festzuhalten; nämlich durch die Forderung nach Perspektiverweiterung und Erfahrungsgewinn durch hermeneutische Praxis, durch Aneignung fremder Sichtweisen. Herder proklamierte den Fortschritt der Wissenschaften – und sogar der Metaphysik – durch wachsende Erfahrung in den Bereichen Natur und Geschichte.[54] Humboldt sah die Sprachen in einem unendlichen Prozeß dem Ziel zustreben, gemeinsam den unendlichen Reichtum der objektiven Welt zu artikulieren.[55] Und Schleiermacher stellte neben die *Dialektik* als Theorie des Wissens die *Hermeneutik*, damit die fortschreitende Wissensproduktion auch das fremde Wissen (der Individuen, Kulturen und Epochen) sich zueignen, so die eigene Perspektive korrigieren und erweitern und der Idee wahrer »Weltweisheit«, nämlich der Totalität des Wissens, sich annähern kann.[56] So zu denken wurde nun obsolet. Aber zumindest die Metatheorie, die für wissenschaftliche Bescheidenheit plädierende historische Wissenschaftsphilosophie, hält den Gedanken einer möglichen Annäherung an die Wahrheit

die Sprache bereits so ernst, daß er den Geltungsbereich seiner Dialektik, die eine Ontologie einschließt, vorerst auf den Kreis der europäischen Sprachen eingegrenzt sehen möchte. Deshalb darf man ihn, den man sonst durchaus den idealistischen Systemphilosophen zur Seite stellen muß, in diesem Zusammenhang zum frühen Historismus zählen.

54 Siehe vom Verf. »Herder und die Metaphysik«, hier S. 83 ff., 104 ff.

55 W. v. Humboldt: »Ueber das vergleichende Sprachstudium«, a.a.O., S. 15, 20.

56 Schleiermacher: *Dialektik*, a.a.O., S. 260 f., 142.

faktisch fest. Denn sie behauptet ja die eigene Sichtweise als die angemessenere und so fortgeschrittenere: Die These von der unumgänglichen Pluralität und Kulturabhängigkeit der Wissenschaft ist ihr wahrer als die Fixierung auf ein einziges Wissenschaftsideal als Maßstab (s. u.).
Freilich, schon in jenem älteren Historismus steckten Spannungen: So zwischen der Behauptung der historischen Gebundenheit allen Wissens – und einer Metatheorie, die dies einsieht und reflektiert; zwischen einem Kaleidoskopmodell des Wissens, demzufolge die individuellen Perspektiven nur aneinandergefügt werden können – und einem Integrationsmodell, das sie in einem System vereinigt; und so auch zwischen einer pluralistischen Geschichtsauffassung, für die die Geschichte in jeder Kulturblüte am Ziel ist – und einer übergreifenden ausgesprochenen Fortschrittsgeschichte. Bei Schleiermacher und Humboldt greifen diese Spannung und Unterscheidung allmählich in die Wissenschaften ein: Interkulturell austauschbares und gemeinsam akkumulierbares Wissen gibt es im Bereich der mathematischen Naturwissenschaften; an Kulturen gebundene, individuelle Begriffssysteme und Vorstellungsweisen in den Geisteswissenschaften und Künsten.[57]

b) Konstruktivismus: Jürgen Mittelstraß

Auf der Seite des sog. Konstruktivismus hat u. a. J. Mittelstraß[58] den Historismus in der neueren Wissenschaftsphilosophie ange-

57 W. v. Humboldt: »Ueber das vergleichende Sprachstudium«, a.a.O., S. 21 f. F. Schleiermacher: »Ueber die verschiedenen Methoden des Uebersezens«, a.a.O., S. 209, 212 f., 238. Ders.: *Gelegentliche Gedanken über Universitäten in deutschem Sinn* (1808). *Sämmtliche Werke.* 3. Abt. Bd. 1. Berlin 1846, S. 542.

58 Jürgen Mittelstraß: »Historismus in der neueren Wissenschaftstheorie«. In: *Die Bedeutung der Wissenschaftsgeschichte für die Wissenschaftstheorie* (= *Studia Leibnitiana*, Sonderheft 6). Wiesbaden 1977, S. 43-72. Vgl. ders.: »Philosophische Grundlagen der Wissenschaften. Über wissenschaftstheoretischen Historismus, Konstruktivismus und Mythen des wissenschaftlichen Geistes«. In: *Wozu Wissenschaftsphilosophie? Positionen und Fragen zur gegenwärtigen Wissenschaftsphilosophie*, hg. von P. Hoyningen-Huene u. G. Hirsch. Berlin, New York 1988, S. 179-212.

griffen. Er kämpft dagegen, daß der Historismus keine rationale Begründung für die Wissenschaft mehr gebe, sondern sie als pures historisches Faktum hinnehme und damit die Geschichte zu einem blinden Naturprozeß mache. Deshalb fordert Mittelstraß einen normativen, konstruktiven Wissenschaftsbegriff, der sich als Leitfaden benutzen lasse: für die Konstruktion von Theorien, für die Kritik der Wissenschaftsgeschichte, d. h. für das Aufspüren von Fehlentwicklungen, für die Unterscheidung zwischen dem, was als Wissenschaft gelten kann, und was nicht. Besonders aufs Korn nimmt er die historistische These, die auch Popper teilte, daß nämlich alle Tatsachen schon durch Theorien imprägniert seien, es keine theoriefreie Erfahrung gebe. Das treffe nur für die Erfahrung im Kontext der wissenschaftlichen Experimente zu, daneben und diesen voraus liege aber ein breites Feld vortheoretischer, vorwissenschaftlicher Erfahrung. Dies Feld sei nicht theoriebestimmt, liege den Theorien vielmehr immer zugrunde. (Die Erfahrung vom Sonnenaufgang und -untergang war die Basis aller Astronomie, und sie bleibt erhalten.)
Ist dieser Einwand stichhaltig? Wir sahen, der extreme Historismus anerkennt auch keine vortheoretischen Erfahrungen, die unabhängig vom kulturellen Kontext wären. Auch die alltägliche Lebenswelt ist in den verschiedenen Kulturen eine andere – und so auch die Wissenschaft. Heißt es in allen Sprachen »Die Sonne geht auf?« Und hatten die arkadischen Hirten, die sich vor dem Gotte Pan ängstigten, nicht andere vortheoretische Erfahrungen und Tatsachen als die Börsenspekulanten, die vom Gerücht des Kursfalls aufgeschreckt werden?
Besonders aufschlußreich ist die Auseinandersetzung um den normativen Wissenschaftsbegriff. Hier behauptet der Konstruktivismus, man brauche einen solchen, um Wissenschaft von Nichtwissenschaft unterscheiden zu können, und deshalb müsse man ihn konstruieren. Die Historisten aber sagen, wir benötigen solchen Wissenschaftsbegriff in der Tat, aber wir haben ihn bereits; er ist uns durch unsere Wissenschaftstradition vorgegeben, und alle Konstruktionen werden sich im Rahmen dieser Vorgaben bewegen. – Diese Auseinandersetzung gleicht sehr genau den Kämpfen um die praktische Philosophie um 1800.[59] Die Aufklä-

59 Siehe dazu vom Verf. »Vom Naturrecht zum Rechtspositivismus«, hier S. 55 ff.

rung, z. B. Kant, behauptete, man müsse aus reiner Vernunft konstruieren, was als gerecht zu gelten habe, und man entwarf ein rationales Naturrecht. Die historische Rechtsschule, C. F. v. Savigny, aber war der Ansicht, die Rechtsnormen seien vorgegeben durch die Rechtsgeschichte. Jene, die im 19. Jahrhundert schwindende Zahl der Aufklärer, konnten der historischen Schule vorwerfen, sie akzeptiere das Recht als Recht, nur weil es existiere, sei deshalb konservativ und vernunftlos. Diese, die Historisten, beschuldigten die Aufklärer, die ganze Geschichte über den Leisten der selbstfabrizierten und also willkürlichen Normen zu schlagen und so zu verurteilen.
Zwischen diesen Fronten lag die Position Hegels, auch Schleiermachers: Tradition und Vernunft, das Vorgegebene und das als vernünftig Erkannte, sollten vermittelt, zumindest aufeinander bezogen und zur Annäherung gebracht werden. Das bedeutete die Bereitschaft anzuerkennen, daß die Geschichte nicht insgesamt widervernünftig und die konstruierende subjektive Vernunft oft sehr einseitig und so unvernünftig ist. In der neueren Wissenschaftstheorie dürfte I. Lakatos[60] einem solchen Mittelweg am nächsten kommen; er scheint dabei dem Geist Schleiermachers verwandter als dem Hegelschen zu sein. Denn rationaler Wissenschaftsbegriff und historische Wissenschaftsvielfalt nähern sich in seiner Konzeption nur an, ohne zur Deckung zu kommen. In dieser Weise hatte auch Schleiermacher Ethik und Geschichte aufeinander bezogen, aber (vorerst) getrennt gehalten. Da man heute weder auf Theorie noch auf Geschichte meint verzichten zu können, neigen viele Wissenschaftsphilosophen der Ansicht von Lakatos zu: »Wissenschaftsgeschichte ohne Wissenschaftstheorie ist blind, Wissenschaftstheorie ohne Wissenschaftsgeschichte leer.«[61] Und das gleiche hätten Hegel und Schleiermacher z. B. für

60 Imre Lakatos: »Die Geschichte der Wissenschaft und ihre rationalen Rekonstruktionen«. In: *Kritik und Erkenntnisfortschritt*, a.a.O., S. 271-311.

61 Dieser Satz wurde m. W. zuerst von Gert König formuliert, und zwar im Hinblick auf die Naturphilosophie. In: *Philosophie. Das Fischerlexikon.* Neubearbeitung, hg. von A. Diemer u. I. Frenzel. Frankfurt/M. 1967, S. 191. Bekannt wurde der Satz dann durch I. Lakatos, der damit seinen bekannten Essay von 1970 begann (s. o. Anm. 60 u. 50). – Inzwischen hat ihn auch K. Hübner aufgenommen, er hängt ihn lapidar an das Ende eines Kapitels, in welchem er Lakatos kritisiert (a.a.O.,

das Verhältnis von Geschichte und praktischer Philosophie auch sagen können. (Wir werden darauf zurückkommen.)

Was folgt aus dem Streit zwischen Konstruktivismus und Historismus für die Frage nach der Wahrheit? Mir scheint, die Kontrahenten sind sich einig. Beide haben den Gedanken aufgegeben, die Wissenschaft nähere sich fortschreitend der Realität und damit der Wahrheit an. Wahrheit gibt es für beide nur unter der Voraussetzung einer Norm, die keine fraglose, feste Gegebenheit ist. Nur betonen die einen, diese Norm müsse konstruiert werden, die anderen statuieren, solche Normen seien durch die Traditionen faktisch vorhanden, in verschiedener Weise. Wahrheitsnormen können eben verschieden durch die Geschichte vorgegeben und sie können verschieden konstruiert werden. Deshalb – so meine ich – befreit der Konstruktivismus letztlich nicht vom Relativismus. Er *möchte* nur davon befreien, ist ständig unterwegs dazu. Er vertritt sozusagen die Position des guten Willens, die Kant in der Moralphilosophie einnahm. Und von diesem guten Willen der Kantischen Ethik hatte Hegel behauptet, er bringe nicht nur Gutes hervor und sei ohnmächtig: »Die Lorbeeren des bloßen Wollens« – so Hegel – »sind trockene Blätter, die niemals gegrünt haben.«[62] Hat die konstruktivistische Wissenschaftstheorie für die Wissenschaften reifere Früchte getragen?

c) Transzendentalphilosophie: Hans Michael Baumgartner

Auf einen schwierigen, heiklen Punkt der historistischen Wissenschaftsphilosophie hat von seiten der Transzendentalphilosophie H. M. Baumgartner den Finger gelegt, provoziert vielleicht durch E. Ströker.[63] Baumgartner bemerkt, in der historistischen Wissen-

S. 133). Die Kritik hat das als »Ausrutscher« quittiert. Lothar Schäfer, in: *Zeitschrift für philosophische Forschung* 33 (1979), S. 644.

62 G. W. F. Hegel: *Grundlinien der Philosophie des Rechts*, § 124 Zusatz. *Theorie-Werkausgabe*, Bd. 7. Frankfurt/M. 1970, S. 236.

63 Hans Michael Baumgartner: »Hat der Disput um die Wissenschaftsgeschichte das Selbstverständnis der Wissenschaften und der Wissenschaftstheorie verändert? Ein Diskussionsbeitrag«. In: *Die Bedeutung der Wissenschaftsgeschichte für die Wissenschaftstheorie*, a.a.O., S. 29-40. Elisabeth Ströker hatte bei Kuhn eine Wende zu einer »paradig-

schaftsphilosophie tauche die Frage nach der Natur selbst, nach der Realität jenseits der Wissenschaften, Paradigmen und Kulturen auf, ohne in diesem Kontext eine Antwort finden zu können.[64] Und das ist in der Tat richtig. Laut Kuhn muß die Frage »Wie muß die Welt beschaffen sein, damit der Mensch sie erkennen kann?« offen bleiben;[65] es sei aber gewiß, daß sich die Natur »nicht in eine Reihe von willkürlichen begrifflichen Schachteln hineinzwängen« lasse.[66] Y. Elkana konstatiert den allgemeinen »tiefgehenden Glauben an die Realität: Die Welt kann nicht ganz vom Menschen erfunden worden sein.«[67] Und K. Hübner betont, Tatsachen seien zwar immer im Licht von Theorien gedeutete Wahrnehmungen, gleichwohl könne Erfahrung Neues zutage bringen; die Theorien schrieben nicht insgesamt den Erfahrungsinhalt, sondern nur dessen Interpretation vor.[68] Hier überall ist offen oder verdeckt die Frage nach der Möglichkeit der Übereinstimmung zwischen Theorie und Realität, also die alte Frage nach der Möglichkeit der Wahrheit im Sinne der Korrespondenz lebendig.

Baumgartner meint nun, die Wissenschaftstheorie könne diesem Problem nur beikommen, wenn sie zur transzendentalphilosophischen Erkenntnistheorie Kants zurückkehre. Aber dies scheint mir kein rechter Ausweg und außerdem kaum möglich zu sein. Denn gerade Kant war es ja, der erstmals behauptet hatte, daß die Naturwissenschaft nie die Natur selbst, die sog. Dinge an sich, erreichen könne, sondern sich mit der Erscheinungsnatur zufrieden geben müsse, also mit *der* Natur, die von der Wissenschaft konstruiert, sozusagen zurechtgemacht ist. Die mögliche Zusammenstimmung unserer wissenschaftlichen Erkenntnis mit der Natur selbst, mit einem bewußtseinsunabhängigen Realen,

maunabhängigen Natur« entdeckt, die ihn zu Inkonsequenzen führe. E. Ströker: »Geschichte als Herausforderung. Marginalien zur jüngsten wissenschaftstheoretischen Kontroverse«. In: *Neue Hefte für Philosophie* 6/7 (1974), S. 27-66, hier S. 60f.

64 H. M. Baumgartner, a.a.O., S. 37.

65 Th. S. Kuhn: *Die Struktur wissenschaftlicher Revolutionen*, a.a.O., S. 185.

66 Th. S. Kuhn: »Bemerkungen zu meinen Kritikern«. In: *Kritik und Erkenntnisfortschritt*, a.a.O., S. 223-269, hier S. 255.

67 Y. Elkana: *Anthropologie der Erkenntnis*, a.a.O., S. 34.

68 K. Hübner: *Kritik der wissenschaftlichen Vernunft*, a.a.O., S. 89, 282.

kann laut Kant nicht mehr gewußt werden; sie wird nur von der reflektierenden Urteilskraft, durch ein subjektives Prinzip nahegelegt. Und d. h., populär gesprochen, die Übereinstimmung von Theorie und Realität ist uns nur subjektiv gewiß, sozusagen nur im Gefühl gegeben. Das ist schon der moderne Standpunkt, den z. B. auch Max Planck einnimmt: Der Physiker gehe davon aus, daß seine mathematisch formulierten Theorien die Natur in der Tat zu treffen vermögen, aber beweisen könne er das nicht, er müsse es glauben.[69]

Mit Kant kann also die beunruhigende Frage nach der Natur selbst hinter der Wissenschaft nicht befriedigend beantwortet werden; vielmehr ist er der erste, der durch seine Philosophie diese Frage in aller Schärfe aufgeworfen hatte, nämlich durch die Behauptung, Wissenschaft habe es nur mit der Erscheinungswelt zu tun. Deshalb ist die nachkantische Philosophie entweder zu einer neuen Metaphysik übergegangen, wie im deutschen Idealismus, oder sie hat jene metaphysische Frage nach dem Ding an sich, nach der Natur selbst, fallen lassen, wie im Neukantianismus. Die moderne historistische Wissenschaftsphilosophie kann bei Kant in der Frage nach der Natur selbst so wenig Hilfe erwarten, als sie im Gegenteil als ein radikalisierter Kantianismus verstanden werden muß. Kurt Hübner spielt ja mit dem Titel seines Buches *Kritik der wissenschaftlichen Vernunft* bewußt auf das Kantische Hauptwerk, die *Kritik der reinen Vernunft*, an. Laut Kant war es die *eine*, transzendentale Vernunft, die die Naturwissenschaft beherrschte und deshalb auch nur *ein* Bild von der Natur hervorbrachte. Und auf Kants »transzendentales System der formal bestimmten Gegenständlichkeit der Natur« möchte Baumgartner auch die modernen Naturwissenschaften gegründet wissen.[70] Aber diese Basis hat sich aufgelöst, niemand vermag

69 »Auch für die Physik gilt der Satz, daß man nicht selig wird ohne Glauben, zum mindesten den Glauben an eine gewisse Realität außer uns.« Max Planck: »Neue Bahnen der physikalischen Erkenntnis« (Rektoratsrede, 1913). In: ders.: *Wege zur physikalischen Erkenntnis. Reden und Vorträge.* 4. Aufl. Leipzig 1944, S. 42-53, hier S. 52.

70 Baumgartner, a.a.O., S. 40. Angesichts der Angriffe auf das Kantische Kategoriensystem durch Sprachkritik und Wissenschaftsgeschichte möchte Baumgartner, wie er mir mündlich mitteilte, die Kantischen Kategorien so verstanden wissen, daß sie verschiedene individuelle Ausprägungen in verschiedenen Sprachen und Wissenssystemen zu-

mehr ihre Gültigkeit zu zeigen. Im neuen Historismus ist es nun eine *pluralistische*, sprach- und kulturgebundene und deshalb geschichtliche Vernunft, die Wissenschaften erzeugt, und deshalb auch *viele* Bilder der Natur produziert. Auf beiden Standpunkten gibt es aber nur die menschlich konstituierte, nicht die Natur an ihr selbst. Und ist es von vornherein sicher, daß nur die eine, im kantischen Sinne betriebene Naturwissenschaft die Natur zu begreifen vermag – oder wäre es nicht auch denkbar, daß gerade viele, divergente Wissenschaften einer vielschichtigen, perspektivenreichen Welt angemessen sind?
Freilich, nicht alle Theorien können gleich gut und wahr sein. Deshalb ist u. a. H. Putnam[71] gegen den völligen Relativismus zu Felde gezogen, und er hat dabei ebenfalls an Kant angeknüpft: Theorien resultierten aus zwei Faktoren, aus den »inputs« als den Zeugnissen der Realität und aus dem menschlichen Geist. Aber da auch Putnam kein »feststehendes ahistorisches Organon« der Rationalität und keine transzendentale Vernunft mehr statuieren kann und diese durch ein Ensemble perfektibler wissenschaftlicher Tugenden ersetzt,[72] kommt auch er über die historische Wissenschaftsphilosophie nicht prinzipiell hinaus. Er muß anerkennen, daß es zu den »inputs« viele begriffliche Deutungen geben kann und ein »gewisser Pluralismus« nichtkompatibler Theorien möglich, ja wünschbar ist – eine gewisse Schwierigkeit im Rahmen einer Konzeption, für die Wahrheit in der »Kohärenz« besteht und die sich gegen den Relativismus richtet.[73] – Da sich die eine transzendentale Vernunft in der modernen Erkenntnis- und Wissenschaftstheorie in die Vielheit der Sprachen und »Rahmen« aufgelöst hat und da allgemein anerkannt ist, daß es für die Deutung der Natur konkurrierende, inkompatible Theorien gibt, ist

lassen – eine interessante Konzeption, wie sie bei Herder und mehr noch bei Schleiermacher angelegt ist, die beide die Einheit der Vernunft festhielten, wenngleich sie die Divergenz der Sprachen ernst nahmen. Inwieweit sich aber eine solche Position gegen den Sprachrelativismus zu behaupten vermag, müßte in Auseinandersetzung mit der Universalienforschung gezeigt werden.

71 Hilary Putnam: *Reason, Truth and History.* Cambridge University Press 1981. Im folgenden zitiert nach der deutschen Ausgabe: *Vernunft, Wahrheit und Geschichte*. Frankfurt/M. 1982.

72 A.a.O., S. 10.

73 A.a.O., S. 105, 163 ff., 81 f. 179 ff.

auch die vorsichtige und kritische Antwort, die Kants *Kritik der Urteilskraft* auf die Frage nach der Übereinstimmung von Theorie und Realität gab, problematisch geworden. Ohne Metaphysik und ohne transzendentale Vernunft ist dem Historismus offensichtlich schwer zu entkommen.

Putnam hat – mit Berufung auf Kant – die alte Korrespondenztheorie der Wahrheit als Theorie der »Ähnlichkeit« zwischen Gegenstand und Aussage, Welt und Geist, verworfen.[74] Und darin würden alle neueren Historisten ihm zustimmen. Hingegen hat gerade der ältere Historismus im Hinblick auf das Wahrheitsproblem ganz unkantisch gedacht und noch einen »metaphysischen Realismus«, wie Putnam sagt, behauptet. Herder setzte – gegen Kant – für seine Theorie des Erkennens die Harmonie von Vernunft und Natur voraus, nämlich, »daß *dasselbe* Gesetz in mir wie in der Natur, im Erkenntnißvermögen wie im Erkennbaren, obwaltet«.[75] Schleiermacher hat dann solche Korrespondenz von Seins- und Wissensformen in seiner *Dialektik* zum Prinzip gemacht.[76] Und auch Humboldt legte seiner These von der Annäherung der Sprachen an die objektive Welt die metaphysische Annahme einer ursprünglichen Korrespondenz von menschlichem Geist und Welt zugrunde: »Die ursprüngliche Uebereinstimmung zwischen der Welt und dem Menschen, auf welcher die Möglichkeit aller Erkenntnis der Wahrheit beruht, wird also auch auf dem Weg der Erscheinung [sc. l. in den Sprachen] stückweise und fortschreitend wiedergewonnen.«[77] Dahinter steckt überall die Überzeugung von der einen göttlichen Natur, dem Absoluten, das sich sowohl in der äußeren Natur, der Welt, wie in der menschlichen Vernunft offenbart. Die individuellen Sprach- und Wissenssysteme sind gleichsam die Organe der Selbstauslegung und -entfaltung Gottes. Der Reichtum an differenten Wissensformen und Perspektiven ist hier erforderlich, um dem unendlichen Reichtum der göttlichen Schöpfung zu entsprechen.

Wird diese Metaphysik unglaubhaft, dann bleiben nur die divergenten konkurrierenden Systeme übrig, und die Welt manifestiert

74 A.a.O., S. 84ff.

75 J.G. Herder: *Metakritik*, a.a.O., S. 297f.

76 F. Schleiermacher: *Dialektik*, a.a.O., S. 102-146.

77 W.v. Humboldt: »Ueber das vergleichende Sprachstudium«, a.a.O., S. 20.

nicht mehr die göttliche Fülle, sondern verliert ihre Einheit und wird zum Abgrund. Das ist schon bei Nietzsche der Fall. In *Die fröhliche Wissenschaft* heißt es: »... ich denke, wir sind heute ... ferne von der lächerlichen Unbescheidenheit, von unsrer Ecke aus zu dekretiren, dass man nur von dieser Ecke aus Perspektiven [von der Welt] haben *dürfe*. Die Welt ist uns vielmehr noch einmal ›unendlich‹ geworden: insofern wir die Möglichkeit nicht abweisen können, dass sie *unendliche Interpretationen in sich schliesst.*«[78] Auch und gerade alle naturwissenschaftlichen Weltbilder, wie das mechanistische, sind für Nietzsche keine Abbilder der Wirklichkeit, sondern nur Weltinterpretationen. Mit dieser Sichtweise berührt sich eng die historistische Wissenschaftsphilosophie. Kurt Hübner sagt expressis verbis, die Naturwissenschaften »interpretierten« die Natur.[79] Und im Unterschied etwa zu F. Bacons[80] Interpretationsbegriff ist es das Bezeichnende dieser Interpretationen, daß wir durch sie dem Text der Natur selbst nicht näherkommen können; daß sie sich auf einen stets verschlossenen Text beziehen, der unendlich viele und verschiedene Interpretationen erlaubt. Würde die historistische Wissenschaftsphilosophie etwas über die Welt selbst sagen müssen, sie müßte Nietzsche zustimmen: Die Welt ist uns noch einmal unendlich geworden.

78 F. Nietzsche: *Die fröhliche Wissenschaft.* Aphorismus 374. *Kritische Gesamtausgabe*, Abt. 5, Bd. 2. 1973, S. 309.

79 Z. B. K. Hübner, a.a.O., S. 88.

80 Francis Bacon nannte *die* Methode »*Interpretation* der Natur«, die »das Gebiet der Erfahrung und das Einzelne ... bedächtig und ordnungsgemäß durchzieht ... und Schritt vor Schritt zu Dem aufsteigt, was aus der Natur sich ergibt.« Es sei die Methode, »die auf dem richtigen Wege aus den Gegenständen selbst entnommen ist.« Interpretation ist hier Induktion, die die reale, nicht phantasierte Natur in Erfahrung bringt. *Novum Organon*, lib. I, 26, 22. Deutsche Übersetzung von A. Th. Brück: F. Bacon: *Neues Organon der Wissenschaften.* Leipzig 1830, Repr. Darmstadt 1981, S. 29 f.

4. Ergebnis und Kritik

Der Umbruch, den die historistische Wissenschaftsphilosophie für das Selbstverständnis der gesamten modernen Kultur bedeutet, ergibt sich aus einem kurzen historischen Rückblick: Seit dem Ende der Metaphysik im 18. Jahrhundert bestimmt den Begriff der Wissenschaft und damit auch unseren Begriff der Welt immer mehr die Unterscheidung von Sein und Sollen, von deskriptiven und präskriptiven Sätzen, von Tatsachen einerseits und Normen und Werten andererseits. Während sich die Wissenschaften mehr und mehr auf die Tatsachen beschränken, verlieren die Normen und Werte für die Wissenschaft ihre Gültigkeit und Verbindlichkeit und sinken selbst zu bloßen psychologischen und historischen Tatsachen herab. In diesem Prozeß der Verwissenschaftlichung stellt die historistische Wissenschaftsphilosophie so etwas wie einen qualitativen Sprung dar, denn es ergibt sich eine neue Gesamtsituation, die zwei verschiedene Aspekte hat: Was die außerwissenschaftlichen Bereiche an Aufwertung erfahren, das kommt der Wissenschaft an frageloser Gültigkeit abhanden.

a) Die historistische Wissenschaftsphilosophie legt dar, daß wir wissenschaftliche Tatsachen nur aufgrund von Normensystemen der scientific community haben. Der Gegensatz von Tatsachen und Normen fällt so einerseits in die Wissenschaften selbst. Und andererseits tritt an die Stelle der Unterscheidung von Tatsachen und Normen/Werten die Unterscheidung von verschiedenen Normensystemen: Es gibt einerseits Regeln und Einstellungen, die uns wissenschaftliche Tatsachen hervorbringen und absichern helfen. Sodann leben wir in anderen Normensystemen und Einstellungen, mit denen wir in den Gebieten Recht, Moral, Kunst, Religion usw. denken und handeln und durch die und mit denen wir dann u. a. auch die ›Werte‹ des ›Schönen‹ und ›Guten‹ haben. Zwischen diesen beiden kulturellen Systemgruppen – den wissenschaftlichen und den außerwissenschaftlichen – finden sich jetzt hinsichtlich der Geltung nur quantitative Unterschiede: Während es die Naturwissenschaften zu relativ stabilen, anerkannten und langlebigen Paradigmen (Regelsystemen) bringen, gibt es in den übrigen Sphären z. T. eine größere Paradigmenpluralität und – wie besonders in der Kunst – einen rascheren Wechsel. Aber überall sind die Regelsysteme und Einstellungen historisch be-

dingt, es sind Konventionen.[81] Daß für uns »Werte« keine »Tatsachen« mehr sind, liegt demnach nur darin begründet, daß in unserer Kultur ein bestimmtes wissenschaftliches Normensystem gegenüber allen anderen den Sieg davontrug und nun dominiert.
Die historistische Wissenschaftsphilosophie nähert also die Wissenschaft wieder an die anderen Kulturbereiche an – und dadurch wertet sie die außerwissenschaftlichen Bereiche auf, und mit diesen auch die Geisteswissenschaften, die sich jenen anderen Sphären zuwenden. Der kognitive Historismus entdeckt also hinter den Tatsachen konventionelle Normen, und dadurch hebt er die scheinbar unüberbrückbare Kluft von Tatsachen und Werten oder Normen tendenziell auf.
b) Die historistische Wissenschaftsphilosophie – und das ist das tief Beunruhigende an ihr – bringt aber jene Annäherung im Zeichen eines universalen Relativismus zustande. Sie macht nämlich erstmals auch aus den wissenschaftlichen Normen nur kontingente historische Tatsachen (verités de fait). Denn während bisher alle religiösen, ästhetischen und moralischen Normen zu historischen Tatsachen wurden, hielt doch zumindest eine Disziplin an der alten Einheit von Sein und Sollen verschwiegen fest: die Wissenschaftstheorie, die im Dienst der Tatsachenwissenschaften stand. Wie alle Logik, Dialektik, Methodologie und Wissenschaftslehre eine Verbindung von Theorie und Anweisung, von Deskription und Präskription war, so beansprucht z. B. auch noch die Wissenschaftstheorie des kritischen Rationalismus – wie E. Ströker mit Recht sagt – »analytisch-deskriptive Kompetenz ebenso ... wie methodologische Normierung der Wissenschaft«.[82] Diese Verbindung, diese letzte Einheit von Normativität und Faktizität wird vom »kognitiven Historismus« aufge-

81 Y. Elkana hat seine Position zwar vom Konventionalismus abgegrenzt: »Wenn man sagt, daß der Wahrheitswert einer Aussage eine Konvention sei, so ist das etwas ganz anderes, als wenn man sagt, daß eine Tatsache nur in bezug auf einen gegebenen Begriffsrahmen eine Tatsache sei und sich in bezug auf einen anderen als komplexe theoretische Entität (oder sogar als eine Nichttatsache) herausstellen könnte.« A.a.O., S. 30. Ich gestehe aber, diese Argumentation nicht nachvollziehen zu können, da die Begriffsrahmen offensichtlich Konventionen sind.

82 E. Ströker, a.a.O. (s. Anm. 63), S. 34.

sprengt: Auch die wissenschaftlichen Normen, denen die Forschung gehorcht, sind nur historische Tatsachen, und ihre notwendige Gültigkeit kann durch keine Wissenschaftstheorie rational demonstriert und begründet werden.

Man ahnt sogleich das bedrohliche Meer skeptischer Zweifel, auf das so die Wissenschaften und mit ihnen auch die historistische Wissenschaftsphilosophie hinaustreiben: Wissenschaftliche Tatsachen haben wir nur aufgrund von historischen Tatsachen, nämlich von kontingenten Normen. Unser Wissen von der Natur ist prinzipiell vergänglich und Produkt eines undurchschaubaren Schicksals. Aber ist es dann noch wirkliches Wissen?

Vor allem aber droht sich die historistische Wissenschaftsphilosophie durch Selbstwidersprüche aufzuheben; dann nämlich, wenn man ihre zentralen Aussagen auf sie selbst bezieht und mit ihrem eigenen Anspruch konfrontiert:

a) Alles Wissen wird vom kognitiven Historismus für vergänglich erklärt – aber sein eigenes Wissen behauptet er als zeitlos gültig. Würde er es ebenfalls als bloß vergänglich ansehen, müßte er zugeben, daß seine Einsicht in die Vergänglichkeit des Wissens gerade im Vergehen sich als richtig und unvergänglich erwiese. K. Hübner hat sich mit dieser Paradoxie auseinandergesetzt und möchte ihr so entgehen, daß er den Naturwissenschaften eine »empirische«, der eigenen Wissenschaftstheorie aber eine rein »logische Wahrheit« zuerkennt: eine solche sei »immer gültig« und könne nur ihre Aktualität einbüßen und obsolet werden.[83] Aber wie es mit der rein logischen Wahrheit der historistischen Wissenschaftstheorie auch bestellt sein mag: im Resultat unterscheidet sich diese Wahrheit der Metatheorie nicht von der »empirischen Wahrheit« der Naturwissenschaften. Denn auch deren Bilder von der Natur werden ja laut Hübner nicht widerlegt und erweisen sich als falsch, sondern auch sie veralten nur, werden obsolet.[84] Wie bei Croce im Hinblick auf die Geschichte, so tritt jetzt auch für die Bilder der Natur an die Stelle des Gegensatzes »wahr – falsch«, die Unterscheidung »lebendig – tot«.

Da der Satz »Alles Wissen kann sich als falsch erweisen« auf sich selbst angewendet zur Paradoxie wird, muß der kognitive Historismus – zumindest für sich selbst – am Anspruch auf zeitlos

83 K. Hübner, a.a.O., S. 283 f.

84 A.a.O., S. 77 (s. o.).

gültige Wahrheit festhalten, während er allem anderen Wissen doch nur eine konventionelle Geltung und Aktualität einräumt und von geschichtslosen Wahrheitskriterien eigentlich nichts weiß.[85]

b) Die historistische Wissenschaftsphilosophie macht alles Wissen von seinem jeweiligen Kontext abhängig – aber sie selbst beansprucht, nicht nur im Kontext einer bestimmten Sichtweise, sondern allgemeingültig zu sein. Erklärte sie ihre Aussagen für wahr auch nur in einem begrenzten Rahmen, dann müßte sie einräumen, daß in einem anderen Zusammenhang ihre Aussagen entweder nicht gedacht werden oder falsch sein können. Kann die Aussage »Alles Wissen ist von einem Rahmen abhängig« nicht gedacht werden, berührt das nicht ihre Wahrheit. Und wie sollte sie durch Übersetzung in einen anderen Kontext falsch werden?

Y. Elkana hat gesagt, der Historiker sei erkenntnistheoretisch ein Relativist (für ihn sei alles Wissen von der Natur von verschiedenen historischen Kontexten abhängig), der Naturwissenschaftler aber Realist (er glaube, daß seine Theorien sich wachsend der realen Welt annähern). Der Philosoph aber könne dazwischen »wählen«, sollte aber am besten ein »zweistufiges Denken« vertreten: Denn er könne einsehen, daß es Realität nur aufgrund kontingenter Rahmen gebe.[86] Es kann keinem Zweifel unterliegen, daß dieser Standpunkt auf der »Metaebene« dem skeptischen Relativismus und dem dogmatischen Realismus überlegen ist. Denn der Philosoph erkennt die Sachlage richtiger als der Historiker und der Naturwissenschaftler, und deshalb ist auch jene Freiheit der Wahl eine bloße Fiktion. So wie hier der Wissenschaftsphilosoph über die einseitigen, beschränkten Standpunkte der Einzelwissenschaften hinaus ist und das umfassendere und deshalb allgemeinere Wissen hat, so ist er auch über die Wissenschaftstheorien hinaus, die nur *eine* Wissenschaftskultur für die allein maßgebliche halten. Er ist im Hinblick auf die Wissenschaften in keiner anderen Lage als Nathan der Weise im Hinblick auf

85 K. Hübner verteidigt zwar die zeitlose Gültigkeit der klassischen Logik (a.a.O., bes. Kap. VI und VII), aber bei der Analyse der Voraussetzungen der Wissenschaften konzentriert er sich allein auf die erwähnten wandelbaren »Festsetzungen«.

86 Y. Elkana, a.a.O., S. 36 ff.

die positiven Religionen: Er kann und muß beanspruchen, daß seine Aussagen nicht aus einem der vorgegebenen, begrenzten Rahmen resultieren und nur in ihm gültig sind.
c) Die historistische Wissenschaftsphilosophie erklärt, alles Wissen sei historisch bedingt und beruhe nur auf kontingenten geschichtlichen Voraussetzungen – sie selbst aber behauptet, nicht nur »aktueller«, sondern richtiger, wahrer als die bisherigen Wissenschaftstheorien zu sein. Bei K. Hübner findet sich dieser Widerspruch schon bei der Kennzeichnung der Wissenschaftstheorie: Diese, so heißt es einerseits, sei immer von der Geschichte, besonders von der Philosophiegeschichte abhängig; aber andererseits reklamiert Hübner für seine eigene Wissenschaftstheorie eine rein logische Wahrheit.[87] Hält der Historismus nun die eine Seite fest und behauptet, er sei zugleich wahr und Produkt der Geschichte, dann hat er hinterrücks die Geschichte zur Geschichte der Entdeckung der Wahrheit gemacht. Aber kann sie dann noch ein kontingentes Schicksal sein?[88] Stellt sich der Historismus aber auf die andere Seite und sagt, seine Wahrheiten seien rein logischer Art, dann hat er eine ungeschichtliche Instanz, die Logik, in Anspruch genommen, obwohl er solche Instanzen nicht akzeptiert. Sollte der Historist aber auch die Logik nur für eine kontingente Denkform halten, träfe auch für sie zu, was unter b) über den ›Rahmen‹ gesagt wurde.
Durch diese Aporien scheint sich die historistische Wissenschaftsphilosophie selbst aufzuheben. – Allerdings kann der Historist durch ein besseres Selbstverständnis jene Paradoxien meiden. Und dieses angemessenere Selbstverständnis muß m. E. so lauten: Die historistische Wissenschaftsphilosophie ist keine Erkenntnistheorie und sagt nichts über die Natur des Wissens aus, sondern sie trifft lediglich Aussagen über die bisherigen Wissenschaften, besonders der Natur, und ist selbst eine empirische,

87 K. Hübner, a.a.O., S. 95 f., 283 ff. (s. o.).
88 Auch H. M. Baumgartner sieht den Historismus mit seiner These der Geschichtlichkeit alles Wissens in einen Selbstwiderspruch geraten. Denn wenn er behaupte, alle Realität und alles Wissen seien Produkt der Geschichte, dann mache er sich selbst zum bloßen Geschichtsprodukt; dadurch aber werde eine »objektive Aussage über das Verhältnis von Realität und Geschichtsprozeß« unmöglich (a.a.O., S. 36). Aber nehmen wir an, »die Geschichte« sei der Geist im Sinne Hegels, so läge kein Widerspruch vor.

genauer eine historische Disziplin. Als solche ist sie selbst in doppeltem Sinn an der Idee der Wahrheit orientiert, im Sinne der Kohärenz wie der Korrespondenz. a) Sie meidet Paradoxien, sucht kohärente Einsichten zu gewinnen, also die Zusammenstimmung des Denkens mit sich selbst, und akzeptiert deshalb zumindest eine Grundschicht der *Logik* als zeitlos gültig. b) Sie sucht richtige Aussagen über die Naturwissenschaften, sie sucht die Übereinstimmung ihrer Aussagen mit dem Faktum Wissenschaft zu erreichen. Und da sie zu diesem Zweck die verschiedenen Wissenschaftssysteme verstehen und nachvollziehen muß, treibt sie *Hermeneutik*. Mag sie auch immer von der Perspektivität allen historischen Erkennens überzeugt, mag ihr der Begriff der historischen Tatsache problematisch sein, sie setzt – wie die ältere Hermeneutik – voraus, daß wahre Aussagen über Aussagen und – approximativ – die »Erkenntnis des Erkannten« möglich sind,[89] auch wenn diese historische Erkenntnis es mit Wissenschaftsformen fremder Sprachen und Kulturen zu tun hat. Und in diesem Feld ist auch die kritizistische Unterscheidung von Erscheinung und Ding an sich, wie schon Dilthey zeigte, ganz sinnlos. Denn wäre uns nie der Sinn von Aussagen selbst zugänglich, es wäre keine Kommunikation mehr möglich. Also ist – richtig verstanden – die historistische Wissenschaftsphilosophie eine Realwissenschaft, eine Wissenschaft von den wirklichen, historisch gegebenen Wissenschaftsformen. Y. Elkanas *Anthropologie der Erkenntnis* versteht sich ja auch bereits als »interpretative Wissenschaft«.[90]

Dergestalt dürfte sich die historistische Wissenschaftsphilosophie

89 Siehe dazu Frithjof Rodi: »›Erkenntnis des Erkannten‹. August Boeckhs Grundformel der hermeneutischen Wissenschaften«. In: ders.: *Erkenntnis des Erkannten. Zur Hermeneutik des 19. und 20. Jahrhunderts.* Frankfurt/M. 1990, S. 70-88. – Wenn K. Hübner in seiner Theorie der Geschichtswissenschaft sagt, »die Vergangenheit ist notwendig eine Funktion jeweiliger Gegenwart« (a.a.O., S. 353), dann muß er zugleich unbezweifelbare »Kerntatsachen« akzeptieren. Der Sinn von Aussagen aus der Geschichte der Wissenschaften dürfte immer eine solche »Kerntatsache« sein, denn andernfalls verlöre die historisch orientierte Wissenschaftsphilosophie den Boden unter den Füßen.

90 Y. Elkana, a.a.O., S. 40. Zur Hermeneutik wissenschaftlicher Texte siehe bes. S. 68.

den Selbstwidersprüchen jedenfalls entziehen können: Sie bekennt, daß sie eine empirische, eine historische Disziplin ist und im Hinblick auf die Idee der Wahrheit im Sinne der Kohärenz und Korrespondenz forscht und deshalb eine rudimentäre Schicht der Logik voraussetzt und Hermeneutik treibt. Beide – Logik und Hermeneutik – sind für sie nicht nur ein historisches Faktum, dessen Werden und Dasein sie konstatiert, sondern die Regeln dieser Disziplinen sind ihre eigenen Forschungsnormen, deren Gültigkeit sie stets selbst unter Beweis stellt. (Denn seit der modernen Trennung von ›Tatsachen‹ und ›Werten‹ kann man im Namen der Wissenschaft zwar unkünstlerisch über Kunst reden und schreiben, irreligiös über Religion, unmoralisch über Moral – aber man kann nicht unlogisch über Logik sprechen, so wenig, wie man Texte interpretieren und zugleich die Hermeneutik zum malum morale der modernen Geisteswissenschaften erklären kann.[91]) Wir wollen zusehen, ob diese Überlegungen zur Metatheorie die oben angerissene Diskussion zusätzlich zu fördern vermögen. Ich nehme die drei Diskussionspunkte in anderer Reihenfolge nochmals auf:

(1.) Wir sahen: nur eine Metaphysik, mag sie noch so wenig ausgearbeitet sein, kann in den Wissenschaften von der Natur das Verständnis der Wahrheit im Sinne der Korrespondenz von Gedanke und Realität garantieren, und nur eine Metaphysik kann die Einheit der Welt trotz der Einsicht in die Vielheit der Weltbilder behaupten. Für den neuen Historismus, einen Kantianismus ohne transzendentale Vernunft, ist beides nicht mehr möglich: Die Realität selbst wurde zum unerkennbaren Ding an sich, zu einem Postulat oder zu einem Nichts. Was wir durch die Wissenschaften erhalten, sind jeweils nur »Auslegungen« und »Interpretationen« der Welt. Als der ältere, metaphysische Historismus die Standortgebundenheit alles Erkennens und so einen Perspektivismus[92] behauptete, da ging er davon aus, daß unter jeder Perspektive eine bestimmte Seite der Wirklichkeit erkannt wird und folglich durch die Erweiterung und den wachsenden Reichtum der

91 In diesen Widerspruch begibt sich Jochen Hörisch: *»Die Wut des Verstehens«. Zur Kritik der Hermeneutik.* Frankfurt/M. 1988.

92 Siehe zum Perspektivismus den materialreichen Artikel von Gert König: »Perspektive, Pespektivismus, perspektivisch«. In: *Historisches Wörterbuch der Philosophie*, hg. von J. Ritter, K. Gründer. Bd. 7. Stuttgart, Basel 1989, Sp. 363-375.

Perspektiven eine Annäherung an die Wahrheit erfolgt, da die komplexe Realität immer vollständiger erfaßt und abgebildet werde. Im neuen unmetaphysischen Historismus wurde diese Voraussetzung aufgegeben: Ob *ein* Weltbild, ob *alle* oder ob *keines* der Welt angemessen ist, darüber ist nicht einmal ein sinnvoller Streit möglich, da eben von der Welt jenseits der Weltbilder nicht mehr gesprochen werden kann. Der Text der Welt ist hinter den Interpretationen gänzlich verschwunden. Und dieser radikalisierte »Skandal der Philosophie«[93] enthält nun auch kein Motiv mehr zur Perspektiverweiterung, denn der Gedanke der Annäherung an die Wahrheit wurde aufgegeben.[94]

Nun sahen wir aber an der historistischen Metatheorie, daß Theorien nicht falsch werden und ihre Gültigkeit verlieren, wenn sie in anderen Kontexten nicht gedacht oder obsolet werden. Und ebenso zeigte die Metatheorie die Voraussetzung, durch eine möglichst weite Perspektive der Wahrheit näher zu sein, als es auf begrenzten Standpunkten möglich ist. Wenn dies für die Metatheorie gilt, warum sollte es – unter den Voraussetzung des Historismus – nicht auch für die Theorien der Wissenschaften gelten? So wie der ältere Historismus behauptete, dürften die Weite und der Reichtum der Perspektiven der Wahrheit näher bringen und deshalb auch heute gelten: »Es gibt auf keinem Gebiet ein vollkommenes Wissen als zugleich mit der lebendig aufgefaßten Geschichte desselben zu allen Zeiten und an allen Orten ...«[95] Wenn auch kein Subjekt gedacht werden kann, das dieses voll-

93 Kant: *Kritik der reinen Vernunft*, B XXXIX.

94 Y. Elkana hat zwar gesagt: »Das Wissen wächst durch einen fortlaufenden kritischen Dialog zwischen konkurrierenden, totalen Weltsichten oder konkurrierenden wissenschaftlichen Forschungsprogrammen.« (A.a.O., S. 44, 87) Aber er hat nicht plausibel gemacht, daß die Wissenschaftsgeschichte wirklich als »kritischer Dialog« interpretierbar ist; vielmehr nennt er als Grund für die »Dynamik des Wandels« der Wissenschaften: »Ideologien und soziopolitische Zwänge beeinflussen weitgehend die bewußt vertretenen Auffassungen über das Wissen und seine Quellen ...« (A.a.O., S. 45) Es wird auch nicht klar, daß durch den »kritischen Dialog« eine Perspektiverweiterung oder -korrektur möglich sei; dies würde ein Wissensziel jenseits der Rahmen voraussetzen. Der Begriff des »kritischen Dialogs« dürfte mit dem Ansatz Elkanas überhaupt schwer in Einklang zu bringen sein.

95 *F. Schleiermachers Dialektik*, hg. von R. Odebrecht. Darmstadt 1976, S. 381. Vgl. ders.: *Entwürfe zu einem System der Sittenlehre*, hg. von

kommene Wissen faktisch hat, so bezeichnet der Satz doch ein richtiges Regulativ der Forschung.

(2.) Wurde in den Naturwissenschaften Wahrheit als Korrespondenz im alten Sinne unmöglich, so kann für diese Wissenschaften der neue Historismus zumindest Wahrheit als Kohärenz des Wissens und als Konsens der Wissenschaftler behaupten – allerdings dies auch nur in einem eingeschränkten Sinn, nämlich nur innerhalb der einzelnen Paradigmen, Wissenschaftskulturen und Weltbilder. Hier kann allerdings der ältere Historismus die Diskussion befruchten. Denn er vermied die beiden Einseitigkeiten, daß die Sprachen entweder auswechselbare, beliebige Kleider für die eine, menschliche Vernunft seien oder es nur verschiedene Sprachen und keine identische Vernunft gebe, und er suchte die Wahrheit in der Mitte. Er gelangte dabei zur Einsicht, daß im Feld der Sprachen (und der in ihnen gegründeten Wissenssysteme) weder nur Einheit noch bloße Differenz, sondern beides zugleich sich findet: Sprachen sind weder völlig ineinander übersetzbar noch sich gänzlich fremd. Wir können weder von der einen Tradition und dem einen gültigen Wissenssystem sprechen, noch die bloße Pluralität von völlig in sich geschlossenen Sprach- und Wissensräumen behaupten. Vielmehr finden wir trotz aller Grenzen und Brüche zwischen den Bereichen auch Verwandtschaften, Ähnlichkeiten und Übergänge. Deshalb sind – zumindest annäherungsweise – Übersetzung und Vergleich möglich.
Diese Einsicht bleibt gültig, auch wenn von einer sich differenzierenden und individualisierenden Vernunft metaphysisch nicht mehr gesprochen werden kann. Denn auch die historistische Wissenschaftsphilosophie bestätigt selbst diese These; beweist sie doch schon durch ihre Arbeit, daß die fremden Wissenssysteme nicht gänzlich unzugängliches Terrain sind, sondern Kommunikation mit ihnen möglich ist.[96] Wenn sich aber in jedem Aneignungsbemühen bestätigt, daß in der Tat das entfernteste Wis-

O. Braun. *Werke. Auswahl in vier Bänden.* Bd. 2. 2. Aufl. Leipzig 1927, S. 245 f.

96 Y. Elkana hat selbst betont, daß es zwischen den verschiedenen Wissensbereichen und Wissenschaftskulturen keine »große Scheidelinie« gibt. Ja, er ist von »einigen angeborenen kognitiven Strukturen« überzeugt: z. B. sei die Neigung zu Kausalerklärungen »ein universales Merkmal des menschlichen Denkens« (a.a.O., S. 61 f.). Aber das führt ihn nicht dazu, die These von den geschichtsbedingten Rahmen einzu-

senssystem approximativ verstehbar und über die kulturellen Grenzen hinweg Kommunikation möglich ist, dann darf man im Kantischen Sinn ein regulatives Prinzip darin sehen, die fremde Perspektive sich möglichst vollständig anzueignen, um auf der Metaebene zumindest einen Konsens über Identität, Differenz und Vereinbarkeit der Systeme zu erreichen. Als regulative Prinzipien sind Verständnis und Konsens nicht nur in einem bestimmten Rahmen gültig, sondern universell. Jeder, dem bewußt ist, daß sein Wissenssystem nicht das einzige ist, muß sie anerkennen. Denn andernfalls wird seine Behauptung von Unverständnis, Fremdheit und Grenze zur dogmatischen Setzung. Um »Rahmen« und »Grenzen« zu behaupten, muß man ständig unterwegs sein, sie zu überschreiten.

Wenn aber ein Prozeß der Verständigung über die Grenzen der Sprachen und Denkweisen hinweg im Hinblick auf Einigung über Konsens und Dissens möglich ist und auch erfolgt, ist dann nicht jenseits der Sprachenvielfalt die Einheit der Vernunft doch mitgesetzt? Und wenn wir uns fremde Weltbilder gradweise anzueignen vermögen, ist dann nicht ebenso vorausgesetzt, daß sich diese Weltbilder auf dieselbe Realität, daß sich die Interpretationen auf denselben Text beziehen? Der neue Historismus kann die eine Vernunft und die eine Welt nicht mehr metaphysisch behaupten, aber es fragt sich, ob er für sein hermeneutisches Geschäft, das souverän die divergentesten Wissenssysteme in den Blick nimmt, sie als problematische Ideen nicht voraussetzen muß. Wären fremde Denkweisen und Sprachen verstehbar und lernbar, wenn sie die menschliche Vernunft überschritten und sich auf eine ganz andere Realität bezögen?

(3.) Als am Ende des 18. Jahrhunderts bewußt geworden war, daß alle unsere theoretischen Begriffe von Religion, Kunst, Moral, Recht und Philosophie abhängig von der Geschichte sind, diese aber vielgestaltig ist und uns in allen Sphären der Kultur große Divergenzen zeigt, da hatte dies einschneidende Konsequenzen für Theorie und Geschichte und ihr Verhältnis zueinander: Die Theorien mußten auf die Pluralität der Geschichte Rücksicht nehmen, und die Geschichte suchte nach theoretischer Durchdringung. In derselben Situation befindet sich heute die

schränken und eine mögliche gemeinsame Basis aller Rahmen ins Auge zu fassen.

Wissenschaftsphilosophie, und deshalb bekennt sie sich zu dem bereits erwähnten Diktum: »Wissenschaftsgeschichte ohne -theorie ist blind, Wissenschaftstheorie ohne -geschichte leer.« Wegen der Doppeldeutigkeit des Begriffs »Geschichte« ist jener Satz allerdings nicht unmißverständlich, und man sollte ihn deshalb besser so formulieren, jedenfalls so verstehen: »Wissenschaftsgeschichtsschreibung ohne Wissenschaftstheorie ist blind, Wissenschaftstheorie ohne Kenntnis der Wissenschaftsgeschichte leer.« Nicht mit dieser Formulierung, aber in derselben Weise hatte z. B. schon A. W. Schlegel 1801/02 das Verhältnis von Theorie und Geschichte im Bereich der Kunstphilosophie bestimmt,[97] und man kann jenen Satz analog zu Schlegels Ausführungen plausibel machen: Der Wissenschafts*historiker* braucht und hat – auch wenn er sie nicht expliziert – Wissenschaftstheorie, um z. B. überhaupt seinen Gegenstandsbereich identifizieren und abgrenzen zu können. Der Wissenschafts*theoretiker* benötigt umgekehrt aber auch historische Kenntnisse. Denn er kann ja nicht über die Wissenschaften philosophieren, wenn er das historische Faktum Wissenschaft ignoriert. Wissenschaftshistorie und -theorie sind so einerseits getrennte Disziplinen: Jene interessiert sich für Reichtum und Entwicklung der historisch gegebenen Wissenschaften; diese für Wesen, Methoden und Aufgaben der Wissenschaft in ihrer Abgrenzung etwa von Kunst, Religion, Mythos usw. Andererseits und zugleich bewegen sich die Disziplinen aufeinander zu und streben sich zu verbinden, da eben der Historiker auch Theorie und der Theoretiker auch historisches Wissen benötigt.

Die Zusammenstimmung von theoretischem und historischem Wissen ermöglichte um 1800, im Zeitalter der idealistischen Systeme, den Gedanken, daß die verschiedenen Gestalten in den Gebieten Kunst, Religion, Philosophie usw. jeweils verschiedene Ausprägungen derselben Idee sind und deshalb diese Gestaltungen auch nur gemeinsam den Gehalt der Idee manifestieren. Durch diese Konzeption brauchten sich die Theorien nicht nur auf das allen Religionen, Kunstformen usw. *Gemeinsame* – und damit oft Triviale – zu beschränken, sondern konnten die *Differenz* als für das Wesen der Sache wesentliche in sich aufnehmen (so berücksichtigen z. B. alle Ästhetiker um 1800 in Deutschland

97 August Wilhelm Schlegel: *Die Kunstlehre. Kritische Schriften und Briefe*, hg. von E. Lohner. Bd. 2. Stuttgart 1963, S. 16 ff.

zumindest den Gegensatz von antiker und moderner Kunst). Und die Geschichtsschreibung hatte durch die Theorien Epochengliederungen und leitende Begriffe (z. B. von Kunstidealen), denen sie die Fülle historischer Einzelkenntnisse zuordnen konnte. Da man in der *historischen* Abfolge der Grundgestalten der Kultursphären eine *logische* Entwicklung erkannte, verhielten sich Theorie und Geschichte symmetrisch und ergänzten sich: Die Theorien konnten den Gehalt der Geschichte in ein System integrieren, und die Geschichtsschreibung hatte ihre leitende Theorie: Sie wußte, es mit einer vernünftig sich entwickelnden Geschichte zu tun zu haben. – Allerdings erwies sich diese Konzeption als nicht sehr stabil: Je mehr die historische Forschung die Geschichte als divergent und kontingent zeigte, desto unglaubwürdiger wurde es, daß die Ordnung der Geschichte sich auch rein logisch konstruieren ließ. So trennten sich immer mehr, und in der zweiten Hälfte des 19. Jahrhunderts endgültig, System und Geschichte. Die Fülle an historischem Wissen hatte ihre Verbindung zerstört.[98]

Im Zeichen dieser Trennung steht heute auch die historistische Wissenschaftsphilosophie – wenngleich sie Theorie und Geschichte gerade verbinden möchte. Denn was sie als »Theorie« darbietet, ist immer nur das, was überall und jederzeit in den Wissenschaften (d. h. zumeist: in den Naturwissenschaften) dasselbe ist, und dies ist wenig, eine dünne Schicht: Es gab immer die Paradigmenabhängigkeit und den revolutionären Wandel (Th. S. Kuhn), es gab immer kontextgebundene »Festsetzungen« (K. Hübner), es gab immer reale Natur nur innerhalb verschiedener Rahmen und Wissensvorstellungen und immer Wissenschaft als kulturelles Teilsystem (Y. Elkana). Es erstaunt deshalb nicht, wenn Elkana die Möglichkeit einer Wissenschaftstheorie bestreitet und sie durch Kulturanthropologie und Wissenschaftsgeschichte ersetzt. Der wissenschaftstheoretische Gehalt der historistischen Wissen-

98 Freilich dienten weiterhin systematische Begriffe dazu, den historischen Stoff zu gliedern und zu bändigen. Aber die Überzeugung etwa August Boeckhs, philosophisch-systematisches und philologisch-historisches Wissen, Erkennen und Wiedererkennen, liefen demselben Ziel entgegen und gingen schließlich ineinander auf, war jetzt alles andere als der common sense der Epoche. A. Boeckh: *Enzyklopädie und Methodenlehre der philologischen Wissenschaften*, hg. von E. Bratuscheck. Darmstadt 1966, Einleitung.

schaftsphilosophie ist jedenfalls schmal, und die Fülle materialen Wissens von den Wissenschaften fällt der Wissenschaftsgeschichte zu. Da aber die Theorie wenig Gehalt hat, droht die Wissenschaftsgeschichte zur Lieferantin von Fallbeispielen für allgemeine Theoreme herabzusinken oder sich von der Theorie abzulösen und rein antiquarisch zu werden. Das ist der Preis dafür, daß die Theorie nicht mehr den geschichtlichen Gehalt integrieren kann: Auch in der historistischen Wissenschaftsphilosophie droht die Theorie leer und die Geschichte blind zu werden.

Wenn es aber heute offensichtlich schwerlich eine Wissenschaftstheorie geben wird, die dem ganzen Reichtum der geschichtlichen Gestaltungen der Wissenschaften gerecht werden kann und sich deshalb bescheiden muß, diese Vielfalt zu konstatieren (oder eben einseitig zu sein), wenn also eine mit der ganzen Geschichte gesättigte Theorie heute wenig Chancen hat, so ist doch eine theoretisch geleitete Wissenschaftsgeschichte möglich. Denn mag es auch immer schwierig geworden sein, in der Vielfalt der Wissenschaftsgestalten das eine »Wesen« Wissenschaft aufzuweisen, so ist es nicht nur möglich, sondern auch nötig zu zeigen, wie das »Wesen« der Wissenschaft in unserer Tradition entstand und dann problematisch wurde und wie es sich zu dem verhält, was in anderen Kulturen Wissenschaft ist oder genannt werden kann – denn durch solche Geschichte wird unsere Wissenschaftssituation begreifbar. Y. Elkana hat zwar mit seiner Anthropologie der Erkenntnis just die Bestimmung dieser Situation in der westlichen Zivilisation im Auge. Aber sein kulturanthropologischer Ansatz ist mehr für einen synchronen Vergleich der Wissenssysteme, weniger für die diachrone Analyse der Wissenschaftsentwicklung geeignet. Für sein Ziel hätte er sich auch auf die epochalen Umwälzungen konzentrieren müssen, durch die in unserer Tradition die Wissenschaft zum dominierenden Teilsystem der Kultur wurde, und er hätte sich dabei z. B. an die Arbeiten Max Webers anschließen können.

Fragt man, woher eine theoretisch geleitete Wissenschaftsgeschichtsschreibung die leitenden Begriffe hernehmen solle, so ist die Antwort einfach: Sie werden selbst in der Regel aus der Geschichte stammen. Aber woher sie auch kommen mögen, sie müssen nur fähig sein, unsere gegenwärtige Wissenschaftssituation im Kontext der Geschichte verständlich zu machen. Ein möglicher Leitfaden für eine solche Geschichte wäre z. B. der Wahrheitsbegriff, und ihre Grundzüge sind in den vorstehenden Beobachtungen schon enthalten. Es ist der Weg des Wissens und der Wissenstheorie, der von der Einheit des Wissens zur Vielheit der Wissensformen und von der Realität zu ihren Interpretationen führt. Vorläufig wären mindestens die vier folgenden Stufen zu unterscheiden:

– Die ältere Metaphysik ging von der einen Welt und dem einen wahren Denken aus, und deshalb vertrat sie hinsichtlich der Wahrheit vornehmlich die Korrespondenztheorie.
– Der Kantianismus behauptete die Einheit des wahren Denkens, die Erkenntnis der realen Welt (des Dinges an sich) wurde ihm zum Problem. Deshalb bevorzugt er die Kohärenztheorie der Wahrheit und z. T. eine modifizierte Korrespondenztheorie.
– Der ältere metaphysisch unterbaute Historismus bezog die unendliche Vielfalt der Erkenntnisperspektiven auf die eine, sich differenzierende Welt. Wahrheitsformen sind ihm sowohl Korrespondenz wie Kohärenz – aber beide nur in einem unendlich fernen Zielpunkt erreichbar gedacht.
– Der neue Historismus kennt nur eine Vielfalt der Weltinterpretationen, die eine Realität wird negiert oder bleibt ein offenes Problem. Deshalb behauptet er eine reduzierte Kohärenz- und/oder Konsenstheorie der Wahrheit, d. h. ihre Kontext- und Paradigmenabhängigkeit.

Mit dem Anwachsen des empirischen Wissens von der Natur wächst auf der Metaebene die Überzeugung, daß die empirischen Naturwissenschaften nicht beanspruchen können, der Spiegel der Realität, und schon gar nicht, ihr einziger Spiegel zu sein. Die globale Ausbreitung unserer Wissenschaftstradition und die philosophische Überzeugung ihres Wahrheitsgehaltes treten in ein immer größeres Mißverhältnis.

Ich hatte eingangs berichtet, daß laut Ernst Troeltsch der Historismus in den Geisteswissenschaften Müdigkeit und Blasiertheit hervorgebracht und diese Wissenschaften in eine Krise gestürzt habe. Aber das ist aufgrund der historistischen Wissenschaftstheorie für die Naturwissenschaften nicht zu befürchten. Denn zwar sind nun auch die Naturwissenschaften eine Verbindung von Reichtum und Armut: Man hat sehr vieles Wissen – weiß aber nicht mehr, ob man sich damit der Realität nähert. Aber *Müdigkeit* wird sich in den Naturwissenschaften nicht ausbreiten, da diese Wissenschaften durch ihre technische Anwendung, durch allgemeine Anerkennung und stabile Paradigmen ganz vor relativistischen Selbstzweifeln geschützt sind. *Blasiertheit* steht noch viel weniger zu erwarten. Denn der kognitive Historismus lehrt ja im Gegenteil die Bescheidenheit: die uns bekannte wissenschaftliche Wahrheit sei nicht die einzige, und auch außerhalb von ihr sei Wahrheit möglich. Kant hatte das Wissen eingegrenzt, um – wie er sagte – dem *Glauben* Platz zu machen. Der neue Historismus grenzt unser naturwissenschaftliches Wissen ein, um anderem Wissen Raum zu geben, und lehrt so Respekt vor anderen Wissenssystemen. K. Hübner setzt sich dezidiert das Ziel, neben der Wissenschaft auch Mythos, Religion und Kunst als Orte der Wirklichkeitserfahrung und der Erkenntnis zur Geltung bringen zu können. Was Troeltsch den Historismus der Geisteswissenschaften nannte, das sollte überwunden werden; durch den guten Historismus, die Kultursynthese, die Vereinigung aller guten Kräfte der Geschichte. Aber was die historistischen Wissenschaftstheoretiker als Historismus erkennen, das empfinden sie in der Regel als Befreiung, nämlich als Befreiung vom verschwiegenen Dogmatismus der modernen naturwissenschaftlichen Vernunft. Diese zeigt sich als nicht weniger geschichtsbedingt als die Vernunft der Geisteswissenschaften, und damit hört jene auf, für diese das richtunggebende Vorbild zu sein.

VIII. Der Weg zur Kunstphilosophie des deutschen Idealismus*

1769 schrieb Herder:[1] »Wir sind leider! jetzt im Zeitalter des Schönen. Die Wuth, von schönen Künsten zu reden, hat insonderheit Deutschland angegriffen, wie jene Bürger aus Abdera die tragische Manie.« Und 1804 bekräftigte Jean Paul:[2] »Von nichts wimmelt unsere Zeit so sehr als von Aesthetikern.« In der zweiten Hälfte des 18. Jahrhunderts hat sich eine »Wende zur Ästhetik« vollzogen, über deren Gründe es manche Vermutungen gibt.[3] Das Ergebnis dieser Wende ist u. a. die wirkungsreiche Ästhetik des deutschen Idealismus. Diese ist wesentlich Philosophie der Kunst, und ihr Hauptinhalt bildet deshalb ein philosophisch strukturiertes System der Künste. Im folgenden möchte ich zeigen, wie und wo sich die wichtigsten Voraussetzungen und Elemente dieses neuen Denkens über Kunst im 18. Jahrhundert herausbildeten. Und ich tue das in der Hoffnung, erstens den Übergang zu Romantik und Frühidealismus näher bestimmen und zweitens auch Romantik und Nicht-Romantik unterscheiden zu können.

* Zuerst erschienen in: *Früher Idealismus und Frühromantik. Der Streit um die Grundlagen der Ästhetik* (1795-1805), hg. von W. Jaeschke und H. Holzhey. Hamburg 1990, S. 12-29.

1 Johann Gottfried Herder: *Kritische Wälder oder Betrachtungen über die Wissenschaft und Kunst des Schönen. Viertes Wäldchen. Über Riedels Theorie der schönen Künste* (1769). In: *Sämtliche Werke*. Hrsg. von Bernhard Suphan. Bd. 4. Berlin 1878, 1-198 (im folgenden: *Kritische Wälder* IV), hier 59.

2 Jean Paul: *Vorschule der Ästhetik*. Vorrede zur ersten Ausgabe (1804). *Sämtliche Werke. Historisch-Kritische Ausgabe*, 1. Abt. Bd. 11. Weimar 1935, 13.

3 Odo Marquard: »Kant und die Wende zur Ästhetik.« In: *Zeitschrift für philosophische Forschung* 16 (1962), 231-243, 363-374. – Zur Entwicklung der Ästhetik in dieser Zeit s. bes. Armand Nivelle: *Kunst- und Dichtungstheorien zwischen Aufklärung und Klassik*. Berlin 1960.

1. Die Entdeckung der schönen Künste und ihre Abtrennung von den mechanischen

Wie selbstverständlich uns die Disziplin Ästhetik als Kunstphilosophie wurde, zeigt sich an den Versuchen, ein System schöner Künste auch schon in der Antike zu entdecken.[4] Demgegenüber muß man das Ergebnis der Forschungen O. Kristellers[5] betonen: Das für uns so selbstverständliche System schöner Künste ist ein Produkt des 18. Jahrhunderts. Da die Antike buchstäblich kein Wort für unseren Begriff von Kunst hatte, wie sollte sie diesen Bereich gliedern, systematisieren?

Die Ausbildung eines umfassenden Begriffs der »schönen Künste« und deren Vereinigung in einem eigenen System, durchgeführt zuerst von Ch. Batteux,[6] bedeutete eine entscheidende Neuordnung des Wissens. Denn in langer aristotelischer Tradition war bis weit ins 18. Jahrhundert Schönheit überwiegend eine Kategorie der theoretischen Philosophie, der Metaphysik, Kunst aber ein Begriff der praktischen oder »poietischen« Philosophie.[7]

4 Vgl. Hugo Perls: *Lexikon der Platonischen Begriffe*. Bern, München 1973, 300 ff. Perls meint, mit Recht von einer »Ästhetik« Platons sprechen zu können, die sich in ihrem praktischen Teil mit dem Kunstwerk befasse. – Wilhelm Perpeet hat in seinem neuen Buch *Das Kunstschöne. Sein Ursprung in der italienischen Renaissance*. Freiburg, München 1987, nachdrücklich die These vertreten, die Ästhetik als Kunstphilosophie sei in der italienischen Renaissance entstanden. Aber war es die Kunstphilosophie in unserem Sinne, die allgemeine Kunstphilosophie, oder war es nur die Philosophie der bildenden Künste?

5 Paul Oskar Kristeller: »The Modern System of the Arts: A Study in the History of Aesthetics«. In: *Journal of the History of Ideas* 51 (1951) 496-527; 52 (1952), 17-46. Deutsche Fassung in: ders.: *Humanismus und Renaissance*. Hrsg. von Eckhard Keßler. Bd. 2 München 1976, 164-206.

6 Charles Batteux: *Les Beaux Arts réduits à un même principe*. Paris 1746. Ich zitiere im folgenden den Reprint der Ausgabe von 1773, Genève 1969.

7 Johann Christoph Gottsched: *Erste Gründe der Gesamten Weltweisheit. Erster, Theoretischer Theil*. Leipzig 1733, 133 (Schönheit); *Andrer Practischer Theil*. Leipzig 1734, 324 ff. (Kunst). Alexander Gottlieb Baumgarten: *Metaphysica*. Halle 1779, 248 f. (pulchritudo). Christian Wolff: *Philosophia moralis sive Ethica*. Pars I. Halle/Saale 1750, §§ 482 ff. (ars).

D. h. die Schönheit gehörte zum Bereich des Seins, das notwendig ist und nicht anders sein kann; die Kunst aber wurde bestimmt als Habitus und Fertigkeit und gehörte zur wandelbaren Welt des Menschen, zu dem, was so oder anders sich verhält. Zugeordnet der praktischen Philosophie, steht Kunst dem Guten näher als dem Schönen, gehört in die Ethik, nicht in die Metaphysik. Und ›Kunst‹ ist jedwede Fertigkeit des Menschen, die etwas zustande bringt. Kunst ist dem Begriffsumfang nach hier mit Kultur noch weitgehend identisch.

Diese Welt repräsentiert eindrucksvoll Zedlers *Universal-Lexicon aller Wissenschaften und Künste*. Der Artikel zu dem damaligen Allerweltswort »Kunst« umfaßt nur einen einzigen Satz: »Kunst / heißt auch zuweilen das durch Kunst zuwege gebrachte Werck selbst / als die Wasser-Kunst / daher diejenigen / die solche untern Händen haben Kunst-Meister genannt werden.«[8] Der Verfasser konzentriert sich auf das für ihn einzig Interessante und vielleicht Neue, daß man mit ›Kunst‹ nämlich nicht immer die Fertigkeit, sondern zuweilen nur deren Ergebnis, das Werk, bezeichnet. ›Schöne Künste‹ gibt es für Zedler noch nicht; der eigentliche Ort der Schönheit ist der menschliche Körper. Deshalb wohl finden wir in diesem Handbuch einen langen Artikel über die »Schönheit des Frauenzimmers«.[9] Was wir Künste nennen, verteilt sich an die »Wissenschaften« – wie die Poesie –, an die »Artes illiberales« – wie das Bildermalen neben dem Lasten-tragen – und (hier originell) an die »Ars ludicra«, »die zu Ergötzung der Augen und Ohren gerichtet ist, als Seiltanzen, Comoedien, Opern, Gaukeln, Taschen-spielen etc.«[10]

Vor dem Hintergrund dieser Denkweise noch der ersten Hälfte des 18. Jahrhunderts hat das Werk Batteux's *Les beaux arts réduits à un même principe* (1746) seine große Bedeutung, indem es die mechanischen Künste, die einem äußeren Zweck und Bedürfnis

8 Johann Heinrich Zedler: *Grosses vollständiges Universal-Lexicon aller Wissenschaften und Künste.* Bd. 15. Halle, Leipzig 1737, Sp. 2141.

9 Zedler, a.a.O. Bd. 35 (1743) bietet zum Begriff Schönheit folgende Artikel: »Schönheit«, Sp. 821 f.; »Schönheit des Frauenzimmers«, Sp. 822-830; »Schönheit des Pferdes«, s. Pferd.

10 Zedler, a.a.O. Bd. 2 (1732), Sp. 1645: »Ars«. – Auch Gottsched nannte 1732 als Beispiele für die Kunst als »Fertigkeit, gewisse mögliche Dinge zur Wirklichkeit zu bringen«, »die Redekunst, die Dichtkunst, die Mahler- oder Uhrmacherkunst«. A.a.O. Tl. 2, 324.

dienen, von den schönen unterscheidet, die nur für das Vergnügen da sind, und unter den letzteren unsere Künste versteht (die Architektur allerdings bildet zusammen mit der Rhetorik noch eine Mischform). Damit konstituiert sich erst in der Mitte des 18. Jahrhunderts ein eigener Bereich schöner Künste. Batteux nannte sein Werk noch nicht Ästhetik, es gehört seinem Genus nach der »Theorie der schönen Wissenschaften und Künste« an.[11] Indem auch A. G. Baumgarten seine Ästhetik so nennen wird,[12] zeigt sich, woraus die neue Disziplin sich speist und die Bereiche nimmt: einerseits aus den Artes liberales (hier hatten die schönen Wissenschaften, die *belles-lettres* Poetik/Poesie und Rhetorik sowie die Musik ihren Sitz), andererseits aus den Artes mechanicae, wo zumeist die bildenden Künste beheimatet waren. Das Auftauchen der Ästhetik als Theorie der schönen Künste bedeutet also eine neue Differenzierung des Kunstgebietes: Neben die ›freien‹ und die ›mechanischen‹ treten die ›schönen‹ Künste, die dem Vergnügen und der Schönheit dienen. Allerdings ist ihr Verhältnis zu den ›freien‹ noch nicht ganz geklärt und nur die Grenze gegenüber den ›mechanischen‹ befestigt (s. u.). Als Hintergrund für diese Grenzziehung dürfte die französische Auseinandersetzung um die Vorbildlichkeit der Antike, die Querelle des anciens et des modernes, wichtig sein, in welcher sich ergab, daß die schönen Künste nicht im gleichen Sinne perfektibel sind wie die mechanischen und die Wissenschaften.[13]
Betreibt Batteux die Integration aller Künste zu einem System, so Baumgarten deren Aufwertung im Rahmen des aristotelischen Denkens: Die schönen Künste und die Dichtkunst sprechen die Vollkommenheit des Seins zum Ruhme des Schöpfers aus; und

11 Batteux hat sein Werk über die schönen Künste selbst bald in ein größeres Werk integriert mit dem Titel *Cours de belles-lettres, ou principes de la littérature.* Nouv. éd. Paris 1753, 4 tom. Deutsche Ausgabe: *Einleitung in die schönen Wissenschaften. Nach dem Französischen des Herrn Batteux, mit Zusätzen vermehrt von Karl Wilhelm Ramler.* Verb. Auflage, 4 Bde. Leipzig 1762-1769.

12 Alexander Gottlieb Baumgarten: *Aesthetica.* Frankurt/O. 1750, § 1.

13 O. Kristeller, a.a.O. Bd. 52, 25 f. Hans Robert Jauß: »Ästhetische Normen und geschichtliche Reflexion in der Querelle des Anciens et des Modernes«. Einleitung zu: M. Perrault: *Parallèle des Anciens et des Modernes en ce qui regarde les Arts et les Sciences.* München 1964, 8-64, hier 63 f.

die Ästhetik als Kunstphilosophie rückt in die Nachbarschaft der Logik und dann – bei Baumgartens Schüler Meier – in die Nähe der Metaphysik.[14] Damit haben Kunst und Kunstphilosophie den Bereich der Philosophia practica (oder poietica) verlassen und einen neuen, höheren Rang gewonnen. Analog zur Differenzierung der Disziplinen und der Entstehung der Ästhetik differenziert sich bald auch das Gebiet der seelischen Vermögen: Zwischen Denken und Wollen, zwischen theoretisches und praktisches Vermögen tritt der Bereich von Empfindung und Gefühl.[15]

2. Die Trennung von Kunst und Wissenschaft und das Ende der Artes

Seit dem Deutschen Idealismus ist die Kunstphilosophie ein Wissen von der Kunst genauso wie die Naturphilosophie ein Wissen von der Natur. Aber so konnte die Antike noch nicht denken. Denn der Bereich der Technai, die Episteme poietike, war selbst ein Wissensbereich; und die Wissenschaften, wie die Dialektik bei Platon, konnten ebenfalls als Technai verstanden werden.[16] Daraus resultiert die große Nähe, ja die Austauschbarkeit der Begriffe Kunst und Wissenschaft, Ars und Scientia, bis ins 18. Jahrhundert.[17]

Solange Kunst als Techne/Ars gedacht wird, ist sie vom Bereich des Wissens nicht geschieden. Denn Kunst als Ars, als Kunstfer-

14 Georg Friedrich Meier: *Anfangsgründe aller schönen Wissenschaften.* Halle 1748. Zu Baumgarten siehe Ursula Franke: *Kunst als Erkenntnis. Die Rolle der Sinnlichkeit in der Ästhetik des Alexander Gottlieb Baumgarten.* Wiesbaden 1972. Dies.: »Kunst, Kunstwerk (III)«. In: *Historisches Wörterbuch der Philosophie.* Bd. 4. Basel, Stuttgart 1976, Sp. 1378 f.

15 Alfred Baeumler: *Das Irrationalitätsproblem in der Ästhetik und Logik des 18. Jahrhunderts bis zur Kritik der Urteilskraft.* Tübingen 2. Aufl. 1967, bes. 136 ff. O. Kristeller, a.a.O. Bd. 52, 37.

16 Zum antiken Techne-Begriff s. Jörg Kube: Τέχνη und Ἀρετή. Berlin 1968.

17 Waltraud Baumann: »Der Begriff der Wissenschaft im deutschen Sprach- und Denkraum«. In: *Der Wissenschaftsbegriff. Historische und systematische Untersuchungen.* Hrsg. von Alwin Diemer. Meisenheim a. Gl. 1970, 64-75, hier 68 ff.

tigkeit, schließt Wissen ein. Und kunsttheoretisches Wissen im Kontext der Artes ist immer bezogen auf künstlerische Ausübung. Die Herrschaft dieses Ars-Gedankens ist der Ausbildung einer allgemeinen Kunstphilosophie wenig günstig gewesen. Denn alles Artes-Wissen gehört immer in den Kontext eines bestimmten Metiers, das man erlernen will oder beherrscht. Man kennt sich in *seiner* Kunst aus, nicht in *allen* Künsten. Aus Goethes Rezension[18] von Sulzers Lexikon zur *Allgemeinen Theorie der schönen Künste* liest man noch deutlich das Ressentiment des Kunstfachmannes eines bestimmten Metiers gegenüber dem heraus, der meint, von einem übergeordneten Standpunkt aus über alle Künste kompetent handeln zu können. Sulzer fehle es an allem Gefühl dafür, »daß solange man in generalioribus sich aufhält, man nichts sagt und höchstens durch Deklamationen den Mangel des Stoffes vor Unerfahrenen verbergen kann.« Für wen soll solch allgemeines Gerede gut sein? Allenfalls »für den Schüler, der Elemente sucht, und für den ganz leichten Dilettanten nach der Mode.« Für Goethe ist Sulzers Lexikon ein Werk eines philosophischen Dilettanten für Dilettanten der Kunst. Für eine wirklich philosophische Theorie der Kunst sei Deutschland noch gar nicht reif – das ist 1772 gesagt, mitten in der steigenden Flut der Ästhetik-Literatur.

Auch Batteux und Baumgarten hatten sich noch keinesfalls vom Verständnis der Kunst als Ars gelöst. Man sieht es schon an ihren Kunstdefinitionen: »Eine Kunst ist eine Sammlung von Regeln über die Art und Weise ein Ding gut zu machen, welches sich gut oder schlecht machen läßt« (Batteux),[19] Kunst ist ein geordnetes Regelsystem (Baumgarten).[20] Kunst ist Regelwissen, und deshalb ist Ästhetik hier noch gleichsam ein *Teil* der schönen Künste, Grundlage von deren Praxis. Wo Batteux und Baumgarten zu den einzelnen Gattungen übergehen, dort beschränken sie sich mehr oder weniger auf die Dichtkunst, die eben am ehesten ihr Metier ist, und dort geben sie beide auch im Sinne der Tradition Anwei-

18 *Goethes Werke.* Hamburger Ausgabe in 14 Bänden. Hrsg. von Erich Trunz. Bd. 12. 9. Aufl. München 1981, 15-20, hier 16f.

19 Batteux: *Les Beaux Arts*, a.a.O. 24.

20 Baumgarten: *Aesthetica*, a.a.O. § 68: »Iam autem complexus regularum ordine dispositarum ARS vocari solet.« Zu Baumgartens Begriff ars s. Michael Jäger: *Kommentierende Einführung in Baumgartens »Aesthetica«*. Hildesheim, New York 1980, 24ff.

sungen für die Praxis, des Dichters und Kritikers.[21] Dergestalt ist hier Kunst und Wissen noch nicht geschieden, das Kunstwissen ist bezogen auf die Kunstpraxis. Das ist ebenso in der gesamten Literaturgattung der ›Theorie der schönen Wissenschaften und Künste‹, die ziemlich genau mit dem 18. Jahrhundert ausstirbt. Die einschlägigen Werke sind für uns Mischungen: teils Theorie der Geisteswissenschaften, teils Kunsttheorie; teils Anleitung, teils Prinzipienwissenschaft. Zuweilen wird der Bogen des ›schönen Denkens‹ in den schönen Wissenschaften noch so weit gespannt, daß auch Textinterpretation und Geschichtsschreibung und das ganze Trivium der Artes liberales in diesen Bereich gehören.[22]

Auch Baumgarten und Meier können ihre Ästhetiken eine ›Theoria liberalium artium‹ nennen, und auch sie vermitteln noch praxisleitendes Regelwissen. Wie die Logik für sie Denklehre, ein das Denken lehrender Regelkanon ist, so ist auch ihre Ästhetik noch Kunstlehre im Hinblick auf die Kunstausübung. Und wie später Kants transzendentale und Hegels spekulative Logik keinen Anweisungscharakter mehr haben, so sind auch ihre Ästhetiken keine Kunstlehren mehr für die Praxis. Dazwischen liegt der Übergang: Bei Mendelssohn, stärker bei Sulzer treten die Regeln zurück. Die Philosophen der Kunst verzichten auf Regeln, nicht, weil sie die Metiers nicht kennen und Regeln zu geben sich deshalb nicht zutrauen, sondern weil die Überzeugung wächst, daß

21 Baumgarten setzt sich mit dem Vorwurf, die Ästhetik sei Kunst (ars), nicht Wissenschaft (scientia), selbst auseinander. Seine Antwort: »Es handelt sich hier nicht um entgegengesetzte Fertigkeiten. In wieviel Fällen ist das, was nur Kunst war, heute zugleich Wissenschaft?« (*Aesthetica*, a.a.O. § 10. Übersetzung nach Hans Rudolf Schweizer: *Ästhetik als Philosophie der sinnlichen Erkenntnis. Eine Interpretation der ›Aesthetica‹ A. G. Baumgartens mit teilweiser Wiedergabe des lateinischen Textes und deutscher Übersetzung.* Basel, Stuttgart 1973, 111) Die §§ 68-73 von Baumgartens *Ästhetik* machen sehr deutlich, daß die ›ars aesthetica‹ als Wissenschaft (scientia) Gesetze (leges) und Regeln (regulae) aufzustellen sucht, die als Grundlage für die speziellen Regeln der einzelnen Künste dienen können. Zu Batteux's Absicht, für die Künste einfache, oberste Regeln zu finden, s. sein Vorwort, *Les Beaux Arts*, a.a.O. 7 ff.

22 Zur Ästhetik als »Theorie der schönen Wissenschaften« s. die Literatur bei Robert Zimmermann: *Geschichte der Aesthetik als philosophischer Wissenschaft.* Wien 1858, 203 f.

das Regelwissen keine vollkommenen Werke hervorbringt. Erst mit dieser Überzeugung, also mit der Genieästhetik, treten Kunst und Kunstwissen in eine deutliche Distanz zueinander. Der Einschnitt, die deutliche Trennung zwischen Kunst und Wissenschaft zeigt sich signifikant 1769 in Herders Polemik gegen die Auffassung der Ästhetik als »Kunst des schönen Denkens«: Herder möchte die *Kunst* als »ars pulcre cogitandi« deutlich von der *Ästhetik* geschieden wissen, die eine Theorie des Schönen sei, eine »scientia de pulcro et de pulcris philosophice cogitans«. Erst durch diese deutliche Unterscheidung wird – wie Herder selbst sagt – eine »wißenschaftliche Aesthetik«, eine Ästhetik als »die strengste Philosophie« möglich.[23] Indem die Ästhetik zur ›Wissenschaft‹ wird, gliedert sie sich aus der »Theorie der schönen Wissenschaften und Künste« aus, genauer: Sie tritt an deren Stelle, zusammen mit der Hermeneutik.

Die bei Herder belegbare Trennung von Kunst und Wissen hat Folgen für den Begriff beider: Herder konzentriert sich nicht mehr auf die Kunst als Fertigkeit und Habitus des Künstlers, sondern auf die »Gegenstände«, auf die »Werke«.[24] Damit ist das Verständnis der Kunst als Inbegriff von Werken angebahnt, ein Begriff, der sich aber erst sehr viel später durchsetzt. Andererseits hört die Kunstphilosophie auf, ein anleitendes Instrument für die Praxis zu sein. Durch die Distanz zur Praxis wird sie zur denkenden Betrachtung von Gattungen und Werken, zu einer Anschauung, die in der philosophischen und theologischen Anschauung der Natur ihre Parallele hat, sie wird der reinen Theoria des Aristoteles ähnlich. Indem das Wissen von der Kunst aber nicht mehr ein Element der Kunstproduktion ist, sondern der kontem-

23 Herder: *Kritische Wälder IV*, 22-25.

24 »So sehr die Aesthetik von Seiten der Psychologie und also subjektiv bearbeitet ist; von Seiten der Gegenstände, und ihrer schönen Sinnlichkeit ist sie noch wenig bearbeitet: und ohne diese kann doch nie eine fruchtbare ›Theorie des Schönen in allen Künsten‹ überhaupt erscheinen.« Herder: *Kritische Wälder IV*, 127. »Ists einmal erlaubt, über *Werk* zu *reden* und über *Kunst* zu philosophiren: so muß die Philosophie wenigstens genau seyn, und wo möglich zu den ersten *einfachsten Begriffen* reichen.« Herder: »Plastik. Einige Wahrnehmungen über Form und Gestalt aus Pygmalions bildendem Traume« (1778). *Sämtliche Werke*, Bd. 8. Berlin 1892, 1-87 (im folgenden: *Plastik*), hier 14.

plativen Aneignung von Werken dient, steht die Kunstphilosophie nun näher der Interpretation als der Produktion. Unter der Voraussetzung der Aufhebung des Ars-Gedankens und der Trennung von Kunst und Wissen verbinden sich *die* Wissenszweige, für die Kunst ein gegebenes historisches Faktum ist (s. u. Nr. 4).

3. Das allgemeine Prinzip und die Besonderheit der Künste

Die Ausdifferenzierung eines Bereiches schöner Künste war zugleich eine Integrationsleistung durch den rationalistischen Geist. Sehr verschiedene Künste wurden unter ein und denselben Begriff des Schönen gebracht: die Portraitmalerei und der Dombau, die Komödiendichtung und die Kirchenmusik. Fortan zeigt sich in den Ästhetiken eine Spannung, ja ein Konflikt zwischen dem allgemeinen, die Künste verbindenden Prinzip und den besonderen Kunstformen. Nicht erst die idealistische Ästhetik wurde für die Kunst, wie man zuweilen meinte, zum Prokrustesbett, sondern seit dem Beginn der Ästhetik droht der allgemeine Begriff die Besonderheit der Künste, aber auch diese jenen zu zerstören. Und dieser Tatbestand rechtfertigt im nachhinein ein wenig die Tradition, die gut 2000 Jahre lang gezögert hatte, ein System schöner Künste zu konstruieren.
Die Literatur zur Ästhetik redet im 18. Jahrhundert – wie Herder mit Recht sagt – zunächst sehr viel über die psychologischen Prinzipien, aber wenig über die Spezifika der einzelnen Kunstformen. Das gilt schon für das wirkungsreiche Werk Batteux's: Seine große Leistung ist die Konstitution eines Bereiches schöner Künste durch das Prinzip der Nachahmung der schönen Natur – aber von der Malerei, der Musik und Architektur erfahren wir recht wenig und von der Skulptur gar nichts. Angesichts dieser Situation nimmt Herder 1769 im *vierten Wäldchen der Kritischen Wälder* die formelhafte *Theorie der schönen Künste und Wissenschaften* Riedels zum Anlaß für einen programmatischen Gegenentwurf, für eine Kunstphilosophie, die sich erstmals auf die Besonderheit der einzelnen Künste sehr genau einläßt. Jede Kunst habe ihre Originalbegriffe, kein Gesetz der einen könne auf eine andre übertragen werden.[25] Herder gliedert sein Kunstsystem sozusa-

25 Herder: *Kritische Wälder* IV, 127.

gen von unten, ausgehend von den Wahrnehmungsbereichen: Gesicht – Gehör – (Tast-)Gefühl, da Ästhetik schon dem Wort nach die Sphäre der Sinnlichkeit betreffe. Und er fordert erst für alle Bereiche Spezialtheorien: eine »Philosophie des schönen Anscheins«, eine »ästhetische Wißenschaft der Musik« und eine »Aesthetik des schönen Gefühls«, um erst dann eine »Theorie des Schönen aller Künste« aufzubauen.[26] Mit dem neuen Bereich des Gefühls, des Tastsinns, kann Herder nun erstmals die Eigenart der Skulptur geltend machen und sie von der Malerei scharf abheben.[27] Die Poesie – das ist Herders Schwierigkeit – muß er als Kunst der freien Phantasie jenen »drei Klassen äußerer Gegenstände« anfügen, ohne eine Verbindung zeigen zu können. Aber insgesamt antizipiert seine Anordnung der Künste schon die Hegelsche, mit der charakteristischen Sublimierung des äußeren Materials: Architektur, Skulptur, Malerei, Musik, Poesie. Die Reihenfolge ist pädagogisch, systematisch und – im Ansatz – auch historisch gemeint.[28] Auch sonst deutet sich manches an, was den Weg zum Idealismus bahnt: Die Skulptur als das erste Auftauchen der Kunst des Schönen in der Geschichte und die Malerei als Kunst des Traums und des Scheins[29] lassen an die spätere Unterscheidung von klassischer und romantischer Kunstform denken. Vor allem aber ist idealistisch der Anspruch, mit Hilfe einer entwickelnden Methode die Ordnung der Künste und dadurch deren Wesen zu zeigen: »Man wird sehen, der Gang selbst ist in seinen Fortschritten Hauptsache: mit ihm ist Alles gewonnen und verlohren.«[30] Durch dies Bemühen, in einer methodisch aufgebauten Ästhetik der Eigenart aller Gattungen gerecht zu werden, kann Herder als der eigentliche Begründer der neuen Kunstphilosophie angesehen werden, auch wenn das vierte *Kritische Wäldchen* erst

26 Ebd. 127f., 61ff. Vgl. *Plastik*, 15f. – S. dazu und zum folgenden: Hans Dietrich Irmscher: »Zur Ästhetik des jungen Herder«. In: *Johann Gottfried Herder 1744-1803*. Hrsg. von Gerhard Sauder. Hamburg 1987, 43-76.

27 Herder: *Kritische Wälder IV*, 62-84.

28 Ebd. 84ff., 156ff.

29 Ebd. 156. – Für Herder ist bereits – im Anschluß an Winckelmann – die Plastik die Kunst par excellence der Antike, nicht die Malerei. Er erörtert, »warum die *Neuern* den Alten in schöner *Form* weiter nachbleiben, als im schönen *Anschein*.« *Plastik*, 25, 17f.

30 Herder: *Kritische Wälder IV*, 154.

1846 vollständig publiziert wurde.[31] Diese Konzentration auf die Besonderheit der Kunstformen ist es nicht zuletzt, die Batteux's allgemeines Prinzip – die Nachahmung der schönen Natur – in die Krise bringt (s. u.) und ein neues allgemeines Prinzip verlangt.

4. System und Geschichte

Indem die Ästhetik sich der Besonderheit der Kunstgattungen und ihren Werken zuwendet und so erst Kunstphilosophie wird, bewegt sie sich auf die Kunstgeschichte zu, und dies um so leichter, als die Kunstgeschichte im 18. Jahrhundert eine neue Wendung nimmt und ihrerseits die Kunstphilosophie zu fördern vermag. Kunstgeschichte, Geschichte der bildenden Künste, war vormals Künstlergeschichte, verfaßt von Künstlern. Die Biographien und Leistungen der Künstler wurden aufgezeichnet, teils als Vorbilder für die Praxis, teils zur Repräsentation: des eignen Standes oder auch der jeweiligen Stadt.[32] Bei Winckelmann aber ist erstmals der Gegenstand der Geschichte in der Tat die Kunst. Und von dieser soll nicht nur eine Geschichte erzählt, sondern ein »Lehrgebäude« gegeben werden.[33] Herder hat dies historische Werk mit seiner systematischen Prätention sogleich bewundert: Es wolle eine »Historische Metaphysik des Schönen« geben.[34] In Winckelmanns Schriften läge überhaupt »eine Grube voll Goldadern zum Schatz der ganzen Aesthetik«.[35] Der Kunstphilosoph, der die Geschichte einbeziehen will, verbündet sich mit dem Kunsthistoriker, der ein Lehrgebäude intendiert. Beide haben sich von der Tradition der Artes gelöst.

Denn Winckelmann hat zwar seine Kunstgeschichte als norma-

31 Bei Irmscher, a.a.O. 54.

32 Udo Kultermann: *Geschichte der Kunstgeschichte. Der Weg einer Wissenschaft*. Düsseldorf 1966. Ernst Heidrich: *Beiträge zur Geschichte und Methode der Kunstgeschichte*. Basel 1917, Neudruck Hildesheim 1968.

33 Johann Joachim Winckelmann: *Geschichte der Kunst des Altertums*. Vorrede (1763). *Sämtliche Werke*. Hrsg. von Joseph Eiselein. Bd. 3, Neudruck der Ausgabe von 1825, Osnabrück 1965, 9.

34 Herder: *Kritische Wälder. Erstes Wäldchen. Herrn Leßings Laokoon gewidmet* (1769). *Sämtliche Werke*, Bd. 3. Berlin 1878, 10.

35 Herder: *Kritische Wälder* IV, 89.

tive Ästhetik für die Kunstpraxis und die Kritik verstanden.[36] Faktisch aber hat er etwas anderes getan: Er zeigte 1., daß die antike Kunst, die unüberbietbare Norm, einem vergangenen unwiederbringlichen Zeitalter angehört und durch keine Nachahmung in der Moderne mehr erreicht wird; er stellte 2. dabei unter Beweis, daß nicht nur der das Metier beherrschende Künstler, sondern auch der gelehrte Liebhaber kompetent über Kunst zu sprechen vermag; und 3. lebte er vor, daß die Anschauung großer Kunstwerke Zweck in sich selbst, die glückhafte Erfahrung des göttlichen Schönen ist. All dies verrät die Abtrennung des Wissens von der künstlerischen Praxis, eine neue Stellung des Gedankens zur Kunst. Eindrucksvoll belegt das Herders Denkmal für Winckelmann von 1777.[37] Der französische Bildhauer Etienne Maurice Falconet hatte daran Anstoß genommen, daß der Nicht-Künstler Winckelmann über die bildende Kunst schrieb. Herders Verteidigung gerät zu einer Abrechnung mit der gesamten Kunstliteratur der Artes-Tradition. Diese mache die Kunst und die Kunstliteratur zur Sache der »Zünfte«. Wenn nur der Künstler dürfe über Kunst schreiben, dann wäre auch die Kunst schließlich nur für Künstler da; das aber heiße, »der Koch solle nur für die Köche kochen, der Dichter nur für die Dichter dichten, der Straßenfeger nur für die Straßenfeger fegen.« Man müsse einsehen, daß es zwei Gattungen von Menschen gebe, die einen, die ein Werk zu machen, die andern, die es zu beurteilen verstünden. Herder verteidigt hier ein Kunstwissen, das sich von der Kunstproduktion gelöst hat: die neue Kunstgeschichte, aber auch die Kunstphilosophie. Er nennt Winckelmann einen »Altertumsforscher«, »Altertumskenner«, »Antiquar« – einen »Kunstrichter« aber nicht.[38] Denn der Kunstrichter betreibt für Herder nur einen Götzendienst gegenüber seinem Aeon; d.h. er ist historisch ungebildet und huldigt nur den Maximen seiner Zeit.[39] Damit hat

36 »Die Abhandlung von der Kunst der Ägypter, der Hetrurier und anderer Völker, kan unsere Begriffe erweitern, und zur Richtigkeit im Urteilen führen: die von den Griechen aber soll suchen, dieselben auf Eins und auf das Wahre zu bestimmen, zur Regel im Urtheilen und im Wirken.« Winckelmann, a.a.O. Bd. 4, 8.

37 Herder: *Denkmal Johann Winckelmanns* (1777). *Sämtliche Werke*, Bd. 8, 437-483, hier 448 f.

38 Ebd. 450.

39 Herder: *Von der griechischen Literatur in Deutschland. Ueber die*

sich eine neue Konstellation ergeben: An die Stelle des Artisten und des Kunstrichters, die über Kunst redeten und schrieben, treten nun der Philosoph und der Historiker. Für beide ist es kein Makel mehr, daß sie das, worüber sie reden, die Kunst, nicht auch herzustellen vermögen. Und für beide ist Kunst ein Inbegriff historisch gegebener Werke.

Gerade, indem der Betrachter historisch wie der Stellung nach, als bloßer Liebhaber, in faktische Distanz zur Kunstproduktion trat, wird eine neue Verklärung der Werke möglich. Winckelmanns rhythmisierte, hymnische Prosa läßt die antike Kunst nicht mehr als Werk der Menschen, sondern des Himmels erscheinen, göttliche Produkte, vor denen die menschliche Sprache eigentlich versagt. Winckelmann schließt z. B. seine Beschreibung des Apoll von Belvedere: »Ich lege den Begriff, welchen ich von diesem Bilde gegeben habe, zu dessen Füßen, wie die Kränze derjenigen, die das Haupt der Gottheiten, welche sie krönen wollten, nicht erreichen konnten.«[40] Herder hat gelegentlich in Winckelmann einen Träumer gesehen, der in die Antike seine inneren Bilder projizierte.[41] Aber auch Herders Kunstphilosophie ist keine Kunsttheorie im Sinne der Artes, sondern im Sinne der aristotelischen Theorie, mit gelegentlich religiösem Akzent (s. u.). Auch sie dient der Anschauung, nicht der Produktion. Was an Regeln nun aus seiner Kunstphilosophie herausfällt, das gewinnt sie an historischem Wissen. Und die Einheit des Historischen und Systematischen wird sein Ideal. Man sieht es auch an seiner Beurteilung des Werkes von Sulzer: Ziel dieser Theorie der schönen Künste sei ein »vollständiges Historisches und Dogmatisches Ganzes der Kunst«.[42] Das Lob sagt nur etwas über Herder, denn bei Sulzer sind Kunstsystem und Kunstgeschichte noch ganz

neuere Deutsche Litteratur. Eine Beilage zu den Briefen, die neueste Litteratur betreffend. Zwote Sammlung von Fragmenten (1767). *Sämtliche Werke*, Bd. 1. Berlin 1877, 295.

40 Winckelmann, a.a.O. Bd. 6, 223. Dies sind die »idealischen« Beschreibungen, die laut Herder Winckelmann mit den »technischen« verbindet. S. Herders *Denkmal*, a.a.O.

41 Herder: »Ist die Schönheit des Körpers ein Bote von der Schönheit der Seele?« (1766) *Sämtliche Werke*, Bd. 1. Berlin 1817, 43-56, hier 56. – Herder bezieht sich hier auf jene Beschreibung Winckelmanns des Apoll von Belvedere.

42 Herder: *Kritische Wälder* IV, 146.

ohne Zusammenhang. Und auch Herder selbst hat erst im Ansatz mit der systematischen Folge der Künste einen geschichtlichen Fortgang assoziiert.[43] Erst bei Schiller und den Brüdern Schlegel werden Kunstsystem und Geschichte planvoll verknüpft (s. u.).

5. Die Einschränkung des Schönheitsprinzips

Indem die Ästhetik zur Kunstphilosophie wird und sich in die divergenten Formen und Stile der Künste vertieft, wird deren verbindendes Prinzip problematisch. Das ist sogar und zuerst mit dem Begriff der Schönheit der Fall, der als Differentia specifica im weiten Feld dessen, was im 18. Jahrhundert ›Kunst‹ heißen konnte, den Bereich der ›schönen Künste‹ begrenzte.
Schon bei Batteux war eigentlich nicht so recht plausibel, warum z. B. die musikalische Nachahmung der Leidenschaften, von »Schwermut und Freude«, eine Nachahmung der schönen Natur sei.[44] Erst recht machte das geschichtliche Bewußtsein die Kategorie der Schönheit problematisch. Winckelmann hatte noch ganz platonisch gedacht: Das undefinierbare höchste Schöne selbst werde unter verschiedenen historischen und natürlichen Bedingungen in verschiedenem Grade empfunden und erkannt – daher die Divergenzen des Geschmacks. Aber er war auch einen Schritt noch weitergegangen und hatte allen bildenden Künsten eine eigene Form der Schönheit zuerkannt.[45] Diesen Weg geht Herder weiter: Nicht nur alle Kunstgattungen, auch alle Epochen und Nationen haben ihre spezifische Schönheit und diese individuellen Gestaltungen verhalten sich zum Schönen selbst wie die Farben zum Sonnenlicht.[46] Zugleich nimmt aber Herder – vielleicht angeregt durch Lessing – eine Einschränkung, zumindest eine Gewichtung vor: Der Begriff der Schönheit habe im Bereich des Sehens, des »Scheins«, seinen Ursprung; deshalb ist für Herder die Malerei die schöne Kunst i. e. S., die Musik aber könne

43 Ebd. 84 ff.
44 Batteux: *Les Beaux Arts*, a.a.O. 60.
45 Winckelmann, a.a.O. Bd. 4, 43 ff. Ders.: »Abhandlung von der Fähigkeit der Empfindung des Schönen in der Kunst, und dem Unterrichte in derselben« (1763). A.a.O. Bd. 1, 235-273.
46 Herder: *Kritische Wälder* IV, 37-42.

nur uneigentlich schön heißen.[47] In der Schrift *Kalligone* von 1800 kommt Herder zur Auffassung, daß die Schönheitskategorie, auf alle Künste angewandt, leer und flach werden müsse. Deshalb definiert er die Künste nun im Rückgriff auf den Bildungsbegriff, trotz der Schwierigkeit, daß damit die Grenze von freien und schönen Künsten wieder aufgegeben wird.[48]
Herder steht mit dieser Distanzierung vom ästhetischen Grundbegriff der Schönheit als Prinzip der Künste nicht allein. 1772 zeigt Christoph Meiners, ausgehend von John Locke, daß wir in den einzelnen Künsten je etwas ganz anderes schön nennen, ein ›absolutes Schönes‹ darüber hinaus aber nicht gegeben sei. Dadurch wird ihm die Einheit der schönen Künste und Wissenschaften zweifelhaft.[49] Heydenreich knüpft 1790 daran an: Er unterscheidet vier Formen der Schönheit, die – mit Wittgenstein ausgedrückt – allenfalls eine Familienähnlichkeit haben, nicht aber aus einem Gattungsbegriff ableitbar sind.[50] Infolgedessen kann Heydenreich nur noch von den »sogenannten schönen Künsten« sprechen. Sie haben als Künste ihre Einheit nicht durch die Schönheit, sondern durch ein neues Prinzip: »die Darstellung eines bestimmten Zustands der Empfindsamkeit«.[51] – So hat nicht erst im 19. oder gar 20. Jahrhundert, sondern schon am Ende des 18. Jahrhunderts die Kategorie der Schönheit als Konstituens der Künste ihre uneingeschränkte Geltung verloren und kann nun anderen Begriffen wie dem Interessanten, Charakteristischen und Romantischen Platz gewähren.

47 Herder: *Kritische Wälder* IV, 44 ff., 158. *Plastik*, 10 f., *Kalligone* (1800). *Sämtliche Werke*, Bd. 22. Berlin 1880, 308. Zur Trennung von Malerei und Musik s. *Kritische Wälder* IV, 37 f.
48 Herder: *Kalligone*, 308 f. Vgl. Herder: »Über den Einfluß der schönen in die höhern Wissenschaften« (1781). *Sämtliche Werke*, Bd. 9. Berlin 1893, 289-306.
49 Christoph Meiners: *Revision der Philosophie*. Göttingen, Gotha 1772, 232 ff.
50 Karl Heinrich Heydenreich: *System der Aesthetik*. Leipzig 1790, 88 ff.
51 Ebd. 181 u. ö.

6. Nachahmung und Ausdruck, bildende Kunst und Musik

Nicht erst die Genieästhetik, sondern schon das Eindringen in die Eigengesetzlichkeit der Kunstgattungen macht auch den Nachahmungsbegriff problematisch. Es ist insonderheit die Musik, die sich gegen die Subsumtion unter den Begriff der Kunst als ›Nachahmung der schönen Natur‹ sträubte. 1744 vergleicht J. Harris Malerei, Dichtung und Musik: Alle seien sie nachahmende Künste, aber die Musik sei als Nachahmung betrachtet ganz bedeutungslos, weil dunkel und unklar. Achte man aber auf ihre »würkende Kraft«, so zeige sie sich als ein »Wunder«. Sie habe eine »Gewalt, die nicht in Nachahmungen und Erweckungen von Vorstellungen besteht; sondern in Erweckung von Empfindungen ...«[52] Die Musik also nötigt hier zum Übergang von der Nachahmungsästhetik zur Wirkungsästhetik.

Im Verlauf des 18. Jahrhunderts bürgert es sich ein, im Falle der Musik nicht von Nachahmung, sondern von Ausdruck zu sprechen.[53] Besonders im Sturm und Drang – so hat Eggebrecht gezeigt[54] – konstituiert sich die Musik als Ausdruckskunst. Gleichzeitig wird immer häufiger im Falle der bildenden Künste von Darstellung statt von Nachahmung gesprochen. So gibt es im Kunstsystem nachahmende oder besser darstellende und ausdrückende Künste. Signifikant heißt es bei J. A. Eberhard: »Die schönen Künste können Bilder und Handlungen darstellen und Empfindungen ausdrücken.«[55] A. W. Schlegel reflektiert 1801 diese Sprechweise und rechtfertigt sie: »Uns selbst drücken wir aus, aber Gegenstände stellen wir dar.«[56] Bei den bildenden, dar-

52 James Harris: *Drey Abhandlungen, die erste über die Kunst, die andere über die Music, Mahlerey und Poesie, die dritte über die Glückseeligkeit. Aus dem Englischen.* Danzig 1756, 72, 75.

53 Auch Batteux spricht im Falle der Musik oft von Ausdruck (expression) statt von Nachahmung. *Les Beaux Arts*, a.a.O. 60, 345 f.

54 Hans-Heinrich Eggebrecht: »Das Ausdrucks-Prinzip im musikalischen Sturm und Drang«. In: Ders.: *Musikalisches Denken. Aufsätze zur Theorie und Ästhetik der Musik.* Wilhelmshaven 1977, 69-111.

55 Johann August Eberhard: *Handbuch der Aesthetik.* 3. Tl. 2. Aufl. Halle 1814, 46.

56 August Wilhelm Schlegel: *Die Kunstlehre. Kritische Schriften und Briefe.* Hrsg. von Edgar Lohner. Bd. 2. Stuttgart 1963, 82.

stellenden Künsten geht die Bewegung von außen nach innen, bei den ausdrückenden Künsten, voran der Musik, aber von innen nach außen: »Das Wort Ausdruck ist dafür sehr treffend gewählt: das Innere wird gleichsam wie durch eine uns fremde Gewalt herausgedrückt ...«[57]

Der leitende Gedanke der Nachahmungsästhetik war der, daß ein vorgegebenes Urbild in einem künstlerischen Medium abgebildet und wiederholt wird. Im Ausdrucksbegriff aber liegt eine andere Vorstellung: Das verhüllte Innere der Seele wird offenbar, das Verborgene kommt zu sinnlicher Erscheinung. In einer Art Standpunktwechsel wird diese letztere Denkweise um 1790 für die Konstruktion des Kunstsystems bestimmend, und zwar oft auch dort, wo noch von Nachahmung und Darstellung gesprochen wird. War zuvor – im Zeichen des Nachahmungsbegriffs – die Musik die Anomalie, so jetzt im Zeichen des Ausdrucks die bildende Kunst. K. H. Heydenreich gliedert 1790 die Künste vom Menschen aus, der in ihnen sein Inneres objektiviert. Kunst als »Darstellung eines Zustands der Empfindsamkeit« könne 1. unmittelbar das Gefühl darstellen, 2. den Gegenstand, der die Empfindung auslöste, und 3. beide. In diesem dreigliedrigen Kunstsystem sind nun Musik und Tanz die Künste par excellence, die bildende Kunst aber, die nur mittelbar auf die Empfindungen bezogen ist, gerät an den Rand und fällt nahezu aus dem System heraus.[58] – Den harten Gegensatz zwischen Empfindsamkeit und Gegenstand, der einen Dualismus ins System bringt, hat Kant gemieden. Aber auch er geht vom Subjekt aus. Er findet die Teilung der Künste nach ihrer »Analogie« mit der Art des Ausdrucks, dessen sich Menschen im Sprechen bedienen, um sich ... nicht bloß ihren Begriffen, sondern auch Empfindungen nach, mitzutheilen.« Die »redenden Künste« haben ihre Analogie in der *Artikulation*, dem Wort; die »bildenden« in der *Gestikulation*, der Gebärde; die »Kunst des schönen Spiels der Empfindungen« (Musik und Farbenkunst) haben ihre Analogie in der *Modulation*, dem Ton.[59]

Kant konstruiert das Kunstsystem durch eine »Analogie« der

57 Ebd.

58 Heydenreich, a.a.O. 153 ff., 178, 289 ff.

59 Immanuel Kant: *Kritik der Urteilskraft* (1790) § 51. *Akad.-Ausg.* Bd. 5, 320 ff.

Künste zur Sprache. Dadurch stehen die bildenden Künste vorerst nur in *Analogie* zur Gebärde, zur Körpersprache. Es bezeichnet den Übergang zum romantischen und frühidealistischen Denken, daß alle Künste, auch die bildenden, aus den Äußerungsweisen des Menschen unmittelbar abgeleitet werden. So gründet A. W. Schlegel seine Systematisierung auf die Überzeugung, daß »es nur so vielerlei Arten der Kunst, so viele Medien der Darstellung geben kann als der Mensch natürliche Mittel des Ausdrucks, der Offenbarung seines Innern im Äußern hat, und diese sind Gestalt und Gebärden, Töne und Worte.«[60] Schlegel macht dadurch die bildenden Künste erklärtermaßen auch zu Ausdruckskünsten. Alle Kunst ist Ausdruck i. S. der Selbstdarstellung und Selbstoffenbarung des Menschen, zuerst im Medium seines eigenen Körpers, dann auch in der äußeren Natur. Der Gegensatz von Darstellung und Ausdruck, von bildender Kunst und Musik ist im Begriff des Ausdrucks als Offenbarung und Selbstdarstellung des Menschen aufgehoben. Was die menschliche Stimme in der Musik, das ist die Gestalt in der bildenden Kunst. Die Plastik bildet letztlich nicht nur die äußere Gestalt ab, sondern offenbart wie diese das Innere. Alle künstlerischen Medien sind jetzt der erweiterte Leib des Menschen und Organe seiner Phantasie. – In dieser Denkweise ist der Gehalt der Kunst nicht mehr abgetrennt von den Darstellungsmitteln denkbar. Denn bestimmte Seiten des Menschen können sich nur in bestimmten Medien manifestieren. Indem sich aber eine Schicht der Bedeutung nicht mehr von den künstlerischen Zeichen abtrennen läßt, wird auch der Zeichenbegriff zumeist aufgegeben und ersetzt, besonders durch den Begriff des Symbols.

7. Antike – Moderne

Die theoretische Kunstliteratur, die die Möglichkeiten der einzelnen Gattungen zu erkunden sucht, vergleicht im 18. Jahrhundert besonders Malerei, Musik und Poesie (z. B. J. Harris, D. Webb, J. Dennis, Herder).[61] Dahinter mag die Einsicht Plotins stehen, das Schöne zeige sich für das Gesicht, das Gehör und den Gedan-

60 A. W. Schlegel, a.a.O. 104 f.
61 O. Kristeller, a.a.O. Bd. 52, 29.

ken.[62] Herder hat 1785 in seinem *Göttergespräch* über diesen Gegenstand der Poesie eine besondere Stellung zugewiesen. Der Richterspruch des Apoll im Streit zwischen Malerei und Musik über die größte Wirkung erklärt die »jugendliche Dichtkunst« zur »Schülerin und Lehrerin Beider«.[63] Hier zeichnet sich das Grundgerüst der idealistischen Ästhetik ab: Bildende Kunst und Musik sind gleichsam die Pole einer Ellipse, die Poesie ihre Bahn. Denn sie kann auch das, was in den Bereich der äußeren Sinne fällt, sich zum Gegenstand machen. Allerdings bildet den Gegenpol zur Musik bald nicht mehr die Malerei, sondern die Plastik. Und darin macht sich nicht der systematische, sondern der geschichtliche Geist geltend.

Denn dieser hatte gezeigt, daß es im Bereich der Künste keine Artenkonstanz gibt, sondern die Kunstformen nur in bestimmten Epochen zur Blüte gelangen. Laut Winckelmann konnte die bildende Kunst, vorab die Plastik, nur unter griechischem Himmel und im Rahmen antiker Sittlichkeit zur Vollendung kommen. Und Herder, der dies übernimmt, ergänzt: Die Musik konnte nur im Kontext einer bildlosen Religion und im Kultus der christlichen Gemeinde entstehen.[64] Aber Herder hat m. W. noch nicht das Plastisch-Antike dem Musikalisch-Modernen entgegengestellt.

Je mehr in Deutschland der Epochengegensatz Antike – Moderne ins Bewußtsein rückt und die ältere ›Querelle‹ aufflammt – Meiners kämpft 1772 gegen die »hypochondrische Graecomanie«, Garve beklagt 1778 die moderne Literatur der alternden Menschheit vor dem Hintergrund der antiken, jugendlichen Literaturperiode[65] –, desto mehr wird es nötig, diesen Gegensatz auch in die

62 Plotin: Enneaden I 6, 1-3. In: *Plotins Schriften.* Übersetzt von Richard Harder. Bd. 1a. Hamburg 1956, 2 f.

63 Herder: »Ob Malerei oder Tonkunst eine größere Wirkung gewähre? Ein Göttergespräch« (1785). *Sämtliche Werke*, Bd. 15. Berlin 1888, 222-240, hier 240.

64 Herder: *Cäcilia* (1793). *Sämtliche Werke*, Bd. 16. Berlin 1887, 256. *Kalligone*, 184.

65 Ch. Meiners, a.a.O. 307. Christian Garve: *Betrachtung einiger Verschiedenheiten in den Werken der ältesten und neuern Schriftsteller, besonders der Dichter.* In: Ders.: *Popularphilosophische Schriften.* Hrsg. von Kurt Wölfel. Bd. 1. Stuttgart 1974, 24-108. Vgl. Herder: *Von der Griechischen Literatur in Deutschland*, a.a.O.

Ästhetik aufzunehmen. Man tut das, indem man ihn zum Prinzip macht und die Gattungslehre geschichtsphilosophisch untermauert.[66] Die antike Plastik und die moderne Musik sind die Gegensätze, die das System strukturieren und die in der Poesie vereint werden können. Das Schema deutet sich bei Schiller an, die Brüder Schlegel, Bernhardi, Friedrich Ast, W. v. Humboldt, Schleiermacher und Hegel arbeiten es aus.[67] Die Poesie, die vormals ihre hohe Stellung als ›freie Wissenschaft‹ hatte, erhält diese durch das systematisch und historisch konstruierte Kunstsystem bestätigt. Sie ist durch ihre Systemstelle die höchste Kunstform, in der man am ehesten auch die Kunst der Zukunft sehen konnte.

8. Die Einheit der Künste und die Geschichte

Indem die Ästhetik die in den verschiedenen Epochen ausgebildeten Kunstformen in einem System integriert und den geschichtsphilosophischen Gegensatz von Antike und Moderne ins System hineinnimmt, wird mit der systematischen Einheit der Künste auch die Einheit der Geschichte behauptet: Der Gegensatz Antike und Moderne hat seine Einheit in der einen Geschichte wie der Gegensatz von Plastik und Musik in der Einheit der Kunst. Geschichtsphilosophie und System bestätigen einander.

Die Einheit der Künste im System hat aber unter den neuen geschichtsphilosophischen Prämissen noch eine andere, neue Bedeutung. Batteux hatte die reale Einheit aller Künste in der Oper entdeckt: Wie in der Natur alles vereinigt sei, so müsse es auch einen Vereinigungsbereich der Künste geben. In der Oper stellen die bildenden Künste die Kulisse für die Aktionen dar, die sich in Musik, Wort, Tanz und Mimik/Bewegung artikulieren.[68] Für

66 Hans Robert Jauß: »Schlegels und Schillers Replik auf die ›Querelle des Anciens et des Modernes‹«. In: ders.: *Literaturgeschichte als Provokation*. Frankfurt/M. 1970, 67-106. – Peter Szondi: *Poetik und Geschichtsphilosophie 1. Antike und Moderne in der Ästhetik der Goethezeit.* Hrsg. von Senta Metz und Hans-Hagen Hildebrandt. Frankfurt/M. 1974.

67 Die Belege in der Arbeit des Verf.: *Schleiermachers Musikphilosophie*. Göttingen 1981, 80ff.

68 Batteux: *Les Beaux Arts*, a.a.O. 371ff.

Ch. G. Körner aber besteht 1795 diese reale Vereinigung der Künste nur in den »Festen« der Antike, in der Moderne aber sei jede Kunst für sich allein.[69] Die Verselbständigung der Künste – und damit z. B. auch die Ausbildung der freien Instrumentalmusik – wird zum Kennzeichen der zersplitterten Kultur und Gesellschaft der Moderne. Eine ähnliche Auffassung finden wir bei Schiller: Die »Scheidung der Wissenschaften« gehe in der Moderne mit einer »Absonderung der Stände« parallel, die Moderne überhaupt sei das Zeitalter der Entzweiung und Trennung.[70] Angesichts dieser Denkweise wird ein kohärentes Kunstsystem in der Ästhetik erst recht notwendig. Denn es zeigt in der Sphäre der Wissenschaft – neben den spezifischen Möglichkeiten der Gattungen – auch die Einheit der Künste, die real in der Geschichte verloren ging und allenfalls wieder von ferner Zukunft erhofft werden kann.

9. Kunst und Religion

Indem die Kunstphilosophie – wie angedeutet – den historischen Kontext der Kunstformen berücksichtigt, entdeckt sie einen engen Bezug von Kunst und Religion. In diesem Zusammenhang gewinnt die ästhetische Anschauung einen religiösen Charakter; und zwar um so leichter, als die Aufklärungstheologie das Feld der sinnlichen Anschauung im Kampf gegen jeglichen Anthropomorphismus aus der Religion ganz herausgelöst hatte. Da der Rationalismus das Gebiet der Religion zu ein paar Vernunftwahrheiten schrumpfen ließ, wendet sich das Religionsgefühl an die Kunst, und die Kunstanschauung wird religiös.

Auch diese Annäherung von Kunst und Religion läßt sich am besten bei Herder beobachten. Herder führt zunächst eine strikte Trennung zwischen religiöser und poetischer Wahrheit durch: Das Christentum beruhe auf ›factis‹ – das Reich der Poesie aber sei das der Fiktion. Deshalb könne es keinen modernen Homer

69 Christian Gottfried Körner: »Ueber Charakterdarstellung in der Musik« (1795). In: Ders.: *Ästhetische Ansichten. Ausgewählte Aufsätze.* Hrsg. von Joseph P. Bauke. Marbach a. N. 1964, 24-47, hier 28.

70 Fr. Schiller: »Über die ästhetische Erziehung des Menschen in einer Reihe von Briefen« (1795), Sechster Brief. *Schillers Werke. Nationalausgabe* Bd. 20/1. Weimar 1962, 321 ff.

und keine epische christliche Dichtung geben: Das Christentum dulde keine Vermischung von historischer Wahrheit und Phantasieproduktion.[71] Die alte Einheit der Bereiche im Mythos ist für Herder in der Moderne nur das Material für die Dichtung und kann weder wissenschaftliche noch religiöse, sondern nur poetische Wahrheit beanspruchen. Eine »gleichsam ... ganz neue Mythologie«, die aus der Verbindung von Philosophie und Dichtung hervorgehen könnte, bleibt deshalb auf die Sphäre des Ästhetischen begrenzt.[72]

Doch begrüßt Herder die Künste in der christlichen Religion überall dort, wo sie den Bestand der Religionsaussagen ganz unangetastet lassen, wo sie nur das »Religionsgefühl« aussprechen. Das ist besonders im Kirchenlied und überhaupt in der Musik der Fall; denn diese gelten nicht der fides, *quae* creditur, sondern der fides, *qua* creditur. Das Gesangbuch sei eine »versificirte Bibel« und der *Messias* Händels eine »wahre christliche Epopee in Tönen« (– während der *Messias* Klopstocks eine problematische Verbindung von Dichtung und Wahrheit vollziehe).[73] Im Bereich des theologischen Denkens wird also bei Herder die Kunst mit der Religion verbunden, aber jene bleibt dieser in traditioneller Weise untergeordnet. Und es ist vor allem die subjektive Ausdruckskunst Musik, die der christlichen Religion verbunden wird, da sie – anders als die Epik – die Geschichtswahrheiten unangetastet läßt.

Allerdings gibt es bei Herder Bezirke, in denen die Trennung zwischen Kunst und Religion sich gänzlich aufhebt; und dies ist besonders dort der Fall, wo religiöse Kunstwerke angeschaut und interpretiert werden. Herder zeigt z. B., daß der *Geist der ebräi-*

71 Herder: *Briefe, das Studium der Theologie betreffend*, 2. Tl. (1780, 2. Aufl. 1786), 19. Brief. *Sämtliche Werke*, Bd. 10. Berlin 1879, bes. 217f. *Briefe ...*, 4. Tl. (1781, 2. Aufl. 1786), 47. Brief. *Sämtliche Werke*, Bd. 11. Berlin 1879, 73 ff. *Von der griechischen Litteratur in Deutschland*, a.a.O. 296 ff.

72 Herder: *Ueber die neuere Deutsche Literatur. Fragmente. Dritte Sammlung* (1767). Tl. II: »Vom neuern Gebrauch der Mythologie«. *Sämtliche Werke*, Bd. 1, 426-448, hier 444.

73 Herder: *Kritische Wälder II*: »Über einige Klotzische Schriften« (1769). Bd. 3. Berlin 1878, 239. *Briefe, das Studium der Theologie betreffend*. 4. Tl. 46. und 47. Brief. *Sämtliche Werke*, Bd. 11, 65, 72, 75 ff.

schen Poesie sowohl poetisch wie religiös, eine Einheit von Poesie und Wahrheit ist.[74] Darf man nicht sagen, daß Herders – übrigens künstlerisch gestaltete – *Interpretation* nun die Einheit von Religion und Kunst realisiert, welche die *Kunstproduktion* nicht mehr zu leisten vermag? Auch und sogar die Anschauung paganer Werke bekommt einen religiösen Charakter, die Kunst erscheint nicht nur als schön, sondern als heilig. Über die griechische Plastik heißt es: Gott gab den Griechen, in den Werken der Bildkunst sein Werk, den menschlichen Körper, zu »ertasten« und zu »bilden«. Deshalb treten wir »an die Bildsäulen, wie in ein heiliges Dunkel«, und wir fühlen, wie »die heilige kraftvolle Form« sich belebt.[75] »Jüngling, ... höre mich: tritt vor die Arbeiten des Phidias und Lysippe, und schließe deine Augen, und erfühle in dieser heiligen Dunkelheit die ersten Ideen *schöner Natur* ...«.[76] Hier ist die ›veritas aesthetica‹ unmittelbar auch eine ›veritas religiosa‹. Und der Grund dafür ist, daß die Schönheit – wie Herder sagt – ein »Phänomenon der Wahrheit«[77] ist. Die Vertiefung der ästhetischen Anschauung zur religiösen vollzieht sich naturgemäß noch leichter im Bereich der Musik. Die bedeutendsten Musikwerke sind für Herder die Werke der Kirchenmusik, und diese »heilige Musik« hat ihre Wurzeln im »wahren Gefühl der Religion und Einfalt«. Aber nicht nur ihr gegenüber ist »Andacht« die angemessene Einstellung, sondern gegenüber der Musik überhaupt: »Denn Andacht, dünkt mich, ist die höchste Summe der Musik, heilige, himmlische Harmonie, Ergebung und Freude.«[78] Die Musik, die dem Christentum entstammt, nimmt von ihrem historischen Wurzelgrund so viel in sich auf, daß sie als ein ästhetisches auch zum religiösen Phänomen wird.

Indem aber die schönen Künste in ihren höchsten historischen Ausprägungen sich als »heilige« zeigen, erfährt die Kunst eine

74 Herder: *Vom Geist der Ebräischen Poesie* (1. Tl. 1782). *Sämtliche Werke*, Bd. 11. Berlin 1879, 213ff.

75 Herder: *Plastik*, 36, 41.

76 Herder: *Kritische Wälder* IV, 157.

77 Ebd. 20.

78 Herder: *Cäcilia* (*Zerstreute Blätter. Fünfte Sammlung* 1793). *Sämtliche Werke*, Bd. 16, 253-272, hier 256, 266. *Kalligone* (1800). *Sämtliche Werke*, Bd. 22. Berlin 1886, 184, 186. Vgl. Carl Dahlhaus: *Die Idee der absoluten Musik*. Kassel 1978, 81ff.

erneute Aufwertung: Sie ist nun nicht mehr bloß Gegenstand des Vergnügens (Eberhard)[79] und dient der Verschönerung und Humanisierung des Lebens (Sulzer),[80] sondern sie ist – konkurrierend mit der Religion – Ort der Erfahrung des Absoluten. Damit braucht sie eigentlich auch einen neuen institutionellen Ort. Sie gehört nicht mehr bloß an den Fürstenhof oder in die bürgerliche Sphäre privater Geselligkeit, sondern ihr Ort ist entweder die Kirche – oder die Innerlichkeit jetzt und ein ästhetisches Utopia am Ende der Zeiten. Erst die religiös aufgewertete Kunst kann jedenfalls von Schelling[81] als »das einzige wahre und ewige Organon zugleich und Dokument der Philosophie« betrachtet und der Philosophie noch übergeordnet werden.

10. Die Aufhebung der Differenzierung und ihre Probleme

Das 18. Jahrhundert ist im Hinblick auf die Kunst das entscheidende Zeitalter der Differenzierung. Die Kunst hört auf, Ars zu sein, und wird von technischer und sittlicher Praxis, von Religion und vor allem von der Wissenschaft abgetrennt. Zur Signatur der Frühromantik gehört, daß man diese Trennungen aufheben möchte. Ich deute nur an:

– Zuerst und vor allem beginnt schon bei Herder die Grenze von Kunst und Religion zu schwinden. Hier liegt der Quellpunkt wohl für alle weiteren Gebietsvereinigungen.

– Sodann verbinden sich aufs neue Kunst und Sittlichkeit, aber nun im Zeichen des Ästhetischen; man denke an das, was man »ästhetische Sittlichkeit« bei Fr. Schlegel nannte,[82] vielleicht auch an Dalbergs Ästhetik, in welcher im zweiten angewandten Teil die ästhetischen Prinzipien – und zwar ausschließlich! – Anwen-

79 Johann August Eberhard: *Handbuch der Ästhetik*. 1. Tl. Halle. 2. Aufl. 1807, 48.

80 Johann Georg Sulzer: *Allgemeine Theorie der schönen Künste*. Tl. 3 Leipzig. 2. Aufl. 1793, 72 ff: Artikel »Künste, schöne Künste«.

81 F. W. J. Schelling: *System des transzendentalen Idealismus* (1800). Sämtliche Werke, 1. Abt, Bd. 3, 627.

82 Klaus Briegleb: *Ästhetische Sittlichkeit. Versuch über Friedrich Schlegels Systementwurf zur Begründung der Dichtkunst*. Tübingen 1962.

dung auf das Gebiet der Politik und Staatswissenschaft finden.[83]

– Vor allem suchen sich aufs neue die Gebiete Kunst und Wissenschaft: »Alle Kunst soll Wissenschaft, und alle Wissenschaft soll Kunst werden« (Fr. Schlegel).[84] Aber sie sollen sich nicht im Zeichen des Ars-Gedankens finden, als Fertigkeiten aufgrund von Talent, Übung und Regelwissen, sondern im Zeichen der produktiven Einbildungskraft.

– Schließlich sollen die Gebiete Kunst, Religion und Wissenschaft sämtlich in einer neuen Mythologie verschmelzen (Hegel, Fr. Schlegel, Schelling).[85]

– Nur die Trennung von schöner und mechanischer Kunst bleibt erhalten.

Die Gründe für diese Bestrebungen sind kaum aufzählbar; zu ihnen gehören jedenfalls das Leiden an der Zerrissenheit des Zeitalters und die Einsicht, daß große Kunst ein einigendes Bewußtsein, nämlich Religion oder Mythos zur Voraussetzung hat.

Sämtliche Vereinigungsversuche haben ihr Problem. Ich konzentriere mich im Sinne meines Leitfadens nur kurz auf das Verhältnis von Wissen und Kunst: Sie verhalten sich aufgrund des Differenzierungsprozesses – ich vereinfache – wie das Bewußte und Unbewußte, wie das Vorsätzlich-Herstellbare und das Unwillkürlich-Entstandene, zuweilen auch wie das gegenwärtige Menschliche zum vergangenen Göttlichen. Es verwundert nicht, daß die Positionen, die wir unter dem Titel Deutscher Idealismus zusammenfassen, es bald aufgaben, Kunst und Wissenschaft identisch werden zu lassen und deshalb nicht »romantisch« genannt werden können.

Für die Kunst bedeutet jene Situation eine Belastung: Denn es

83 Carl von Dalberg: *Grundsaetze der Ästhetik, deren Anwendung und künftige Entwicklung*. Erfurt 1791, 71-108. – In dieser Verbindung von Ästhetik und Politik macht sich die platonische Identität des Guten und Schönen geltend, wie sie auch bei Shaftesbury sich findet.

84 Friedrich Schlegel: *Kritische Fragmente. Lyceum der schönen Künste* (1797). KA Bd. 2, 161 (Nr. 115).

85 *Das älteste Systemprogramm des deutschen Idealismus* (ca. 1797). In: *Mythologie der Vernunft*. Hrsg. von Christoph Jamme und Helmut Schneider. Frankfurt/M. 1984, 11-14. Schelling, a.a.O. 629. Fr. Schlegel: »Rede über die Mythologie« (1800). *Gespräch über die Poesie. Athenäum*. Bd. 3/1. KA Bd. 2, 311-322.

wird gewußt, daß die Kunst die Gegenwart des Göttlichen ist, daß ihre Bedingungen aber nicht in der Verfügungsgewalt des Menschen stehen. Fortan schwankt die Kunst zwischen übergroßem Anspruch und Resignation. Denn der Künstler muß sich nun als Offenbarer des Göttlichen verstehen, muß mit Vorsatz das Göttliche produzieren – wenngleich er weiß, daß Kunst sich nur der Gunst der geschichtlichen Stunde, der Mythologie und Religion verdankt. Dies führt dazu, die Voraussetzungen der Kunst selbst herstellen zu wollen, durch neue Bibeln und Mythologien.[86] Damit er Künstler sein kann, muß er vorgängig Religionsstifter werden – in der Hoffnung, die großen Tendenzen des Zeitalters kämen ihm zur Hilfe.

Fehlt zu diesem Vorhaben der Glaube, dann muß der Künstler vor den göttlichen Meisterwerken der Vergangenheit stehen bleiben und kann nur den Abstand der eigenen Gegenwart zum vergangenen Kunstzeitalter beklagen und dichten – bei Aufgabe des Anspruchs, jenen Werken etwas Gleichrangiges zur Seite zu stellen. Wackenroders »kunstliebender Klosterbruder« kommt sich beim Gedanken an »die großen gebenedeiten Kunstheiligen« Raffael und Michelangelo ganz »albern« vor, wenn er noch selbst zum Pinsel greift, trotz seines Talentes.[87] Die übergroße vergangene Kunst drängt den Künstler entweder in die Rolle des Messias, des Offenbarers – oder des demütig dienenden Hierophanten; in diesem Fall ist er unterwegs, zum historischen Geisteswissenschaftler zu werden. Zwischen jenem Anspruch und dieser Resignation besteht ein enger Zusammenhang.

Wer durch die Trennung von Kunst und Wissenschaft und die Aufwertung der Kunst also erstarkt, sind Kunstphilosophie und Kunstgeschichte. Denn für sie ist Kunst etwas, das man anschauen, beschreiben, verstehen und begreifen, nicht aber auch herstellen muß. Die Verklärung, die Steigerung der Kunst zur göttlichen Offenbarung, dient so letztlich weniger der Kunstpro-

86 Sehr hellsichtig hat Schleiermacher auf Fr. Schlegels Projekt einer neuen Mythologie reagiert: »[...] die neue Mythologie hat mir so etwas Sonderbares an sich; ich kann nicht begreifen, wie eine Mythologie *gemacht werden* kann.« Brief an Brinckmann vom 22. 3. 1800. *Aus Schleiermachers Leben. In Briefen.* Bd. 4. Hrsg. von Wilhelm Dilthey, Berlin 1863, 61.

87 Wilhelm Heinrich Wackenroder: *Herzensergießungen eines kunstliebenden Klosterbruders (1797). Werke und Briefe.* Heidelberg 1967, 9 f.

duktion als der Kunstwissenschaft. Die empirischen Wissenschaften von der Kunst haben in der Folgezeit diese ihre Voraussetzungen unter dem Mantel ihrer wissenschaftlich-historischen Verfahrensweise freilich nicht oft durchblicken, sondern eher vergessen lassen.

IX. Die theologischen Probleme des Klassikbegriffs*

Daß über die Klassiker viel geschrieben wird, verwundert nicht; denn andernfalls wären es keine. Aber erstaunlich ist die Fülle an Literatur über den Begriff des Klassischen.[1] Er bereitet ganz offensichtlich Schwierigkeiten. Man hat gemeint, diese bestünden in seiner Vieldeutigkeit und Unklarheit. H. O. Burger z. B. sieht im Klassischen deshalb keinen Begriff, sondern eine »ästhetische Idee« im Sinne Kants.[2] Freilich hat die perikleische Klassik mit dem klassischen Fehler so wenig gemeinsam wie die klassische Nase mit der klassischen Physik. Und eine bündige Definition wird kaum gelingen, weil ›Klassik‹ einen Stil, eine Epoche, eine Norm oder das Exemplarische, Typische bezeichnen kann. Aber im jeweiligen Kontext betrachtet, dürfte dieser Begriff kaum un-

* Zuerst erschienen in: *Über das Klassische*, hg. von Rudolf Bockholdt. Frankfurt/M. 1987, S. 11-35.

1 Martin Fontius: »›Classique‹ im 18. Jahrhundert«. In: Werner Bahner (Hg.): *Beiträge zur französischen Aufklärung und zur spanischen Literatur. Festgabe für Werner Krauss zum 70. Geburtstag.* Berlin (Ost) 1971, S. 97-120. – Reinhold Grimm und Jost Hermand (Hg.): *Die Klassik-Legende.* Frankfurt/M. 1971. – Egidius Schmalzriedt: *Inhumane Klassik. Vorlesung wider ein Bildungsklischee.* München 1971. – Heinz Otto Burger (Hg.): *Begriffsbestimmung der Klassik und des Klassischen.* Darmstadt 1972. – Wolfgang Brandt: *Das Wort »Klassiker«. Eine lexikologische und lexikographische Untersuchung.* Wiesbaden 1976. – Claus Träger: »Über Historizität und Normativität des Klassik-Begriffs«. In: *Weimarer Beiträge* 25 (1979) H. 12, S. 5-20. – Karl Richter und Jörg Schönert (Hg.): *Klassik und Moderne. Die Weimarer Klassik als historisches Ereignis und Herausforderung im kulturgeschichtlichen Prozeß. Walter Müller-Seidel zum 65. Geburtstag.* Stuttgart 1983, Tl. 1. – Siehe auch die Literaturhinweise bei Beda Allemann: »Das Klassische«. In: *Historisches Wörterbuch der Philosophie* Bd. 4 (1976) Sp. 853-856.

2 Siehe die Einleitung des von H. O. Burger herausgegebenen Sammelbandes (s. Anm. 1), S. IX f. Es sind allerdings Zweifel angebracht, ob man einen Begriff wegen seiner Vieldeutigkeit und Unklarheit eine »ästhetische Idee« nennen darf. Zu dieser gehört ein anschauliches Bild, das der Begriff des Klassischen nicht evoziert.

klarer sein als z. B. die Begriffe Romantik, Barock und Manierismus.
Deshalb liegt der Grund für die z. T. gereizte Diskussion dieses Begriffs wohl an anderer Stelle. In den meisten Verwendungsweisen enthält der Begriff eine Wertung, und mit Werturteilen und ihrer Begründung tut sich bekanntlich die moderne Wissenschaft schwer. So ließe sich – etwa mit Gadamer – folgendes vermuten: Durch die Orientierung am Objektivitätsideal der Naturwissenschaften haben die Geisteswissenschaften tendenziell alle Qualitätsunterschiede der kulturellen Gebilde eingeebnet; Norm- und Wertbegriffe wie das »Klassische« blieben als irrationale Reste auf der Strecke und wurden unverständlich. Deshalb besteht ein Dissens: Die einen behaupten die Untauglichkeit des Klassikbegriffs, die andern seine Unverzichtbarkeit.
Das dürfte schon eher den Problemkern des Begriffs berühren. Aber es kommt etwas Wichtiges hinzu: Mit dem Begriff des Klassischen wird oft nicht nur ein Wert, sondern ein *absoluter* Wert, ja sogar der Wert des Absoluten behauptet. Wir lesen, besonders in Deutschland habe der Begriff »einen geradezu kultischen Anstrich«.[3] Und in der Tat vermag z. B. laut W. Schadewaldt die Klassik »die Funktion des Religiösen anzunehmen«.[4] Besonders dieser Klassikbegriff ist es, der den Widerspruch herausforderte. Wenn es aber so ist und wenn der Begriff sich in der Tat metaphysisch aufgeladen hat, dann hilft es wenig, mit Helmut Kuhn den Zusammenhang des Religiösen und des Klassischen zu bestreiten.[5] Im Gegenteil: man muß dem metaphysischen Implikat

3 *Die Klassik-Legende* (s. Anm. 1), S. 7, Vorwort des Herausgebers.
4 Wolfgang Schadewaldt: »Begriff und Wesen der antiken Klassik«. In: Werner Jaeger (Hg.): *Das Problem des Klassischen und die Antike. Acht Vorträge gehalten auf der Fachtagung der Klassischen Altertumswissenschaft zu Naumburg 1930*, Stuttgart 1933. 2. Aufl. Stuttgart, Darmstadt 1961, S. 15-32. »Und indem die klassische Form, wie eben bei Vergil, den Drang seelischen Erlebens in vergeistigender Formung bindet, vermag sie zu erlösen. Klassische Form als erlösendes Gebundensein an das Gute, das heißt: Klassik vermag schon hier, lange vor Goethe, die Funktion des Religiösen anzunehmen« (S. 31).
5 Helmut Kuhn: »›Klassisch‹ als historischer Begriff«. In: *Das Problem des Klassischen* (s. Anm. 4), S. 128. Vgl. dazu Karl Reinhardt: »Die klassische Philologie und das Klassische« (1942). In: *Begriffsbestimmung der Klassik* (s. Anm. 1) S. 68, und Helmuth Plessner: »Das Pro-

des Klassischen gelassen ins Auge blicken und die Genese dieser Verbindung begreifen, begriffs- und problemgeschichtlich.

1. Versöhnungssehnsucht

Nietzsche hat gesagt, Wissenschaft entstehe, »wenn die Götter nicht gut gedacht werden«.[6] Daran angelehnt lautet meine These: Ein philosophisch brisantes Klassikproblem entsteht, wenn die Klassiker nicht gut, nämlich wenn sie als Götter gedacht werden.

Solange »classicus« ein Autor war, den man sich für seine Schreibe zum Vorbild nahm, gab es noch kein brisantes Klassikerproblem. Freilich konnte man schon in der Antike darüber streiten, wer das beste Vorbild sei. Aber die Klassiker waren als solche Vorbilder Menschen, die taten, was Menschen lernen können, nämlich schreiben, nur dies besonders gut. Der Abstand zwischen dem Vorbild und dem Nachahmer war dazu da, zumindest annäherungsweise ständig überbrückt zu werden.

Die Apotheose der Klassiker, ihre Metamorphose zu Göttern, beginnt offensichtlich erst dort, wo dieser Abstand nicht nur durch ›Ars‹, durch Begabung, Wissen und Kunstfertigkeit, sondern durch geschichtlichen Fortschritt, durch Epochenschwellen gegeben ist. Jetzt nämlich wird der Abstand endgültig und prinzipiell: Keine Nachahmung kann den Gang der Geschichte rückgängig machen. Diese Situation finden wir deutlich ausgeprägt am Ende des 18. Jahrhunderts: Die griechischen Klassiker, die Vorbilder der Kunstpraxis, rücken in eine jenseitige, nämlich in die *antike* Welt – und dennoch bleiben sie ewig gültige Muster für die *moderne*. Jede Nachahmung ist im Grunde nun von dem Bewußtsein begleitet, den Abstand nicht mehr überbrücken, das Vorbild nie erreichen zu können. Deshalb werden die Klassiker auch oft gar nicht mehr künstlerisch nachgeahmt, sondern bloß wissenschaftlich interpretiert. Die Zuwendung zur griechischen

blem der Klassizität für unsere Zeit.« In: *Algemeen Nederlands Tijdschrift voor Wijsbegeerte en Psychologie* 30 (1936/37) S. 152-162, bes. S. 161.

6 Friedrich Nietzsche: *Wissenschaft und Weisheit im Kampfe*. In: *Werke*, hg. von Karl Schlechta. 3. Aufl. München 1962, Bd. 3, S. 333.

Antike als dem ›klassischen Altertum‹ wird »Anschauung«, contemplatio, θεωρία, wie Werner Jaeger später sagt.[7]

In seiner Abhandlung *Ueber den Charakter der Griechen* spricht es Wilhelm von Humboldt aus: Die Griechen »sind für uns, was ihre Götter für sie waren«.[8] Und dieser Gedanke ließe sich in Humboldts Sinn noch weiter ausführen: Die Griechen glaubten ans goldene Zeitalter – wir glauben an die Göttlichkeit der klassischen Antike; die Griechen bauten Tempel – wir bauen Museen; die Griechen schufen vollkommene Götterstatuen – wir schaffen vollkommene kritische Klassikerausgaben; die Griechen veranstalteten Festspiele zu Ehren der Götter – und wir Kongresse zu Ehren der Klassiker.

Daß durch das Bewußtsein der Epochenschwelle zwischen Antike und Moderne die antike Kunst nicht obsolet und gleichgültig, sondern erst göttlich und aktuell wurde, liegt zu einem guten Teil an einem Vakuum, das die aufgeklärte Theologie geschaffen hatte: Die antike Kunst wurde gebraucht, und zwar nicht nur für die Kunstpraxis, sondern auch für die Lebenspraxis, für die Daseinsdeutung, als Vorbild für die Kultur insgesamt. Denn der Gott der aufgeklärten Theologie war ein Abstraktum – die Griechen aber waren von Fleisch und Blut (wie Humboldt betont). Die moderne Religion bestand nur aus Moral und kategorischen Imperativen – die Griechen aber hatten anschauliche Göttergestalten und führten ihr Leben in spielerischer Leichtigkeit. Das moderne Zeitalter war zerrissen in Pflicht und Neigung, Vernunft und Sinnlichkeit, Subjektivität und Gemeinschaft – die Griechen aber waren mit sich, ihrem Volk und der Natur versöhnt. In der modernen Welt stand alles im Zeichen der Nützlichkeit, und deshalb war sie prosaisch – bei den Griechen aber hatte alles den Charakter der Schönheit, und die alte Welt war ästhetisch.

Ich brauche diese bekannte Sichtweise der neuhumanistischen

7 Werner Jaeger: »Philologie und Historie« (1914). In: Hans Oppermann (Hg.): *Humanismus*. Darmstadt. 2. Aufl. 1977, S. 13. Friedrich Schlegel – noch von der Vorbildlichkeit der Antike auch für die Kunstpraxis überzeugt – sprach von der »gesetzgebenden Anschauung« der antiken Kunst (*Über das Studium der griechischen Poesie* [1795/96]. *Kritische Friedrich-Schlegel-Ausgabe*, hg. von Ernst Behler. Bd. 1, S. 276).

8 W. v. Humboldt: »Ueber den Charakter der Griechen, die idealische und historische Ansicht derselben«. *Werke,* hg. von Andreas Flitner und Klaus Giel, 2. Aufl. Bd. 2, Darmstadt 1961, S. 65.

Sehnsucht, die Walter Rehm[9] so treffend geschildert hat, nicht weiter in Erinnerung zu rufen. Deutlich werden soll nur, daß diese Griechensehnsucht die christliche Jenseits- und Zukunftshoffnung ersetzt. Denn die Orientierung an der griechischen Antike soll das möglich machen, was die christliche Religion nicht zuwege brachte oder sogar zu verhindern schien: Versöhnung. – In diesem Vorgang bekommt auch der Begriff des Klassischen – seit je besonders den antiken Werken vorbehalten – seinen neuen, überhöhten Klang. Er meint nicht mehr nur die Vorbildlichkeit von Dichtwerken, sondern bezeichnet ein Kulturideal, die Antwort auf die Frage nach der Bestimmung des Menschen. Man sehe z. B. W. v. Humboldts Bestimmung des Klassischen, wie es sich in der antiken Bildhauerei offenbare: »Das Classische lebt im Lichte der Anschauung, knüpft das Individuum an die Gattung, die Gattung an das Universum, sucht das Absolute in der Totalität der Welt, und ebnet den Widerstreit, in dem das Einzelne mit ihm [dem Absoluten] steht, in der Idee des Schicksals durch allgemeines Gleichgewicht.«[10] Indem so das Klassische die Versöhnungsidee repräsentiert, wird die klassische Antike zum »goldenen Zeitalter der Griechischen Kunst«,[11] zu einer Art Paradies; die klassische Literatur ersetzt tendenziell den biblischen Kanon; die Klassiker werden zu Göttern; und die klassische Philologie wird zur neuen ästhetischen Theologie. Sie wird als »Wissenschaft vom klassischen Altertum« – wie Werner Jaeger 1914 unbefangen deklariert – zur »Priesterin und Wächterin« der Güter der griechisch-römischen Antike, ja zur »Religion«.[12] Bedeutende Altphilologen wie Christian Gottlob Heyne begannen mit einem Theologiestudium, um später das zu tun, was die Zeit verlangte: Sie wandten sich der Klassik zu und begründeten die Altphilologie als Alternativtheologie.

9 W. Rehm: *Griechentum und Goethezeit. Geschichte eines Glaubens.* 4. Aufl. Bern, München 1968.

10 A.a.O. (s. Anm. 8), S. 71 f.

11 Schlegel, a.a.O. (s. Anm. 7), S. 287.

12 W. Jaeger, a.a.O. (s. Anm. 7), S. 16 f.

2. Klassische Schwierigkeiten

Da die klassische Literatur aber nun die Systemstelle einnimmt, die die Bibel hatte, bekommt sie auch deren Probleme. Die Verehrung der klassischen Antike erbt fast alle Schwierigkeiten ihrer Amtsvorgängerin, der Religion, und die klassische Bildung wiederholt und spiegelt die Schwierigkeiten der religiösen. Denn die Aufklärung war durch die neuen Götter ja nicht außer Kraft gesetzt. Auch wo der Begriff ›Klassik‹ auf die moderne Kunst übertragen wurde, zeigen sich oft diese Probleme; der göttliche Glanz, den der Begriff verbreitet, ist von seinen Schwierigkeiten nicht zu trennen.

Zu den Krankheiten, die die Klassikerverehrung befällt, gehört *zuerst* die dogmatische Verkrustung, die Erstarrung eines Glaubens zum Lehrbestand. Als die altprotestantische Theologie ihren neuen Besitzstand sicherte und in weitgefächerten Dogmatiken kanonisierte und als die Kirche kraft ihrer Autorität diesen Lehrbestand für die Gläubigen verpflichtend machte, da erkannten die Frommen in diesen Formeln ihren Glauben nicht wieder – und wurden Pietisten. Ein vergleichbarer Vorgang zeigt sich im Verhältnis zu den Klassikern. Wenn sie durch den Druck und die Autorität von Institutionen, besonders der Schulen, als unbezweifelbares Über-Ich, als unübersteigbare Größe gelehrt werden, schreibt sich der Charakter der Institutionen ihrer Physiognomie, ihrem Charakter ein. Schon Herder klagt, daß die Alten – Cicero, Horaz, Vergil – durch ihre Verwendung als »Klassiker« ein »Schulmeistergesicht« bekamen, und er möchte die lebendige wirkliche Antike entdeckt wissen.[13] Aber diese Entdeckung ereilt bald das gleiche Schicksal. Die Institutionalisierungen, die den Bestand an klassischer Literatur und Kunst, das klassische Bildungsgut, sichern sollen, drohen es zu mumifizieren. So schreibt später Heinrich Wölfflin, ähnlich wie Herder: »Das Wort ›klassisch‹ hat für uns etwas Erkältendes. Man fühlt sich von der lebendigen bunten Welt hinweggehoben in luftleere Räume, wo

13 J. G. Herder: »O das verwünschte Wort: Classisch!« *Ueber die neuere Deutsche Litteratur* (1767). *Sämtliche Werke*, hg. von B. Suphan. Bd. 1, S. 412; *Briefe zu Beförderung der Humanität* (1796), ebd., Bd. 18, S. 83 f. – Wenn auch ein wenig zu sehr vom Zeitgeist geprägt, bringt doch viel nützliches Material die Arbeit von Werner Oelsner: *Der Begriff Klassisch bei Herder.* Würzburg 1937.

nur Schemen wohnen, nicht Menschen mit rotem, warmen Blut. ›Klassische Kunst‹ scheint das Ewig-Tote zu sein, das Ewig-Alte; die Frucht der Akademien; ein Erzeugnis der Lehre und nicht des Lebens.«[14] Auch im Verhältnis zum Klassischen gibt es dann Pietismus-Bewegungen; davon gleich mehr.

Viel deutlicher als die dogmatische Verkrustung zeigt aber *zweitens* der Zwiespalt von Glaube und Vernunft, daß der Klassikerkult mit der Weihe auch die Aporien der Religion erbt. Denn jener ältere Zwiespalt taucht als Widerstreit zwischen ästhetischer Anschauung und gelehrter Philologie nun auch im Verhältnis zu den neuen Göttern wieder auf. Die protestantische Hermeneutik konnte das Prinzip »sola scriptura« nur so lange gefahrlos aushalten, wie es im Hinblick auf die Verkündigung Christi als des Erlösers praktiziert wurde. Als im 17. Jahrhundert F. J. C. Dannhauer[15] die homiletische Absicht beiseite stellte und nur die Intention der biblischen Autoren herausschälte, führte dies zur Zersplitterung des Kanons und bald zur Bibelkritik. Der philologische Verstand allein erreichte in seiner Beschäftigung mit den biblischen Zeugnissen seit der Aufklärung nie mehr den geschichtlichen Ausgangspunkt, an dem die Bibel verpflichtendes Wort Gottes war. Die gleiche Bewegung vollzieht sich in der klassischen Philologie: Wie die Bibel so zeigt sich bald auch das Werk Homers als ein Traditionsgemisch. Die Ahnung von schöner Humanität in Schillers Gedicht *Die Götter Griechenlands* wird – so hat Karl Reinhardt gut gezeigt[16] – zum ›Corpus Inscriptionum Graecarum‹, d. h. sie wird durch die Gelehrtenarbeit eher aufgelöst als realisiert und befestigt. Der historische Sachverstand zeigt immer mehr Seiten am Griechentum, die mit dem klassischen Idealbild nicht vereinbar sind, so bei Creuzer, Lobeck und Otfried Müller. Da so die Anschauung des Göttlichen zur Anschauung von primitiven Religionsformen und dann von Zettelkästen wurde, muß – wie in der Kirche an den Glauben – in der Altphilologie an die künstlerische Phantasie appelliert werden, wie es Nietzsche tut.[17] Denn die Philologie als Wissenschaft be-

14 Heinrich Wölfflin: *Die klassische Kunst. Eine Einführung in die italienische Renaissance.* 7. Aufl. München 1924, S. 11.

15 Johann Conrad Dannhauer: *Epitome Dialectica* (1644).

16 K. Reinhardt, a.a.O. (s. Anm. 5), S. 70.

17 F. Nietzsche: *Homer und die klassische Philologie* (1869). *Werke*, hg. v. K. Schlechta, Bd. 3, S. 157f.

stätigt nicht die Basis, der sie aufruht, sondern löst sie eher auf. Keinesfalls erzeugt sie »plastische Jünglinge« (Hegel) oder »ganze Menschen« (Humboldt), die alle auf individuelle Weise Griechen sind (Goethe), sondern sie erzeugt »eine Armee von Arbeitern«, die arbeitsteilig der »Majestät der Wissenschaft« dienen (Wilamowitz).[18]

Die neuen Götter waren nötig geworden, um Versöhnung zu bringen und jene alte Entzweiung von Glauben und Vernunft aufzuheben. Jedoch zerfällt abermals – hegelisch gesprochen – der heilige Hain in Holz und Gefühl, nämlich in philologische »Kärrnerarbeit« und in Griechensehnsucht; und die Entzweiung restituiert sich.

Ein *drittes* Problem, das die Klassikerverehrung von der Theologie übernimmt, ist das Anthropomorphismusproblem. Da der biblische, besonders der alttestamentliche Gott, so menschliche Züge trug und die heiligen Schriften ebenfalls allzu menschliche Stilmerkmale und -schwächen zeigten, hatte die radikalere Aufklärung – z. B. Reimarus – die positive Religion zum Menschenwerk erklärt und war zum Vernunftglauben übergegangen. Die Erkenntnis, daß die neuen Götter ihre übermenschliche Menschlichkeit nur ihren Verehrern verdanken, kommt im ästhetischen Klassikerkultus sehr schnell; und zwar deshalb, weil die antike Welt allzu idealische, göttliche Züge trug. Bei Friedrich Schlegel heißt es: »Jeder hat noch in den Alten gefunden, was er brauchte oder wünschte, vorzüglich sich selbst.«[19] Goethe – in seinem Winckelmann-Aufsatz Wilhelm von Humboldt zitierend – formuliert den gleichen Sachverhalt 1805 ungleich vornehmer, aber doch so, daß schon Feuerbachs religionsphilosophische Projektionstheorie anklingt. Von dem »gewaltigen Eindruck«, den Rom, der »klassische Boden«, auf den Betrachter ausübe, gehöre »allerdings das meiste ... uns und nicht dem Gegenstande«; Goethe fährt fort: »es ist ein gewaltsames Hinreißen in eine von uns nun einmal, sei es auch durch eine notwendige Täuschung, als

18 K. Reinhardt, a.a.O. (s. Anm. 5), S. 81 f. Siehe dazu Axel Horstmann: »Die Forschung in der Klassischen Philologie des 19. Jahrhunderts«. In: Alwin Diemer (Hg.): *Konzeption und Begriff der Forschung in den Wissenschaften des 19. Jahrhunderts*. Meisenheim a. Gl. 1978, S. 27-57. Zu Wilamowitz, S. 52-57.

19 Bei Egon Friedell: *Kulturgeschichte der Neuzeit*. 13.-17. Aufl. München 1931, Bd. 2, S. 371.

edler und erhabener angesehene Vergangenheit«.[20] Interessant daran ist u. a., daß hier diese Erkenntnis keine destruktiven Konsequenzen hat. Man ist entschlossen, an die notwendigen Täuschungen zu glauben. Offensichtlich hat der Glaube an die antike Klassik schon sogleich die Wende vollzogen, durch welche die spekulative Theologie die Christologie vor der Bibelkritik rettete: Das Ideal ist von höherer Notwendigkeit als die zufälligen Geschichtstatsachen; wie Christus als notwendige Idee notwendig dem ewigen Geist entspringt, so auch das Ideal der klassischen Antike: Wenn wir es auch erzeugen, so ist es gleichwohl schlechthin objektiv.

Jean Paul findet in diesem Zusammenhang für die Verklärung des Klassischen schon ein plausibles Motiv. Er sieht den Grund dafür im geschichtlichen Abstand und im Kulturgefälle zwischen den Epochen. »Jede alte tote [Sprache] war auch so lange keine klassische, als sie fort- und nachwuchs; nur ihr Tod gab ihr feste Verklärung.« Der Titel »klassisch« habe zuerst »im Zeitalter der Barbarei durch den Gegensatz von kenntnisloser Roheit eine viel stärkere Bedeutung«, d.h. einen überschwenglichen Klang bekommen.[21] Wie in der kritischen Religionstheorie läßt bei Jean Paul die bedrückende Lage die Phantasie ein Gegenbild entwerfen. Die Projektion hat ihre objektiven Gründe.

Man hat im 20. Jahrhundert betont, das Klassische sei keine seiende Substanz, sondern ein Produkt der Rezeption.[22] Aber die Zitate belegen, daß die Einsicht in die Aktivität der Rezipienten fast so alt ist wie das überhöhte Klassikideal selbst. Gerade die Romantiker haben sich hier als Aufklärer betätigt. Wir lesen bei Novalis: »Der klassischen Literatur geht es wie der Antike; sie ist uns eigentlich nicht gegeben – sie ist nicht vorhanden –, sondern sie soll von uns erst hervorgebracht werden. Durch fleißiges und geistvolles Studium der Alten entsteht erst eine klassische Litera-

20 *Goethes Werke (Hamburger Ausgabe)*, Bd. 12, S. 108, s. auch S. 614; Bd. 11, S. 456.

21 Jean Paul: *Vorschule der Ästhetik*. In: *Werke*, hg. von N. Miller. Bd. 5, S. 354. Jean Paul sieht durch die Leistungen der neueren Zeit den Begriff seine Übergröße verlieren; das Klassische ist ihm nicht mehr das Unerreichbare: »Vielleicht wären – so kühn der Gedanke ist – ein Klopstock, ein Herder, ein Schiller rück- oder nachwärts selber den Griechen klassisch ...« (S. 354 f.).

22 E. Schmalzriedt (s. Anm. 1).

tur für uns – die die Alten selbst nicht hatten.«[23] Darin liegt – gegenüber Goethe und Humboldt – eine Herunterstufung des Klassischen; es ist das, was wir in der Auseinandersetzung mit der Vergangenheit als vorzüglich erkennen und herausarbeiten. Dazu gehören die geschichtliche Vorgabe als Potenz und der erkennende Geist als Akt. Auch Schleiermacher sagt, daß es die Gelehrten sind, die durch Kritik und Bewahrung retrospektiv »das Klassische produciren«.[24] Dadurch sind die Klassiker wohltuend ihrer Jenseitigkeit, ihrer ewigen Unerreichbarkeit beraubt. Aber diese Einsicht hatte im 19. Jahrhundert keine Folgen.

23 Novalis: *Schriften*, hg. von Jacob Minor. Bd. 2, S. 242f. An Fichtes Gedanken einer produktiven Anschauung angelehnt, begreift Novalis das Klassische von der Konstitutionsleistung des Subjekts her: »Natur und Natureinsicht entstehen zugleich, wie Antike und Antikenkenntnis; denn man irrt sich sehr, wenn man glaubt, daß es Antike gibt. Erst jetzt fängt die Antike an zu entstehen. Sie wird unter den Augen und der Seele des Künstlers. Die Reste des Altertums sind nur die spezifischen Reize zur Bildung der Antike ...« (S. 241). »Das Klassische ... affiziert mich nur indirekt durch mich selbst. Es ist nicht für mich da, als klassisch, wenn ich es nicht setzte, als ein solches, das mich nicht affizieren würde, wenn ich mich nicht selbst zur Hervorbringung desselben für mich bestimmte, anregte; wenn ich nicht ein Stück von mir selbst losrisse, und diesen Keim sich auf eine eigentümliche Weise in meinem Auge entwickeln ließe« (S. 121).

24 F. Schleiermacher: *Entwürfe zu einem System der Sittenlehre*, hg. von O. Braun. 2. Aufl. Leipzig 1927, S. 352. Anders als Novalis betont aber Schleiermacher in seiner Hermeneutik auch, daß das Klassische zugleich eine objektive Größe der Geschichte ist. »Klassisch« sei die Literatur, die »am meisten produktiv ist und am wenigsten wiederholend«, d. h. die etwas Neues und für die Sprache einen Entwicklungssprung darstellt. »Das Klassische aber muß nicht vorübergehend sein sondern die folgenden Productionen bestimmen.« (*Hermeneutik*, hg. von H. Kimmerle. 2. Aufl. Heidelberg 1974, S. 83.) Für Schleiermacher sind die klassischen Werke die wichtigsten und »würdigsten« Gegenstände der Auslegekunst, und diese Werke entstammen dem »klassischen Altertum«. Zugleich aber macht er auf die Bedeutung der orientalischen, romantischen und natürlich besonders der christlichen Literatur aufmerksam (S. 126 f.). Die Literatur des klassischen Altertums wird so eingegrenzt und relativiert bes. durch die christlich-religiöse. Denn wenn diese für den Philologen auch nicht so »reichhaltig« ist wie jene, so hat das Christentum für Schleiermacher nicht weniger Geschichte und Sprache beeinflußt als das klassische Altertum.

Aus der schon früh durchschauten Tatsache, daß die fortgehende Geschichte auch neue Klassiker erzeugt, ergibt sich auf dem Boden der ästhetischen Kultur nun *viertens* auch eine Art Pantheismusproblem. Schon Herder hatte von neuen, nämlich Nationalklassikern gesprochen, die man selbstbewußt den Alten entgegensetzen könne. Und trotz der auch von Goethe unterstützten Tendenz, den Titel des Klassischen nur den antiken Werken vorzubehalten, setzt sich seit dem 18. Jahrhundert eine Begriffserweiterung durch. Auch neuere Werke gelten als klassisch, ja, es gibt nun auch – wie Jean Paul bemerkt – »klassische Forst-, Bienen- und Wörterbücher«.[25] Daß nun allenthalben neue Klassiker sichtbar werden, hat sicher viele Gründe. Neben einem laxen Umgang mit der Sprache liegt es vor allem daran, daß sie benötigt werden, z. B. als Nationalgottheiten und als Feldzeichen im politischen Parteienkampf. Laut Jacob Grimm soll das deutsche Volk seine klassischen Dichter – Goethe und Schiller – »zur Anschau und zu bleibendem Andenken vervielfachen [durch Standbilder], wie der alten Götter Bilder im ganzen Lande aufgestellt waren«.[26] Und Arnold Ruge beschwört die deutschen Klassiker für den revolutionären Kampf, da sie die Idee der Freiheit begriffen und dargestellt hätten, die es jetzt zu verwirklichen gelte.[27]
Die fortwährende Theogonie von neuen Klassikern hätte eigentlich von heilsamer Wirkung sein und und sie wieder zu Menschen machen müssen, so daß sie wieder die religiöse Aura verloren. Aber eben dies trat nicht ein. Und darin zeigt sich, daß sie die unbesetzte Systemstelle der Religion nicht verlassen konnten. Man braucht sie – wie D. F. Strauß nicht einräumt, sondern fordert – als Religionsersatz, als »neuen Glauben«. Denn – so Strauß – »man kann sich die Stelle nicht leer denken, wo man von jeher etwas hat stehen sehen«.[28] Die »deutsche Nationalliteratur«, besonders der »classischen Literaturperiode« seit Lessing, die große deutsche Musik seit Bach und die bildende Kunst dienen nun –

25 Jean Paul, a.a.O. (s. Anm. 21), S. 353.

26 J. Grimm: *Rede auf Schiller* (1855). In: *Reden und Aufsätze*, hg. v. W. Schoof. München 1966, S. 151.

27 Arnold Ruge: *Unsere Classiker und Romantiker seit Lessing. Geschichte der neuesten Poesie und Philosophie*. In: *Sämmtliche Werke*, Bd. 1. 2. Aufl. Mannheim 1847.

28 David Friedrich Strauß: *Der alte und der neue Glaube. Ein Bekenntnis.* 11. Aufl. Bonn 1881, S. 299.

für Strauß – der »rechten und vollen Erbauung«, besonders an den Sonntagen; denn Kunst läßt die »Harmonie des Universums ahnen« und ist insofern »religiös«.[29]
So ergab sich durch den großen Klassikerzuwachs ein Pantheismusproblem. In der Theologie galt der Pantheismus als enharmonische Verwechslung im Übergang vom Theismus zum Atheismus: Wenn das All göttlich ist, ist alles göttlich; wenn alles göttlich ist, ist nichts göttlich, hebt sich das Göttliche auf. Genauso sieht Nietzsche die Flut der neuen Klassiker: Wenn auch das »Stil-Monstrum« Gutzkow ein Klassiker ist, dann ist das Klassische im 19. Jahrhundert nivelliert und zugrunde gegangen.[30]
Die Kritik an den pantheistischen Tendenzen des deutschen Idealismus führte im 19. Jahrhundert dazu, Gottes Transzendenz neu zu akzentuieren: das taten z. B. die spekulativen Theisten wie Ch. W. Weiße und I. H. Fichte. Erst recht betonte Kierkegaard die Fremdheit Gottes und die Paradoxie des Christusglaubens; hatte doch der Hegelianismus die Religion so sehr mit der modernen Kultur verschmolzen, daß es sich die Bürger in und mit ihrem Christentum bequem zu machen begannen. Der Kierkegaard des Klassischen ist Nietzsche. Er wendet sich gegen die Bildungsphilister, die sich an ihren Klassikern nur noch »erbauen« und sich in ihrer klassischen Bildung stolz und gemütlich einrichten, ohne den hohen Anspruch einer wahrhaft klassischen Bildung noch zu bemerken.[31] Deshalb gibt Nietzsche dem Ideal eine neue Fremdheit und Übergröße, eine neue Transzendenz, und dadurch erst wieder den Charakter des Göttlichen: Das Klassische wird wieder auf die Antike bezogen und diese zur »unendlich fernen und mit diamantenen Wällen umschlossenen Burg des Hellenischen« erklärt. Die »deutschen Klassiker« verdienen für Nietzsche nur deshalb den Namen, weil sie die wahren »Führer«, die Mittler und Propheten jener »Bildungsheimat« sind.[32] Zur apotropäischen Wirkung für das Bildungsphilistertum im Stile von D. F. Strauß lehrt Nietzsche, daß uns nichts »vor der Vernichtung durch das furchtbar-schöne Gorgonenhaupt des Klassischen

29 A.a.O., S. 301 f., 306.
30 Nietzsche: *David Strauß der Bekenner und Schriftsteller. Unzeitgemäße Betrachtungen. Erstes Stück* (1873). *Werke*. Bd. 1, S. 190 f.
31 A.a.O., S. 144.
32 Nietzsche: *Über die Zukunft unserer Bildungsanstalten* (1872). *Werke*, Bd. 3, S. 208 f.

schützen« könne.[33] Das Klassische wird von Nietzsche in gleichem Maße von der moralischen und ästhetisierenden Kultur abgetrennt wie das Religiöse bei Kierkegaard. Es flößt Furcht und Zittern ein wie der Gott Abrahams – damit es nicht zum Bildungsbesitz wird. Was früher das klassische Griechenideal gefährdete – die Nachtseiten, das Dionysische –, das nimmt Nietzsche betont in sein neues klassisches Griechenbild hinein, um falsche Intimitäten zu zerstören und die Transzendenz des Klassischen zu sichern. Damit trennt er nun auch die alte Verbindung von sittlichem Humanismus und klassischer Bildung, die paradigmatisch Niethammer[34] behauptet hatte. Nur das ganz Andere der Bildungswelt ist davor geschützt, profanisiert zu werden. – Aber auch Nietzsche kann den aufklärerischen Zweifel nicht unterdrücken, daß dies ganz Andere wahrscheinlich nur unser Produkt ist; mitten im heftigsten Kampf für seine neue Sicht der griechischen Klassik schreibt er, das »ideale Altertum« sei »vielleicht nur die schönste Blüte germanischer Liebessehnsucht nach dem Süden«.[35]

Aber Nietzsche zeigt auch den einzig möglichen Ausweg aus dem Zweifel, den Ausweg, den die Religion vorzeichnete: den Akt des Glaubens. Er fordert, sich gegenüber den antiken Kunstwerken nicht wissenschaftlich oder ästhetisierend zu verhalten, sondern »andächtig zu sein«.[36] Dies Bemühen, im Zeitalter der Nivellierung, des Relativismus und Historismus durch existentiellen

33 Nietzsche: *Homer und die Klassische Philologie* (1869). *Werke*, Bd. 3, S. 159.

34 Friedrich Immanuel Niethammer: *Der Streit des Philantropinismus und Humanismus*. Jena 1808. Zum Begriff des ›Klassischen‹ siehe bes. S. 227ff. Niethammer hatte den »Humanismus« und die Orientierung an den antiken Klassikern verlangt, damit der Mensch nicht in »Bestialität« versinke (S. 47). Nietzsche hingegen betont, daß ein Klassiker nicht ohne Begierden und Immoralität zu denken sei (a.a.O. Bd. 3, S. 516). Zum klassischen Geschmack gehöre »ein Quantum Kälte, Luzidität, Härte ... Haß gegen Gefühl, Gemüt, esprit ...« (S. 646). Sein Klassikideal wird ganz als strikter Gegensatz zur christlichen Romantik stilisiert. Deshalb versucht er zu zeigen, daß die Griechen »gerade dort ›klassisch‹ gewesen sind, wo sie *nicht* ›human‹ waren«. Axel Horstmann. In: H. Flashar, K. Gründer, A. Horstmann (Hg.): *Philologie und Hermeneutik im 19. Jahrhundert*. Göttingen 1979, S. 368.

35 *Werke*, Bd. 3, S. 161.

36 A.a.O., S. 209.

Ernst die Würde des Klassischen zu retten, bestimmt dann am Beginn des 20. Jahrhunderts den Dritten Humanismus, gleichsam eine altphilologische Bekenntnisbewegung. Schon Friedrich Schlegels Zuwendung zum klassischen Altertum geschah, um im Gewimmel von Kulturen und Stilen etwas unbedingt Gültiges und Substantielles zu haben.[37] Dies Bedürfnis ist zu Beginn des 20. Jahrhunderts, im Zeichen des Materialismus, Historismus und Wertrelativismus, natürlich noch stärker. Aber man bekommt das Ewig-Gültige jetzt nur durch »verehrende Kraft«,[38] durch den verstärkten Einsatz subjektiven Engagements. Auf der berühmten Naumburger Tagung für Klassische Altertumswissenschaft sagt Johannes Stroux, »Begriff und Wert des Klassischen« bestimmten sich »durch die *eigne Stellungnahme*«; es bedürfe einer »erneuerten *Hingabe* an das Klassische, an die einmaligen, objektiven, die *absoluten Werte* der Antike«.[39]

Wenn allerdings die absoluten Werte durch die subjektive Stellungnahme und Hingabe erst erschlossen werden, dann ist ihre Objektivität noch ungesichert, noch von der Subjektivität abhängig. Deshalb hatte in der Theologie Karl Barth seiner frühen Existenztheologie den Rücken gekehrt; nicht der Akt des Glaubens erschließe den Offenbarungsgehalt, sondern umgekehrt: Der Glaube sei die subjektive Resonanz des objektiven göttlichen Offenbarungswirkens. In der Altphilologie vollzieht diese Wende ganz analog Schadewaldt: Nicht durch den Glauben ans Klassische hat dieses seine objektive Geltung, sondern umgekehrt: In der Geltung des Klassischen »ist der Strom einer gewaltigen, die Zeiten durchdringenden Wirkung aufgefangen, und diese Wirkung ist dem innern Wesen der klassischen Gegenstände selbst entquollen«.[40] Die Geltung des Klassischen geschieht nicht in Kraft des Glaubens, sondern ist die Wirkung der Kraft des Klassischen selber. Alle Bewunderung ist vom Klassischen erzeugt, und aller Zweifel ist nur auf dem Boden dieser Wirkung möglich.

37 Friedrich Schlegel, *Kritische Ausgabe*, Bd. 1, S. 222 ff.

38 W. Jaeger, a.a.O. (s. Anm. 7), S. 17.

39 J. Stroux: »Die Anschauung vom Klassischen im Altertum.« In: W. Jaeger (Hg.), a.a.O. (s. Anm. 4), S. 1 (Hervorhebungen im Zitat von mir; G. Sch.).

40 Wolfgang Schadewaldt, a.a.O. (s. Anm. 4), S. 21 f. Schadewaldt entfaltet diese Theorie der Wirkungsgeschichte in Anlehnung an den Aristotelischen Gedanken der Wirkung von Kraft.

In die Wirkungsgeschichte dieser Theorie der Wirkungsgeschichte gehören auch Gadamers Aussagen zum Klassischen in *Wahrheit und Methode*. Gadamer orientiert sich am Klassikbegriff der Altphilologen des Dritten Humanismus, und deshalb ist auch bei ihm der Begriff nicht frei von einer religiösen Aura. Denn was für Gadamer das Wesen des Klassischen ausmacht – daß es dem Wandel des Geschmacks enthoben ist, daß es jeder Epoche das ihre sagt, daß es geschichtlich einmalig und unüberbietbar ist[41] –, das findet sich in besonderer Weise doch an einem Buch, das m. W. gerade nie »klassisch« genannt wurde, nämlich an der Bibel.

Es verwundert nicht, daß sich gegen einen religiös getönten Klassikbegriff, der kein bloßer Stilbegriff sein darf, die Kritik erhob, zumal die Begeisterung für die antike Kunst in ideologische Dienste genommen worden war: 1942 schrieb der Herausgeber der beiden Prachtbände *Das neue Bild der Antike*, Helmut Berve, es würden jetzt »mit Inbrunst die Werke des klassischen Altertums« neu erfaßt. Denn »die Diesseitigkeit antiken Menschentums« könnte »im Zeichen betonter Diesseitigkeit der nationalsozialistischen Weltanschauung aufrichtiger nacherlebt werden, als es im Banne bewußter Jenseitsgläubigkeit möglich war«.[42]

Deshalb wurde – besonders als Traditionskritik Pflicht war – der Klassikbegriff in ähnlicher Weise kritisiert wie vormals die Religion, nämlich als eine Art Köhlerglaube der Gebildeten (siehe den Band *Die Klassik-Legende*) oder als Barbarei des Bürgertums (siehe Schmalzriedt, *Die inhumane Klassik*; beide Bände 1971).[43]

3. Auswege

Was soll aber nun mit dem Begriff »Klassik« geschehen, wenn er für die einen das Symbol einer legitimen ästhetischen Religion, für die andern jedoch Merkmal eines modernen Aberglaubens und Exempel eines »Bildungsklischees« ist?

41 Hans-Georg Gadamer: *Wahrheit und Methode*. 4. Aufl. Tübingen 1975, S. 269 ff.

42 H. Berve (Hg.): *Das neue Bild der Antike*. Bd. 1, Leipzig 1942, S. 6 f.

43 Siehe Anm. 1. Der Titel der Schrift Schmalzriedts ist nicht durch ihren Inhalt, wohl aber auf dem Hintergrund der ideologischen Antiken-Rezeption verständlich.

Die Philosophie hat seit dem 19. Jahrhundert schon verschiedene Auswege gefunden: Sie hat den belasteten Begriff gemieden und hat ästhetische Wertdifferenzen z. B. durch die Begriffe Schönheit oder Vollkommenheit markiert. Die Mehrzahl der Ästhetiker ist nach Hegel dem Begriff aus dem Wege gegangen, und interessanterweise haben das gerade die meisten Ästhetiker im Einflußbereich des Hegelianismus getan, z. B. Christian Hermann Weiße, Theodor Mundt, Max Schasler und Moritz Carriere[44] (ich werde gleich andeuten, warum). – Die Philosophie hat sodann den Begriff in seiner Bedeutung zu reduzieren und genau zu umreißen versucht. Z. B. ist für Johannes Volkelt ein Kunstwerk dann klassisch, wenn seine Form die höchste Vollendung zeigt, wenn wir die Form eine »organische Einheit im höchsten Grade« nennen müssen: »Die organische Einheit scheint sich derart leicht und hemmungslos zu vollziehen, daß wir eine Zusammenstimmung von vollendeter Klarheit und Reinheit, von nicht zu überbietendem Wohlklang erleben. Indem wir uns in die Einheit der Form einfühlen, erscheint sie uns als von reiner Gesundheit, von harmonischem Wohlgefühl erfüllt, als von den glücklichsten Maßverhältnissen gediehen.«[45] – Volkelt hat ganz bewußt alle inhaltlichen und historischen Bezüge aus seiner phänomenologischen Beschreibung heraushalten wollen. Aber dennoch zeigt seine

44 Ch. H. Weiße unterscheidet das »antike Ideal« und das »romantische Ideal« (*System der Ästhetik als Wissenschaft von der Idee der Schönheit.* Leipzig 1830. Repr. Hildesheim 1966, Bd. 1, S. 267 ff., 283 ff.). – Th. Mundt stellt das »plastische Ideal des Hellenismus« und die »antike Objektivität« dem »christlichen Ideal« und der »romantischen Kunst« gegenüber. Nur im Vorbeigehen wird die »klassische Kunst« der Antike als einseitige und vergangene Kunst gestreift. (*Aesthetik. Die Idee der Schönheit und des Kunstwerks im Lichte unserer Zeit.* Berlin 1845. Nachdr. Göttingen 1966, S. 195 ff.). – M. Schasler unterscheidet in den »kulturgeschichtlichen Schönheitsformen« die Stufen »Orientalismus«, »Hellenismus« und »Christianismus«. Dabei heißt es vom »Athenismus des perikleischen Zeitalters«, daß er »im eminenten Sinne die ›klassische‹ Bildungsepoche ... der antiken Kultur darstellt« (*Ästhetik. Grundzüge der Wissenschaft des Schönen und der Kunst.* Leipzig [1866], Bd. 1, S. 207). Durch die Anführungszeichen markiert Schasler den Klassikbegriff als belastet. – M. Carriere scheint das Wort ganz gemieden zu haben (*Aesthetik. Die Idee des Schönen im Leben und in der Kunst.* 3. Aufl. Leipzig 1885).

45 J. Volkelt: *System der Ästhetik.* 2. Aufl. München 1925, Bd. 2, S. 63.

Wortwahl die Orientierung an Goethe und am Griechenbild der Goethezeit. Es scheint schwierig, bei einer Begriffsbestimmung des Klassischen in der Ästhetik das zu vergessen, was paradigmatisch in der Tradition »klassisch« genannt wurde.

Es sei an dieser Stelle nur die theoretische Einstellung zu diesem Begriff noch ein wenig erörtert, die jenen überfrachteten Klassikbegriff nicht umgeht, sondern ihn aufnimmt, genau begründet und zugleich historisiert – und damit als verbindliche Norm verabschiedet. Ich meine jene geistige Bewegung, die bei Hegel kulminiert. (Ich bedaure, dabei ein paar allzu bekannte Dinge berühren zu müssen.)

Ich hatte vermutet, daß der Klassikbegriff erst dort seinen Nimbus erhält, wo man zwischen den Werken der »klassischen Antike« und seinem eigenen Standort eine unaufhebbare Epochenschwelle sieht. In dieser Situation drängt sich die Erkenntnis auf, daß die klassischen Kunstwerke nicht durch Talent oder gar Regeltreue der Künstler möglich wurden, sondern durch die Gunst der geschichtlichen Stunde, durch den Geist des Zeitalters, durch den gesamten Zustand der Kultur, durch Staat, Wissenschaft, Religion. Die Spätaufklärung, z. B. Kant und Sulzer,[46] hatten noch keinen Gedanken darauf verwendet, warum die klassischen, musterhaften Werke gerade der Antike entstammen. Spätestens bei Schiller und Friedrich Schlegel aber wurde die Frage bekanntlich zum Gegenstand der geschichtsphilosophischen Reflexion. Diese gelangte zur Einsicht, daß Antike und Moderne zwei ganz verschiedene Epochen sind, nicht nur im Hinblick auf die Kunst. Deshalb stellten die Brüder Schlegel – eine ältere Begriffsprägung aufnehmend – dem Antik-Klassischen das Modern-Romantische gegenüber.[47]

Solange der Gegenbegriff zum Klassischen das Nicht-Klassische war – wie z. B. bei Kant und Sulzer –, war sein Gebrauch kaum problematischer als jedes andere ästhetische Werturteil. Aber durch seinen neuen Partner und Gegenbegriff – das Romantische – wird er in seiner Bedeutung irritiert; er schwankt zwischen

46 I. Kant: *Kritik der Urteilskraft* § 32. J. G. Sulzer: *Allgemeine Theorie der schönen Künste.* 2. Aufl. Leipzig 1792, Repr. Hildesheim 1970, Tl. 1, S. 475 ff.

47 Aus der Fülle der Literatur sei nur erwähnt: Peter Szondi: *Poetik und Geschichtsphilosophie.* 2 Bde., Frankfurt/M. 1974.

Übergröße und bloßem Stilbegriff. Seine Bedeutung hängt jetzt von der Einschätzung des Romantischen ab:

a) Gilt das Romantische, womit man den Charakter der modernen, durchs Christentum vermittelten Kunst bezeichnete, als das »Kranke« (wie z. B. bei Goethe),[48] dann bleibt »Klassik« der unbestrittene Normbegriff, wenngleich er zugleich auch Epochen- und Stilbegriff ist.

b) Bekommt aber das Romantische neben dem Klassischen ein eignes Recht (wie bei den Schlegels und vorher bei Herder),[49] dann hat der Begriff »Klassik« als einzig verpflichtende Norm abgedankt und wird zu einem vergangenen Kunstideal und zum Epochen- und Stilbegriff reduziert.

Die Mehrzahl der Ästhetik-Systeme nehmen um 1800 in Deutschland die Schlegelsche Polarität auf. Schon und auch bei dem Spätaufklärer J. A. Eberhard findet sie sich ähnlich als Gegensatz von »sinnlich-heroischer« Kunst und »übersinnlich-romantischer«;[50] bei Ast, Solger, Schleiermacher, Humboldt ist dann der Einfluß der Brüder Schlegel unverkennbar. Daß sie alle den Begriff des Modern-Romantischen aufwerten zuungunsten des Klassisch-Antiken, liegt wesentlich an der modernen Musikkultur. Denn wenn – wie besonders durch Winckelmann bewußt geworden war – die moderne Kultur der griechischen Plastik wenig entgegenzusetzen hatte, so war mit Herder doch leicht zu erkennen, daß im Gebiet der Musik die Sachlage sich umkehrte: Die moderne, durchs Christentum vermittelte Kultur hatte eine Fülle von musikalischen Meisterwerken hervorgebracht, denen in der Antike nichts entsprach. Deshalb stärkt die Musik das kulturelle Selbstbewußtsein der Moderne und stabilisiert den Begriff »romantisch« als wirklich gleichwertigen Gegenbegriff zu »klassisch«. Daß die Antike die Plastik, die Moderne die Musik zur Blüte brachte, wird zumeist mit folgender, spekulativer Deutungsfigur interpretiert: Die Alten richteten ihre Aufmerksamkeit in äußerer Anschauung auf die sichtbare natürliche Welt – die Neueren aber wandten sich in innerer Anschauung, im Gefühl,

48 *Goethes Werke* (*Hamburger Ausgabe*), Bd. 12, S. 487: »Klassisch ist das Gesunde, romantisch das Kranke.« *(Maximen und Reflexionen.)*

49 Helene Gotthard und Richard Ullmann: *Geschichte des Begriffs »Romantisch« in Deutschland.* Berlin 1927, S. 83.

50 Johann August Eberhard: *Handbuch der Aesthetik.* 2. Aufl. Halle 1820, Tl. 4, S. 129 ff.

dem Unendlichen zu. Klassisch und romantisch – beide Begriffe zunächst vornehmlich auf die Literatur angewandt – haben nun ihre je eigne Kunstgattung, in der sie sich besonders ausprägen, und ihre eigne Epoche: Das Klassische – das ist nun vornehmlich die antike Plastik; das Romantische aber vornehmlich die moderne Musik (die Kirchenmusik seit der Renaissance, aber auch die neue freie Instrumentalmusik).[51] Und dies Deutungsmuster wurde so einflußreich, daß in der Mitte des 19. Jahrhunderts F. Th. Vischer[52] Beethoven den »großen Musiker« und »musikalischen Propheten« der »romantischen Schule« nannte und sogar noch Nietzsche zögerte, in Beethoven einen Klassiker zu sehen – beidemal keine Herabsetzung Beethovens, sondern eine bezeichnende Einschränkung des Klassikbegriffs.[53]

Hegels System der Ästhetik schließt sich zunächst jenen frühromantischen Entwürfen an. In seiner *Philosophischen Propädeutik* von 1808 heißt es: »Es sind zwei Hauptformen oder *Stile* der Kunst zu unterscheiden, der *antike* und *moderne*. Der Charakter der ersten ist *plastisch*, objektiv, der der anderen *romantisch*, subjektiv.« Schon hier behauptet aber Hegel keine bloße Polarität, sondern die Überlegenheit des »antiken Stils«: Denn »in der objektiven Klarheit und Haltung löscht er das Zufällige und Willkürliche des Subjektiven aus«.[54] Auch in Hegels späteren Ästhetik-Vorlesungen ist die antike der modernen Kunst überlegen; und deshalb kann er anders als die Romantiker dem Klassischen seine hohe Stellung lassen; es bleibt das künstlerisch Unüberbietbare.

51 Fritz Strich: *Deutsche Klassik und Romantik.* München 1922. – Gerhard Storz: *Klassik und Romantik.* Mannheim, Wien, Zürich 1972, bes. S. 100f.

52 Friedrich Theodor Vischer: *Aesthetik oder Wissenschaft des Schönen.* 2. Tl., 2. Abt., Reutlingen, Leipzig 1848, § 484, S. 523.

53 Nietzsche: »Es erweckt mein Mißtrauen, wenn ganz unschuldig Beethoven allerwärts als ›Klassiker‹ bezeichnet wird: ich würde streng aufrechterhalten, daß man in anderen Künsten unter einem Klassiker einen umgekehrten Typus, als der Beethovens ist, begreift.« (*Aus dem Nachlaß der Achtziger Jahre. Werke*, hg. von K. Schlechta, Bd. 3, S. 835 f.)

54 G. W. F. Hegel: *Philosophische Enzyklopädie für die Oberklasse* (1808 ff.) § 204. *Theorie-Werkausgabe*, Bd. 4, S. 65 f. Schon in seiner Jenenser Ästhetik (1805/06) stellt Hegel »plastische« und »musicalische Kunst« einander gegenüber (*Jenaer Systementwürfe III*, hg. von R.-P. Horstmann. *Akademie-Ausgabe.* Bd. 8, Hamburg 1976, S. 278).

Hegel gilt als der klassische Theoretiker des Klassischen. In der Tat gibt es wohl kein zweites philosophisches Werk, das so ausführlich und eindringlich diesen Begriff bestimmt wie Hegels Vorlesungen über Ästhetik. Sein berühmter Satz, das Klassische sei »das *sich selbst Bedeutende* und damit auch *sich selber Deutende*«,[55] wird allerdings häufig nur wie eine magische Formel zitiert. Gadamer hat den Satz interpretiert, und er hat darin das Wesen des Klassischen in richtiger Weise ausgesprochen gefunden. Das Hegel-Wort besage, das Klassische sei letztlich das für alle Epochen Verständliche und Bedeutsame; Hegel bestimme hier das Klassische als das, was »der jeweiligen Gegenwart etwas so sagt, als sei es eigens ihr gesagt«.[56] Doch Hegel akzentuiert mit dem Begriff des Klassischen gar nicht das immer anders und neu Interpretierbare, sondern den durch sich selbst klaren und bestimmten Sinn; nicht das ewig Bleibende, die »Bewahrung im Ruin der Zeiten«, sondern das historisch Gewordene, das nur im antiken Griechenland Mögliche. In der Erinnerung aufbewahrt wird die symbolische und romantische Kunst nicht weniger als die klassische. Für eine genauere Erklärung der Hegelschen Formel bedarf es aber der Einbeziehung des weiteren und engeren Kontextes.

Karl Philipp Moritz hatte 1788 in seinem Aufsatz *Die Signatur des Schönen* über die Möglichkeit der sprachlichen Beschreibung von Kunstwerken nachgedacht und war zu dem Ergebnis gekommen, die Schönheit der Werke entziehe sich eigentlich der Wiedergabe durch das Wort; ja, das Schöne bedürfe keiner Kommentierung, es sei durch sich selbst klar. An Platons Aussagen zur Ideenschau angelehnt, heißt es, gerade das sei schön, was »auf einmal« (platonisch ἐξαίφνης) sich dem Auge als schön darstelle und die Seele erschüttere.[57] Moritz faßt zusammen, die reflexive Struktur der Hegel-Formel vorwegnehmend: »Denn darinn besteht ja eben das Wesen des Schönen, daß ein Theil immer durch den andern und das Ganze durch sich selber, redend und bedeutend wird – daß es sich selbst erklärt – sich durch sich selbst

55 Hegel: *Ästhetik*, hg. von Friedrich Bassenge, Bd. 1, S. 413.

56 Gadamer, a.a.O. (s. Anm. 41), S. 274.

57 K. Ph. Moritz: *Die Signatur des Schönen. In wie fern Kunstwerke beschrieben werden können?* (1788). *Schriften zur Ästhetik und Poetik. Kritische Ausgabe*, hg. von J. Schrimpf. Tübingen 1962, S. 94.

beschreibt – und also außer dem bloß andeutenden Fingerzeige auf den Inhalt, keiner weitern Erklärung und Beschreibung mehr bedarf. – Sobald ein schönes Kunstwerk, außer diesem Fingerzeige, noch einer besondern Erklärung bedürfte, wäre es ja eben deswegen schon unvollkommen: denn das erste Erforderniß des Schönen ist ja eben seine *Klarheit*, wodurch es sich dem Auge entfaltet.«[58]

Moritz hat diese These, daß »das Ganze des Werkes durch sich selber, *redend* und *bedeutend* ist«, im Hinblick auf die griechische Plastik formuliert (der Aufsatz ist durch Winckelmann angeregt). Es ist die Skulptur, an der die Schönheit der menschlichen Gestalt evident ist; und Moritz hat begründet, aus welchem Grunde gerade der menschliche Körper das durch sich selbst klare Schöne ist: »Eben darum rührt uns die Schönheit der menschlichen Gestalt am meisten, weil sie die inwohnende Vollkommenheit der Natur am deutlichsten durch ihre zarte Oberfläche schimmern, und uns, wie in einem hellen Spiegel, auf den Grund unsres eignen Wesens, durch sich schauen läßt.«[59] Der Gedanke ist von einiger Hintergründigkeit: Das Schöne der plastischen Gestalt ist deshalb durch sich selbst verständlich und klar, weil dem Betrachter sein eignes Wesen erscheint, er sich selbst gewahr wird. Das Betroffensein durch den Eindruck des Schönen, bei Platon durch die Anamnesislehre erklärt, ist hier die Betroffenheit der Selbstbegegnung; man sieht, was man im Grunde selbst ist.

Lassen wir dahingestellt, ob Hegel diese Gedanken Moritz' vor Augen hatte oder nicht; jedenfalls zeigen seine Ausführungen über klassische Kunst Parallelen. Die klassische Kunst par excellence ist die griechische Plastik, welche die menschliche Gestalt so vergegenwärtigt, daß in der sichtbaren Körperlichkeit – unmittelbar geeint mit ihr – die »geistige Individualität« erscheint.[60] Daß diese Kunst »sich selbst bedeutet«, heißt, daß im sinnlichen Anblick der Plastik evidentermaßen ein geistiger Mensch gegeben ist; denn die menschliche Gestalt hat – wie Hegel sagt – »die Bedeutung des Geistes«.[61] Wir dürfen vereinfacht sagen, die

58 A.a.O., S. 95.
59 A.a.O., S. 96.
60 Hegel: *Ästhetik* (s. Anm. 55), S. 418.
61 A.a.O., S. 419.

menschliche Gestalt der griechischen Plastik bedeutet eben einen geistigen Menschen – nicht mehr und nicht weniger.

Eine genauere Analyse müßte die Abgrenzung der klassischen von der romantischen und symbolischen Kunstform berücksichtigen – dies kann ich aber hier nur grob andeuten: Auf der Stufe der symbolischen (d. h. orientalischen) Kunst hat der Geist noch nicht sich als Geist begriffen – und deshalb kann er künstlerisch sich nicht recht ins Werk setzen, objektivieren. Die Gestalten der Kunst zeigen deshalb nur »ein abstraktes Zusammenstimmen von Bedeutung und Gestalt«[62] – das Tier, z. B. der Vogel, bedeutet einen Gott. Die dunkle Macht der Natur und der noch abstrakte Geist klaffen auseinander. Umgekehrt hat auf der Stufe der romantischen, d. h. christlichen Kunst der Geist sich so sehr als wahrhaft unendlicher Geist und als Herr über die Natur begriffen, daß er für alle künstlerische Repräsentation gleichsam zu groß ist. Alle bedeutenden Werke meinen jetzt mehr, als sich überhaupt mit natürlichen, sinnlichen Mitteln darstellen läßt; deshalb tritt neben die Kunst die Religion und dann die Philosophie. Die klassische Kunst ist also nur möglich in einer ganz bestimmten, unwiederholbaren Phase der Entwicklung des Geistes: Er ist in ihr so beschaffen, daß er sich in der mit natürlichen Medien arbeitenden Kunst angemessen und restlos selbst darstellen und seiner innewerden kann.

Die Pointe von Hegels Ansatz ist, daß er der in seiner Zeit aufblühenden Gräcomanie mit ihrem Begriff des Klassischen ihr volles Recht gibt und sie zugleich überwindet. Denn in der Tat, »schöneres kann nicht sein und werden« als die klassische, antike Kunst;[63] und »wenn es erlaubt wäre, eine Sehnsucht zu haben, so nach solchem Lande, solchem Zustande« (so Hegel über Griechenland in seiner Philosophiegeschichte).[64] Aber es ist nicht erlaubt, so zu träumen, denn es ist kurzsichtig und unvernünftig. Die Schönheit und Harmonie der griechischen Kunst nämlich ist nur möglich aufgrund des unentwickelten Zustandes des Geistes. Die Trauer in den Augen der schönen Göttergestalten zeigt nämlich nicht, wie Humboldt meinte, daß die Götter vorbildlich das

62 A.a.O., S. 296.
63 A.a.O., S. 498.
64 Hegel: *Vorlesungen über die Geschichte der Philosophie. Theorie-Werkausg.* Bd. 18, S. 173.

unabänderliche Schicksal annahmen, das allem Endlichen widerfährt.[65] Sondern sie leiden daran, daß sie nicht wahrhaft leiden und sterben können. Erst in der christlichen Religion nimmt Gott den Tod auf sich, um ihn zu überwinden. Deshalb ist es von Hegel her gesehen falsch, mit Winckelmann[66] den männlich ertragenen Schmerz des Laokoon und die Harmonie dieses Werkes nur zu bewundern; denn es ist ein Mangel der antiken plastischen Kunst, den wirklichen Schmerz des Todes und »die ganze Schärfe und Dissonanz des Leidens, der Marter, Qual« nicht ins Bild setzen zu können.[67] Der Anthropomorphismus der griechischen Mythologie und die Menschlichkeit der griechischen Götter, von denen das moderne Bewußtsein sich angezogen fühlt, sie sind laut Hegel in Wahrheit nicht anthropomorph und menschlich genug.[68] Wenn K. Ph. Moritz die Auffassung vertritt, daß in der griechischen Plastik der Betrachter auf den Grund der eigenen Seele blickt, so hat er damit für Hegel recht und unrecht zugleich, denn es ist für uns eben nicht das ganze, wahre Bild der Seele, welches in solchem Kunstwerk erscheint.

Hegel gibt dem, was sich hinter dem Begriff des Klassischen verbirgt, den Namen »Kunstreligion« und zeigt, daß diese Religionsform durch das Christentum mit Recht überwunden wurde. Wer sie zurückwünscht, leistet auf Wahrheit und Freiheit Verzicht; denn die antike Welt kannte nicht die subjektive Freiheit, und sie erkannte nicht die wirkliche Menschlichkeit des Menschen. Nur auf dem Boden eines asketisch und falsch verstandenen Christentums erwächst für Hegel die Illusion einer menschlichen, antiken Kunstreligion, die in Wirklichkeit gerade aus Mangel an Humanität zugrunde ging.

Man sieht, daß Hegels Begrenzung des Klassischen auf die griechische Kunst eng mit seinem berühmt-berüchtigten Wort vom Ende der Kunst zusammenhängt. Wegen dieser Implikation haben offensichtlich auch die meisten Hegelianer den Begriff des Klassischen gemieden; denn behauptete man mit Hegel das Klas-

65 W. v. Humboldt: »Latium und Hellas« (1806). *Werke*, hg. von A. Flitner u. K. Giel, Bd. 2, S. 43 f.

66 Johann Joachim Winckelmann: *Gedanken über die Nachahmung der griechischen Werke in der Malerei und Bildhauerkunst* (1755). *Kleine Schriften und Briefe*. Weimar 1960, S. 44 f.

67 Hegel: *Ästhetik* (s. Anm. 55), S. 517.

68 A.a.O., S. 419 f.

sische als Gipfel der Kunst, mußte man mit ihm auch das Ende der Kunst in ihrer höchsten Bestimmung behaupten. Aber das war im 19. Jahrhundert schon deshalb anstößig, weil die Künste, z. B. die Musik und die Dichtung, eine große Lebendigkeit zeigten und Kunstreligion – z. B. in Bayreuth – durchaus möglich schien. F. Th. Vischer – m. W. der einzige, der Hegels Begriff des Klassischen als das Sich-Selbst-Bedeutende aufgriff – hat deshalb seinen Lehrer kritisiert. Hegel habe sich eine »logische Ungenauigkeit« zuschulden kommen lassen, denn er habe den Eindruck erweckt, das klassisch-griechische Kunstideal sei das höchste und einzige.[69] Aber es ergebe sich auf dem Boden des Christentums ein neues Kunstideal, dem die Künste entsprechen müßten: Es gelte jetzt, »eine Gestalt aufzustellen, in welcher der Ausdruck über die leibliche Form überwiegt ... Daß ein Rest von Innerlichkeit sei, der nicht ganz heraus will, ebendieß soll dann die Gestalt ohne Rest ausdrücken.« Die sinnliche Gestalt des Werkes muß also vollständig ausdrücken, daß nicht restlos der Geist in sie einging.[70] Vischer überholt damit – wie die Romantiker – das antike Kunstideal; die griechischen Klassiker sind nur ein bleibendes Muster für die Aufgabe, die Phantasie angemessen und restlos zu objektivieren. Dahinter steht die Auffassung, daß die Künste noch die gleiche Funktion wie in der Antike haben können und Kunstreligion auch in der Moderne möglich ist.
Die Geisteswissenschaften haben Hegel oft Ressentiments entgegengebracht, weil er vom Ende der Kunst sprach und weil sich mit seinen spekulativen Konstruktionen bei der Deutung von Kunst nicht immer etwas anfangen ließ. Aber man sollte ihm statt dessen dankbar sein, daß er das Ende der Kunstreligion gezeigt hat. Denn dadurch ist z. B. die Philologie davon entlastet – ich zitiere Werner Jaeger –, »Priesterin« sein zu müssen; ihre »Jünger« brauchen nun keine »Religion« und »verehrende Kraft« zu haben, und sie brauchen gottlob nicht »anbetend die Notwendigkeit des Schicksals weise« zu werden.[71] Es genügt wirklich, wenn die Philologen die alte Kunst verständlich machen und wenn sie sich darüber streiten, welche Werke wirkliche Kunstwerke und welche bloße Machwerke sind. Ob in diesem Streit der Begriff

69 F. Th. Vischer, a.a.O. (s. Anm. 52), 2. Tl. 2. Abt. (1848) § 434, S. 446 ff.
70 A.a.O., § 439, S. 460.
71 W. Jaeger, a.a.O. (s. Anm. 7), S. 17.

des Klassischen als des Sich-Selbst-Bedeutenden hilfreich ist oder bloß Verwirrung stiftet, lasse ich dahingestellt. Jedenfalls ist er keineswegs tauglich, um jene berühmte Naumburger Tagung als »historische Selbstkritik« der Geisteswissenschaften zu rechtfertigen und zu stützen.[72] Vielmehr enthält der Hegelsche Begriff die eindringlichste Kritik an solchen Restitutionsversuchen von Kunstreligion.

Die vorstehenden Beobachtungen zum Begriff des Klassischen waren vornehmlich kritisch. Deshalb noch ein kleines Nachwort. *Erstens* gibt es zweifellos Werke, von denen keiner, der sich auf sie einließ, meint, sie könnten ruhig noch ein wenig vollkommener und sinnvoller sein. Wenn sich ihre Unübertroffenheit schwer in Worte fassen läßt, mag das in der Tat an der Unzulänglichkeit unserer Sprache liegen, wie K. Ph. Moritz vermutete; alle Äußerungen über Kunst sind deshalb oft nur Annäherungen, provisorische Artikulationsversuche. Und *zweitens* gibt es Autoren und Werke, die das Gütesiegel »klassisch« tragen. Beide Bereiche – jene vollkommenen Werke und das anerkannt Klassische – sind keineswegs gänzlich identisch.

Begriffe neigen oft dazu, sich zu verselbständigen und ein Eigenleben zu führen. Dann erschließen sie uns nicht die Wirklichkeit, sondern nebeln sie ein. Als z. B. Hans Rose 1937 die »Klassik als künstlerische Denkform des Abendlandes« (so der Titel) nachzuweisen versuchte, verleitete ihn der Begriff nur zu einer Stilisierung der Geschichte. Auch unser Denken und Wahrnehmen wird fortwährend durch diesen Begriff geprägt; sind wir doch ständig bereit, die unbedeutendsten Werke der Klassiker auszustellen und aufzuführen, während wir bedeutende Werke der Nicht-Klassiker allenfalls einer flüchtigen Betrachtung würdigen. Da aber so sich nicht die vorzüglichen Werke, sondern der Begriff des Klassischen als bestimmende Macht zu erweisen droht, verlangt seine Verwendung in besonderer Weise das, was Kant »Urteilskraft« nannte: die nicht unter Regeln zu bringende Fähigkeit, den allgemeinen Begriff auf die gegebene Erfahrung zu beziehen. Im Bereich der Kunst ist dabei eine möglichst unverkürzte ästhetische Erfahrung genauso wichtig wie das Wissen um die Denotate und Konnotate des Begriffs.

Jedenfalls ist uns keineswegs durch das tradierte Vorurteil schon

72 Gadamer, a.a.O. (s. Anm. 41), S. 270.

immer die richtige Bewertung und die richtige Bezeichnung vorgegeben. Vielmehr bleibt keinem innerhalb der Geisteswissenschaften die ständig neue, lebendige, kritische Auseinandersetzung mit der Geschichte erspart. Der dadurch entstehende Dissens und Konflikt zwischen den Interpreten dürfte für die Kultur viel fruchtbarer sein als die Erstarrung der »Klassiker« zu steinernen Standbildern.

x. Bedeutsamkeit
Zur Entstehungsgeschichte eines Grundbegriffs der hermeneutischen Philosophie*

1. Eine Wortbildung aus der Sattelzeit

Die Entstehung neuer Begriffsworte ist stets bedeutsam, denn sie zeigen etwas an: die Entdeckung neuer Sachverhalte oder Sichtweisen, zuweilen sogar epochale Umbrüche des gesamten Denkens. In diesem Sinne ist auch das Auftauchen des Wortes *Bedeutsamkeit* um 1800 bedeutsam. Die Wörterbücher bis zum Ende des 18. Jahrhunderts kennen es nicht, und beispielsweise Kant und Lambert haben es nicht verwendet.[1] Aber am Beginn des 19. Jahrhunderts finden sich schon viele Belege. Die Wortbildung entstammt der Epochenwende, die Koselleck die ›Sattelzeit‹ nannte. Der Germanist J. Chr. Adelung wollte 1811 den Neuling noch »nicht völlig billigen«: Die Ableitungssilbe -sam gehöre nicht zu denjenigen, »vermittels welcher sich noch jetzt neue Wörter bilden lassen«.[2] Aber schon 1822 genießt bei J. S. Ersch und J. G. Gruber das Wort volle lexikalische Anerkennung, wenngleich diese Autoren offensichtlich Schwierigkeiten haben, seine Bedeutung zu bestimmen: »Bedeutsamkeit hat ein Ding, sofern es bedeutsam ist; sie besteht, wenn sich so sagen läßt, in dem Bedeutsamseyn. Bedeutsam aber ist, was – nicht etwa blos in dem gegebenen einzelnen Falle, sondern – gewöhnlicher Weise viel, oder etwas wichtiges, bedeutet.« Z. B. seien Symptome, die die Änderung eines Krankheitsverlaufes anzeigen, für den Kran-

* Der nachfolgende Text ist die ergänzte Fassung eines Arbeitspapiers, das im Oktober 1989 im Rahmen eines deutsch-polnischen Symposiums über »Sinn – Bedeutsamkeit – Wert« in der Ruhr-Universität Bochum diskutiert wurde. Für anregende Kritik danke ich Herrn Kollegen Werner Strube.

1 Siehe die Computer-Register von G. Martin und N. Hinske.

2 Johann Christoph Adelung: *Grammatisch-kritisches Wörterbuch der Hochdeutschen Mundart.* 1. Tl. Wien 1811, Sp. 781.

ken »bedeutend«, aber nicht »bedeutsam«.[3] Das Wort gewinnt hier allmählich die Kontur, die es auch in unserem Sprachgebrauch noch hat: Das Bedeutsame zeigt etwas an, das in seiner Fülle mehr geahnt als gewußt wird und von vielen oder allen für wichtig gehalten und als werthaft affirmiert wird. Denn nicht die ersten Anzeichen einer Katastrophe sind bedeutsam, sondern allenfalls die Anzeichen ihrer möglichen Verhinderung. – Warum entstand um 1800 ein Bedürfnis nach diesem Wort und welche Stelle nahm es im System des Denkens ein?

2. Der ältere Kontext: Rhetorik und Hermeneutik

Zumindest in der Hermeneutik hatte der neue Begriff einen Vorgänger. Schleiermacher übersetzt mit *Bedeutsamkeit* den älteren Ausdruck *Emphase*.[4] Dessen Grundlage ist das griechische Wort emphaino = sehen lassen, zeigen. *Emphasis* heißt Abspiegelung, Andeutung, Verdeutlichung, Darstellung, Darlegung, Nachdruck. *Emphasis* ist schon ein Terminus der antiken Rhetorik und charakterisiert hier den sprachlichen Ausdruck, »der noch mehr bedeutet und in sich ahnen läßt, als er eigentlich ausspricht«.[5] »Est emphasis etiam inter figuras, cum ex aliquo dicto latens aliquid eruitur.« (Quintilian[6]) Cicero übersetzt griech. emphasis mit lat. significatio[7], und die meisten europäischen Sprachen

3 Johann Samuel Ersch, Johann Gottfried Gruber: *Allgemeine Encyclopädie der Wissenschaften und Künste.* 8. Thl. Leipzig 1822, S. 317.

4 Fr. D. E. Schleiermacher: *Hermeneutik*, hg. von Heinz Kimmerle. Heidelberg 1959, S. 43, 68, 105 u. ö.

5 Ersch, Gruber, a.a.O. H. Lausberg definiert den rhetorischen Begriff so: »Die Emphase ist der Gebrauch eines Wortes geringeren habituellen Bedeutungsinhalts (und größeren Bedeutungsumfangs) zur Bezeichnung eines größeren (präziseren) Bezeichnungsinhalts (und geringeren Bedeutungsumfangs). Die Emphase, die man als eine Sonderart der Synekdoche ... auffassen kann, ist also eine verhüllende sprachliche Ungenauigkeit, die ihre genauere Bezeichnungs-voluntas durch den (sprachlichen oder situationsmäßigen) Kontext sowie durch Mittel der pronuntiatio ... verrät und so überraschend wirkt«. Heinrich Lausberg: *Handbuch der literarischen Rhetorik. Eine Grundlegung der Literaturwissenschaft.* München 1960, Bd. 1, S. 298 (§ 578).

6 Quintilian: *Inst. orat.* IX, 2, 64.

7 Cicero: *De orat.* II, 66, 268 u. ö.

schließen sich daran an (bedeutsam = franz. significatif, engl. significant). In der deutschen Gelehrtensprache des 18. Jahrhunderts spricht man in der Regel von der Emphasis als vom »Nachdruck«.[8] Das Ausrufungszeichen heißt deshalb bei den Grammatikern »Nachdrucks-Zeichen, Emphaseos nota«.[9]
In der Hermeneutik befaßt sich die Lehre von der Emphase mit den Fragen, wie man den richtigen Bedeutungsumfang von Ausdrücken und Sätzen ermittelt, welche Implikationen und welches Gewicht sie im jeweiligen Kontext haben.[10] Denn – so bestimmt z. B. Schleiermacher – »die Emphase besteht darin Einmal wenn das Wort in dem größten Umfang zu nehmen ist, in welchem es gewöhnlich nicht vorkommt; dann auch wenn alle Nebenvorstellungen welche es erregen kann mit beabsichtigt sind.« Die Gegenbegriffe zu Emphase/Bedeutsamkeit sind bei Schleiermacher deshalb »Abundanz« und »Tautologie«.[11] Besonders in der theologischen Hermeneutik war die Frage nach der Emphase von großer Brisanz. Der umfangreiche Artikel über die »nachdrückliche Verknüpfung der Worte« in Zedlers Universallexikon von 1749 befaßt sich ausschließlich mit Beispielen aus der Bibelexegese.[12] Und das leuchtet ein: Denn z. B. unter Voraussetzung der Verbalinspiration bestand ja die Verlockung, im heiligen Text nichts Unwichtiges und Redundantes anerkennen zu wollen, sondern überall einen gewichtigen Hintersinn zu vermuten. Die hermeneutischen Lehren von der Emphase dienen also dazu, den Sinnumfang der Texte zu erschließen und zu begrenzen. Und die Voraussetzung ist überall, daß dieser Sinn ›an sich‹ vorgegeben ist, bereits festliegt und nur vom Interpreten aufgefunden, nicht

8 Siehe z. B. Johann Martin Chladenius: *Einleitung zur richtigen Auslegung vernünftiger Reden und Schriften.* Leipzig 1742 (Repr. Düsseldorf 1969), S. 62-65, 270-273.

9 Johann Heinrich Zedler: *Großes vollständiges Universal-Lexicon.* Bd. 23. Halle, Leipzig, Sp. 80.

10 Joachim Wach: *Das Verstehen. Grundzüge einer Geschichte der hermeneutischen Theorie im 19. Jahrhundert.* 3 Bde. Tübingen 1926-1933, Bd. 1, S. 15; Bd. 2, S. 368. Wilhelm Dilthey: *Das hermeneutische System Schleiermachers in der Auseinandersetzung mit der älteren protestantischen Hermeneutik. Gesammelte Schriften* Bd. 14/2, S. 620, 624, 769.

11 Schleiermacher: *Hermeneutik*, a.a.O., S. 104 ff.

12 Zedler, a.a.O., Bd. 59 (1749) Sp. 393 ff.

etwa produziert werden muß. Das gilt für alle Texte, die weltlichen und den heiligen; aber auch für das Buch der Natur, für die realen Dinge der Welt: Auch sie sind bis ins 18. Jahrhundert Zeichen, deren von Gott festgelegte Bedeutung der Hermeneut wachsend aufhellen kann. Deshalb kann sich die Hermeneutik auch mit dem Verstehen der Dinge befassen (G. F. Meier)[13], und deshalb kann neben den ›emphases verbales‹ auch von den ›emphases reales‹ gesprochen werden: Auch Dinge und Ereignisse haben einen von Gott festgelegten deutlichen oder ahnbaren Sinn. Darauf beruht ja in der Theologie die typologische Schriftauslegung: Historische Ereignisse können als Realprophetien, als Vorausdeutungen auf die zukünftige Erlösung oder Verdammnis ausgelegt und so in ihrem Tiefensinn bestimmt werden.[14] So sind im Kontext der älteren Hermeneutik in der Tat auch Ereignisse bedeutsam, haben ihre Emphase. Und welche sie haben, darüber befindet hier ein vorgegebenes Weltbild, ein universaler Deutungsrahmen, der einen letzten Sinnstifter und Sinngaranten kennt, nämlich Gott, den »Urheber der Zeichen«.[15]

Diese Lehre von der Emphase tritt in der Hermeneutik des 19. Jahrhunderts offensichtlich mehr und mehr in den Hintergrund und verblaßt. Der Grund dafür läßt sich wiederum aus der Hermeneutik Schleiermachers schließen. Hier erfahren wir, die ältere theologische Exegese habe zu vieles ›emphatisch‹ interpretiert, die neuere zu wenig.[16] Und das heißt: mit dem Schwinden der dogmatischen Vorgaben und des theologischen Engagements in der Exegese wird diese zu einem rein historisch-philologischen Geschäft. Wenn es aber nicht mehr die Bedeutsamkeit des Wortes Gottes, sondern nur die Gedanken von menschlichen Autoren zu ermitteln gilt, dann verliert die Frage nach der Emphase ihre Brisanz.

13 Georg Friedrich Meier: *Versuch einer allgemeinen Auslegungskunst.* Halle 1757 (Repr. Düsseldorf 1965), S. 17ff (Auslegung der natürlichen Zeichen).

14 Siehe dazu Karlfried Gründer: *Figur und Geschichte. Johann Georg Hamanns ›Biblische Betrachtungen‹ als Ansatz einer Geschichtsphilosophie.* Freiburg, München 1958, S. 117ff.

15 G. F. Meier, a.a.O., S. 19.

16 Schleiermacher, a.a.O., S. 68, 105.

3. Der neue Kontext: die Ästhetik

Am Beginn des 19. Jahrhunderts ist keineswegs die Hermeneutik der eigentliche Sitz und Ursprungsort der Neubildung »Bedeutsamkeit«. Vielmehr findet sich das Wort jetzt in vielen und verschiedenen Kontexten – besonders aber in der Ästhetik. Wenn der Philologe A. Boeckh[17] sagt »Die Sprache ist eine *Composition von bedeutsamen Elementen*«, dann heißt »bedeutsam« so viel wie »Bedeutung gebend«, »bedeutungskonstituierend«. Sodann kann etwas bedeutsam für ein anderes genannt werden. Bedeutsamkeit meint hier den Einfluß, die Wirkung, das Gewicht, die prägende Kraft, die etwas für etwas anderes hat. Dieser Sprachgebrauch liegt vor, wenn z. B. A. W. Schlegel die Nationen des neueren Europa hinsichtlich ihrer »Bedeutsamkeit« für die Bildung beurteilt oder von der »Bedeutsamkeit« der deutschen Satzkonstruktion für die Welterschließung spricht.[18] Hier ist jedesmal ein Gesichtspunkt, eine Hinblicknahme vorgegeben. Signifikanter allerdings ist, wenn etwas schlechthin bedeutsam genannt wird. Und dies geschieht in der Ästhetik. In diesem Sprachgebrauch zeigt sich das eigentlich Neue der Epoche.

J. G. Herder kennt diesen neuen Begriff noch nicht, wenngleich er das Wort im Kontext der Ästhetik schon gebraucht. In seiner Schrift *Kalligone* von 1800 überschreibt er ein Kapitel »Von der Bedeutsamkeit lebendiger Gestalten zum Begriff des Schönen«.[19] Gegenüber Kants These, das Schöne gefalle ohne Begriff und sei eine Zweckmäßigkeit ohne Zweck, versucht Herder hier mit vielen Beispielen aus dem Bereich des Naturschönen den Nachweis zu führen, »daß ohne Begriffe und Vorstellung eines Zwecks das Wort *schön* und *Schönheit* nirgend stattfindet.« »Je flacher der

17 August Boeckh: *Enzyklopädie und Methodenlehre der philologischen Wissenschaften,* hg. von E. Bratuscheck. Darmstadt 1966, S. 93. – Bei Wilhelm von Humboldt heißt »bedeutsam« gelegentlich so viel wie »bedeutungstragend«. »Ueber das vergleichende Sprachstudium«. *Werke in fünf Bänden*, hg. von A. Flitner, K. Giel. 4. Aufl. Bd. 3. Darmstadt 1963, S. 18.

18 August Wilhelm Schlegel: *Geschichte der romantischen Literatur* (1803). In: *Kritische Schriften und Briefe,* hg. von E. Lohner. Stuttgart 1963, Bd. 4, S. 23, 31.

19 Johann Gottfried Herder: *Kalligone. Sämtliche Werke,* hg. von B. Suphan. Bd. 22. Berlin 1880, S. 74 ff.

Begriff der Sache ist, bei dem wirs [das Wort Schönheit] gebrauchen, desto kindischer wirds genannt. Je wesenhafter, desto treffender ist unser Begriff von ihrer Schönheit.«[20] Bedeutsamkeit und Schönheit korrelieren: die Schönheit gründet in dem erkennbaren Gehalt des schönen Gegenstandes, in seiner begreifbaren Zweckmäßigkeit und Harmonie, und dieser Gehalt ist seine »Bedeutsamkeit«.

Doch die meisten Ästhetiker um 1800 wichen von diesem Sprachgebrauch ab, reservierten den Begriff »Bedeutsamkeit« für die Kunst und markierten mit ihm, daß deren Gehalt gerade nicht in Begriffen erkannt und ausgesagt werden kann. Bei Schleiermacher z. B. heißt es, in der Musik – anders als in Poesie und Malerei – hätten schon die Elemente, wie z. B. der reine Ton, ihre »Bedeutsamkeit«.[21] Gemeint ist: schon die Elemente haben Kunstcharakter und Vollkommenheit und zeigen das Geheimnis, daß Natur und Geist identisch sein können. So offenbart sich schon in den Elementen, im Kleinen, das Prinzip aller Kunst; und die Philosophie kann mit ihren Begriffen nur in die Richtung dieses Prinzips deuten, ohne es rational wirklich zu begreifen.

Im Einzelnen deutet sich ein Allgemeines, Prinzipielles an. Ganz ähnlich benutzt auch Schopenhauer den Begriff. Im Zusammenhang der Ausführungen über die Historienmalerei lesen wir: »Die äußere Bedeutsamkeit ist die Wichtigkeit einer Handlung in Beziehung auf die Folgen derselben für und in der wirklichen Welt; also nach dem Satz vom Grunde. Die innere Bedeutsamkeit ist die Tiefe der Einsicht in die Idee der Menschheit, welche sie eröffnet, indem sie die seltener hervortretenden Seiten jener Idee an das Licht zieht ... Nur die innere Bedeutsamkeit gilt in der Kunst: die äußere gilt in der Geschichte«.[22] Kunst ist bedeutsam, weil sie gleichsam einen unendlich reichen Inhalt hat, den sie jeweils nur perspektivisch aufscheinen läßt. Da dieser Inhalt jeden Begriff und auch jedes einzelne Werk übersteigt, gibt Kunst trotz ihrer bestimmten Anschauung auch immer viel zu ahnen. Bedeutsamkeit ist also am Beginn des 19. Jahrhunderts vor allem ein Begriff

20 Herder, a.a.O., S. 88.

21 Schleiermacher: *Ästhetik*, hg. von R. Odebrecht. Berlin, Leipzig 1931, S. 182, 185.

22 A. Schopenhauer: *Die Welt als Wille und Vorstellung* Bch. 3, § 48. *Sämtliche Werke*. Bd. 1. München 1911, S. 272.

der romantisch-idealistischen Gehaltsästhetik.[23] Dieser Gehalt ist kein vorgegebener, gewußter Inhalt, der künstlerisch nur nachgeahmt wird. Sondern dieser Gehalt wird in Kunst mehr geahnt und gefühlt als begriffen, und nur im künstlerischen Medium ist er präsent.

Das ist sogar noch der Fall bei Eduard Hanslick, dem berühmten »Formalisten« in der Musikästhetik, der dagegen kämpfte, daß man in der Musik »dem Phantom ›Bedeutung‹ nachjagt.«[24] Denn er behauptet, daß eine »musikalische Idee« sehr wohl »in hohem Grad jene symbolische, die großen Weltgesetze widerspiegelnde Bedeutsamkeit besitzen kann, welche wir in jedem Kunstschönen vorfinden.«[25] Bedeutsamkeit wird hier bewußt von der Bedeutung unterschieden, denn die »Weltgesetze« sind nicht die gemeinte Bedeutung, der bestimmte Vorstellungsgehalt, den die Klänge bezeichnen. Vielmehr scheint dieser Gehalt nur mittelbar und symbolisiert in der Musik auf.

Die beiden vielleicht bedeutsamsten, nämlich für die Epoche signifikantesten Belege stammen schon aus dem Jahr 1798. Friedrich Schlegel notiert: »Das Ideal der Rπ [romantischen Poesie] ist höchste Bedeutsamkeit ...«.[26] Der Kontext verrät nicht eindeutig den Sinn dieser Aussage. Heißt das Wort Bedeutsamkeit hier ›Emphase, Ausdruck, Nachdruck‹? Das ließe der Nachsatz vermuten: »für die πειϑω ist d[as] Crescendo eine Hauptsache.« Oder ist ›unausschöpfliche Sinnfülle ahnen lassen‹ gemeint? Das könnte man vielleicht – ex contrario – aus dem vorausgehenden

23 Deshalb wandert der Begriff Bedeutsamkeit in die ästhetischen Lexika ein. Für Johann Georg Sulzer war am Ende des 18. Jahrhunderts nur »Nachdruck« ein ästhetisch relevanter Terminus. *Allgemeine Theorie der Schönen Künste*. 3. Tl. 2. Aufl. Leipzig 1793, S. 495-496. Aber bei Ignaz Jeitteles haben die Künste auch ›Bedeutsamkeit‹, nämlich dann, wenn sie »gehaltreich und wichtig« sind. *Aesthetisches Lexikon*. Wien 1835, S. 90 f. (zum Begriff ›Emphase‹ siehe S. 237 f.). Bei Wilhelm Hebenstreit dagegen sind ›Emphasis‹ und ›Bedeutsamkeit‹ weitgehend synonym, sie meinten »soviel wie kraftvoll, ausdrucksvoll«. *Wissenschaftlich-literarische Encyklopädie der Aesthetik*. Wien 1843, S. 85.

24 Eduard Hanslick: *Vom Musikalisch-Schönen. Ein Beitrag zur Revision der Ästhetik der Tonkunst*. Leipzig 1854, Repr. Darmstadt 1965, S. 51.

25 Hanslick, a.a.O., S. 32.

26 Friedrich Schlegel: (Philosophische Fragmente). *Kritische Friedrich Schlegel-Ausgabe*, hg. von E. Behler. Bd. 18, S. 217, Nr. 271.

Satz schließen: »Das Treffende, Kurze, Klare ist wohl das Wesentliche des ηφ [ethisch philosophischen] Styls ...« Wahrscheinlich ist beides gemeint: Die romantische Poesie läßt unendlich mehr ahnen als sie ausspricht, sie läßt das Unendliche ahnen. Die Phantasie wird stets über alle Grenzen der bestimmten Bedeutung hinweggeführt.

Ähnlich und doch anders verwendet gleichzeitig Goethe das Wort in der Einleitung zu den *Propyläen*: »Indem der Künstler irgendeinen Gegenstand der Natur ergreift, so gehört dieser schon nicht mehr der Natur an, ja man kann sagen: daß der Künstler ihn in diesem Augenblick erschaffe, indem er ihm das Bedeutende, Charakteristische, Interessante abgewinnt oder vielmehr erst den höheren Wert hineinlegt. – Auf diese Weise werden der menschlichen Gestalt die schöneren Proportionen, die edleren Formen, die höheren Charaktere gleichsam erst aufgedrungen, der Kreis der Regelmäßigkeit, Vollkommenheit, Bedeutsamkeit und Vollendung wird gezogen, in welchem die Natur ihr Bestes gerne niederlegt, wenn sie übrigens, in ihrer großen Breite, leicht in Häßlichkeit ausartet und sich ins Gleichgültige verliert«.[27] Das Bedeutsame, das die Kunst erst hervorbringt, ist hier das, was Goethe sonst zumeist das Bedeutende nennt. Und »bedeutend« heißt in Goethes Sprache »alles, was auf ein tieferes, tiefstes Sein deutet« (R. M. Meyer).[28] Zumeist ist das ›Bedeutende‹ das Großartige, wie es ihm besonders in der antiken, klassischen Kunst begegnet: So fand er 1787 in Rom »eine Reihenfolge des Bedeutendsten, das teils dem Auge durch sein Dasein, teils der Einbildungskraft durch eine verschollene Würde genug zu tun gab«.[29]

Wenn F. Schlegel von der Bedeutsamkeit der romantischen Poesie und Goethe von der Bedeutung (Bedeutsamkeit) der Kunst, besonders der antiken, sprechen, so meinen sie teils dasselbe, teils

27 J. W. Goethe: *Werke. Hamburger Ausgabe*, hg. von E. Truntz, Bd. 12, S. 46.

28 Richard M. Meyer: »Studien zu Goethes Wortgebrauch«. In: *Archiv für das Studium der neueren Sprachen und Litteraturen*. Jg. 50, Bd. 96 (1896) S. 1-42, Zit. S. 28. Vgl. *Goethe-Handbuch*, hg. von A. Zastrau, Bd. 1. Stuttgart 1961, Sp. 947-949. *Goethe-Wörterbuch*, hg. von der Akad. der Wiss. der DDR zu Berlin. Bd. 2, 2. Lieferg. Stuttgart 1980, Sp. 154.

29 Goethe, *Hamburger Ausgabe* Bd. 11, S. 457.

etwas anderes: Denn für beide hat zwar die Kunst den Charakter, den für Kant die ästhetische Idee hat: sie gibt viel zu denken, ohne von einem Begriff erreicht werden zu können. Aber das Bedeutsame F. Schlegels gibt mehr Stoff für die Ahnung und Vermutung als für die Anschauung; das Bedeutende Goethes aber ist das evident Großartige. Bildlich gesprochen: das Bedeutsame gleicht dem Widerschein, der ein fernes großes Licht vermuten läßt; das Bedeutende aber ist wie das helle Licht selbst. Die klassische Kunst ist bedeutend, die romantische aber hat den Charakter »höchster Bedeutsamkeit«.

Die iedealistischen Ästhetiken haben den Unterschied zwischen diesen Kunstformen ausdrücklich reflektiert. Sie haben den Begriff der Bedeutsamkeit dabei zumeist gemieden[30], die romantische Kunst aber so von der klassisch-antiken abgehoben, daß die romantisch-moderne als die »bedeutsame« erschien und sich der Begriff der Bedeutsamkeit geradezu anbot. Bei Schelling[31] lesen wir, in der alten Kunst sei »das Endliche zugleich das Unendliche selbst, nicht bloß es bedeutend«; in der modernen Kunst aber existiere das Endliche »nur in Beziehung aufs Unendliche«, es »bedeute« dies nur, weise nur darauf hin. Man darf vereinfacht sagen, in der antik-klassischen Kunst wird das Göttliche in sinnlicher Anschauung gegeben, in der romantisch-modernen Kunst aber wird auf das Göttliche nur hingedeutet. So ist es auch bei Hegel: Das Klassische ist hier »das *sich selbst Bedeutende* und damit auch *sich selber Deutende*«[32]; d.h. die sinnliche Anschau-

30 Einer der wenigen Belege bei Hegel: *Ästhetik*, hg. von F. Bassenge. Frankfurt/M. 1955, Bd. 1, S. 31.

31 F. W. J. Schelling: *Philosophie der Kunst. Sämtliche Werke* 1. Abt. Bd. 5. Stuttgart 1859, S. 453.

32 Hegel: *Ästhetik*, hg. von F. Bassenge. Bd. 1, S. 413. – In einer gewissen Analogie zu Hegels Bestimmung der klassischen Kunst spricht der Philologe F. A. Wolf von der »Bedeutsamkeit« der klassischen griechischen Sprache. Deren Bedeutsamkeit bestehe darin, daß sie aus sich selbst verstehbar sei: »Die Bedeutsamkeit liegt darin, daß man von den sinnlichen zu intellektuellen Ideen fortgeschritten ist, daß die Derivation klar und auffallend ist, nicht wie in den Sprachen, die sich durch fremde bereichert, wo man den Grund der Sprache in fremden suchen muß. Im Griechischen sehen wir, wie sich die Bedeutungen der Worte selbst entwickeln.« Friedrich August Wolf: *Vorlesung über die Enzyclopädie der Alterthumswissenschaft*, hg. von J. D. Gürtler. Leipzig 1831, S. 32.

ung erfaßt in der antiken Kunst unmittelbar auch deren geistigen Gehalt. Der modernen, romantischen Kunst aber liege die Auffassung zugrunde, daß das sinnlich Gegebene auf den geistigen Gehalt nur verweist, »daß das Äußere ... auf das Innere, auf Gemüt und Empfindung, als auf das wesentliche Element zurückdeuten müsse«.[33] Kennzeichen der romantischen Kunst also ist es, daß ihr Sinngehalt sich in ihr nur andeutet, die Werke auf ihn nur hindeuten, ohne ihn ganz darstellen und zur Anschauung bringen zu können. Das ist der Boden für die Kategorie Bedeutsamkeit. Sie markiert die Distanz zwischen Zeichen und Bedeutung, die Ferne und Fülle des bedeuteten, genauer: des angedeuteten Sinnes.

Daran zeigt sich, daß um 1800 sich mit den Begriffen das gesamte Weltbild änderte. Die hermeneutische Lehre von der Emphase verlangte, den Bedeutungsumfang von Wörtern und Sätzen herauszufinden und den zunächst oft unbestimmten Sinn der Texte richtig zu begrenzen und zu determinieren. Die romantisch-idealistische Ästhetik aber bringt mit dem Begriff Bedeutsamkeit gerade die prinzipielle Unbegrenztheit des Sinnes in der Kunst zur Geltung und Anerkennung und lehrt Kunst wegen dieser Unbegrenztheit als Organ des Göttlichen, Unendlichen zu verstehen. Setzte die ältere Hermeneutik voraus, daß Zeichen eine bestimmte Bedeutung haben, so behauptet die romantische Kunstauffassung, erst der Künstler bringe Bedeutung und Bedeutsamkeit hervor, er enthülle und offenbare sie; und er tue dies, indem er von jedem beliebigen Gegenstand aus die Phantasie hinweg in einen offenen Sinnhorizont führe und so das Göttliche, Wunderbare ahnen lasse. Die ältere Hermeneutik bewegte sich in einer Welt, in der alles – Wörter, Dinge und Ereignisse – durch eine verbindliche Interpretation, letztlich durch die christliche Heilsgeschichte, seine bestimmte Bedeutung hatte. Die neuere Ästhetik aber kennt nur eine Welt, in der alles – ästhetisch angeschaut – eine unendliche Sinnfülle ahnen läßt und so bedeutsam sein kann. Daraus ergibt sich eine Vermutung über die Entstehungsbedingungen des Begriffs »Bedeutsamkeit« um 1800: Die Welt hatte ihre Eindeutigkeit verloren. Der große Kontext, das ausgestaltete Weltbild, in dem alles seine Bestimmtheit und Bedeutung hatte, trat in den Hintergrund, oder es löste sich auf in die allgemeine

33 Hegel: *Ästhetik*, a.a.O. S. 508.

Überzeugung, in einem unendlich sinnvollen Universum zu leben. Jetzt schien es mit vielem, was in Natur und Geschichte begegnete, mehr auf sich zu haben, als der Alltagsverstand und die empirischen Wissenschaften wahrhaben wollten und konnten. Aber was sich in all dem Bedeutsamen ankündigte und woher es seinen Sinnüberschuß hatte, das ließ sich eher ahnen als wissen.

4. Der Terminus: Dilthey

Am Beginn des 19. Jahrhunderts wurde m. W. nirgends der Begriff Bedeutsamkeit definitorisch eingeführt. Er stellte sich vielmehr durch den neuen Denkstil überall zwanglos von selbst ein. Bei Dilthey aber wird er erstmals reflektiert, und er bekommt durch und seit Dilthey den Rang eines Grundbegriffes der hermeneutischen Philosophie.[34] Ich versuche nur noch kurz seine neue Funktion im Denken Diltheys aufzuweisen, denn zu Diltheys Begriffsgebrauch gibt es bereits einschlägige Literatur.[35]
Als Überleitung zu Dilthey läßt sich J. G. Droysens Begriff in seiner berühmten *Historik* ansehen, denn dort ist von der »Bedeutsamkeit» geschichtlicher Tatsachen die Rede. Solche Bedeutsamkeit hat laut Droysen eine Tatsache nur in und durch ihren Zusammenhang und dem sich darin aussprechenden »Gedankeninhalt«. Zusammenhang und Gedanke treten aber immer erst post festum, durch den Fortgang der Geschichte und durch das »forschende Verstehen«, durch die gedankliche Tat des Historikers ans Licht. Es gehört zum künstlerischen Vermögen des Histori-

34 Deshalb beginnt D. Sinn seinen Artikel »Bedeutsamkeit« im *Historischen Wörterbuch der Philosophie* mit Dilthey. (Bd. 1, 1971, Sp. 757). Eine neue systematische Ausarbeitung des hermeneutischen Begriffs der Bedeutsamkeit bei Frithjof Rodi: »Über einige Grundbegriffe einer Philosophie der Geisteswissenschaften«. In: *Dilthey-Jahrbuch* Bd. 1 (1983) S. 13-38.

35 Otto Friedrich Bollnow: *Dilthey. Eine Einführung in seine Philosophie.* 4. Aufl. Schaffhausen 1980, S. 119 ff., 145 ff. Karl Sauerland: *Diltheys Erlebnisbegriff.* Berlin, New York 1972, S. 134 ff. Hans Ineichen: *Erkenntnistheorie und geschichtlich-gesellschaftliche Welt. Diltheys Logik der Geisteswissenschaften.* Frankfurt/M. 1975, bes. S. 228 ff. Frithjof Rodi: *Erkenntnis des Erkannten. Zur Hermeneutik des 19. und 20. Jahrhunderts.* Frankfurt/M. 1990, bes. S. 64 f., 58 ff.

kers, die Tatsachen so denken und darstellen zu können, daß ihre Bedeutsamkeit, d. h. ihr Gewicht, ihre Relevanz, ihr »Sinn« deutlich wird: »Je mehr der Historiker ... in Tatsachen denkt, desto besser wird er erzählen; denn so erzählend wird er jeder Tatsache, die er anführt, die ganze Wucht ihrer Bedeutsamkeit, den Nachdruck eines in der Entwicklungskette wesentlichen Moments geben«.[36] Droysen denkt noch im Kontext einer »substantialistisch« gedachten Geschichte: Zwar erfahren wir nur post festum und durch den Historiker die »Bedeutsamkeit« der Ereignisse; aber er stiftet sie nicht, sondern er arbeitet sie heraus und spricht sie aus: »Also, der erste und wesentlichste Gesichtspunkt in der historischen Erzählung ist, daß diese Form nicht eine unmittelbare Wiederholung des äußeren Verlaufes der Dinge ist und sein will, sondern eine μίμησις, eine subjektive Form, die auf ganz andere Weise als durch die Kontinuität der tatsächlichen Dinge, nämlich durch den Gedanken, d. h. durch die historische Wahrheit der Dinge zusammengehalten wird, eine künstlerische Form, die das äußerliche Nacheinander der Dinge allerdings (technisch) auch verwendet, aber vertieft um die Bedeutsamkeit eines Zusammenhanges, den die Erkenntnis als die Wahrheit der Dinge aufweist und den sie aus der endlosen Mannigfaltigkeit von Bezügen, in denen die Dinge äußerlich verlaufen, gleichsam herauswickelt.«[37]
Auch bei Dilthey ist ›Bedeutsamkeit‹ eine Kategorie für die Interpretation des geschichtlichen Lebens. Aber die Überzeugung von der »Wahrheit der Dinge«, die sich durch den Gang der Geschichte und die historische Arbeit wachsend enthüllt, schmilzt bei Dilthey weg.

Wie Goethe gebraucht auch Dilthey die Begriffe ›Bedeutung‹ und ›Bedeutsamkeit‹ nicht streng getrennt, vielmehr oft synonym; aber in der Regel nicht für das schlechthin Große, sondern für das über sich Hinausweisende und -wirkende. Bedeutung ist – wie Wert, Zweck, Entwicklung, Ideal – eine »Lebenskategorie«, und

36 Johann Gustav Droysen: *Historik*. Historisch-kritische Ausgabe, hg. von P. Leyh. Bd. 1. Stuttgart Bad Cannstatt 1977, S. 232 f.; vgl. S. 205, 223, 231, 265.

37 A.a.O., S. 232. Man sieht, wenngleich sich Droysen gegen eine poetisierende und ästhetisierende Geschichtsschreibung wendet, erkennt auch er ein künstlerisches Element in ihr an. Siehe dazu den Aufsatz »Zum Ästhetischen in den Natur- und Geisteswissenschaften«, hier S. 269 ff.

zwar ist Bedeutung »die umfassende Kategorie, unter welcher das Leben aufgefaßt wird«.[38] Denn Leben selbst ist nur in der »bestimmten Art der Beziehung eines Ganzen zu seinen Teilen da«[39]; und eben diese Beziehung des Teils zum Ganzen artikuliert der Begriff Bedeutung/Bedeutsamkeit: »Die Kategorie Bedeutung bezeichnet das Verhältnis von Teilen des Lebens zum Ganzen, das im Wesen des Lebens gegründet ist.«[40] »In jedem Lebensbezug, in welchem unsere Totalität sich zu sich selbst oder anderem verhält, kehrt wieder, daß Teile eine Bedeutsamkeit für das Ganze haben.«[41]

Das entscheidend Neue für den Begriff der Bedeutsamkeit ist jener Begriff des Ganzen. Denn das Ganze des Lebens – das des einzelnen Menschen wie das der Gattung, die Geschichte – ist stets offen und unabgeschlossen; und zudem wird das vage Bild des Ganzen im Fluß des Lebens und der Geschichte stets neu und anders konstituiert. Deshalb ist die ›Bedeutung‹ der Teile nicht festgelegt; sie hat so unscharfe Konturen wie jenes Ganze, und darum sagt Dilthey ›Bedeutsamkeit‹. Lag der alten hermeneutischen Regel, die als ›hermeneutischer Zirkel‹ berühmt wurde, die Auffassung zugrunde, daß in einem Text das Einzelne durch das Ganze und das Ganze durch das Einzelne seine Bestimmtheit bekomme, so gilt nun für das Leben eher etwas anderes: Das Teil ist bedeutungsoffen durch das unabgeschlossene Ganze, und das prinzipiell vorläufige Bild des Ganzen kann durch das Teil – das neue Erlebnis oder Ereignis – einen radikalen Wandel erfahren.

Schelling hatte in seiner Kunstphilosophie gesagt, die antike Kunst habe ihren Grund und Halt in einer »geschlossenen Götterwelt«, die moderne Kunst aber in einem »unendlichen Ganzen«.[42] Dies schien uns der Grund dafür zu sein, daß die Kunst, besonders die moderne, »bedeutsam« genannt werden konnte; sie wies über die sinnliche Anschauung auf dies Unendliche hin. Dilthey bringt an die Stelle des »unendlichen Ganzen« das »unergründliche Leben«. Und dies ist nun in einer noch ganz neuen Weise »unendlich«. Es ist nicht nur der unerschöpfliche Grund

38 W. Dilthey: *Der Aufbau der geschichtlichen Welt in den Geisteswissenschaften. Gesammelte Schriften* Bd. 7, S. 232.

39 Ebd.

40 A.a.O., S. 233.

41 A.a.O., S. 229.

42 Schelling, a.a.O., S. 453.

allen Sinnes, der sich – besonders in der Kunst – immer gebrochen, aber fortgehend offenbart. Sondern es erzeugt mannigfache, inkompatible Bilder einer geordneten, sinnvollen Welt – aber keines dieser Bilder kann beanspruchen, ein wirkliches Abbild und allein wahr zu sein. Alle Weltbilder, die die »Bedeutung des Universums« darlegen (wie auch bei Kant und Goethe)[43], sind nun keine Sinnenthüllungen mehr. Vielmehr sind es Sinnsetzungen des Menschen, der in Religion, Dichtung und Metaphysik sein Bedürfnis erfüllt, überall »Leben und Bedeutung« zu erblicken.[44] Das Bedeutsame hat damit seinen Grund nicht mehr in einem sinnvollen, als sinnvoll geglaubten Kosmos, sondern allein in dem geschichtlich bewegten Leben des Menschen. Über das Bedeutsame entscheidet nun allein die stets im Wandel begriffene Geschichte.

Dieser Standpunktwechsel von einer ontologischen zu einer geschichtlichen Begründung des Bedeutsamen, dieser Übergang vom sinnvollen Universum zum sinnstiftenden Menschen ist die Voraussetzung für alle folgenden Verwendungsweisen des Begriffs in der Theorie der Kultur und Kulturwissenschaften; so z. B. für Max Weber, für den die »Bedeutsamkeit«, d. h. die »Kulturbedeutung« von historischen Phänomenen abhängig ist von wandelnden Gesichtspunkten;[45] so für E. Rothackers »Satz der Bedeutsamkeit«, nach welchem nur das Eingang in meine Welt findet, »was mich angeht, was mir ›etwas‹ ›ist‹, d. h. bedeutet«;[46] aber auch für A. C. Dantos Analyse des »Signifikanten« in der Geschichtsschreibung: nur das sei für den Historiker relevant und wichtig, was zu seinen Voraussetzungen Bezug hat, zu seinen moralischen und theoretischen Prämissen, zu den für wichtig gehaltenen Ereignissen, zu seinen Vermutungen über Ereignisketten.[47] Und schließlich setzt jenen Standpunktwechsel H. Blumen-

43 Dilthey: *Grundlegung der Wissenschaften vom Menschen, der Gesellschaft und der Geschichte.* Ges. Schr. Bd. 19, S. 385.

44 A.a.O., S. 384 f.

45 Max Weber: »Die ›Objektivität‹ sozialwissenschaftlicher und sozialpolitischer Erkenntnis« (1904). In: ders.: *Gesammelte Aufsätze zur Wissenschaftslehre.* 3. Aufl. hg. von J. Winckelmann. Tübingen 1968, S. 198, 213 u. ö.

46 Erwin Rothacker: *Geschichtsphilosophie.* München 1934, S. 98 f.

47 Arthur C. Danto: *Analytische Philosophie der Geschichte.* Frankfurt/M. 1974, S. 215 ff.

bergs Analyse der Bedeutsamkeit von Ereignissen voraus, mit der er den Wurzelgrund von Mythenbildung aufhellt; denn auch Blumenberg verankert diese Bedeutsamkeit, diese Sinnaufladung, im Sinnbedürfnis des Menschen.[48]
Bedeutsamkeit ist eine Kategorie für den nichtevidenten, für den Tiefen- oder Hintersinn. In der Geschichte dieses Begriffs spiegelt sich, überblickt man das Vorstehende, die folgenreiche Ablösung von Weltbildern. In der älteren theologischen Hermeneutik, in der der Begriff eine große Rolle spielte, war vorausgesetzt, daß der Sinn der Worte, aber auch der Dinge und Ereignisse, durch den Autor, nämlich Gott festgelegt war. Der Interpret hatte diesen nur zu entdecken, zu finden; dabei half ihm die Kenntnis des Kontextes, und der größte Kontext war jenes theologische Weltbild. Nach Auflösung dieses Rahmens durch die Aufklärung findet sich die Kategorie des Tiefensinns vor allem in der Ästhetik. In ihr wird davon ausgegangen, daß sich ein unendlich sinnvolles Universum durch den Künstler offenbart, in bedeutsamen Kunstwerken; aber so, daß diese Sinnfülle nicht in Begriffen gewußt, sondern nur von der Einbildungskraft erahnt wird. Schließlich tritt an die Stelle dieses Universums in der zweiten Hälfte des 19. Jahrhunderts das »Leben«, das die Sinnfülle der Dinge und Ereignisse stiftet, und zwar das geschichtlich bewegte Leben der Menschen. Dadurch hat der Tiefensinn nun keine ontologische Fundierung mehr, sondern eine geschichtliche. Je mehr durch Aufklärung bewußt wird, daß der Mensch und seine Geschichte auch den Tiefen- und Hintersinn konstituieren, desto mehr verliert dieser seine Festigkeit und gewinnt den Charakter von Vorläufigkeit und Vergänglichkeit. – Gleichwohl ist die Kategorie der Bedeutsamkeit für die Geisteswissenschaften unverzichtbar. Denn auch, wenn wir das Wort zu meiden suchen, müssen wir die Tatsache anerkennen, daß Phänomene aus dem Bereich der menschlichen Geschichte für uns in unterschiedlicher Weise wichtig sind und daß es unter ihnen solche gibt, die wir durch keine Beschreibung und Interpretation in ihrer Wichtigkeit und Faszination vollständig erschöpfen können.

48 Hans Blumenberg: *Arbeit am Mythos*. Frankfurt/M. 1979, S. 77 ff.

XI. Zum Ästhetischen in den Natur- und Geisteswissenschaften*

1. Das neue Interesse an der Kunstnähe der Wissenschaft

›Ästhetik‹ ist ihrer lexikalischen Definition zufolge die Wissenschaft vom Schönen und von der Kunst. Gewöhnlich hat der Ästhetiker heute ein deutliches Bewußtsein von der Schwierigkeit, seinen Gegenstand angemessen in wissenschaftlichen Begriffen auszusagen. Die neuere Geschichte der Ästhetik ist auch eine Geschichte der Erfahrung, daß das Wichtige und Bedeutsame an der Kunst sich leicht dem wissenschaftlichen Begriff entzieht. Deshalb ist es nicht verwunderlich, wenn neuere Wissenschaftssysteme, wie die des Positivismus, die Ästhetik ausklammern, d. h. sie nicht als Wissenschaft im strengen Sinne anerkennen (z. B. A. Comte, H. Spencer).

Dennoch besteht zwischen Wissenschaft und Kunst offensichtlich kein unüberspringbarer Graben. Denn auch die Werke der Wissenschaft haben schließlich eine Seite, die ästhetisch beurteilt werden kann und darf. So präsentiert sich jede wissenschaftliche Arbeit in einem bestimmten Stil. Dieser kann elegant oder er kann ungelenk, er kann der gewöhnliche Wissenschaftsjargon einer bestimmten Disziplin oder er kann von unverwechselbarer Originalität sein – jedenfalls hat jeder Text einen bestimmten Stil, genauso, wie jeder, der schreibt, eine bestimmte Handschrift hat; und Stil und Handschrift können einen mehr oder weniger ästhetischen Eindruck hinterlassen, können jedenfalls ästhetisch beurteilt werden.

Durch den bestimmten Stil hat jede wissenschaftliche Darstellung auch ihren bestimmten »Ton«, wie die ältere Hermeneutik sagte.[1]

* Ausgearbeitete Fassung eines Vortrags, der unter dem Titel »Aesthetic Elements in Science« im Rahmen des Kongresses »The Eidos of Art« im September 1985 in der Universität Krakau gehalten wurde und in polnischer Sprache erschien: »Elementy estetyszne w nauce.« In: M. Golaszewska (Hg.): *Eidos sztuki.* Kraków 1988, S. 249-257.

1 F. Schleiermacher: *Hermeneutik*, hg. von H. Kimmerle, 2. Aufl. Hei-

Dieser kann polemisch, besonnen, begeistert, ironisch, resigniert usw. sein. Auch der sachliche Ton, den wir in der Regel für die Wissenschaft fordern, ist ein bestimmter Ton, und er zeigt näher besehen vielfältige Nuancierungen. Dieser Ton, der die Darstellungsweise durchzieht, wird vom Leser/Hörer selten eigens intendiert, aber er wird gefühlsmäßig mit wahrgenommen. So vermittelt die Wissenschaft durchaus auch Gefühle; und nicht nur dort, wo sich augenscheinlich der Wissenschaftler allzu auffällig durch Begeisterung oder Polemik selbst geltend macht. Sondern auch die nur sachliche, präzise Abhandlung über ein logisches oder mathematisches Problem hat gleichsam ihre Gefühlsaura: z. B. das Gefühl von Affektfreiheit und Nüchternheit.

Schon der Aufbau und die Anlage einer Arbeit, die Anordnung des Stoffes, kann ästhetisch befriedigen oder enttäuschen. Mag die Strukturierung noch so sehr aus logischen oder didaktischen Gesichtspunkten erfolgt sein, unser ästhetisches Gefühl schweigt nicht, sondern zeigt sich mehr oder weniger angesprochen. Das gilt keineswegs nur für die Geisteswissenschaften, in denen die Freiheit der Gestaltung größer zu sein scheint. Niels Bohr z. B. berichtet, daß für ihn schon der Anblick von Paul Diracs Manuskripten »ein ästhetischer Genuß« gewesen sei; und Dirac hat seine Arbeiten wohl auch selbst als abgeschlossene Kunstwerke betrachtet.[2] Schließlich hat jedes Buch durch Druck, Einband, Papier usw. seinen bestimmten Stil und einen mehr oder weniger ästhetischen Charakter. Dem Bibliophilen ist dies auch stets bewußt.

Das Interesse, das Ästhetische nicht nur als möglichen Gegen-

delberg 1974, S. 34, 68, 87, 145. – Z. B. David Friedrich Strauß fand es nötig, auf den »Ton« seiner Darstellung des Lebens Jesu eigens hinzuweisen: »So sehr in dieser Hinsicht der Ton dieser Arbeit gegen den andächtig-erbaulichen oder mystisch-begeisterten neuerer Bücher über ähnliche Gegenstände absticht: so wird man doch nirgends den Ernst der Wissenschaft vermissen, oder Frivolität finden können ...« *Das Leben Jesu*, Bd. 1. 3. Aufl. Tübingen 1838, S. IX.

2 Bei Werner Heisenberg: *Der Teil und das Ganze. Ges. Werke*. Abt. C., Bd. 3: *Physik und Erkenntnis 1968-1976*. München, Zürich 1985, S. 123. Dirac hat in diesem Zusammenhang auch sein tertium comparationis zwischen Wissenschaft und Kunst angedeutet, in Heisenbergs Worten: »In einem guten Kunstwerk, wie in einer guten wissenschaftlichen Arbeit muß jede Einzelheit eindeutig festgelegt sein, es kann nichts Zufälliges geben.« (Ebd.)

stand, sondern als Eigenschaft der Wissenschaft und so deren Kunstcharakter bewußt und geltend zu machen, scheint eine neue Aktualität zu haben: man erkennt es an der anwachsenden Literatur.[3] Dahinter dürfte zu einem guten Teil das Mißbehagen an der Kluft stehen, auf die 1960 Ch. P. Snow in seinem Buch *The two cultures and the scientific revolution* hingewiesen hat: die Kluft zwischen literarisch-existentiellem und wissenschaftlich-technischem Denken. Das Mißbehagen daran wächst offensichtlich in dem Maße, wie die Wissenschaft mehr und mehr zur »big science« wird, die keiner als Wissen hat und der doch Unzählige dienen. Wenn Objektivität und Subjektivität schmerzlich auseinanderklaffen, besteht das Bedürfnis nach Versöhnung, und diesem Bedürfnis dienen offensichtlich auch die Versuche, Wissenschaft und Kunst wieder aneinander anzunähern.

Hatte in der Renaissance Leonardo da Vinci die bildende Kunst zur Wissenschaft erklärt, so tendiert die Wissenschaftsphiloso-

3 Siehe aus der umfänglichen Literatur: George Simpson: »The Scientist – Technician or Artist?« In: *Philosophy of Science* 17 (1950) S. 95-108. – E. M. Hafner: »The New Reality in Art and Science.« In: *Comparative Studies in Society and History* 11 (1969) S. 385-397. – Thomas S. Kuhn: »Comment on the Relation of Science and Art«, ebd. S. 403-412. – Adolphe Buhl: »The Esthetics of Science and Modern Theories«. In: F. Le Lionnais (Hg.): *Great Currents of Mathematical Thought*. Bd. 2. New York 1971, S. 159-168. – Alfred Erck: »Die Bedeutung der Kunst für die Entfaltung des Schöpfertums von Naturwissenschaftlern und Ingenieuren«. In: *Weimarer Beiträge* 18 (1972) S. 111-135. – Jean Fourastié: »Art, science et technique«. In: *Diogène* 100 (1977) S. 158-190. – V. S. Rozov: »Art and the Revolution in Science and Technology« (1975). In: *Soviet Studies in Philosophy* 16 (1977) S. 33-39. – M. V. Volkenshtein: »The Esthetics of Science and the Science of Esthetics«. In: *Soviet Studies in Philosophy* 16 (1977) S. 13-25. – André Mercier: »De l'art et de la science. Métalégomènes d'une théorie axiologique de la connaissance.« In: *Diotima* 6 (1978) S. 189-194. – Judith Wechsler (Hg.): *On Aesthetics in Science*. Cambridge, Mass. 1978. – M. Kagan: »Noch einmal zur Wechselbeziehung zwischen Wissenschaft und Kunst«. In: *Sowjetwissenschaft. Kunst und Literatur* 27 (1979) S. 787-796. – Deane W. Curtin (Hg.): *The Aesthetic Dimension of Science*, New York 1982. – P. Feyerabend, Chr. Thomas (Hg.): *Wissenschaft und Tradition*. Zürich 1983 (darin: Paul Feyerabend: »Keine Erkenntnis ohne Kunst«, S. 289-295. Hans F. Geyer: »Das Galilei-Syndrom«, S. 297-302).

phie heute eher dazu, die Wissenschaft als Kunst zu interpretieren. Und sie tut das auf zwei verschiedenen Wegen und mit unterschiedlicher Akzentuierung: Man betont, nicht nur die Kunst, auch die Wissenschaft sei ein Produkt des schöpferischen Menschen und habe Schönheit; einen Streit oder Konflikt zwischen Physikern und Lyrikern könne es nicht geben, oder er sei unnötig. Das ist – oder war – überwiegend die Antwort im Kontext des wissenschaftsoptimistischen Marxismus.[4] Hier wird die Wissenschaft der Kunst angenähert, um ihr den Charakter einer anonymen, dem menschlichen Empfinden fremden oder feindlichen Macht zu nehmen, also um sie aufzuwerten. Auf einem anderen Weg wird die Wissenschaft in die Nähe der Kunst gerückt oder sogar zur Kunst erklärt, um sie abzuwerten, nämlich um ihre neue, überzogene Autorität zu zerstören. Das ist z. B. die Absicht des wissenschaftskritischen P. Feyerabend:[5] Da es keinen verbindlichen Begriff wissenschaftlicher Rationalität gebe, könne man auch keine scharfen Grenzen zwischen Kunst und Wissenschaft behaupten. Auch Kunst stelle Wirklichkeit dar, und auch Wissenschaft sei bloß eine Kunst. Ein Gegensatz zwischen beiden bestehe nur durch die unselige Abstraktheit der Wissenschaft und eben dadurch, daß die Wissenschaft in der Moderne mit ungebührlich großer gesellschaftlicher Autorität ausgestattet wurde. – Die erste Partei rückt also die objektive Wissenschaft in ein ästhetisches Licht, damit sie der Subjektivität und dem menschlichen Gefühl näher sei. Und die zweite Partei tut dasselbe, um der Wissenschaft den Schein unzerstörbarer Objektivität zu nehmen, um sie ebenso subjektiv zu machen wie die Kunst. Beidemal wird durch die Wissenschaftsphilosophie eine beruhigende Versöhnungsleistung zustande gebracht.

Beide Parteien verstehen unter »Wissenschaft« übrigens immer nur die Naturwissenschaften, ganz so, wie der englische Sprachgebrauch es vorgab und wie es in der Wissenschaftstheorie üblich ist. Ich möchte nun die Diskussion ein wenig dadurch bereichern, daß ich die Geisteswissenschaften mit einbeziehe und mit den Naturwissenschaften im Hinblick auf das Ästhetische kontrastiere; und ich wähle beidemal die »Innenansicht«, stütze mich

4 Siehe die Beiträge z. B. von A. Erck, V. S. Rozov, M. V. Volkenshtein, M. Kagan (s. o. Anm. 3).

5 Paul Feyerabend: *Wissenschaft als Kunst*. Frankfurt/M. 1984.

also weitgehend auf die Aussagen der Wissenschaftler selbst. Dadurch wird freilich die Thematik so weit, daß ich mich auf das beschränken muß, was mir wichtig und signifikant zu sein scheint.

2. Die Schönheit als index veri: die Naturwissenschaften

Vergleicht man zu unserer Frage nach dem Ästhetischen in der Wissenschaft die Aussagen der Naturwissenschaftler mit denen der Kollegen aus den Geisteswissenschaften, besonders die der Physiker mit denen der Historiker, so ergibt sich ein merkwürdiger Befund: Die Naturwissenschaftler – die laut C. F. v. Weizsäcker ihre Theorien gewöhnlich in saloppem Jargon erläutern[6] – sind stolz auf die ästhetische Qualität ihrer Theorien, während sich die Geisteswissenschaftler oft in wohlgesetzten Worten Ästhetizismus vorwerfen. Bei jenen ist das Ästhetische der Wissenschaft offensichtlich index veri, bei diesen aber index falsi. Dabei ist das, was jene unter dem »Schönen« und diese unter dem »Ästhetischen« verstehen, oft durchaus dasselbe; nämlich »die Gleichheit, das Einerlei im Mannigfaltigen«, wie man im 18. Jahrhundert die Schönheit definierte.[7] Beidemal ist die Einheit in der Mannigfaltigkeit, die innere Notwendigkeit, das Ausschließen des Zufälligen, die übersichtlich strukturierte Ganzheit gemeint. Offensichtlich sind viele Naturwissenschaftler überzeugt, es mit einem Objekt zu tun zu haben, das sie sich nicht scheuen, schön zu nennen. Und wenn für den Mineralogen, Zoologen und Geographen der Gegenstand ihrer Forschungen, die anschauliche Natur, einen ästhetischen Charakter hat, so versetzt uns das auch nicht in Erstaunen. Schon um 1900 publizierte Ernst Haeckel ein Periodikum mit dem Titel *Kunstformen der Natur*[8], um einem größeren Publikum die Schönheit der nur mikroskopisch erfaßbaren Natur in Bildern vor Augen zu stellen. Ähnliche Bände

6 Carl Friedrich von Weizsäcker: »Die Sprache der Physik« (1959). In: ders.: *Die Einheit der Natur*, 2. Aufl. München 1972, S. 64.

7 Z. B. Moses Mendelssohn: *Briefe über die Empfindungen* (1755). Fünfter Brief. *Schriften zur Philosophie, Aesthetik und Apologetik*. Hg. von M. Brasch, Leipzig 1880, Repr. Hildesheim 1968, Bd. 2, S. 28 ff.

8 Ernst Haeckel: *Kunstformen der Natur*. Leipzig, Wien 1899-1904.

folgten bald mehr, z. B. um zu zeigen, daß die Natur »Urformen der Kunst«[9] hervorbringe oder eine Gestaltenfülle produziere, die durch Vielzahl und Schönheit die menschliche Kunst sogar übertreffe. Diese Bildbände auf der Grenze zwischen Ästhetik und Wissenschaft schließen in gewissem Sinne an die Systeme der philosophischen Ästhetik des 19. Jahrhunderts an. Denn zwar hatten die großen idealistischen Philosophen – Hegel, Schelling, Schleiermacher – das Naturschöne als das Ungeistige fast ganz aus ihren Ästhetiken herausgedrängt; Ästhetik war ihnen Philosophie der Kunst. Aber z. B. die einflußreichen Hegelianer wie F. Th. Vischer und M. Carriere[10] hatten in ihren Ästhetiken dem Naturschönen – in der anorganischen, organischen und menschlichen Welt – ausführliche Betrachtungen gewidmet und hatten damit dem Common sense der Epoche Rechnung getragen, der Überzeugung, daß Natur eben schön sei. Die Bildbände über Mineralien, Pflanzen und Tiere unserer Tage führen diese Tradition des Naturschönen von seiten der Wissenschaft fort, in einer Zeit, in der das Schöne als Kategorie in der Sphäre der Kunst und der Ästhetik problematisch wurde.[11]
Aber auch und gerade die Physiker, die es nicht mehr mit anschaulichen Naturformen zu tun haben, sprechen ihrem Gegenstand oft eine ästhetische Qualität zu, und sie stellen ihre Wissenschaft gern in die Nähe der Kunst. So erfüllt laut Albert Einstein den Physiker ein »verzücktes Staunen über die Harmonie der Naturgesetzlichkeit«; darin bestehe seine Religion. Wie der Ma-

9 Karl Blossfeldt: *Urformen der Kunst. Photographische Pflanzenbilder.* Berlin 1928. Siehe auch René Binet: *Esquisses décoratives.* Paris 1902. Ernst Haeckel: *Die Natur als Künstlerin* nebst W. Breitenbach: *Formenschatz der Schöpfung.* Berlin 1913.

10 Friedrich Theodor Vischer: *Aesthetik oder Wissenschaft des Schönen.* 2. Thl. 1. Abt.: »Die Lehre vom Naturschönen«. Reutlingen, Leipzig 1847. – Moritz Carriere: *Aesthetik. Die Idee des Schönen und ihre Verwirklichung im Leben und in der Kunst.* 3. Aufl. Leipzig 1885, 1. Thl. S. 289 ff. – Vgl. Eduard von Hartmann: *Philosophie des Schönen. Zweiter systematischer Theil der Aesthetik.* (= *Ausgewählte Werke.* 2. Ausg. Bd. 4.) Leipzig o. J. [1888], S. 497 ff. – Wenn man in der Natur auch das Häßliche entdeckt, bestätigt man, daß man sie eben ästhetisch betrachtet. Karl Rosenkranz: *Aesthetik des Häßlichen.* Königsberg 1853, S. 15-26 (»Das Naturhäßliche«).

11 *Die nicht mehr schönen Künste. Grenzphänomene des Ästhetischen,* hg. von H. R. Jauß (= *Poetik und Hermeneutik* III). München 1968.

ler, der Dichter oder der spekulative Philosoph suche der Naturforscher »ein vereinfachtes und übersichtliches Bild der Welt zu gestalten«.[12] Max Planck setzt die Existenz einer »von den Menschen unabhängigen Weltordnung« voraus. Wenn er wissenschaftliche Theorien »kunstvolle Organismen« nennt, die der »künstlerisch schaffenden Phantasie« entspringen, dann tut er das offensichtlich deshalb, weil gerade diese Kunstgebilde sich der Naturordnung am weitesten annähern, sie am ehesten »ahnen« lassen.[13] Laut Werner Heisenberg war es immer das Bestreben großer Naturwissenschaftler wie Kepler und Newton, »den Harmonien in den Naturereignissen nachzuspüren«. Die treibende Kraft in Wissenschaft und Kunst sei in gleicher Weise das »Streben nach harmonischer Ordnung«. Zeige eine Theorie den Charakter von Harmonie und ästhetischer Ausgewogenheit, dann spreche das für ihre Wahrheit: »In jedem Fall bemißt sich der Wert einer wissenschaftlichen Leistung nicht nach dem Gegenstand, d. h. nicht nach der menschlichen Bedeutung des Materials, erst recht nicht nach irgendeinem ›praktischen Nutzen‹, sondern nur nach der Schönheit und nach der fruchtbaren Kraft der ausgesprochenen Strukturen.«[14] Ähnlich wie Heisenberg äußerte sich auch Dirac. »Schönheit« aber ist in diesem Zusammenhang vor allem »die richtige Übereinstimmung der Teile miteinander und mit dem Ganzen« und so die Einheit in der Vielfalt und die Einfachheit: »simplex sigillum veri«.[15]

12 Albert Einstein: *Mein Weltbild.* Frankfurt/M., Berlin, Wien 1972, S. 18, 108.

13 Max Planck: *Sinn und Grenzen der exakten Wissenschaft* (1941), hg. von F. Krafft. München 1971, S. 23, 24, 56.

14 Werner Heisenberg: »Ordnung der Wirklichkeit« (1942). *Ges. Werke*, Abt. C, Bd. 1: *Physik und Erkenntnis 1927-1955*. München, Zürich 1984, S. 217-306. Zit. S. 290.

15 W. Heisenberg: »Die Bedeutung des Schönen in der exakten Naturwissenschaft« (1970). *Ges. Werke*, Abt. C, Bd. 3: *Physik und Erkenntnis 1969-1976*. München, Zürich 1985, S. 369-384. Zit. S. 376. – Karl R. Popper unterscheidet einen erkenntnistheoretisch-logischen von einem »ästhetisch-pragmatischen« Einheitsbegriff und erklärt den letzteren als irrelevant für die Wissenschaft. (*Logik der Forschung.* 2. Aufl. Tübingen 1966, S. 97 ff.) Aber die Aussagen der Physiker und Mathematiker lassen eine solche Unterscheidung nicht gelten, sondern schließen sich in ihrer Selbstinterpretation an Platon an: das Schöne ist der Glanz des Wahren. Heisenberg, a.a.O., bes. S. 377.

Zweifellos ist es die Mathematik, die die Physik zur schönen Wissenschaft macht; hatte doch z. B. der Mathematiker A. Borel[16] – vielleicht ein wenig kokett – die Mathematik von dem Verdacht des »Ästhetizismus« freisprechen zu müssen geglaubt: Anders als die Kunstwissenschaftler seien sich die Mathematiker jedenfalls über die Schönheit ihrer Gebilde völlig einig. Aber die Physiker gehen offensichtlich davon aus, daß die Schönheit der mathematischen Form derTheorie die Schönheit der Natur wiedergibt: »Die Schönheit der Natur spiegelt sich auch in der Schönheit der Naturwissenschaft.«[17] Dem Selbstverständnis von Einstein, Planck und Heisenberg zufolge bringt also auch noch die moderne Physik die Schönheit der Natur zur Geltung, obwohl die Physiker nicht mehr von der Schönheit einer anschaulich gegebenen Natur, sondern nur von der Schönheit ihrer Theorien, ihrer Konstrukte, zu sprechen vermögen.

Man kann diese Selbstzeugnisse, die leicht sich vermehren lassen, freilich als Festtagsgerede abtun und als hilflosen Versuch, noch die moderne Physik, die sich von der traditionellen Metaphysik befreite, wieder in deren Horizont zurückzuholen und damit auch den modernen Physiker noch als Theoretiker im aristotelischen Sinne erscheinen zu lassen – aber solche Kritik stellen wir hier zurück. Wichtig ist nur, daß in unserem kulturellen Kontext so gedacht und gesprochen werden kann; es also offensichtlich zu den kulturellen Selbstverständlichkeiten gehört, in der Natur Ordnung und Schönheit zu finden – wodurch die Schönheit der physikalischen Theorie als index veri gilt. Dazu gibt es in den Geisteswissenschaften inzwischen kein Analogon mehr.

16 Armand Borel: *Mathematik: Kunst und Wissenschaft*. 2. Aufl. München 1984 (Carl Friedrich von Siemens Stiftung. Themen 33). – Vgl. François Le Lionnais: »Beauty in Mathematics«. In: ders. (Hg.): *Great Currents of Mathematical Thought*. Bd. 2. New York 1971, S. 159-168. – Roger Penrose: »The Role of Aesthetic in Pure and Applied Mathematical Research.« In: *Bulletin of the Institute of Mathematics and its Applications* 10 (1974) S. 266-271.

17 W. Heisenberg: »Die Bedeutung des Schönen in der exakten Naturwissenschaft«, a.a.O., S. 369.

3. Das Schöne als index falsi: die Geisteswissenschaften

In den Geisteswissenschaften ist die Sachlage verwickelt: Man konnte – und man kann, so scheint es, noch immer – die Geisteswissenschaften zur »(schönen) Literatur« zählen[18], und man konnte – wie etwa H. v. Treitschke[19] – auch die Geschichte »schön« nennen. Aber man kritisierte andererseits eben dies auch als verderblichen »Ästhetizismus«. Das Schöne und Ästhetische sind in den Geisteswissenschaften ein Streitpunkt, und selbst die Bestimmung dieser Begriffe ist hier ein Problem. Um die Situation verständlich zu machen, ist hier ein historischer Rückblick vonnöten.

Als im 17. und 18. Jahrhundert die Geisteswissenschaften noch als *artes, belles-lettres* und Bereich des *schönen Denkens* verstanden wurden, war es selbstverständlich, daß sie sich nicht nur mit dem Schönen in Natur und Geschichte als Gegenstand befaßten, sondern auch selbst artifizielle Werke hervorbrachten. Z. B. präsentierte N. Boileau[20] seine Poetik – wie Horaz – in gebundener Rede und zeigte damit, daß Wissenschaft und Kunst in seinem Gebiet nicht getrennt waren, sondern die Kunst aufgrund von rhetorischen Regeln hergestellt und die Theorie künstlerisch gestaltet werden konnten und sollten. Dem Lehrer der *Poetik* wurde eben abverlangt, auch das Dichten zu lehren und selbst zu dichten. In diesem Kontext war es ein bedauerlicher Mangel – den z. B. Lessing[21] bei seinen Zeitgenossen beklagt –, wenn die schönen Geister nicht gelehrt und die Gelehrten keine Schöngeister

18 Wer heute in Deutschland im Anschluß an den englischen Sprachgebrauch nur die Opposition »Wissenschaft – Literatur« kennt, hat den Unterschied zwischen Geisteswissenschaften und (schöner) Literatur wieder rückgängig gemacht und ist zur Denkweise des 18. Jahrhunderts zurückgekehrt. So z. B. Wolf Lepenies im Anschluß an Charles Percy Snow: »Über den Krieg der Wissenschaften und der Literatur«. In: *Merkur* 40 (1986) S. 482-490. Ders.: *Die drei Kulturen: Soziologie zwischen Literatur und Wissenschaft.* München, Wien 1985.

19 Heinrich von Treitschke: »Die Aufgabe des Geschichtsschreibers« (1895). In: ders.: *Historische und politische Aufsätze* Bd. 4. Leipzig 1897, S. 447-451, ebd. S. 449.

20 Nicolas Boileau-Despréaux: *L'art poétique.* Paris 1674.

21 G. E. Lessing: *Briefe, die neueste Litteratur betreffend.* 3. Tl.

waren, wenn also das ästhetische und wissenschaftliche Vermögen sich trennten.

Die Situation änderte sich grundlegend am Ende des 18. Jahrhunderts, als paradigmatisch Kant erklärte, *schönes Denken* und *schöne Wissenschaften* könne es nicht geben. Nun sind Schönheit und Wahrheit, Wissenschaft und Kunst getrennt, und von der Wissenschaft kann und darf nicht gefordert werden, selbst Kunst und ein ästhetisches Phänomen zu sein. Wenngleich die Romantik diese Entscheidung rückgängig zu machen suchte, gilt sie für die Geisteswissenschaften noch heute: Kein Geisteswissenschaftler wird die Schönheit seiner Theorie oder seiner Deutungshypothese preisen. Anders als in den romanischen und angelsächsischen Ländern, in denen die Tradition der *belles-lettres* und *artes (humanities, arts)* noch lebendiger zu sein scheint, darf zumindest bei uns der Geisteswissenschaftler sogar in holpriger Sprache und ungelenkem Stil über die größten Kunstwerke sich äußern, wenn er es nur »wissenschaftlich« tut, d.h. überprüfbare Aussagen trifft; ja, durch ein besonderes stilistisches Vermögen macht er sich sogar verdächtig, nur ein Schöngeist zu sein (wenngleich sich dies gegenwärtig zu ändern scheint).

Die Aufklärung, das 18. Jahrhundert, ist das Zeitalter der Differenzierung der Kultur: Wissenschaft, Kunst, Religion, Moral, Recht, Politik usw. treten nun begrifflich und sachlich deutlich auseinander. Indem sich das Schöne vom Wahren und Guten trennt, kann es nun Ästhetik, aber auch das Problem des Ästhetizismus geben. Denn seit jener Differenzierung lassen sich zwei Bewegungen beobachten: Einerseits wird die Einheit zu restituieren versucht – und andererseits werden wieder die Grenzen befestigt. Bemüht man sich, von einer Sphäre aus auch andere Gebiete, vielleicht sogar die ganze Kultur in den Blick oder Griff zu bekommen, meldet sich sofort Kritik, die das als Einseitigkeit und Gebietsverletzung brandmarkt. In dieser Abwehr von Übergriffen und Totalansprüchen entstehen neue Kampfbegriffe; man kritisiert u.a.: die »Verwissenschaftlichung«, z.B. die Zerstörung eines lebensdienlichen Traditionsverhältnisses durch historische Wissenschaft; die »Moralisierung«, die Beurteilung z.B. von künstlerischen und wissenschaftlichen Leistungen oder der Politik aus-

(52. Brief, 23.8. 1759). *Sämtl. Schriften,* hg. von K. Lachmann. Bd. 8, S. 146.

schließlich unter dem engen Blickwinkel der Moral; die »Verrechtlichung«, die durchgängige Gängelung der Beziehungen der Menschen durch Rechtsregeln; die »Politisierung«, das Eindringen von politischen Denkweisen und Maßstäben auch in andere Bereiche, wie Religion, Kunst, Bildungsinstitutionen, Privatleben usw.; und – last not least – man kritisiert die »Ästhetisierung«.

Dieser Kampf spielt sich nicht nur in der publizistischen Öffentlichkeit, sondern auch in den internen Auseinandersetzungen der Geisteswissenschaftler ab, da diese eben Recht, Moral, Kunst und Religion usw. nicht nur zum Gegenstand objektivierender Wissenschaft machen, sondern in diesen Bereichen selbst engagiert sind und sie zur Geltung bringen. Deshalb kann es jetzt auch eine Kritik an der Ästhetisierung geben, an der Wahrnehmung der Kultur aus der Perspektive der Ästhetik. Je nachdem, auf welche Bereiche der ästhetische Blick illegitim übergreift, haben der Ästhetisierungsvorwurf und der Begriff »ästhetisch« als Kritik eine andere Bedeutung.

Man kritisierte (und ich lasse dahingestellt, ob mit Recht)[22]

– die Ästhetisierung der Religion, d. h. die Ersetzung des religiösen Ernstes durch das Spiel der Einbildungskraft, des religiösen Wortes durch unverbindliches, subjektives Gefühl (Beispiel: die Kritik der dialektischen Theologie an Schleiermacher);

– die Ästhetisierung des Ethischen, d. h. die Aufgabe von ethischer Verantwortung und moralischem Engagement zugunsten einer genießenden Distanz in Bereichen, in denen ethisch zu entscheiden und zu handeln ist (Beispiel: Kierkegaards Kritik an der romantischen Existenz);

– die Ästhetisierung des Wahren und der Wissenschaft, d. h. die Schönung und Verdeckung der Wirklichkeit, die Konstruktion der Wirklichkeit nach ästhetischen Gesichtspunkten (Beispiel: Diltheys Kritik an der ästhetischen Metaphysik der Romantik, die neuere breite Kritik am »ästhetischen Historismus« [s. u.]);

– die Ästhetisierung des Politischen und der Gewalt, d. h. die Verklärung und Übertünchung von politischen und materiellen Interessen (Beispiel: W. Benjamins Faschismuskritik);

22 Siehe zum folgenden die beiden Artikel »Ästhetisch« und »Ästhetizismus« von Alois Halder und die dort angegebene Literatur: *Historisches Wörterbuch der Philosophie*, hg. von J. Ritter. Bd. 1. Basel 1971, Sp. 580-582.

– die Ästhetisierung der Kunst – ja, auch der Kunst. Denn die historischen Geisteswissenschaften können die in einem »imaginären Museum« versammelten Künste aller Kulturen und Epochen in gleicher Weise nur hinsichtlich ihrer ästhetischen Form betrachten und von ihrer ›Wahrheit‹ und ihrem Herkunftskontext abstrahieren (Beispiel: H.-G. Gadamers Kritik an der Subjektivierung der Ästhetik durch Kant und an der ästhetischen Bildung). Aber dieser Ästhetisierungsvorwurf ist der umstrittenste; denn andere Autoren erkennen in jener Ästhetisierung der Kunst und im modernen ästhetischen Bewußtsein eine unverzichtbare kulturelle Errungenschaft.

Was als Ästhetisierung kritisiert wird, ist nicht primär eine Sache des Stils, sondern des Blicks, des Zugriffs und der Haltung, die sich dann allenfalls auch im Stil spiegeln können. Und unsere Beispiele zeigen, daß zwar die Aufklärung die Bedingungen für eine Ästhetizismusproblematik schuf, im 19. Jahrhundert diese aber erst aufbrach. Um den Übergang zum Ästhetizismusproblem in den Geisteswissenschaften zu zeigen, konzentriere ich mich jetzt auf das Wissen von der Geschichte. Denn »Geschichte« ist seit dem Ende des 18. Jahrhunderts der Titel für die menschliche Welt insgesamt, der Gegenbegriff zu »Natur«. Und in der Geschichtswissenschaft ist die Auseinandersetzung mit der »Ästhetisierung« am heftigsten. R. Koselleck[23] erkennt im Historismus des 19. Jahrhunderts eine starke »ästhetische« Komponente, da diese Geschichtsschreibung die Konsistenz und den Zusammenhang der Geschichte durch ästhetische Kategorien und Kunstgriffe zustande brachte. Und Hannelore und Heinz Schlaffer[24] haben die These vertreten, daß der Historismus von Anbeginn bis ins 20. Jahrhundert, von Herder bis zu Dilthey und über

23 Reinhart Koselleck: »Der Zufall als Motivationsrest in der Geschichtsschreibung« (1968). In: ders.: *Vergangene Zukunft. Zur Semantik geschichtlicher Zeiten.* Frankfurt/M. 1979, S. 158-175, ebd. S. 174 f. Koselleck zufolge war es die ästhetische Formung des Geschichtsstoffes, die im 18. Jahrhundert neben der Geschichtsphilosophie wesentlich dazu beitrug, daß man schließlich von der Geschichte sprechen und sie als Einheit denken konnte. R. Koselleck: »Geschichte«. In: *Geschichtliche Grundbegriffe*, hg. von O. Brunner u. a. Bd. 2. Stuttgart 1975, bes. S. 659-665.

24 Hannelore Schlaffer, Heinz Schlaffer: *Studien zum ästhetischen Historismus.* Frankfurt/M. 1975. – Die These vom grundsätzlich ästheti-

ihn hinaus, ästhetisch im Sinne von »bloß ästhetisch« orientiert gewesen sei, denn im Historismus habe sich das geschichtliche Wissen von der Theorie und der Praxis abgelöst. Historismus und Ästhetizismus scheinen so zwei Seiten derselben Sache zu sein: »Das Vergangene ist schön, das Schöne vergangen.«[25] Doch dürfte sich diese These bei näherem Hinsehen als eine Überzeichnung im Dienste der »Politisierung« entpuppen. Ich versuche, durch einen kurzen Rückblick die Genese des Ästhetizismusproblems im Geschichtsdenken zu zeigen.

a) Die *ars historica* in der Tradition des Humanismus war nicht primär Geschichtsforschung, sondern Geschichtsschreibung, und deshalb gehörte zu ihr die Fähigkeit zu künstlerischer Darstellung mit Hilfe rhetorischer Regelkenntnis. In diesem Kontext konnte es zwar zum Vorwurf kommen, daß die Poesie an die Stelle der historischen Wahrheit trete; nicht aber, daß die Wirklichkeit an ihr selbst poetisiert oder ästhetisiert werde. Denn was die Realität an ihr selbst war, glaubte man zu wissen, war für das damalige Bewußtsein nicht Sache von Weltinterpretationen. Wenn sich aber die gesamte geschichtliche Wirklichkeit als ein universaler Sinnzusammenhang zeigte, so war dies kein *ästhetischer*, sondern ein *religiöser* Sinn. Denn die Universalgeschichte stand im Zeichen der Geschichtstheologie. Und wenn in deren Kontext – wie etwa bei Otto von Freising[26] – Geschichte »in der Weise der Tragödie« abgefaßt wurde, war dies keine Ästhetisierung. Auch J. G. Hamann[27] wird man nicht als Ästhetizisten verdächtigen, wenn er schrieb: »Ein Newton wird als ein Naturkundiger von der weisen Allmacht und als ein Geschichtschreiber von der weisen Regierung Gottes gleich stark gerührt werden.« Hamann hat damit das Stichwort für die Geschichtsphilosophie in der zweiten Hälfte des 18. Jahrhunderts gegeben: Man sucht den »Newton der Geschichte.«[28]

b) Man sucht diesen nicht aus einem ästhetischen Bedürfnis her-

schen Historismus wurde u. a. modifiziert aufgenommen von Jörn Rüsen: *Ästhetik und Geschichte*. Stuttgart 1976, bes. S. 70 ff.

25 Schlaffer, a.a.O., S. 16.

26 Otto von Freising: *Chronicon* VII, 7.

27 Johann Georg Hamann: »Biblische Betrachtungen eines Christen« (1758). *Sämtl. Werke*, hg. von J. Nadler, Bd. 1, S. 9.

28 Vgl. Ulrich Dierse: »›Der Newton der Geschichte‹«. In: *Archiv für Begriffsgeschichte* 30 (1986/87) S. 158-182.

aus, sondern aus einem metaphysischen und ethischen, und besonders zum Zwecke der Theodizee. »Denn was hilfts, die Herrlichkeit und Weisheit der Schöpfung im vernunftlosen Naturreiche zu preisen und der Betrachtung zu empfehlen, wenn der Theil des großen Schauplatzes der obersten Weisheit, der zu allem diesem den Zweck enthält, – die Geschichte des menschlichen Geschlechts – ein unaufhörlicher Einwurf dagegen bleiben soll, dessen Anblick uns nöthigt unsere Augen von ihm mit Unwillen wegzuwenden und, indem wir verzweifeln jemals darin eine vollendete vernünftige Absicht anzutreffen, uns dahin bringt, sie nur in einer andern Welt zu hoffen?«[29] Die Geschichtsphilosophie Herders, Fichtes, Hegels und des frühen Schelling kommt diesem von Kant so nachdrücklich artikulierten Bedürfnis nach: Sie entwickelt eine »Betrachtung«, für die die Geschichte als vernünftig und göttlich und damit wirklich als »Schauplatz der obersten Weisheit« erscheint. Nun kann Schelling sogar sagen, nichts gebe es, »das heiliger wäre als die Geschichte, dieser große Spiegel des Weltgeistes, dieses ewige Gedicht des göttlichen Verstandes«.[30] Die Betrachtung der Geschichte wird jetzt zur aristotelischen »Theoria«, zur Anschauung des Göttlichen, analog zur Anschauung des göttlichen Kosmos in der Antike. Zeigte sich nun in der Geschichte Ordnung, Harmonie der Kräfte und so Schönheit, dann war dies kein Schein im Sinne der Illusion, sondern Schein als Glanz des Wahren. Die Geschichtsphilosophie verbindet nämlich noch einmal jene in der Aufklärung entzweiten Gebiete des Wahren, Guten und Schönen.

Gleichwohl haben die Idealisten die Geschichte nicht zum Gegenstand der Ästhetik gemacht. Sie trieben Geschichtsphilosophie vornehmlich im Zeichen der praktischen Philosophie.[31] So war die Geschichte das Feld der Freiheit, nicht der Schönheit.

29 I. Kant: »Idee zu einer allgemeinen Geschichte in weltbürgerlicher Absicht« (1784). *Akad.-Ausg.* Bd. 8, S. 30.

30 F. W. J. Schelling: *Vorlesungen über die Methode des akademischen Studiums* (1803). *Sämmtl. Werke.* 1. Abt. Bd. 5. Stuttgart, Augsburg 1859, S. 309.

31 Deshalb verankert Hegel die Philosophie der Weltgeschichte in der Rechtsphilosophie, deshalb erklärt Schleiermacher die Ethik zur »Wissenschaft der Geschichtsprinzipien« und behandelt Schelling das Studium der Historie und Jurisprudenz in derselben Vorlesung (a.a.O., S. 306 ff.).

Das änderte sich jedoch bei ihren Schülern. F. Th. Vischer, M. Carriere, E. v. Hartmann u. a.[32] handeln in ihren Ästhetiken nicht nur vom Naturschönen, sondern ausführlich auch von der »geschichtlichen Schönheit«, von der Schönheit der Geschichte. Da sich in der Geschichte – wie Vischer[33] ausführt – »die Silberblicke der Freiheit« zeigen und da die Geschichte eine »Fundgrube der Kunst« ist, muß die Ästhetik die Geschichte im Hinblick darauf ansehen, inwieweit sie schön ist und »ästhetischen Stoff« darbietet. In solchem Kontext war es möglich, sogar den Krieg in eine ästhetische Perspektive zu rücken.[34] »Schön« aber ist in diesen Ästhetiken nicht das geschichtlich Alte, Vergangene, sondern die in der Sinnenwelt aufscheinende Freiheit und besonders das Geschichtsganze, das Ordnung und Sinnstruktur zeigt.[35]

c) An dem Gedanken, Geschichtsbetrachtung sei Theorie im aristotelischen Sinn, partizipiert auch noch die Geschichtsschreibung, die sich von der idealistischen Geschichtsphilosophie lossagte. Besonders bei L. v. Ranke ist diese metaphysisch-theologische Ausrichtung deutlich: Historisches Wissen ist »gleichsam ein Teil des göttlichen Wissens«,[36] und für Gott, der die ganze Menschheit überschaut, sind alle Generationen gleichberechtigt, haben ihren eigenen Wert.[37] Mit dieser Überzeugung war die von

32 Friedrich Theodor Vischer, a.a.O. (s. Anm. 10), S. 220-298. Die »geschichtliche Schönheit« ist hier der »menschlichen Schönheit« subsumiert und diese wiederum dem Abschnitt »Die objective Existenz des Schönen oder das Naturschöne«. – Moritz Carriere, a.a.O. (s. Anm. 10), S. 415-434 (»Die Weltgeschichte unter dem Gesichtspunkte der Schönheit«, Überschrift S. xx). Die Ausführungen zur Schönheit der Geschichte finden sich hier im Kapitel »Das Schöne in Natur und Geist; der Kunststoff«. – Eduard von Hartmann, a.a.O. (s. Anm. 10), S. 511-522: »Das geschichtlich Schöne«. Das Natur- und geschichtlich Schöne sind bei Hartmann beides Formen des »daseienden Schönen« (S. 492 ff.).

33 F. Th. Vischer, a.a.O., S. 220.

34 A.a.O., S. 186.

35 M. Carriere, a.a.O., S. 432 ff.

36 Leopold von Ranke: »Ueber die Verwandtschaft und den Unterschied der Historie und der Politik« (1836). *Sämtl. Werke*, Bd. 24. Leipzig 1872, S. 285.

37 L. v. Ranke: »Ueber die Epochen der neueren Geschichte.« *Weltgeschichte* Bd. 9/2. Leipzig 1888, S. 5 f.

der inneren »Einheit« der Geschichte verbunden.[38] Und da diese Einheit weder in der Ereignisfülle evident gegeben war, noch durch Geschichtsphilosophie bloß konstruiert werden sollte, finden wir jetzt oft die Forderung, der Historiker müsse Künstler sein, müsse Wissenschaft und Kunst verbinden.[39]

Bei Schelling,[40] der die Forderung nach dem »historischen Künstler« schon 1803 nachdrücklich erhob, sehen wir, daß dies Künstlerische im Geschäft des Historikers nun nicht mehr bloß die Darstellung, sozusagen die Außenseite seiner Arbeit betrifft, sondern seine Erkenntnis, den historischen Blick. Dieser soll in der Geschichte – in der es weder Verstandesgesetze noch bloße Zufälligkeiten gebe – die »höhere Ordnung der Dinge«, die »höhere Notwendigkeit«, nämlich das »Schicksal« erfassen.[41] Wenn also Schelling schreibt, »die Urbilder des historischen Styls« seien Epos und Tragödie,[42] dann fordert er nicht die bewußte Stilisierung der Geschichte, die künstlerische Formung eines chaotischen Materials. Sondern er verlangt, der Historiker solle die Geschichte, das »Gedicht des göttlichen Verstandes«, angemessen erfassen, nachkonstruieren und darstellen. Was Humboldt[43] und

38 »Alle diese ... Geschichten ... sucht nun dies Buch in ihrer Einheit zu ergreifen. ... Strenge Darstellung der Thatsache, wie bedingt und unschön sie auch sei, ist ohne Zweifel das oberste Gesetz. Ein zweites war mir die Entwickelung der Einheit und des Fortgangs der Begebenheiten.« L. v. Ranke: *Geschichten der romanischen und germanischen Völker von 1494-1514* (Vorrede 1. Ausg. 1824). *Sämtl. Werke*. Bd. 33 (1874) S. VII.

39 Wenn Ranke sagt, »die Historie ist zugleich Kunst und Wissenschaft«, dann heißt das für ihn, daß »die Schönheit der Form« sich nur »auf lebendiger Kenntnis« begründen kann, die Wahrheit also nicht verfälscht, sondern ihr dient und sie ausspricht. L. v. Ranke: *Französische Geschichte* (Bd. 5) *Sämtl. Werke*. Bd. 12 (1870) S. 5 f.

40 Schelling: *Vorlesungen über die Methode des akademischen Studiums*, 10. Vorles., a.a.O., S. 306 ff.

41 A.a.O., S. 310 f.

42 A.a.O., S. 312.

43 Wilhelm von Humboldt: »Ueber die Aufgabe des Geschichtschreibers« (1821). *Werke in fünf Bänden* hg. von A. Flitner und K. Giel. Bd. 1. 2. Aufl. Darmstadt 1969, S. 585 ff. – Siehe dazu und zu dem gesamten Zusammenhang den informativen Aufsatz von Wolfgang Hardtwig: »Die Verwissenschaftlichung der Geschichtsschreibung und die Ästhetisierung der Darstellung.« In: R. Koselleck u. a. (Hg.):

Ranke über die künstlerische Tätigkeit des Historiker sagen, ruht auf ähnlichen Voraussetzungen: Die Geschichte hat die Einheit und Notwendigkeit eines Kunstwerkes, und deshalb muß der Historiker auch künstlerischen Geist besitzen.
Im Kontext solcher – offenen oder versteckten – Geschichtsmetaphysik ist die ›Schönheit‹, die ein Geschichtswerk aufdeckt, naturgemäß index veri der Darstellung.
d) Durch den Zusammenbruch jener Geschichtsmetaphysik aber wird die Schönheit index falsi, und es ergibt sich ein Ästhetizismusproblem. Was vorher als wirklich geglaubt wurde, die Geschichte sei ein göttliches Kunstwerk, das enthüllt sich als Illusion, als Produkt einer nur ästhetischen Bewußtseinsstellung.
Das wird besonders deutlich bei Paul Yorck von Wartenburg. Er kritisiert, Ranke sei ein »großes Okular«, »ganz Auge« und so eben »Ästhetiker« gewesen: alles wurde ihm zu Bild und Gestalt.[44] Seine Sichtweise war für Yorck genauso einseitig und verstellend wie die der antiken Metaphysik, die ebenfalls die Welt nur »okular« und »ästhetisch« betrachten konnte[45] – mithin: Ranke hat antike Theoria getrieben und teilte so deren Schranken. Yorck nimmt Abstand von einer »ästhetischen« Betrachtung der Geschichte, weil eine solche die Geschichte als Wirkungszusammenhang aufhebt und auf der Illusion beruht, einen transhistorischen Standpunkt einnehmen zu können, damit aber die eigene »Geschichtlichkeit« des Historikers vergessen macht. Ästhetische Geschichtsbetrachtung ist entstellend und unaufrichtig. Heidegger und Gadamer werden diese Auffassung übernehmen.
Auch die Geschichtsmethodologie sprengt die romantisch-idealistische Synthese von Kunst und Historie, Schönheit und Ge-

Formen der Geschichtsschreibung (= Theorie der Geschichte. Beiträge zur Historik, Bd. 4). München 1982, S. 147-191. Ich komme zu ähnlichen Ergebnissen wie Hardtwig; meine aber, daß die »Ästhetisierung« nicht nur in der Darstellung, sondern in der Erkenntnis und in den Voraussetzungen des Historismus liegt und daß erst wir dies in kritischem oder distanzierendem Sinn »Ästhetisierung« nennen können.

44 *Briefwechsel zwischen Wilhelm Dilthey und dem Grafen Paul Yorck von Wartenburg 1877-1897*. Halle/Saale 1923, S. 59f. (Brief Yorcks vom 6. 7. 1886).

45 Graf Paul Yorck von Wartenburg: *Bewußtseinsstellung und Geschichte. Ein Fragment aus dem philosophischen Nachlaß*, eingel. und hg. von I. Fetscher. Tübingen 1956, S. 43, 61, 66f., 69, 71, 108 u. ö.

schichtswahrheit auf. E. Bernheim,[46] auf die Diskussion des 19. Jahrhunderts zurückblickend, stellt die voridealistische Auffassung wieder her: Nur die *Darstellung* der Geschichte habe einen künstlerischen Aspekt, nicht die wissenschaftliche *Erkenntnis*. Und er setzt einen neuen, der humanistischen Tradition noch fremden Akzent: Das Künstlerische der Darstellung sei für die Geschichtsschreibung unwichtig, akzidentell; ja, die Ausrichtung auf eine künstlerische Form bringe den Historiker immer in Gefahr, das Feld der Wissenschaft zu verlassen. Wichtig sei eine *angemessene* Darstellung, eine solche, welche keine Wissenslükken vertuscht und nirgends die Wahrheit der Aussagen beeinträchtigt. Die historische Wirklichkeit hat für Bernheim aufgehört, ästhetisch und schön zu sein, und die Historie ist jetzt Geschichts*wissenschaft*, empirische Tatsachenwissenschaft. Erscheint die Geschichte als schön und die Darstellung als künstlerisch, so sind diese Charaktere eher index falsi als index veri.
Distanziert sich so nach dem Ende der Geschichtsmetaphysik die Geschichtsschreibung von der Kunst, um sich als Wissenschaft zu behaupten, vollzieht Nietzsche eine Gegenwendung und will nur noch den ästhetischen Maßstab für die Historie gelten lassen. Da die Fülle des historischen Tatsachenwissens dem Leben und der Kultur schade, müsse die Historie »zum Kunstwerk umgebildet, also reines Kunstgebilde« werden; nur so könne sie »eine ganze Welt von Tiefsinn, Macht und Schönheit ahnen« lassen und damit die »Instinkte erhalten oder sogar wecken«.[47] Die künstlerische Historie ist jetzt nicht mehr als Sinn*findung*, sondern als Sinn*setzung* gedacht, ganz im Sinne von Theodor Lessings These von der Geschichte als der »Sinngebung des Sinnlosen«. Deshalb handelt laut Nietzsche nur der Historiker richtig, der wie der Dramatiker von der Voraussetzung ausgeht, »daß eine Einheit des Planes in die Dinge gelegt werden müsse, wenn sie nicht darinnen sei«.[48] Und da sich solche Einheit nicht finden läßt, muß das künstlerische Genie sie produzieren, muß die prosaische, divergente Wirklichkeit mit dem Schein eines Sinnzusammenhanges überziehen.

46 Ernst Bernheim: *Lehrbuch der Historischen Methode und der Geschichtsphilosophie*. 3. und 4. Aufl. Leipzig 1903 (»Das Verhältnis der Geschichte zur Kunst«, S. 126-138; »Darstellung«, S. 721-741).

47 F. Nietzsche: *Vom Nutzen und Nachteil der Historie für das Leben. Werke*, hg. von K. Schlechta, Bd. 1, S. 249, 252.

48 A.a.O., S. 247.

Auch für Nietzsche ist die Schönheit der Geschichte nicht mehr index veri für ihre Darstellung. Aber da Historie gar nicht (nur) wahr sein kann und darf, soll sie schön sein, um dem Leben zu dienen. Trennt Bernheim die Geschichtsschreibung möglichst weit von der Kunst ab, so löst Nietzsche sie in Kunst auf.
Nietzsche hat den Historikern, die nur Wissenschaft betreiben, sich aber nicht um deren Folgen für das Volk bekümmern, eine »ironische Existenz« zu leben unterstellt.[49] Aber es fragt sich, ob der Historiker nicht viel eindeutiger ironisch lebt, wenn seine Geschichtsschreibung – wie für Nietzsche denkbar – »keinen Tropfen der gemeinen empirischen Wahrheit in sich hat«[50] und er gleichwohl behauptet, Historiker zu sein. Die Forderung nach einer künstlerischen Überformung der nicht wissenswürdigen und -fähigen geschichtlichen Realität bedeutet den Widerspruch, eine vorsätzliche Illusion, eine bewußte Selbsttäuschung zu verlangen. Und dies Problem, die Fiktion für Realität halten zu müssen, erben von Nietzsche alle diejenigen, die zwischen der (schönen) Literatur und den (historischen) Geisteswissenchaften nicht meinen unterscheiden zu können oder zu sollen.[51] – Am Ende des 19. Jahrhunderts ist jedenfalls allenthalben der neue Problemstand erreicht: die Schönheit der Geschichte ist index falsi ihrer Betrachtungsweise. Jetzt kann man die Ästhetisierung der Geschichte kritisieren, weil sie der historischen Wahrheit und der Moral widerspreche. Oder man kann sie betreiben und rechtfertigen, weil sie dem Leben diene und weil es verbindliche Normen für Wahrheit und Moral nicht gebe.[52]

49 A.a.O., S. 258.
50 A.a.O., S. 247.
51 Siehe dazu Jürgen Habermas: *Der philosophische Diskurs der Moderne. Zwölf Vorlesungen.* Frankfurt/M. 1988, S. 219-247 (»Exkurs zur Einebnung des Gattungsunterschiedes zwischen Philosophie und Literatur«).
52 Dies hat durch die Diskussion um die »Postmoderne« eine neue Aktualität bekommen. W. Welsch verteidigt die Verkünder der Postmoderne gegen den Ästhetizismusvorwurf und rechtfertigt zugleich das neue »ästhetische Denken«. Die Argumentation scheint mir so unausgereift, daß ich sie hier übergehe. Wie kann man Nietzsche, Adorno, Gadamer, Lyotard und Derrida in gleicher Weise als Kronzeugen zitieren, um den »ästhetischen Grundzug« postmodernen Denkens und die neue Unverbindlichkeit einer pluralistischen Kultur zu legiti-

4. Mahnung zur Vorsicht

Die Gründe für die unterschiedliche Bewertung des Ästhetischen in den Natur- und Geisteswissenschaften liegen zunächst auf den Gebieten Erkenntnistheorie und Ontologie. Während die Naturwissenschaftler die Möglichkeit von allgemeinen Naturgesetzen in der Regel nicht bezweifeln, stellen die Gesetze der Geschichte bei den Historikern bis heute ein umstrittenes Problem dar. Wer in der Geschichte nur Einheit, allgemeine Gesetze, gleichbleibende Strukturen oder konstante Typen erkannte, hat immer Widerspruch gefunden; es wurde ihm vorgeworfen, er tue der Wirklichkeit Gewalt an, werde der komplexen, differenzierten Realität nicht gerecht. Während der Naturwissenschaftler unbefangen die künstlerische Phantasie als Quellgrund seiner Theorie nennen darf, da alle Theorien durch Experiment und Anwendung gestützt sind, macht sich der Geisteswissenschaftler, der die Einheit im Mannigfaltigen findet, immer verdächtig, daß seine Aussagen *nur* der Phantasie entsprangen, daß sie die Wirklichkeit verfehlen und deshalb »bloß ästhetisch« sind.

Doch die verschiedene Stellung von Physikern und Historikern zum Ästhetischen in ihrer Wissenschaft hat sichtlich auch moralische Gründe. Denn wer Gesetze in der Geschichte entdeckte, hat diese selten schön gefunden. C. Lévi-Strauss erkennt die quasiästhetische Ordnungsstruktur des Mythos nur dort, wo der Mensch noch in geschichtsloser natürlicher Ordnung lebt, aber nicht in der Geschichte der Zivilisation. Deshalb steht folgendes zu vermuten: Je mehr sich uns die Geschichte als die Geschichte von menschlichem Leid zeigt, desto weniger können wir sie schön und harmonisch finden. Sie ist die Geschichte von Schuld und Verantwortung, und deshalb verbietet sich ein ästhetisch distanzierter Blick, ein ›interesseloses Wohlgefallen‹, und wir betrachten sie eher im Zeichen der Ethik. Die Natur hingegen war schon den Griechen der göttliche Kosmos, würdiger als die Menschenwelt; und sie galt in der jüdisch-christlichen Tradition als Gottes gute Schöpfung. Eben deshalb ist man auch noch im

mieren? Wolfgang Welsch: »Postmoderne oder ästhetisches Denken – gegen seine Mißverständnisse verteidigt«. In: G. Eifler, O. Saame (Hg.): *Postmoderne – Anbruch einer neuen Epoche?* Wien 1989, S. 237-269.

20. Jahrhundert leichter geneigt, sie schön und harmonisch zu nennen.
Die naturwissenschaftliche Affirmation des Ästhetischen und die geisteswissenschaftliche Kritik am Ästhetizismus bergen aber auch in gleicher Weise Probleme. Wenngleich W. Heisenberg die mathematisch formulierten Naturgesetze der neueren Physik in die auf Pythagoras zurückgehende Wissenschaftstradition einstellt,[53] so hat sich doch die Situation grundlegend gewandelt: Denn die harmonische Ordnung der Natur ist für die moderne Physik letztlich nur ein »Glaube« (M. Planck),[54] aber keine evidente Tatsache mehr. Die Naturgesetze werden nicht mehr als getreue Abbilder der Natur, sondern als schöpferische Erzeugnisse der menschlichen Vernunft gewußt. Sie offenbaren nicht die ontologische Struktur der ›Natur an sich‹, sondern allenfalls unsere (vorläufige) Kenntnis von ihr, vor allem aber das Bedürfnis der mathematischen Vernunft nach Einheit und Stimmigkeit. Folglich könnte – tendenziell – auch gegenüber der modernen Physik, jedenfalls gegenüber ihrer ästhetischen Interpretation, ein Ästhetizismusverdacht erhoben werden, zumal die Atomphysik, die laut Heisenberg auf neue Weise die Schönheit und Ordnung der Natur aufzeigt, außerhalb der Wissenschaften mit ganz anderen Assoziationen besetzt ist. Weiterhin fragt sich, ob die Naturgesetze nicht nur dann einen ästhetischen Eindruck machen, wenn sie in eine bestimmte Bildungstradition eingebettet sind. Jedenfalls ist Heisenbergs pythagoreisch-rationalistische Überzeugung, die Schönheit der Musik und die Schönheit der Naturgesetze beruhten beidemal auf einer mathematischen Ordnungsstruktur,[55] seit dem 18. Jahrhundert kaum noch vertreten worden. Der platonische Begriff einer rein intelligiblen Schönheit, die unmittelbar der Glanz der Wahrheit und der Vollkommenheit ist, wurde bereits bei Kant problematisch. Denn dieser trennte Schönheit und Vollkommenheit voneinander ab.[56] Die ästheti-

53 W. Heisenberg: »Gedanken der antiken Naturphilosophie in der Modernen Physik« (1937), a.a.O. (s.o. Anm. 14), S. 126-132.

54 Max Planck: »Neue Bahnen der physikalischen Erkenntnis« (1913). In: ders.: *Wege zur physikalischen Erkenntnis. Reden und Vorträge.* 4. Aufl. Leipzig 1944, S. 42-53. Zit. S. 52.

55 W. Heisenberg, a.a.O., S. 132. Ders.: »Ordnung der Wirklichkeit«, a.a.O., S. 227f.

56 I. Kant: *Kritik der Urteilskraft*, § 15f.

sche Anschauung der schönen Naturformen und das Staunen über das Zusammenstimmen der Naturgesetze gründeten in zwei verschiedenen Funktionen der Urteilskraft. So ist die unzeitgemäße Präsenz des metaphysischen Schönheitsbegriffes in der Selbstreflexion der Naturwissenschaften für uns inzwischen ein Streitpunkt geworden, erscheint uns als subjektive Metaphysik; und wir sind bereits skeptisch, wenn Ordnung und Schönheit synonym werden.[57] Paul Yorck von Wartenburg war überzeugt, daß das moderne ästhetische Bewußtsein, wie es sich nicht nur bei Ranke zeigte, ein mißglückter Kompensationsversuch des mechanistischen Weltbildes sei, »daß die aesthetische Aushilfe, das aesthetische Complement der Mechanik Bankrott gemacht hat.«[58] Aber auch mit dem Ästhetizismusvorwurf in den Geisteswissenschaften sollte man vorsichtig umgehen. Denn es handelt sich nicht überall um »Ästhetisierung« und »Ästhetizismus«, wo von einem künstlerischen Element in diesen Wissenschaften die Rede ist. H. v. Helmholtz[59] z. B. nannte die Methode der Geisteswissenschaften eine »künstlerische Induction« deshalb, weil sie nicht auf streng logischem Wege wie in den Naturwissenschaften zu klar definierten Gattungsbegriffen und allgemeinen Gesetzen führe, sondern aufgrund eines »psychologischen Thaktgefühls« wie in der Kunst das Charakteristische erkennen lasse. Auch L. v. Ranke[60] hatte eine Maxime seiner Arbeit genannt, die sich nicht als »Ästhetisierung« wegschieben läßt: »das wesentlichste Moment in dem poetischen und künstlerischen Ausdruck« bestehe darin, »das Allgemeine unmittelbar und ohne langen Umschweif durch das Besondere darzustellen«, und just dies Prinzip habe er für die Geschichtsschreibung fruchtbar zu machen versucht. E. Bernheim[61] hat dies als legitimes wissenschaftliches Verfahren anerkannt, denn alle Historie müsse eine »Verdichtung«

57 W. Heisenberg: »Ordnung der Wirklichkeit«, a.a.O., S. 227.

58 *Briefwechsel zwischen Wilhelm Dilthey und dem Grafen Paul Yorck v. Wartenburg*, a.a.O., S. 128 (Brief vom 22. 7. 1891); vgl. S. 68 f. (Brief vom 4. 12. 1887).

59 Hermann von Helmholtz: »Über das Verhältniss der Naturwissenschaften zur Gesamtheit der Wissenschaft« (1862). In: ders.: *Das Denken in der Naturwissenschaft*. Darmstadt 1968, S. 14-16.

60 L. v. Ranke: »Erwiderung auf Heinrich Leo's Angriff« (1828). *Sämtl. Werke*. Bd. 53/54 (1890) S. 664 f.

61 E. Bernheim, a.a.O., S. 732 f., 738.

zustande bringen.[62] Die einzelne historische Erscheinung in ihrer Individualität und zugleich als Repräsentant und Teil eines Ganzen, eines größeren Zusammenhangs zeigen zu können, darin haben auch W. Dilthey[63] und G. Simmel[64] die unersetzbare künstlerische Fähigkeit des Historikers gesehen; und Simmel hat nachdrücklich betont, daß dies nicht nur eine Fähigkeit zur Darstellung, sondern zur historischen Erkenntnis sei. Sogar Max Weber hat den Kunstcharakter bedeutender Historiographie anerkannt. Er kritisierte zwar eine bloß »künstlerische Darstellung« der anschaulich gegebenen Wirklichkeit, wenn diese ohne Begriff bleibt;[65] und damit grenzte er sich von W. Windelband ab, der wegen ihrer anschaulichen Vergegenwärtigung Historie und Kunst für verwandt erklärt hatte.[66] Aber für M. Weber ist das künstlerische Vermögen gleichwohl in der Historie wichtig, damit der Historiker sowohl vom »Sinnhuber« wie vom »Stoffhuber« Abstand halten könne: »Jene echte Künstlerschaft, wie sie z. B. unter den Historikern Ranke in so grandiosem Maße besaß, pflegt sich gerade darin zu manifestieren, daß sie durch Beziehung *bekannter* Tatsachen auf *bekannte* Gesichtspunkte dennoch

62 A.a.O., S. 722.

63 Wilhelm Dilthey: *Einleitung in die Geisteswissenschaften. Ges. Schr.* Bd. 1, S. 90 ff.

64 Georg Simmel: *Die Probleme der Geschichtsphilosophie*. Leipzig 1907, S. 62 ff.

65 »Jeder nur anschaulichen Schilderung haftet die Eigenart der Bedeutung *künstlerischer* Darstellung an: ›Ein jeder sieht, was er im Herzen trägt‹, – gültige *Urteile* setzen überall die *logische* Bearbeitung des Anschaulichen, das heißt die Verwendung von *Begriffen* voraus ...« Max Weber: »Die ›Objektivität‹ sozialwissenschaftlicher und sozialpolitischer Erkenntnis« (1904). *Gesammelte Aufsätze zur Wissenschaftslehre.* 3. Aufl. hg. von J. Winckelmann. Tübingen 1968, S. 209.

66 »Für den Historiker besteht die Aufgabe, irgend ein Gebilde der Vergangenheit in seiner ganzen individuellen Ausprägung zu ideeller Gegenwärtigkeit neu zu beleben. Er hat an demjenigen, was wirklich war, eine ähnliche Aufgabe zu erfüllen, wie der Künstler an demjenigen, was in seiner Phantasie ist. Darin wurzelt die Verwandtschaft des historischen Schaffens mit dem ästhetischen und die der historischen Disziplinen mit den *belles-lettres*«. Wilhelm Windelband: »Geschichte und Naturwissenschaft« (1894). *Präludien. Aufsätze und Reden zur Philosophie und ihrer Geschichte.* 6. Aufl. Tübingen 1919, Bd. 2, S. 150.

ein Neues zu schaffen weiß.«[67] Die Künstlerschaft in den Geisteswissenschaften ist also etwas anderes als der Ästhetizismus, kann sie doch z. B. auch in den Dienst der Politisierung und Moralisierung treten (nur nicht in den der Verwissenschaftlichung).

Die Diskussion um das Verhältnis von Kunst und Wissenschaft in der Historie dauert nach dem Ende der Geschichtsmetaphysik also fort. Denn auch die Historiographie kann nicht auf die Leistung der Einbildungskraft verzichten, und auch sie muß die Mannigfaltigkeit strukturieren und ordnen und so eine Einheit setzen; auch wenn diese Einheit nicht mehr durch ein unterstelltes Geschichtssubjekt, sondern nur durch ein sogenanntes »Referenzsubjekt« erreicht[68] und wenn der geschichtliche Zusammenhang nur der vom Historiker gestiftete Erzählzusammenhang ist.[69] »Auch Klio dichtet«.[70]

67 A.a.O., S. 214.

68 Hermann Lübbe: *Geschichtsbegriff und Geschichtsinteresse. Analytik und Pragmatik der Historie*. Basel, Stuttgart 1977.

69 Arthur C. Danto: *Analytical Philosophy of History*. Cambridge 1965.

70 Hayden White: *Auch Klio dichtet oder Die Fiktion des Faktischen – Studien zur Tropologie des historischen Diskurses*. Stuttgart 1986. White hält trotz seiner These, die schon der Titel formuliert, mit Recht den Unterschied zwischen historischen und rein fiktiven Texten aufrecht. – Zur Diskussion der Bedeutung von Erzählung, Fiktion und Phantasie in der Geschichtsschreibung siehe besonders die beiden Bände aus der Reihe *Theorie der Geschichte. Beiträge zur Historik*. Bd. 3: *Theorie und Erzählung in der Geschichte*, hg. von J. Kocka und Th. Nipperdey. München 1979. Bd. 4: *Formen der Geschichtsschreibung*, hg. von R. Koselleck, H. Lutz und J. Rüsen. München 1982.

XII. Kritik und Affirmation des Säkularisierungsbegriffs

Anmerkungen zu Blumenberg und Lübbe*

Im deutschen Sprachraum hat der Begriff *Säkularisierung* als Interpretationsbegriff für die moderne Welt seine Selbstverständlichkeit und seine Beliebtheit verloren. Das liegt nicht an einem neueren Desinteresse am Verhältnis von religiöser Tradition und moderner Welt, sondern es liegt an der neueren historischen und kritischen Reflexion des Begriffs. Diese manifestierte sich erstmals im Sommer 1962 im westfälischen Münster, wo auf dem Kongreß über »die Philosophie und die Frage nach dem Fortschritt« Hermann Lübbe und Hans Blumenberg – im Beisein von Karl Löwith – ihre neuen Thesen vortrugen.[1] Aus diesen Vorträgen wurden später zwei Bücher. Das erste, das von Lübbe, erschien 1965 und kommt durch eine begriffsgeschichtliche Untersuchung zum Ergebnis, »Säkularisierung« sei weniger »eine Kategorie, durch die man begreift«, sondern mehr eine »Funktion« oder »Parole in den ideenpolitischen Auseinandersetzungen zwischen Glauben und moderner Welt«.[2] Das zweite Buch, das von Blumenberg, erschien 1966 und unterzieht den Begriff einer einschneidenden Kritik.[3] Beide Arbeiten hatten zur Folge, daß man

* Überarbeitete Fassung eines Vortrages, der im März 1987 unter dem Titel »Philosophie und Säkularisierungstheologie. Anmerkungen zu Blumenberg und Lübbe« in Trient gehalten wurde, und zwar im Rahmen eines Kongesses über »Bultmann e Gogarten. Il problema filosofico-teologico della secolarizzazione« im Istituto di Scienze Religiose.

1 Hermann Lübbe: »Säkularisierung als geschichtsphilosophische Kategorie.« In: *Die Philosophie und die Frage nach dem Fortschritt*, hg. von Helmut Kuhn und Franz Wiedmann. München 1964, S. 221-239. – Hans Blumenberg: »›Säkularisation‹. Kritik einer Kategorie historischer Illegitimität«, ebd. S. 240-265.

2 H. Lübbe: *Säkularisierung. Geschichte eines ideenpolitischen Begriffs.* Freiburg, München 1965, S. 239 (2. Aufl. 1975).

3 H. Blumenberg: *Die Legitimität der Neuzeit.* Frankfurt/Main 1966. Erweiterte und überarbeitete Neuausgabe in drei Bänden unter folgenden Titeln: (1.) *Säkularisierung und Selbstbehauptung*. Frankfurt/Main 1974. (2.) *Der Prozeß der theoretischen Neugierde.* Ebd. 1973.

sich nun entweder auf die Erforschung der Geschichte des Begriffs und auf die Kritik seiner Leistungsfähigkeit beschränkte (und dadurch das Verhältnis von Christentum und Neuzeit neu sehen lernte) oder in der Auseinandersetzung mit Lübbe und Blumenberg ausdrücklich rechtfertigen mußte, wieso und in welchem Sinne man weiterhin von ›Säkularisierung‹ meinte sprechen zu müssen.[4] Ich befasse mich nun zunächst (1.) mit Blumenberg und sodann (2.) mit Lübbe, und zwar jeweils mit besonderem Blick auf ihre Stellung zu Theologie und Religion.

1. Zu Blumenbergs Kritik

Der Kern von Blumenbergs Kritik an der Säkularisierungskategorie ist bekanntlich folgender: Das Geschichtsbild, das hinter dem Begriff sich verbirgt, ist substantialistisch. Denn es behauptet eine identische, christlich-theologische Substanz, die in der Neuzeit verwandelt, umgeformt, eben säkularisiert worden sei. Eine solche identische Substanz läßt sich aber im Einzelfall gar nicht aufweisen, ebensowenig wie ein Täter, der diese Säkularisation vorsätzlich vorgenommen hätte. Auf diese Sachkritik gründet Blumenberg eine quasi moralische: Wer von »Säkularisierung« spricht, der unterstellt der Neuzeit eine Kulturschuld, nämlich die widerrechtliche Entwendung von theologischen Heilsgütern

(3.) *Aspekte der Epochenschwelle: Cusaner und Nolaner.* Ebd. 1976. Nach dieser erweiterten Ausgabe wird im folgenden zitiert.

4 Aus der umfänglichen Literatur siehe u. a. Hermann Zabel: *Verweltlichung/Säkularisierung. Zur Geschichte einer Interpretationskategorie.* Diss. Münster 1968. – Ders.: »Zum Wortgebrauch von ›Verweltlichung/Säkularisierung‹ bei Paul Yorck von Wartenburg und Richard Rothe«. In: *Archiv für Begriffsgeschichte* 14 (1970) S. 69-85. – Reijo E. Heinonen: »Der Säkularisierungsbegriff bei Wilhelm Stapel«. Ebd. S. 86-104. – Arno Baruzzi: »Säkularisierung. Ein Problem von Enteignung und Besitz«. In: *Philosophisches Jahrbuch* 85 (1978) S. 301-316. – Walter Jaeschke: *Die Suche nach den eschatologischen Wurzeln der Geschichtsphilosophie. Eine historische Kritik der Säkularisierungsthese.* München 1976. – Ulrich Ruh: *Säkularisierung als Interpretationskategorie. Zur Bedeutung des christlichen Erbes in der modernen Geistesgeschichte.* Freiburg, Basel, Wien 1980. Während Jaeschke die Kritik am Säkularisierungsbegriff vertieft, versucht Ruh den Begriff als Interpretament zu retten. Bei Ruh weitere Literatur.

zu einem zweckwidrigen, rein irdischen Gebrauch. Von »Säkularisierung« könne nur der christliche Theologe sprechen, für den es nur eine, eben die christliche Geschichte gebe und der deshalb die Neuzeit zur Verfälschung des Christentums erkläre. Angesichts dieser Sichtweise und dieses Vorwurfs macht Blumenberg sich zum Anwalt und zeigt die »Legitimität der Neuzeit«. Er tut das durch eine historische Analyse des geistigen Umbruchs am Ende des Mittelalters und kommt zu folgender These: Der Nominalismus mit seinem voluntaristischen Gott habe den Menschen in solche metaphysische Unsicherheit gestürzt, habe ihn theologisch so überfordert, daß sich der Mensch aus dem Gebiet der Metaphysik zurückzog und sich in seiner Erkenntnis auf das beschränkte, was seiner humanen Selbstbehauptung dient, nämlich besonders auf die Naturwissenschaft im Hinblick auf die Befriedigung theoretischer Neugier und auf die Beherrschung der Natur zur Befriedigung seiner Bedürfnisse. Humane Selbstbehauptung, freigesetzte theoretische Neugier, Überwindung des im Christentum noch mitgeführten gnostischen Dualismus Diesseits-Jenseits: das sind laut Blumenberg die Grundzüge, die der Neuzeit ihren spezifischen Charakter und ihr eigenes Recht geben, so daß sie vor dem theologischen Hintergrund nicht Scham und schlechtes Gewissen zu haben braucht.

Wie erscheint in dieser Perspektive die neuere Theologie? Sie bietet für Blumenberg kein rühmliches Bild. Nachdem der Geltungsschwund von Kirche und Religion sich als unaufhaltsam erwies, da sie dem Prinzip der Neuzeit widersprachen, machte die »Theologie der Krise« aus der Not eine Tugend und behauptete die Weltlichkeit der Welt als Gottes Vorsehung. Gerade in einer säkularen Welt wollte sie sich als Sachwalterin des Transzendenten und des unweltlichen Glaubens profilieren. Dabei zeigt sie für Blumenberg das typische Verhalten eines Selbstbehauptungskampfes: Sie wirft alles Angreifbare ab und reduziert sich auf einen unberührbaren Kern.[5] An Bultmann hat Blumenberg dies näher demonstriert. Dessen Theologie ist für ihn nur eine mißglückte Reaktion auf den Historismus, d. h. auf das Eindringen säkularer wissenschaftlicher Methodik in die Theologie. Angesichts der Gefahr, daß das Christentum durch die historische Forschung zu einer geschichtlichen Erscheinung neben anderen

5 Blumenberg: *Säkularisierung* S. 13 f.

ähnlichen wird, reduziere Bultmann die theologische Substanz auf ein recht inhaltsleeres »Kerygma« und behaupte, dies könne in die wirkliche Geschichte per se nicht übergehen. Blumenbergs kritische Argumentation läuft nun darauf hinaus, diese Rückzugsposition als widersprüchlich und als verloren zu entlarven: Bultmann behaupte die Freiheit des Menschen – aber durch Gottes unbedingte Forderung sei Freiheit getilgt. Bultmann möchte die menschliche Vernunft außer Kraft setzen – aber er müsse sie faktisch anerkennen, wenn der Mensch Gott Gehorsam entgegenbringen soll. Das Kerygma soll außergeschichtlich sein – aber wie kann dann das christliche Geschichtsdenken säkularisiert werden? Wenn Weltgericht und kosmische Katastrophe mythische Bilder sind – wie kann dann die moderne Geschichtsphilosophie noch als Säkularisation der Geschichtstheologie gedacht werden? Das spezifisch Christliche ist unter diesen Voraussetzungen nie in der Welt gewesen und hat deshalb nie eine Säkularisation erleiden können. Würde Bultmann sich richtig verstehen, müßte er sich laut Blumenberg als Gnostiker oder Doketist bekennen: denn das Kerygma ist dieser Welt radikal fremd.[6]

Ich möchte mich hier in diese Auseinandersetzung[7] nicht verspätet einmischen, sondern ich möchte zur Auseinandersetzung des Philosophen Blumenberg mit der Theologie nur einige Beobachtungen festhalten, die ich in zwei Anmerkungen zusammenfasse.

1. Blumenbergs Kritik an Bultmann fällt zunächst deshalb so scharf aus, weil er durch Bultmanns Säkularisierungsthese bestätigt sieht, daß es keine Transformation von theologisch-christlicher Substanz gegeben hat, an welcher die Neuzeit Schuld trüge. Denn Bultmann betont, daß das Kerygma nicht in die Geschichte einging und daß schon das Christentum die Eschatologie zur Geschichtsphilosophie umformte. Vor allem aber ist Blumenbergs Kritik an Bultmann eine Form, die Legitimität der Neuzeit zu demonstrieren. Denn an Bultmann gewinnt Blumenberg den

6 Blumenberg: *Säkularisierung* S. 49 f. Ders.: »Marginalien zur theologischen Logik Rudolf Bultmanns«: In: *Philosophische Rundschau* 2 (1954/55) S. 121-140. Ders.: »Rezension zu R. Bultmann: Geschichte und Eschatologie«. In: *Gnomon* 31 (1959) S. 163-166.

7 Siehe u. a. U. Wilckens: »Zur Eschatologie des Urchristentums. Bemerkungen zur Deutung der jüdisch-urchristlichen Überlieferungen bei Hans Blumenberg«. In: *Beiträge zur Theorie des neutestamentlichen Christentums.* Berlin 1968, S. 127-142. W. Jaeschke (s. o. Anm. 4).

Beweis, daß die Theologie, die der Neuzeit ein schlechtes Gewissen macht, in der Neuzeit gar nicht mehr möglich ist. Wenn bei Bultmann die theologische Substanz zu einem formalen, leeren und außergeschichtlichen Kerygma zusammenschmilzt, dann heißt das für Blumenberg, daß der Historismus, die moderne Wissenschaft, in der Theologie endgültig gesiegt hat: Alles theologische Wissen wurde zu historischem Wissen, oder es führt zu Widersprüchen. Indem aber die Theologie sich faktisch auflöste, gibt es gar keine legitime Position mehr, von welcher die Illegitimität der Neuzeit könnte behauptet werden. Kurzum: Blumenberg bekämpft in Bultmann die Instanz, von welcher das schlechte Gewissen der Neuzeit ausgeht.

Dabei scheint er selbst mir aber nicht ganz konsequent zu verfahren. Denn wenn Blumenberg mit Bultmann annimmt, durch das Ausbleiben der Parusie Christi habe die christliche Kirche sich mit der Welt arrangieren müssen und habe sich dadurch verweltlicht – müßte er dann nicht in der Selbstbehauptung der frühen Christen den Beginn oder zumindest die Wurzeln der Neuzeit sehen? Freilich, diese Christen hatten keine Naturwissenschaft und keine theoretische Neugier. Aber sie hatten erstmals – auch laut Blumenberg[8] – einen nicht mythischen Kosmos, und in diesem zeigten sie sichtlich den Willen zu humaner Selbstbehauptung. Oder darf man – bei allem Respekt vor dem großen Gelehrten – sogar fragen, ob nicht die humane Selbstbehauptung und damit ein wenig Neuzeit gleich nach dem Sündenfall begannen, als zum Zwecke der Selbstbehauptung Adam sein Brot im Schweiße seines Angesichts essen mußte, weil sein Acker Disteln und Dornen trug? Aber es kommt mir hier nicht auf Polemik an, sondern auf dies: Der Theologe Bultmann will die Authentizität des christlichen Glaubens retten und führt in der Tat ein riskantes Rückzugsgefecht. Aber der Philosoph Blumenberg will die Authentizität der Neuzeit beweisen und löst sie deshalb – ebenso problematisch – von der Herkunft ab. Oder anders: Der Historismus ist für die Philosophie ein fast ebensogroßes Problem wie für die Theologie.[9]

8 Blumenberg: *Säkularisierung* S. 59.

9 Blumenberg hat sich bereits selbst mit der Schwierigkeit auseinandergesetzt, daß es für das historische Denken keine Epochenschwellen und keine absoluten Anfänge gibt (*Aspekte der Epochenschwelle* S. 21 f.).

2. Bei aller Kritik an der ›Theologie der Krise‹ teilt Blumenberg mit dieser die Überzeugung, daß die neuzeitliche, säkulare Welt vom Gehalt des christlichen Glaubens prinzipiell getrennt ist. Nur behauptet Bultmann neben dieser Welt den Glauben als das Wesentliche, während Blumenberg über diese neuzeitliche, weltliche Welt hinauszugehen offensichtlich für nicht möglich hält. Die These von der rein säkularen modernen Welt ist aber sehr problematisch. Denn die Neuzeit hat neben den von Blumenberg genannten Charakteren noch andere. Der neuzeitlichen Vernunft steht eine neuzeitliche Gegen- oder Unvernunft zur Seite. Ohne Berücksichtigung dessen, was man seit Horkheimer und Adorno »die Dialektik der Aufklärung« nennt, dürfte eine Theorie der Neuzeit unvollständig sein. Hegel hatte den Beginn der Neuzeit darin gesehen, daß die Vernunft sich entzweie: als naturwissenschaftlicher Verstand wende sie sich der Sphäre der Endlichkeit zu (Francis Bacon) – als religiöse Innerlichkeit aber ergreife sie das Ewige (Jakob Boehme, protestantische Frömmigkeit).[10] Mag Hegels Denkweise uns zu spekulativ und schematisch erscheinen, so ist doch dies Entzweiungsmodell für eine Theorie der Neuzeit angemessener als das Blumenbergsche allein. Denn die Neuzeit hält offensichtlich ihre eigene Weltlichkeit nicht aus; und ihre wissenschaftliche Vernunft ist nicht autark, sie ist einseitig und sucht ihre Ergänzung. Man kann das mit Blumenbergs Geschichtsmodell so ausdrücken: Die moderne Vernunft, die, durch Neugier und Selbsterhaltungstrieb motiviert, sich auf die empirischen Wissenschaften beschränkte, hat die Systemstelle der Metaphysik und Theologie frei gelassen. Aber diese offene Systemstelle macht nun in ihrer Leere sich stets eindringlich bemerkbar. Und zwar schon deshalb, weil die rationale Selbstbehauptung

Seine Argumentation scheint mir aber darauf hinauszulaufen, daß man »das Selbstbewußtsein der Neuzeit als einer ›letzten‹ und singulären Epoche« geradezu *wollen* muß (ebd. S. 22). Wäre es da nicht überzeugender, wenn Blumenberg – analog zu Hegel (s. u.) – die Neuzeit nicht nur als das Neue, sondern auch als die Präsenz des Alten und als dessen Umformung charakterisierte? Aber dies brächte ihn in die Nähe Löwiths und des Säkularisierungstheorems.

10 G. W. F. Hegel: *Vorlesungen über die Geschichte der Philosophie. Theorie-Werkausgabe* Bd. 20. Frankfurt/M. 1971, S. 63. Die ›säkulare‹ Welt ist also für Hegel nur die eine Seite der modernen Welt, nämlich die der modernen empirischen Wissenschaften.

nicht die Sicherheit geben konnte, welche die Theologie versprach.[11] So kommt es überall dort, wo die traditionelle Religion und Theologie gänzlich schwanden, zu Surrogatbildungen:[12] Besonders die Kunst und Staatskulte, aber auch der Mythos oder eine fernöstliche Religion rückten in die vakante Systemstelle ein. Sehr eindrücklich sind die Fälle, in denen die moderne Vernunft selbst in ihr Gegenteil umschlägt, um jene Leerstelle auszufüllen. Ich erinnere an einige Beispiele: Die aufgeklärte Vernunft in ihrem Kampf für Toleranz und Humanität führte im 18. Jahrhundert sogleich zu Geheimbünden und Freimaurerlogen mit kultischem Ritual. Oder: der Positivist A. Comte zeigte den Fortschritt der Menschheit von der Theologie über die Metaphysik zur Wissenschaft – aber er endete schließlich in einer neuen Religion; er verehrte seine verstorbene Geliebte als »Priesterin der Menschheit« und als »positivistische Jungfrau«.[13] Oder: nachdem der Orientalist und Philosoph P. A. de Lagarde mit einigem Scharfsinn das traditionelle Christentum kritisert hatte, ging er mit ebensolcher Naivität daran, eine neue Kirche zu begründen.[14] Oder: nachdem D. F. Strauß den »alten Glauben« für überwunden hielt, empfahl er die ästhetische und wissenschaftliche Bildung als »neuen Glauben«.[15] Kurzum: die Geschichte der neuzeitlichen Vernunft läßt sich nur zusammen mit der neuzeitlichen

11 Schon Karl Löwith hatte übrigens in seiner Rezension des Blumenbergschen Werks den Zweifel geäußert, ob der reine Selbstbehauptungswille wirklich »human« genannt werden könne. *Philosophische Rundschau* 15 (1968) S. 200. Vgl. jetzt A. Baruzzi, a.a.O., (s. Anm. 4). – Zur Diskussion über das Problem Ethik und Selbsterhaltung siehe: *Subjektivität und Selbsterhaltung. Beiträge zur Diagnose der Moderne,* hg. von Hans Ebeling. Frankfurt/M. 1976.

12 Siehe dazu und zum folgenden Karlfried Gründer: »Aufklärung und Surrogate«. In: *Oikeiosis. Festschrift für Robert Spaemann,* hg. von R. Löw. Weinheim 1987, S. 55-68. Derselbe Aufsatz mit ausführlichen Belegen in: *Aufklärung und Haskala (Wolfenbütteler Studien zur Aufklärung* Bd. 14). Heidelberg 1980, S. 101-122.

13 Jürgen von Kempski: »Einleitung« zu August Comte: *Die Soziologie,* hg. von Friedrich Blaschke. Stuttgart 1974, S. XVI. Siehe dazu jetzt sehr ausführlich Wolf Lepenies: *Die drei Kulturen: Soziologie zwischen Literatur und Wissenschaft.* München, Wien 1985, bes. S. 25 ff.

14 Fritz Stern: *Kulturpessimismus als politische Gefahr.* München 1986, S. 25 ff.

15 David Friedrich Strauß: *Der alte und der neue Glaube.* Bonn 1872.

Gegen- und Unvernunft schreiben. Darin hat Hegel noch immer gegen Blumenberg recht.

Aber nicht nur produzierte die neuzeitliche Vernunft das andere ihrer selbst. Sondern die neuzeitliche Kultur ist de facto doch viel enger mit der christlichen Tradition verzahnt, als das nach Blumenbergs Geschichtsphilosophie der Fall sein dürfte. Blumenberg hatte schon selbst gesagt, z. B. Rousseaus *Bekenntnisse* seien die »Säkularisierung des transzendenten Gottesgerichts zum literarischen Selbstgericht«.[16] Und auch an verschiedenen anderen Stellen seines Buches wird »Säkularisierung« durchaus als Interpretationskategorie gehandhabt. Und das heißt: auch der Begriffskritiker Blumenberg muß das Phänomen »Säkularisierung« anerkennen. Zudem aber gibt es die Fälle, wo wir gewöhnlich von »Einfluß« reden, ohne uns bewußt zu sein, was diese Metapher genau meint. Wäre die Kantische *Metaphysik der Sitten* denkbar ohne die protestantische, calvinistische Ethik? Wäre Bolzanos Philosophie ohne den Katholizismus denkbar? Die Empfindsamkeitskultur des 18. Jahrhunderts ohne Pietismus? Natürlich zögert man, hier überall von »Säkularisierung« zu sprechen. Und eben dies ist das große Verdienst Blumenbergs: Wir sind zu genauerer Beschreibungssprache gezwungen, wo wir religiöse und nicht-religiöse Phänomene in Beziehung setzen. Aber die Präsenz und Wirkung der christlichen Tradition in der Neuzeit ist doch ungleich stärker, als Blumenberg zugestehen kann. Und diese Präsenz älterer Traditionen gehört mit zu ihrem Charakter, ist ein konstitutiver Teil der Neuzeit.

2. Zu Lübbes Affirmation

Es sind diese zuletzt genannten historischen Tatsachen, die Hermann Lübbe ein anderes Verhältnis zu Sache und Begriff der Säkularisierung einnehmen ließen. Schon in seiner Arbeit von 1965 hatte er in der Kategorie der Säkularisierung nicht nur eine »Parole«, sondern auch ein durchaus leistungsfähiges wissenschaftliches Instrument gesehen.[17] Besonders in seinem neuen großen Buch über die *Religion nach der Aufklärung* von 1986 hat

16 Blumenberg: *Die Legitimität* (1. Aufl.) S. 67.
17 Lübbe: *Säkularisierung* (s. o. Anm. 2) S. 7 f.

er vor Augen geführt, warum er auf den Begriff nicht verzichten möchte. »Säkularisierung« ist für ihn eine Kategorie der Religionssoziologie.[18] »Säkularisierung«, so definiert er im Anschluß an Howard Becker, ist die »abnehmende soziale Mächtigkeit religiöser Institutionen«, sie ist die »abnehmende Bedeutung institutionalisierter Religion als eines Mittels sozialer Kontrolle.«[19] Der Grund für den Verlust sozialer Macht der Religion liegt Lübbe zufolge im Differenzierungsprozeß der modernen Gesellschaft. Durch diese Differenzierung nimmt »die Dichte der kulturellen Lebensformen, die alle teilen«, ab, und die Religion wird aus vielen Teilbereichen ausgegrenzt, verliert dort an Relevanz. Dadurch büßt sie für die Gesellschaft insgesamt ihre allgemeine Verbindlichkeit ein. Die Differenzierungsprozesse lassen – auch im Bereich der Religion – »die Menge der Regeln schrumpfen, die als generell bekannte und anerkannte Regeln gelten können«. »Modernisierungsprozesse sind Prozesse der Auflösung kultureller Geschlossenheit, und in Relation zur religiösen Kultur heißt das Säkularisierung. Modernität ohne Säkularisierung – das ist nicht zu haben ...«[20]

Während die Religion ihre soziale Macht verliert, hört sie aber keinesfalls auf zu existieren. Nicht die Religion ist im Absterben begriffen, sondern die religionskritischen Ideologien veralten, die den Tod der Religion prophezeiten. Der Marxismus z. B. hat nicht das Ende der Religion, sondern neue Kulte, Staatskulte hervorgebracht, wie z. B. der »wächserne Lenin in seinem Schneewittchensarg« zeige, der im übrigen aber nicht die Hoffnung auf eine glückliche, religionsfreie Menschheit, sondern ein »eindrucksvolles Memento mori« vermittele.[21] Verwurzelt in der Endlichkeit des Menschen, in der Unverfügbarkeit seines Grundes, ist Religion ein »anthropologisches universale«, das

18 Lübbe: *Religion nach der Aufklärung.* Graz, Wien, Köln 1986. – Eine Zusammenfassung seiner religionsphilosophischen Position gibt Lübbe in seinem Aufsatz: »Grund der Vernunft – Grenze der Emanzipation«. In: *Wovon werden wir morgen geistig leben? Mythos, Religion und Wissenschaft in der »Postmoderne«*, hg. von O. Schatz u. H. Spatzenegger. Salzburg 1986, S. 183-195.

19 Lübbe: *Religion* S. 102; *Grund der Vernunft* S. 188.

20 Lübbe: *Religion* S. 102, 105.

21 Lübbe: *Grund der Vernunft* S. 190.

nicht aus der Welt zu bringen ist.[22] Ja, die moderne, aufgeklärte, liberale Kultur ist gefährdet, wenn sie der Religion keinen Raum gibt. Denn nicht nur kann sich der Mensch nur durch Religion zur Endlichkeit und Kontingenz seines Daseins verhalten. Sondern die moderne Gesellschaft gründet ihr Funktionieren auf Einstellungen, die sie selbst nicht hervorbringen kann, die vielmehr der christlichen Religion entstammen. Lübbe nennt diese Einstellungen »Kulturreligion« und kennzeichnet sie als »Säkularisierungsgestalten« der christlichen Religion.[23] Folgende Beispiele für diese die Gesellschaft stützenden Säkularisationsphänomene werden genannt: 1. die moralische Verpflichtung, die Wahrheit zu sagen, die vor Gericht, beim Eid, ja im Namen Gottes eingegangen wird; 2. die Tatsache, daß Fürsorgeansprüche an den Sozialstaat keiner Legitimation bedürfen, sie sind von unserer Moral gestützt; 3. das bewahrende und ästhetische Verhältnis zur Natur, das in der Natur immer noch verschwiegen Gottes Schöpfung sieht und sich deshalb gegen deren Zerstörung auflehnt. – Diese Beispielliste ließe sich ergänzen. Denn z. B. auch die Anerkennung der Gewissensfreiheit ist doch durch die christliche Geschichte eingeübt worden, da in dieser das religiöse und politische System nicht identisch waren. Aber hier interessiert nur Lübbes These, und die lautet: »Die Aufklärung [und damit auch die moderne Gesellschaft] ... hat Voraussetzungen, die sie selber nicht garantieren kann, und zu diesen Voraussetzungen gehört Kulturreligion.«[24]

Schon der provokante Begriff der »Kulturreligion« zeigt, in welcher Weise Lübbe zur Theologie Stellung nimmt: Er führt die liberale Theologie, die Position von Ernst Troeltsch, polemisch gegen die ›Theologie der Krise‹ ins Feld. Denn Bultmann und der frühe Gogarten haben laut Lübbe mit ihrem theologischen Rigorismus der Kultur den Rücken gekehrt und sie damit schlechter gemacht, als sie war. Damit haben sie unfreiwillig dem Nationalsozialismus in die Hände gearbeitet, der diese Kultur zerstören wollte. Nicht durch Zufall – so liest man bei Lübbe zwischen den Zeilen – ist Gogarten zu den Deutschen Christen übergegangen. Denn wenn die traditionelle Kultur gänzlich desolat ist, muß man

22 Lübbe: *Religion* S. 105 f., 279 f.
23 Lübbe: *Religion* S. 286. Siehe zum folgenden S. 281-297.
24 Lübbe: *Religion* S. 281.

sich für ihre Umstürzung engagieren. Anders als die Krisentheologie hat nach Lübbe die liberale Theologie ein Erbe bewahrt und geltend gemacht, auf dem die Weimarer Republik am ehesten Bestand hätte haben können.[25]

Auch zu dieser Position Lübbes zwei Anmerkungen:

1. Lübbes Kritik an der Krisentheologie scheint mir nicht unberechtigt zu sein, und man muß sie auch der Existenzphilosophie gegenüber erheben: Es ist bedenklich, wenn über den existentiellen Problemen die Gesellschaft aus dem Blick gerät. Gogarten und Bultmann haben selbst die Berechtigung dieser Kritik gezeigt, indem sie ihren Standpunkt korrigierten: Gogarten hat nach dem Zweiten Weltkrieg die Verantwortung des Christen gegenüber der Welt betont.[26] Und Bultmann hat ein Bündnis von christlichem Glauben und ›Humanismus‹ gefordert, damit beide gemeinsam dem modernen Subjektivismus und dem drohenden Verlust der Personalität des Menschen entgegentreten können.[27] Bultmann irrte allerdings, wenn er im ›Humanismus‹ nur ein paganes Erbgut erblickte. Denn die seit dem 18. Jahrhundert im Begriff ›Humanität‹ mitgedachte ›Menschenliebe‹ ist – mit Lübbe zu sprechen – auch ein Stück ›Kulturreligion‹, säkularisierte Agape, jedenfalls nichts, was dem Christentum ganz fremd wäre. Deswegen darf die Theologie solche Säkularisate nicht aus ihrem Bereich ausgrenzen. Freilich kann die Theologie solche ›Kulturreligion‹ nicht i.e.S. »verkündigen«. Aber sie kann sie in die christliche Ethik aufnehmen, so, wie z.B. Schleiermacher in seiner theologischen Ethik alles das lehrte, was Lübbe mit seinem provokanten Begriff meint.[28] Und vielleicht sollte man den Begriff ›Kulturreligion‹ mit Blick auf Schleiermacher durch ›christliche Ethik‹ ersetzen. Jedenfalls hat Lübbe recht, wenn er eine Theologie kritisiert, die sich im Hinblick auf den Glauben von großen Bereichen des Christentums trennt. Nur wäre gegen Lübbe zu fragen, ob nicht die Theologie der Krise zumindest ihre

25 Lübbe: *Religion* S. 283 ff.

26 Friedrich Gogarten: *Verhängnis und Hoffnung der Neuzeit. Die Säkularisierung als theologisches Problem.* Stuttgart 1953.

27 Rudolf Bultmann: »Humanismus und Christentum« (1948). In: *Glaube und Verstehen. Bd. 2, 3. Aufl. Tübingen 1961, S. 133-148.*

28 Siehe Hans-Joachim Birkner: *Schleiermachers christliche Sittenlehre im Zusammenhang seines philosophisch-theologischen Systems.* Berlin 1964.

historische Berechtigung hatte. War nicht angesichts der vielen Berufungen aufs Christentum und angesichts des Historismus eine Besinnung aufs genuin Christliche unverzichtbar? Und war nicht der existentielle Ernst in Philosophie und Theologie auch ein Stück christlicher ›Kulturreligion‹?[29]

2. Man hat Lübbe den Vorwurf gemacht, seine systemtheoretische und anthropologische Verteidigung der Religion sei dieser nicht dienlich; denn er habe über der Funktion die Wahrheit der Religion preisgegeben.[30] Dagegen hat sich Lübbe temperamentvoll verteidigt. In der Moderne konkurriere die Religion nicht mehr mit der Wissenschaft um den Anspruch auf Wahrheit. Wissenschaftliche Weltbilder seien für die Religion irrelevant geworden, und die Religion bewege sich auf einem ganz anderen Terrain. Faktisch sei heute auch niemand in der Lage, die ›Wahrheit‹ einer positiven Religion wissenschaftlich und verbindlich demonstrieren zu können. Der Wahrheitsfanatismus im Gebiet der Religion führe nur zurück in die Konfessionskriege. Allenfalls hinsichtlich ihrer Lebensdienlichkeit ließen sich Religionen unterscheiden.[31] Aber wenn man – übrigens wie Nathan der Weise bei Lessing – einräumt, daß man die wahre, nämlich die richtige Religion an ihren Früchten erkennen könne, muß man dann nicht auch zugeben, daß die Frage nach der Wahrheit der Religionen auf der Ebene ihrer Folgen, also – wenn man will – ihrer Säkularisierung wiederkehrt? Wenn man den Kommunismus als Säkularisierungsgestalt der jüdisch-christlichen Religionstradition entlarvt (K. Löwith) oder verklärt (E. Bloch, J. Taubes), hat man

29 Blumenberg hat darauf aufmerksam gemacht, daß der Begriff des »neuen Ernstes« ein Indiz für Epochenschwellen ist (*Aspekte der Epochenschwelle* S. 25 f.). Auch der ›existentielle Ernst‹ der zwanziger Jahre verrät Aufbruchstimmung. Er hat aber hier eine Färbung, die ihm über Kierkegaard aus dem Christentum zukommt: Es geht ihm nicht um das ganz ›Neue‹, sondern um das ›Eigentliche‹.

30 Zur Diskussion des Problems Wahrheit und Religion siehe den von W. Oelmüller herausgegebenen Sammelband *Wahrheitsansprüche der Religionen heute*. Paderborn 1986, sowie Ludger Oeing-Hanhoff: »Kriterien der wahren Religion« und H. Lübbe: »Wissenschaftskulturelle Voraussetzungen der Religion nach der Aufklärung« (Einführung und Diskussion), in: *Wiederkehr von Religion?* hg. von W. Oelmüller. Paderborn 1984, S. 124-129, 135-169.

31 Lübbe: *Religion* S. 240-255.

dann nicht jeweils auch etwas über die ›Wahrheit‹ jener Religionen gesagt? Und ähnlich ist es, wenn man etwa das »Deutschtum« als »säkularisiertes Luthertum« (W. Elert) interpretiert oder Luther mittelbar für die bedingungslose Unterwerfung unter den Obrigkeitsstaat verantwortlich macht. So kann Lübbes funktionale Religionstheorie, die den Säkularisierungsbegriff aufnimmt, der Wahrheitsfrage wohl nicht ganz ausweichen. Und hat sie nicht zur Wahrheit, d. h. zur Echtheit der Religionen schon dadurch indirekt Stellung bezogen, daß für sie die Religion als Religion durch die moderne, differenzierte Gesellschaft nicht beendet, sondern zu sich selbst befreit wird? Denn dies dürfte ja für *alle* Religionen kaum zutreffen.

Lübbes Religionstheorie steht durch ihre kühle, zumeist soziologische und systemtheoretische Sprache auf den ersten Blick der Theologie ganz fremd gegenüber. Und Lübbe betont, daß seine Religionsphilosophie konfessionsneutral sei. Aber dennoch konvergiert sie in vielen Punkten mit Positionen der protestantischen Theologie. Denn schon Schleiermacher begründete die Religion so, daß sie mit der Wissenschaft nicht kollidierte; als Sache des Gefühls, des »individuellen Erkennens«, wird sie vom wissenschaftlichen »identischen Erkennen« abgehoben.[32] Da für Lübbe der Differenzierungsprozeß der modernen Gesellschaft die Religion zwar entmachtet, dabei aber ihre unverzichtbare und unersetzbare Funktion freigelegt hat, bringt Lübbe naturgemäß Schleiermacher, dem Ahnherren der liberalen Theologie, großes Interesse entgegen: Er referiert ausführlich Schleiermachers Religionsbegründung in dessen *Reden*, da hier erstmals die Religion von Metaphysik und Moral getrennt wurde.[33] In der Tat, schon Schleiermacher ist ein Theoretiker der sich differenzierenden modernen Kultur,[34] der in der Eingrenzung der Religion auf eine bestimmte Lebenssphäre nicht deren Ende, sondern ihre Befreiung sah. Lübbe spielt auch auf Schleiermachers Religionsbegriff

32 Schleiermacher: *Entwürfe zu einem System der Sittenlehre*, hg. von O. Braun (*Werke, Auswahl in vier Bänden*. Bd. 2). 2. Aufl. Leipzig 1927, S. 315, 359 ff. u. ö.

33 Lübbe: *Religion* S. 208 ff.

34 Siehe vom Verf.: »Schleiermachers Ethik als Theorie der modernen Kultur mit vergleichendem Blick auf Hegel«. In: *Kunsterfahrung und Kulturpolitik im Berlin Hegels. Hegel-Studien*, Beiheft 22, hg. von O. Pöggeler und A. Gethmann-Siefert. Bonn 1983, S. 131-151.

an und basiert die Religion in »unserer schlechthinnigen Abhängigkeit von kontingenten Unverfügbarkeiten«[35] – und d. h., Religion wird in den Begriffen der protestantischen Theologie gedacht.

Aber auch mit der Säkularisierungstheologie Gogartens, über die Lübbe schon 1965 ausführlich berichtet hatte,[36] stimmt seine Religionsphilosophie in wesentlichen Zügen überein. Für beide ist die Religion bzw. der christliche Glaube die Voraussetzung für ein vernünftiges und verantwortliches Handeln in einer säkularen Welt. Gogarten wie Lübbe können das wiederum mit den Begriffen Schleiermachers ausdrücken: die Abhängigkeit von Gott ist die Bedingung für die Freiheit gegenüber der Welt.[37] Für beide, für Lübbe wie für Gogarten, verhindert die Religion zwei Irrwege: einerseits den Glauben an ein herstellbares Paradies und »Heil« in dieser Welt (also das, was Gogarten »Säkularismus« nennt) und andererseits die Weltflucht und Verzweiflung angesichts der Heillosigkeit der Welt. Anders, in der Sprache Lübbes ausgedrückt: Religion macht »ideologieimmun« und »resignationsresistent«. Sie läßt die Welt nicht zum Gott und nicht zum Teufel werden. Noch anders, mit Hilfe der Säkularisierungskategorie: Für Gogarten und Lübbe garantiert nur Religion bzw. Glaube eine säkularisierte, eine weltliche Welt, während »säkularistische« Ideologien die Welt dämonisieren oder sakralisieren und so ein vernünftiges Handeln vereiteln. Nur macht Lübbe anders als Gogarten nicht nur die Religion im engeren Sinn, sondern auch die ›Kulturreligion‹, d. h. die durchs Christentum vermittelte Moral zur Basis der aufgeklärten modernen Vernunft und gibt dieser so einen ethischen Orientierungsrahmen. Kurzum: Lübbes Religionsphilosophie ist nicht nur eine Soziologie oder Systemtheorie. Sie ist zugleich – was sie nicht sein will – eine Art moderner philosophia christiana, eine Philosophie auf dem Boden des Protestantismus. Denn die reformatorische Zwei-Reiche-Lehre, die der Kirche die weltliche Macht nahm und den

35 Lübbe: *Religion* S. 264. Vgl. S. 140, 167, 174 f., 177 f. »Grund der Vernunft« S. 191. Vgl. Lübbe: »Deutscher Idealismus als Philosophie preußischer Kulturpolitik«. In: *Kunsterfahrung und Kulturpolitik* (s. Anm. 34), S. 3-27, bes. 19 f.

36 Lübbe: *Säkularisierung* S. 119 ff.

37 Gogarten: *Verhängnis und Hoffnung der Neuzeit* S. 8. – Lübbe: *Religion* S. 175.

Staat entsakralisierte, steht offensichtlich nicht nur hinter der Theologie Gogartens, sondern auch hinter der Philosophie Lübbes. Eben deshalb ist es für Lübbe kein »Malheur«, kein religiöses und kein soziales, wenn die Religion aufhört, soziale Kontrollen auszuüben, wenn Säkularisierung um sich greift.
Lübbe spricht von Religion, wenig von Theologie. Aber wir erfahren z.B., daß die Theologie in der modernen Welt keinesfalls konfliktfrei existieren könne und in einer differenzierten Gesellschaft notwendig pluralistisch werden müsse. Wird auch die Theologie auf einen Wahrheitsanspruch verzichten oder sich auf historische Wahrheiten beschränken können? Wenn Theologie und Wissenschaft, wie Lübbe sagt, heute nicht mehr um das wahre Weltbild streiten, heißt das nicht, daß es zwei verschiedene Bereiche der Wahrheit gibt, einen wissenschaftlichen und einen theologisch-existentiellen? Trifft das aber zu, ist Lübbes Philosophie dann in diesem Punkt von Bultmanns Theologie sehr weit entfernt? Schließlich hatte der Krisentheologe Bultmann die wissenschaftliche von der existentiellen Wahrheit unterschieden und mit dieser Differenzierung im Sinne Lübbes das Nebeneinander von Wissenschaft und Religion und von Naturwissenschaft und Theologie denkbar gemacht.[38]
Hegel sagte in seiner Geschichte der Philosophie über den Beginn der Neuzeit, seinen Gedanken zusammenfassend: »Wir sehen so, daß das *Endliche*, die innere und äußere Gegenwart, aufgefaßt wird mit Erfahrung und durch den Verstand zur Allgemeinheit erhoben [wird]; man will die Gesetze, Kräfte kennenlernen, d.h. das Einzelne der Wahrnehmung in die Form der Allgemeinheit verwandeln. Das *Weltliche* will *weltlich* gerichtet werden; der Richter ist der denkende *Verstand*. Die andere Seite ist, daß das *Ewige*, was an und für sich wahr ist, auch erkannt, aufgefaßt werde durch das *reine Herz* selbst; der *eigene Geist* macht sich für sich das Ewige zu eigen. Das ist der Lutherische Glaube ohne anderes Beiwesen (die Werke, wie man es nannte). Alles hat nur Wert als im *Herzen* aufgefaßt, nicht als Ding. Der Inhalt hört auf, ein Gegenständliches zu sein; *Gott* ist also nur im *Geiste*, nicht

38 Zum Verhältnis von Glaube und Wissenschaft, existentieller und wissenschaftlicher Wahrheit siehe R. Bultmann: »Die Krisis des Glaubens« (1931). In: *Glaube und Verstehen* Bd. 2. 3. Aufl. Tübingen 1961, S. 1-9.

jenseits, sondern *das Eigenste des Individuums.*«[39] – Blumenberg hat – von Hegel her gedacht – die eine Seite der in der Neuzeit entzweiten Wahrheit, nämlich die nicht-wissenschaftliche, die religiöse Seite, ganz ausgelassen. Lübbe hingegen hat sie zur Anerkennung gebracht, wenn auch nicht als Form der Wahrheit, sondern als Anthropologikum. Blumenbergs Kritik des Säkularisierungsbegriffs ist zugleich eine indirekte Kritik an Religion und Theologie in der Moderne; Lübbes Affirmation des Begriffs aber ist deren ausdrückliche Rechtfertigung. Wer zum Säkularisierungsbegriff sich äußert, scheint immer auch zum Verhältnis von Religion und Aufklärung, zu Christentum und Moderne selbst Stellung beziehen zu müssen. Sollte man um der wissenschaftlichen Objektivität willen auf den Begriff lieber ganz verzichten wollen, so bleibt doch die Aufgabe, die der Begriff erfüllt, gleichwohl fast für alle Geisteswissenschaften bestehen, nämlich Bruch und Kontinuität zwischen religiöser Tradition und Moderne zu bestimmen.

39 Hegel: *Vorlesungen über die Geschichte der Philosophie. Theorie-Werkausgabe* Bd. 20. Frankfurt/M. 1971, S. 63 (Hervorhebungen von mir, G. Sch.).

XIII. Der rückwärtsgekehrte Prophet und der vorwärtsgewandte Poet*

»Der Historiker ist ein rückwärtsgekehrter Prophet.«[1] Dies Fragment Friedrich Schlegels aus dem ersten Band des von ihm herausgegebenen *Athenäum* von 1798 hat wie kein anderes Berühmtheit erlangt. Es gibt zahllose Zitierungen und Anspielungen, sogar in Buchtiteln.[2] Dabei ist keineswegs evident, was der philosophische Kopf der Berliner Romantik damit eigentlich gemeint hat. Denn wenn der Historiker der rückwärtsgekehrte Prophet ist, wer ist dann der Prophet? Und gibt es dann überhaupt noch den Historiker, oder gibt es bloß den Propheten? Allenfalls soviel ist verständlich: Laut Schlegels Fragment entspringt der historische Rückblick einem viel grundsätzlicheren Blick nach vorn; der Historiker sieht die Vergangenheit im Lichte der Zukunft, oder er sollte es tun.

Jede Philosophie muß paradox sein, wenn sie wahr sein soll – so lesen wir in einem anderen Schlegel-Fragment –, sonst befestige sie nur die Meinung der Menge; und das sei Sophistik.[3] Das Diktum über den Historiker ist eine Anwendung dieser Maxime. Was der gesunde Menschenverstand richtig zuordnet –, den Historiker der Vergangenheit, den Propheten der Zukunft –, das schlingt der romantische Philosoph Schlegel ineinander, um den aufgeklärten Leser in Unsicherheit zu versetzen, sein Denken anzustoßen und um verdeckte Wahrheit anzudeuten.

Er tut das übrigens in einem Gebiet, in dem die Sprache von sich aus zu Paradoxien neigt, in der Artikulation von zeitlichen Verhältnisbestimmungen. Man bedenke: Die Vergangenheit liegt *hinter* uns – sie liegt uns aber auch *voraus*. Uns *zurück*wendend erinnern wir uns der *Vor*fahren – *voraus*blickend denken wir an die *Nach*kommen. Wären wir nur der Sprache ausgeliefert und

* Zuerst veröffentlicht in: *Philosophisches Jahrbuch* 89 (1982) S. 309-324.

1 *Kritische Friedrich Schlegel-Ausgabe* (= KA), hg. von E. Behler. Bd. 2, S. 17 (Athenäum-Fragment 80).

2 Vgl. z. B. Hugo Lang: *Der Historiker als Prophet. Leben und Schriften des Abtes Rupert Kornmann (1757-1817)*. Nürnberg 1957.

3 F. Schlegel, KA Bd. 18, S. 123 (Nr. 3).

wüßten nicht irgendwie, was Zeit ist, wir gerieten vermutlich in Verwirrung.
Dergleichen Paradoxien haben schon vor Schlegel der geschichtsphilosophischen Reflexion zur Pointierung gedient. So faßte um 1700 Charles Perrault im Streit um die Vorbildlichkeit der antiken Kunst seine Ansicht dahingehend zusammen, daß die Alten eigentlich die Jungen und die Modernen die wahrhaft Alten seien.[4] Sollte heißen: die griechische Kunst war erst die Blüte der Kunst, noch nicht ihre reife Vollendung. *Alt* sind die Griechen, indem ihre Kultur alt ist, nämlich schon eine sehr viel längere Zeit existiert als die moderne. *Jung* sind die Griechen aber auch; betrachtet man nämlich die ganze Geschichte als ein sich entwikkelndes Ganzes, gleichsam als einen heranwachsenden Menschen, so repräsentieren die Griechen dessen Jugend. So ist auch für uns immer das Älteste das Früheste. Die scheinbare Paradoxie des Satzes ergibt sich aus der Verknüpfung zweier Standpunkte, die beide möglich und sinnvoll sind: Einmal wird vom gegenwärtigen Zeitpunkt in die Vergangenheit zurückgemessen und die Dauer bestimmt (alt); zum anderen wird von einem hypothetischen Anfang aus die Nähe, der geringe Abstand des Ereignisses zu diesem Anfang ausgesagt (früh). Wenngleich sich viele Philosophen einig sind, daß wir aus unserer Zeit nicht herauskönnen, so hat unser Bewußtsein doch offensichtlich das Talent, sich große Zeitstrekken vorzustellen, sie als ganze oder jeweils von einem Ende her zu betrachten.
Dies dient nicht unmittelbar dem Verständnis des Fragmentes von Schlegel. Freilich wollte er, daß wir das Fehlende nachdenkend uns ergänzen; dennoch werden wir zunächst historisch fragen, was er selbst sich dabei gedacht hat, als er den Historiker den rückwärtsgewandten Propheten nannte. Da der engere Kontext keine Hilfe bietet – das Fragment steht blank und lakonisch zwischen Fragmenten ganz anderer Thematik –, wird der Hermeneut

4 Charles Perrault: *Parallèle des Anciens et des Modernes en ce qui regarde les Arts et les Sciences*. Paris 1688-1697. Neudr. hg. von H. R. Jauß und M. Imdahl. München 1964, S. 113. Vgl. Joachim Ritter: »Fortschritt«. In: *Historisches Wörterbuch der Philosophie*, hg. von J. Ritter. Bd. 2. Basel, Stuttgart 1972, Sp. 1040 f. Ritter weist darauf hin, daß dahinter die augustinische Übertragung der Lebensalter des Menschen auf die Menschheit steht. Ähnlich wie bei Perrault findet sich der Gedanke auch bei Giordano Bruno. A.a.O. Sp. 1038.

den Kreis des Kontextes weiter schlagen und auch zeitlich weiter zurückgehen müssen.
Da zeigt sich: Schlegel hat nur zur kürzesten Formel zusammengezogen, was bei Johann Georg Hamann weiter ausgeführt war. In Hamanns *Kleeblatt Hellenistischer Briefe* von 1762 heißt es über die Geschichtsschreiber (ich füge sogleich einige Erläuterungen in das Zitat ein): »Es gehört beynahe eben die Sagacität und vis diuinandi [der Scharfsinn und die Kraft der Weissagung] dazu, das Vergangene als die Zukunft zu lesen. Wie man in den Schulen das Neue Testament mit dem Evangelisten Johannes anfängt; so werden auch die Geschichtschreiber als die leichtesten Schriftsteller angesehen. Kann man aber das Vergangene kennen, wenn man das Gegenwärtige nicht einmal versteht? – Und wer will vom Gegenwärtigen richtige Begriffe nehmen, ohne das Zukünftige zu wissen? Das Zukünftige bestimmt das Gegenwärtige, und dieses das Vergangene, wie die Absicht Beschaffenheit und Gebrauch der Mittel – Wir sind gleichwohl hierin schon an ein υστερον προτερον [das Spätere früher] in unserer Denkungsart gewohnt, das wir alle Augenblicke durch unsere Handlungen, wie die Bilder im Auge, umkehren ohne selbst etwas davon zu merken.« Hamann fährt weiter unten fort: »Ich möchte eher die Anatomie für einen Schlüssel zum Γνωθι σεαυτον [zum Erkenne dich selbst] ansehen, als in unsern historischen Skeletten die Kunst zu leben und zu regieren suchen, wie man mir in meiner Jugend erzählen wollen. Das Feld der Geschichte ist mir daher immer wie jenes weite Feld vorgekommen, das voller Beine lag, – und siehe! sie waren sehr verdorret [vgl. Hes. 37,1-6]. Niemand als ein Prophet kann von diesen Beinen weissagen, daß Adern und Fleisch darauf wachsen und Haut sie überziehe.«[5]
Was Hamann hier darlegt, ist seinerseits letztlich nur eine Zusammenfassung jener älteren Geschichtstheologie, die Geschichte als Offenbarungs- und Heilshandeln Gottes verstand. Da in diesem Kontext die biblisch tradierten Worte und Geschehnisse auf das Ende der Geschichte hindeuteten, waren schon bei Augustin Historie und Prophetie eng verwandt; jene (die Historie) erfaßte den Wortsinn der Schrift und berichtete treu die vergangenen Ereignisse, diese (die Prophetie) zeigte deren Bedeutung im Hinblick

5 J. G. Hamann, *Sämtliche Werke*, hg. von J. Nadler. Bd. 2, S. 175 f.

auf die Zukunft und das Erlösungswerk.[6] Der historische Blick zurück und der prophetische Blick nach vorn richteten sich auf den gleichen Text und erfaßten an ihm nur zwei Sinnschichten. Der Exeget, der beide Auslegungsmethoden – die historische und prophetische/anagogische – betrieb, vereinte in der Gegenwart den Blick zurück in die Vergangenheit und den Blick voraus in die Zukunft.

Die Gedankenfigur aber, durch die Hamann jene Geschichtstheologie auf den kürzesten Begriff bringt, ist aristotelisch. Aristoteles hatte in seiner Metaphysik die verschiedenen Bedeutungen und Verwendungsweisen des Begriffspaares proteron/hysteron, früher/später erörtert;[7] und er hatte behauptet, die Wirklichkeit sei immer früher als das Vermögen, so wie die Fähigkeit des Zitherspielens ja erst durch das wirkliche Zitherspiel ausgebildet werde. Er hatte aufgewiesen, wie ein und dasselbe in einer Hinsicht später und in einer anderen Hinsicht zugleich früher sein könne. So sei das der Entstehung nach Spätere dem Begriff nach, ja auch der Wirklichkeit und teilweise der Zeit nach auch früher. Wenn wir das Beispiel des Aristoteles variieren, heißt das: Das Zitherspiel entsteht erst nach Anfertigung der Zither, doch gleichwohl bestimmt und bewirkt es ihren Bau und ist so auch das erste und frühere. Den Instrumentenbauer beobachtend, sind wir so alle in gewisser Hinsicht Propheten: Denn wir notieren ja nicht nur in Protokollsätzen: t 1 er sägt, t 2 er glättet, t 3 er leimt. Sondern wir wissen, worauf dies hinausläuft, und deshalb verstehen wir den einen Sinn dieser vielen Handlungen, begreifen sie als ein Ganzes und nennen es den Instrumentenbau. Hier bestimmt die Zukunft (das Zitherspiel), die Gegenwart (den Instrumentenbau), und die Gegenwart bestimmt die Vergangenheit (etwa die Wahl von Material und Werkzeug).

Dies also überträgt Hamann auf die »fabricatio salutis«, auf die Herstellung des Heils, wie die Patristik sagte.[8] Und wenn hier keine Regeln der Anfertigung bekannt sind und der Vorgang ohne Beispiel ist, so gibt dies dem Begriff der Prophetie erst

6 Augustin: *De vera religione* VII, 13. Migne: *Patrologia Latina*, Bd. 34, Sp. 128.

7 Aristoteles: *Metaphysik* V, 11 (1018b-1019a); IX, 8 (1049b).

8 Z. B. Irenäus: *Contra haereses* IV, 14,2. Migne: *Patrologia Graeca*, Bd. 7/1, Sp. 1011.

seinen spezifischen Sinn. Daß in solchem Paradigma geschichtlichen Denkens der Historiker Prophet sein muß, wenn er nicht nur die Oberfläche, die reine Faktizität der Dinge, sondern ihre Wirklichkeit aussagen will, ist deutlich, hat doch die Vergangenheit keinen anderen ontologischen Status als den der möglichen Zukunft, und ihre Bestimmtheit folgt nur aus dem erst zukünftig hervortretenden, dem Begriff und der Wirklichkeit nach aber schon vorhergehenden Ziel. Dies hat zugleich eine bestimmte Konsequenz für das Zeitbewußtsein. Das Ziel als Telos biegt nämlich die Zeithorizonte Vergangenheit und Zukunft gleichsam hinter dem Rücken der Gegenwart zu einer Einheit zusammen, während für uns diese Zeitdimensionen – von einem Jetztpunkt aus – in eine unendliche Vergangenheit und in eine unendliche Zukunft auseinanderzugehen scheinen.

Hamanns *Kleeblatt Hellenistischer Briefe* erschien 1762, zwei Jahre bevor Voltaire den Begriff »Geschichtsphilosophie« prägte.[9] Als Schlegel 1798 vom rückwärtsgekehrten Propheten sprach, stand die Geschichtsphilosophie bereits in Blüte. Sie dachte Geschichte – in sehr verschiedener Weise – teleologisch, von einem Resultat und Ziel her. Man wird vermuten, daß mit dem Abdanken dieser Geschichtsphilosophie in der zweiten Hälfte des 19. Jahrhunderts alles anders wurde: daß an die Stelle der Teleologie die Kausalität trat und damit die ärgerliche Umkehrung des Zeitverhältnisses aufhörte, daß nun die Vergangenheit die Gegenwart und die Gegenwart die Zukunft bestimmte. Aber das ist nicht der Fall. So hat z. B. Ernst Bloch das genannte Hamann-Zitat in sein Hauptwerk aufgenommen, und man könnte die historischen Darstellungen des *Prinzip Hoffnung* sämtlich rückwärtsgewandte Prophetien nennen.[10] Auch Walter Benjamins berühmter Engel der Geschichte, der mit dem Gesicht zum Paradies rückwärts in

9 Ulrich Dierse, Gunter Scholtz: »Geschichtsphilosophie«. In: *Historisches Wörterbuch der Philosophie*. Bd. 3 (1974) S. 416 f.

10 Ernst Bloch: *Das Prinzip Hoffnung*. Frankfurt/M. 1959 (= *Gesamtausg.* Bd. 5), S. 151 f. – Bloch hat den Wechselbezug von historischem Vor- und Rückblick so ins Bild gesetzt: »... es gibt auch eine Tiefe nach oben und vorwärts, diese nimmt Abgründiges von unten in sie auf. Zurück und vorwärts sind dann wie in der Bewegung eines Rades, das zugleich eintaucht und schöpft.« (A.a.O. S. 181).

die Zukunft stürmt,[11] hat mit der Inversion der Blickrichtung eine Beziehung zu Schlegels rückwärtsgewandtem Propheten. Aber man wird einwenden, eben dies seien Theorien, die noch der idealistisch-romantischen Tradition verpflichtet sind.

Die Zukunft bleibt aber für die Vergangenheit mitbestimmend oder behält sogar ihre Dominanz auch dort, wo teleologisches Denken problematisch wurde oder nicht mehr als vollziehbar galt. An Dilthey und Heidegger[12] ließe sich dies zeigen, ebenso an den Untersuchungen von Historikern wie Wittram und Koselleck,[13] die herausarbeiteten, daß Zukunftserwartungen, Furcht und Hoffnung, in die Darstellung des Vergangenen immer mit eingreifen.

Im folgenden möchte ich das Problem etwas ausführlicher erörtern, wie es in der analytischen Geschichtsphilosophie Arthur C. Dantos auftaucht.[14] Ich wähle diese Philosophie als Beispiel und Diskussionspartner deshalb, da sie in Deutschland inzwischen einige Popularität bekommen hat und außerdem ganz frei ist von dem Verdacht des spekulativen Übermutes. Danto hat detailliert beschrieben (und damit die Meinung der Hermeneutiker bestätigt), wie erst im nachhinein, durch ihre Nachgeschichte den Ereignissen eine Bedeutungsfülle zuwächst, die sie zur Zeit ihres Geschehens nicht hatten. Nicht die Akteure der Geschichte, sondern allein der rückblickende Historiker bestimmt in einem Erzählzusammenhang, was ein Ereignis war und welche Bedeutung ihm zukommt. Indem so – idealiter – erst die gesamte nachfolgende Ereignisgeschichte jedem Ereignis seine Bedeutung ver-

11 Walter Benjamin: »Über den Begriff der Geschichte« (IX). *Ges.Schr.* Bd. 1/2, S. 697.

12 Laut Wilhelm Dilthey ist die Bedeutung des Vergangenen wesentlich durch unsere die Zukunft ausfüllenden Zwecksetzungen bedingt: *Der Aufbau der geschichtlichen Welt in den Geisteswissenschaften. Ges.Schr.* Bd. 7, S. 232 ff. – Nach Martin Heidegger wurzelt die Geschichte in der Zukünftigkeit des Daseins: *Sein und Zeit*, §§ 72 ff.

13 Reinhard Wittram: »Die Zukunft in den Fragestellungen der Geschichtswissenschaft«. In: ders.: *Zukunft in der Geschichte*. Göttingen 1966, S. 5-29. Reinhart Koselleck: »Vergangene Zukunft der frühen Neuzeit«. In: ders.: *Vergangene Zukunft. Zur Semantik geschichtlicher Zeiten*. Frankfurt/M. 1979, S. 17-37.

14 Arthur C. Danto: *Analytical Philosophy of History* (1965), dt. Ausg. von J. Behrens: *Analytische Philosophie der Geschichte*. Frankfurt/M. 1974. Im folgenden zitiere ich diese deutsche Ausgabe.

leiht, wäre nur ein idealer Historiker am Ende der Geschichte zu sagen imstande, welche Bedeutung ein bestimmtes Ereignis denn endgültig gehabt hat. – Damit hat Danto doch eigentlich die Richtigkeit der Ansicht Hamanns und Schlegels bewiesen: In der Tat, nur der Prophet, der das Ende der Geschichte kennt, könnte das Skelett der Geschichte, die Fakten, mit Fleisch, d. h. mit Bedeutung versehen. Nur, daß es für Danto diesen Propheten nicht gibt und nicht geben kann.

Man könnte der Meinung sein, Danto habe die in der traditionellen Geschichtsphilosophie verschwimmenden Grenzen zwischen Theologie und Philosophie wieder scharf und richtig gezogen: Mögen Religion und Theologie nur immer von der Zukunft und von göttlichen Absichten ausgehen – so ließe sich sagen –, die Philosophie als Wissenschaft geht dies nichts an, da sie von der Zukunft und dem Ganzen der Geschichte nichts weiß und nur dies einsieht, daß geschichtliche Sinnzusammenhänge nichts anderes als vom Historiker gestiftete Erzählzusammenhänge sind, von denen es unbegrenzt viele geben kann.

Aber näher besehen ist die ältere Figur teleologischen Geschichtsdenkens noch keineswegs gänzlich getilgt. Sie besteht als Problem und in Metamorphosen hier durchaus fort. Danto hat zwei Erkennungsmerkmale der »substantialistischen« teleologischen Geschichtsphilosophie aufgewiesen, die er zugleich als ihre beiden Fehlerquellen bezeichnet: 1) der Ausgang vom Begriff des Ganzen der Geschichte, 2) die sich auf vergangene Ereignisse stützende Prognose für die Zukunft.[15] Dies ist – zumindest für die klassische Geschichtsphilosophie – wohl nicht ganz korrekt. Ihr Merkmal wäre eher so zu formulieren: der Ausgang von einem Ziel (im Sinne von Telos), das die Vielfalt der geschichtlichen Erscheinungen zu einem Ganzen fügt. Denn die Bestimmung der Zukunft wird nicht induktiv aus den Daten der Vergangenheit gewonnen; sondern – eher umgekehrt – die Interpretation der Vergangenheit gründet sich auf ein Telos, das zugleich Ursprung wie Ziel der Geschichte ist und das in der Zukunft heraustreten oder sich weiter geltend machen wird. Weniger die Begriffe des Ganzen und der Zukunft als die eng verknüpften Begriffe des Ganzen und des Zieles charakterisieren die »substanzialistische« Geschichtsphilosophie.

15 A.a.O. S. 11 ff.

Auf beide Momente hat Danto nicht ganz verzichten können. Indem er die hermeneutische Maxime anerkennt, nach der das Einzelne nur im Kontext verstanden werden könne und diese Kontexte als immer weitere, sich übergreifende Ganzheiten gedacht sind,[16] ergibt sich unter der Hand sehr wohl ein Begriff der ganzen Geschichte: als jener sich ständig dehnende, denkbar größte Kontext, den die normale Sprache seit dem 18. Jahrhundert *die* Geschichte zu nennen die Kühnheit hat. Dieses Ganze – darin wird jeder Danto zustimmen – ist niemals empirisch gegeben; aber schwerlich können wir auf dies Ganze im Sinne eines problematischen Begriffs, eines Grenzbegriffs verzichten. Und Danto tut es selbst nicht, indem er unter dem Begriff der Geschichte eine Ebene der Wirklichkeit faßt, in der alle Ereignisse – sogar die zukünftigen – vergleichbar sind und, aneinander gespiegelt, sich wechselseitig Bedeutung verleihen können.
Dies Ganze – soweit es sich bei Danto abzeichnet – hat nur eine Zeitrichtung, keine Zielrichtung. Die Struktur der aristotelischen Teleologie ist gleichwohl nicht gänzlich getilgt, sie fällt hier in die Tätigkeit des Historikers. Die von diesem organisierten Erzähleinheiten, diese temporalen Ganzheiten, sind nämlich jeweils aufgebaut wie bei Hamann die Weltgeschichte, vom Ende her, jeweils mit dem bezeichnenden hysteron/proteron: »Was wir also als Anfang einer Erzählung auswählen, ist bestimmt durch das Ende.«[17] Dies »Woraufhin« der Erzählung, dies dem Begriff nach frühere, gründet für Danto in der Wahl und in dem Interesse des Historikers, und man könnte deshalb – überspitzt – sagen, bei Danto sei das Telos der jeweiligen Geschichte das jeweilige gegenwärtige Interesse des Historikers: Denn dies gibt die Perspektive, leitet die Auswahl des Stoffes und fügt die Elemente zur Einheit.[18]
Der Ausgang vom zeitlich Späteren ist nicht Sache der Willkür. Es gehört konstitutiv zu den Bedingungen der historischen Erzählung hinzu, daß diese Bedingungen zeitlich dem Ereignis nachfolgen. Der Satz »Hamann gab den Anstoß zu einem berühmten Schlegel-Fragment«, dieser Satz über Hamann hat zwei notwendige Bedingungen, die erst nach Hamann erfüllt wurden:

16 A.a.O. S. 30f.
17 A.a.O. S. 394.
18 A.a.O. z.B. S. 62.

1) Schlegel und sein Fragment, 2) ein Historiker, dem Schlegels Fragment schon vorliegt. Das zeitlich Spätere ist für die Aussage über das zeitlich Frühere also das Erste, die notwendige Bedingung. – Freilich bedingt und bestimmt das spätere Ereignis nicht das frühere im Sinne einer Zweckursache, einer causa finalis (Hamann hat nicht Schlegel zuliebe sein *Kleeblatt Hellenistischer Briefe* verfaßt). Die späteren Ereignisse sind allenfalls sogenannte Erkenntnisgründe, causae cognoscendi, nicht causae essendi. Der Zusammenhang zwischen dem früheren und späteren Ereignis ist an ihm selbst ganz arbiträr. Gerade hier liegt Dantos Abschied von der älteren Teleologie. Es gibt kein Ereignis, das sich selbst fortbestimmt, indem es ein anderes erzeugt; es gibt keinen Geist, der handelt und später sein Handeln interpretiert. Die Bedeutung, die ein Ereignis erlangen wird, ist ihm äußerlich und zufällig. Dennoch organisiert der Historiker die vorgegebene disparate Ereignisabfolge zu dem sinnvollen Ganzen seiner Erzählung. So wird aus der idealistischen Geschichte als einem teleologischen Prozeß bei Danto die Vielzahl teleologisch strukturierter Erzählungen, die Ursprung und Ziel in den Interessen der Historiker haben.

Auch bei Danto ist der Historiker in gewissem Sinne noch ein rückwärtsgewandter Prophet, insofern nämlich, als er den Ereignissen Bedeutungen zuspricht, die sie von sich aus nicht hatten. Kündet er nicht von der Zukunft, so doch deutlich genug von seiner Gegenwart. Denn nur zu einem geringen Teil werden die leitenden Interessen nur seine ganz privaten sein. Er spricht mit seiner Rede über Vergangenes immer auch die Gegenwart, seine eigene Situation und Epoche aus. Ja, nur in der Gegenwart liegt das Woraufhin, das Ziel seiner Erzählung. Danto hat Croces These, jede wahre Geschichte sei Geschichte der Gegenwart, für unverständlich erklärt,[19] aber er dürfte sie zu einem guten Teil durch seine Analyse bestätigt haben. – Da in jedem Interesse eine Erwartung und Hoffnung steckt, wird der rückblickende Historiker immer alle Zeithorizonte vereinen, in seinem Wissen von Vergangenem liegt ein Interesse der Gegenwart mit einer Zu-

19 A.a.O. S. 191. Vgl. Benedetto Croce: »*Theorie und Geschichte der Historiographie. Ges. Philos. Schr.*, hg. von H. Feist. 1.Rhe. Bd. 4 Tübingen 1930, S. 4.

kunftserwartung eingeschlossen.[20] So unterscheidet sich Dantos Historiker vom substanzialistischen Geschichtsphilosophen wesentlich nur durch folgendes: Das Geschichtsganze ist immer ein problematischer Grenzbegriff, die gewußte Zukunft eine individuelle Erwartung, das Telos der jeweiligen Geschichte ein mehr beliebiges Interesse, die Einheit der Geschichten eine subjektive Tat.

Man wird fragen, warum mit Friedrich Schlegel begonnen wurde, wenn über Danto gehandelt werden soll. Nun, das Wichtigste über Schlegel wurde noch zurückgehalten. Er nahm nämlich Hamanns Gedanken vom prophetischen Historiker nicht nur auf, sondern veränderte ihn wesentlich. Er weichte Hamanns Theologie auf und ersetzte sie durch Philosophie und Poesie. Wir erfahren von Schlegel an anderer Stelle, der Prophet sei »dichtender Philosoph und philosophierender Dichter«.[21] Dem Entwurf seines berühmten Fragments über den rückwärtsgekehrten Propheten ging im Entwurf ein ähnliches voraus: »Der Prophet und der Historiker sind beide beides, zugleich Philosoph und zugleich Poet.«[22] D. h., wer mit der Geschichte, der vergangenen oder zukünftigen, zu tun hat, muß ratio und imaginatio verknüpfen.

Eine solche Mischung von Philosophie, Historie und Poesie radikalisierte einen Gedanken, der sich lange vor Schlegel angedeutet hatte. Nach überkommener aristotelischer Bestimmung hatten alle drei Disziplinen den Anspruch auf Wahrheit gemein. Und in der Abwägung der Wahrheitsansprüche ergab sich schon im 16. und 17. Jahrhundert (z. B. bei A. Segnis und G. J. Vossius) die mögliche Einheit der Wahrheitsbereiche, und zwar im Zeichen der Poesie. Während nämlich die Philosophie nur allgemeine Ideen und die Historie nur einzelne Dinge darstelle, könne die Poesie diese Wahrheitsbereiche vereinen: sie handele von Dingen, »die den Ideen ähnlich sind« und »von in den Dingen konkreti-

20 Vgl. die Kritik an Danto von Jürgen Habermas: *Zur Logik der Sozialwissenschaften*. Frankfurt/M. 1970, S. 273. Daß laut Habermas jeder Historiker implizit »unter Gesichtspunkten der Praxis Endzustände« antizipiert, scheint mir allerdings schon zu weit gegriffen und schwer beweisbar zu sein. Sicher ist nur, daß der – wenn auch ganz offene – Erwartungshorizont des Historikers seine Arbeit mitbestimmt.

21 F. Schlegel, KA Bd. 2, S. 207 (Athenäum-Fragment 249).

22 F. Schlegel, KA Bd. 18, S. 85.

sierten Ideen«.[23] In der sich hier abzeichnenden Richtung lag dann Kants *Kritik der Urteilskraft*, welche die Vermittlung von Allgemeinem und Besonderem sich ausdrücklich zur Aufgabe machte. Philosophie und Historie im Zeichen der poetischen Einbildungskraft verbunden zu denken, konnte auf diesem Hintergrund ein mögliches, wenn auch riskantes Programm sein. Vor allem aber gab es für eine Mischung der Disziplinen ein historisches Vorbild: den Mythos. Er konnte sowohl als poetische Historie wie als poetische Philosophie interpretiert werden.

Dieser Mythos – das ist nun das Neue bei Schlegel und in seiner Zeit –, dieser Mythos soll erneuert werden.[24] Wenn Schlegel Philosophie, Poesie und Historie verschmilzt, kann dies schon als Beginn seiner Restitution verstanden werden. Wenngleich Schlegel die theologische Begrifflichkeit beibehält, so hat er doch die Hamannsche Geschichtstheologie verlassen. Der Prophet weiß nicht mehr um die Absichten Gottes, sondern errät die großen Tendenzen der Geschichte und den Genius des Zeitalters.[25] Vergangenheit und Zukunft sind nun inhaltlich ganz neu bestimmt und haben einen anderen neuen Stellenwert. Die Zukunft ist nicht schon vorausgesetzt, sondern sie muß erst gemacht, entworfen werden. Der Prophet weiß nicht, was sein wird, sondern imaginiert, was sein könnte und sollte. Er weiß diese seine Prophetie als Mittäterschaft im Geschichtsgang. Rückwärtsgekehrt befaßt er sich nicht mit biblischer oder politischer Geschichte, sondern wesentlich mit der Kunst des klassischen Altertums. Von ihr nimmt er den Stoff, das Phantasiematerial, um die Zukunft als Zukunft eines neuen mythischen Zeitalters, eines goldenen, auszumalen.

23 Klaus Heitmann: »Das Verhältnis von Dichtung und Geschichtsschreibung in älterer Theorie«. In: *Archiv für Kulturgeschichte* 52 (1970) S. 244-279. Zit. S. 269.

24 Siehe F. Schlegels »Rede über die Mythologie« innerhalb der »Gespräche über die Poesie«. *Athenäum* III/1 (1800). KA Bd. 2, S. 311-322. Vgl. dazu und zum folgenden aus der umfangreichen Literatur: Ernst Behler: »Friedrich Schlegels Theorie der Universalpoesie«. In: *Jahrbuch der deutschen Schillergesellschaft* 1 (1957) S. 211-252. Otto Pöggeler: »Die neue Mythologie«. In: *Romantik in Deutschland*, hg. von R. Brinkmann. Stuttgart 1978, S. 341-354. Ders.: »Idealismus und neue Mythologie«. In: *Neues Handbuch der Literaturwissenschaft*, Bd. 14, hg. von K. R. Mandelkow. Wiesbaden 1981, S. 179-204.

25 F. Schlegel, KA Bd. 2, S. 270 (Athenäum-Fragment 139).

Die durch den Mythos noch zur Einheit einer Kunstwelt zusammengehaltene Kunst der Griechen hat für Schlegel den Stellenwert des Ideals. Ideale sind stets in großer Distanz, sie sind prinzipiell von der Erscheinungswelt geschieden, in räumlicher Ferne (wie Atlantis im Ozean) oder – wie bei Schlegel – in der unaufhebbaren Distanz der Zeit. Dadurch hat Schlegels Erinnerung der griechischen Kunst zum einen ein Moment der platonischen Anamnesis. Wie die Seele bei Platon ihre himmlische Vergangenheit erinnernd sich zugleich ihrer höchsten Bestimmung und Zukunft versichert, so auch bei Schlegel: Das Ideal als »Urbild« ist zugleich das »Vorbild«; auch für ihn ist »alles Streben ... nur ein Rückkehrenwollen«.[26] Die lebendige Erinnerung ans Altertum enthält »Vorbedeutungen« der Zukunft[27] – nur, daß diese nun zugleich eine ganz andere und neue sein soll. Denn das Ideal, die griechische Kunst, ist nicht mehr ewig, sondern zeitlich, hat trotz seiner Klassizität den nicht auszulöschenden Index des Vergangenen. Wenn es wiederhergestellt werden soll, dann wird es das Merkmal derjenigen an sich tragen, die es erneuerten. Schlegel denkt sich die Erneuerung der Mythologie und Kunst deshalb so, daß sie aus dem Prinzip der modernen Welt, der individuellen Freiheit, hervorgehen und diese weiter ausbreiten wird. So speist sich der Entwurf der Zukunft ganz aus der mit der Anschauung des Altertums gesättigten Erinnerung – aber es wird zugleich das gegenwärtige Bewußtsein individueller Freiheit mit in diesen Entwurf aufgenommen: ein Mythos ohne Statik und Zwang – die »absolute Identität des Antiken und Modernen«.[28]

Da über dies Thema schon viel geschrieben wurde, fasse ich mich im folgenden ganz kurz. Es sind wesentlich drei Leistungen, die diese Restitution des Mythos erbringen sollte: 1) Integration der Künste und Wissenschaften zu einer Einheit; 2) Integration der Künstler zu einer mythenschaffenden Gemeinschaft; »Halt« für das poetische Wirken des Einzelnen;[29] 3) Integration von Mensch und Natur; an die Stelle der Natur als Objekt mathematischer Wissenschaft soll die Natur als schaffende Kraft und als ästheti-

26 F. Schlegel, KA Bd. 16, S. 152 (Nr. 780). Vgl. Karl Briegleb: *Ästhetische Sittlichkeit. Versuch über Friedrich Schlegels Systementwurf zur Begründung der Dichtkunst*. Tübingen 1962, S. 45 ff.
27 F. Schlegel, KA Bd. 2, S. 314 (»Rede über die Mythologie«).
28 F. Schlegel, KA Bd. 2, S. 189 (Athenäum-Fragment 149).
29 F. Schlegel, KA Bd. 2, S. 311 f.; vgl. S. 321.

sche Natur treten.[30] – Wesentlicher Stütz- und Ausgangspunkt für die neue Mythologie sollte die Philosophie Spinozas, der neue Idealismus und die Schellingsche Naturphilosophie sein.[31] Diese Mythologie ist gedacht als eine Philosophie, die ihre allgemeinen, abstrakten Begriffe in eine anschauliche Bilderwelt umsetzt, und als Kunstproduktion, die zugleich begriffene Welt darstellt. Sie vervollständigt die Philosophie um den Bereich der Anschauung. Und sie weiß dies zugleich als revolutionäre Tat. – Schlegels Mythologiekonzept zu interpretieren, ist heute nicht ganz unriskant. Man hat in ihm nämlich schon sehr Verschiedenes gesehen:[32] verzweifelten Subjektivismus, der notwendig Schlegels Konversion zum Katholizismus (1808) zur Folge haben mußte; deutschen Revolutionsersatz, pseudorevolutionäres Gehabe der Bohème; eine schon über die Ziele der Französischen Revolution hinausgehende Kritik an der modernen entfremdeten Welt; aber auch den Beginn der Erarbeitung einer historischen Weltansicht und der geisteswissenschaftlichen Forschung (wovon sogleich mehr).

Die aus der Anschauung der Antike gewonnene Idee einer neuen Mythologie sollte ein Regulativ für die philosophisch-künstlerische Produktion, sehr wohl aber auch der Entwurf einer poetisch-verklärten humanen Welt sein. Diese Hoffnung auf eine Mythologie ging nicht in Erfüllung. Dennoch war Schlegels Konzept in gewissem Sinn selbst prophetisch. Verfolgt man nämlich die Geschichte des Begriffs »Mythos«,[33] so wird folgendes deutlich: Erst mit dem ausgehenden 18. Jahrhundert gilt dem »Mythos« ein zentrales allgemeines Interesse, und es ergibt sich eine immer mehr anschwellende Literatur. Eigentlich erst mit Ausbreitung der Industrialisierung und der bürgerlichen Gesellschaft beginnt auch die »Arbeit am Mythos«,[34] bis zum heutigen Tag. Es ergab sich dabei aber keine neue Mythologie, sondern – neben

30 Vgl. F. Schlegel, KA Bd. 2, S. 318.

31 F. Schlegel, KA Bd. 2, S. 313 ff.

32 Vgl. zur Interpretationsgeschichte Klaus Peter: *Idealismus als Kritik. Friedrich Schlegels Philosophie der unvollendeten Welt*. Stuttgart 1973, S. 117 ff.

33 Vgl. Axel Horstmann: »Der Mythosbegriff vom frühen Christentum bis zur Gegenwart«. In: *Archiv für Begriffsgeschichte* 23 (1979) S. 7-54, 197-245.

34 Hans Blumenberg: *Arbeit am Mythos*. Frankfurt/M. 1979.

einem bedenklich ausufernden Gebrauch des Mythosbegriffs – nur fünferlei: 1) Kunst – die aber zeitweilig die Prätention enthielt, mehr zu sein als nur Kunst, nämlich auch Kult und totale Weltdeutung (Beispiel Richard Wagner); 2) Wissenschaft vom Mythos – die allerdings zuweilen durch die Faszination ihres Gegenstandes ihre objektivierende Stellung und ihre Wissenschaftlichkeit zu verlieren drohte (Beispiel Joseph Görres); 3) Mischungen zwischen Kunst und Wissenschaft – z. B. Darstellungen des Mythos, die sich ihm ganz anschmiegen wollen und die dann doch nur die Hand des künstlerisch gebildeten Wagnerianers und das elegante schriftstellerische Können des gelehrten Franzosen zeigen (Beispiel Claude Lévi-Strauss); 4) der bedenkliche Versuch, durch politische Macht und Propaganda mythisches Bewußtsein allgemein zu erzwingen (Beispiel Georges Sorel und der Nationalsozialismus); 5) Mythos als Deutungskategorie der modernen Welt, die sich offensichtlich gerade im Hinblick auf das, was sie ursprünglich nicht sein wollte, das Mythische, am besten begreifen läßt (Beispiel Theodor W. Adorno, Max Horkheimer).

Daß die neue Mythologie ausblieb, daß Rudolf Haym Schlegels Programm eine »mythologische Schrulle« nennen konnte,[35] lag einmal in ihrer Querstellung zur modernen Gesellschaft, die gerade durch Naturbeherrschung, mathematische Wissenschaft und Technik ihre Subsistenz sicherte. Aber schon bei Schlegel selbst zeigte sich diese Forderung als problematisch. Wie sollte die künstlerisch freie Subjektivität, die sich durch Ironie definierte, nämlich durch ihre Fähigkeit, sich über sich selbst hinwegzusetzen, wie sollte sie »Halt« finden an etwas, das sie erst hervorbringen mußte?[36] Sodann sollten laut Schlegel alle Mythen der Vergangenheit, nicht nur die griechischen, auch die orientalischen,

35 Rudolf Haym: *Die Romantische Schule*. 5. Aufl. hg. von O. Walzel. Berlin 1928, S. 755.

36 Ingrid Strohschneider-Kohrs: *Die romantische Ironie in Theorie und Gestaltung*. 2. Aufl. Tübingen 1977, bes. S. 23. – F. Schleiermacher hat am 22. März 1800 an seinen Freund Brinkmann geschrieben: »Ich kann nicht begreifen, wie eine Mythologie *gemacht werden kann.*« (*Aus Schleiermachers Leben. In Briefen*, hg. von W. Dilthey. Bd. 4. Berlin 1863, S. 61) Auch Hegel hatte sich nach kurzer jugendlicher Begeisterung für eine neue Mythologie bald von dieser Idee abgewandt (O. Pöggeler, s. o. Anm. 24).

für die Herstellung der neuen Mythologie erinnert werden,[37] wodurch sie freilich alle gleich unverbindlich werden mußten. Gerade aus den Tiefen der Individualität, aus wahlverwandtschaftlichem Verhältnis, sollten sie erinnert werden,[38] aber dadurch mußten sie auch in der jeweiligen Individualität verbleiben. Als durch die Romantik initiiert das 19. Jahrhundert daranging, die gesamte mythologische Tradition allmählich aufzuarbeiten, da wurde aus dem »bunten Gewimmel der alten Götter«,[39] das Friedrich Schlegel mit Blick auf die Antike herbeigewünscht hatte, keine neue Mythologie, sondern nur ein Teil jenes Wertepluralismus, den Max Weber dann den »Polytheismus« der modernen Welt nannte.[40] Schlegels Historismus,[41] der die gesamte mythologische Vergangenheit einholen wollte, führte also in den Pluralismus, nicht zu einer Halt bietenden neuen Mythologie.

Der Übergang von der utopischen Geschichtsphilosophie der Frühromantik zur geistesgeschichtlichen Forschung und ihren Problemen zeichnet sich bei Schlegel selbst ab. Wenngleich Schlegels rückwärtsgewandter Prophet sich in einen universalgeschichtlichen Zusammenhang gestellt weiß, so droht dieser nur gedichteten Geschichtsteleologie der Zusammenbruch durch Realitätsverlust. Die hochgespannten Träume vom neuen goldenen Zeitalter, von der neuen Mythologie, vom ewigen Evangelium, von der neuen Bibel – sie alle stehen vermittlungslos der politischen und sozialen Wirklichkeit gegenüber. Und gerade die Inflation aller utopischen Begriffe, die angesichts des gemeinsamen Feindes, der »platten« Aufklärung, miteinander verschmelzen, verrät schon eine gewisse Angst, es könne dies alles eben nur Illusion und Literatur sein. Hat doch die Erwartung eines neuen

37 F. Schlegel, KA Bd. 2, S. 319 f.

38 A.a.O. S. 320.

39 A.a.O. S. 319.

40 Max Weber: »Wissenschaft als Beruf« (1919). In: *Gesammelte Aufsätze zur Wissenschaftslehre*, hg. von J. Winckelmann. 3. Aufl. Tübingen 1968, S. 603. Weber stützt sich hier auf J. St. Mill.

41 F. Schlegel ist wohl der erste, der das Wort »Historismus« häufiger verwendet hat. Er dachte sich darunter eine philosophische Anschauungsweise, die die Welt in ihrer Totalität als geschichtliche Welt begriff: KA Bd. 16, S. 35 (Nr. 8, 9), 37 (Nr. 34), 38 (Nr. 36), 41 (Nr. 73); Bd. 18, S. 91 (Nr. 747), 484 (Nr. 140), 490 (Nr. 190); Bd. 19, S. 184 (Nr. 254).

goldenen Zeitalters keine andere Stütze als den eigenen Wunsch und die Suggestion einer Schematik, daß nach der Antike als These und der Moderne als Antithese nun deren Synthese zu erwarten oder herzustellen sei; wie ja dieser Dreischlag sich in der Tat in Schlegels Fragmenten findet.[42]

So die Zukunft nur erträumend und dichtend, ist die frühromantische Geschichtsphilosophie ständig auf dem Sprunge, ihre Zukunftssehnsucht in Vergangenheitssehnsucht, die Utopie in Nostalgie umschlagen zu lassen und die Teleologie der Geschichte preiszugeben. War in Hamanns Geschichtstheologie die Zukunft schon im Ursprung, in Gott, vorausgesetzt, war sie in gewissem Sinne wirklicher als die Vergangenheit, nämlich verwirklichte Erlösung, so sinkt jetzt das erhoffte Zukunftsbild zur bloßen Möglichkeit herab und bekommt bald die Farbe des Unwahrscheinlichen. Der Blick in die Zukunft wird der Blick auf ein ins Unendliche sich hinausschiebendes Ideal und bald der Blick in eine leere Unendlichkeit. Was als Ideal und Gehalt übrigbleibt, liegt in der Vergangenheit. Diese Vergangenheit ist für den jungen Schlegel die klassische Antike. Anders als die biblischen Schriften verweist die antike Kunst an ihr selbst auf keine zukünftige Welt, etwa auf die Wiederkehr des Messias; und sie ist gänzlich ohne die Kenntnis göttlicher Absichten verstehbar. Sie ist für Schlegel ein abgeschlossenes Ganzes, Vollkommenes,[43] das von der Gegenwart durch die christliche Geschichte getrennt ist. Die Einbildungskraft *kann* an ihr entzündet ein Bild gelungener Zukunft entwerfen, der Blick *kann* aber auch bewundernd auf ihr ruhen bleiben, ohne über diese Anschauung hinausgetrieben zu werden. Die rückwärtsgewandte Prophetie Schlegels ist auch rückwärtsgewandte ästhetische Betrachtung und tendiert, dies zu bleiben. Indem es jenes Ganze zu erforschen und zu verstehen gilt, wird der rückwärtsgewandte Prophet auch zum rückwärtsgewandten Hermeneuten. 1797 notiert sich Schlegel Gedanken zu einer »Philosophie der Philologie«, die wesentlich als Hermeneutik des Altertums konzipiert war.[44]

Es deuten sich damit bei Schlegel Probleme an, deren Erbe die

42 Z. B. F. Schlegel, KA Bd. 18, S. 8 (Nr. 45, 51), 13 (Nr. 104), 84 (Nr. 656).

43 Z. B. F. Schlegel, KA Bd. 2, S. 313.

44 F. Schlegel, KA Bd. 16, S. 33-81.

Geisteswissenschaften (die Philosophiegeschichte eingeschlossen) übernahmen. Zu ihnen gehört schon im 19. Jahrhundert, daß sich ihr Gegenstand in einer Ambivalenzstellung befindet, sich gleichsam in einem flackernden Licht zeigt: Er ist als vergangener gegeben und kann aus der Distanz heraus ästhetisch betrachtet und wissenschaftlich objektiviert werden. Er kann aber auch sehr lebendig, er kann Diskussionspartner, er kann gegen den Hermeneuten mächtig werden, die gegenwärtige Welt auslegen und die Zukunftserwartung bestimmen. Allerdings fallen die Aktualisierungen häufig nur ins einzelne Subjekt. Denn – immer etwas pauschal gesehen – insgesamt hält die wissenschaftliche Methode den Gegenstand in Distanz. Während in Schlegels neuer Mythologie die abstrakte Begrifflichkeit der Philosophie mit der Anschaulichkeit der ästhetischen Bilderwelt verbunden sein sollte, so wird in den institutionalisierten Geisteswissenschaften daraus nun die wissenschaftliche Methode, die wechselnd die verschiedensten historischen Phänomene zum Inhalt haben kann. Das Identische – jedenfalls tendenziell – ist die Methode, in der sich das Zeitalter als wissenschaftliches Zeitalter bestätigt; und den Inhalten droht die Beliebigkeit. Das ist das, was man den Objektivismus oder Positivismus der Geisteswissenschaften genannt hat. Als Nietzsche das krebsartige, nur zurückblickende Wesen der geschichtlichen Wissenschaften kritisierte,[45] hatte er diesen Positivismus vor Augen, für den kulturelle Phänomene immer nur ›Gegenstände‹ sind und diese immer nur ›hinten‹ liegen. Seine Kritik spiegelt einmal mehr die Hoffnung, der Geisteswissenschaftler könne auch Prophet sein und auch der Mythos könne wieder auferstehen.

Laut Gadamer hat die romantische, von Schlegel ausgehende Hermeneutik jenen Positivismus selbst befördert; neben ihrem Ästhetizismus habe sie das Erbe der Aufklärung, den Objektivismus, zum Prinzip gemacht.«[46] Doch ist zu beachten, daß dieser Objektivismus noch in einem ganz anderen Begründungszusammenhang steht. Der Ästhetizismusvorwurf ist freilich so alt wie

45 »Damit, daß man nach den Anfängen sucht, wird man Krebs. Der Historiker sieht rückwärts; endlich *glaubt* er auch rückwärts.« F. Nietzsche: *Götzendämmerung. Sprüche und Pfeile*, Nr. 24: *Werke*, hg. von K. Schlechta. 3. Aufl. München 1962. Bd. 2, S. 946.

46 Hans-Georg Gadamer: *Wahrheit und Methode*. 4. Aufl. Tübingen 1975, S. 162 ff., 259, 262 f.

die neuere Hermeneutik selbst. Schon Schlegel kritisierte Winckelmanns »aesthetischen Mystizismus«,[47] und Dilthey hat dann wiederum bei Ast und Schleiermacher Ästhetizismus gefunden und gerügt.[48] Aber die philosophischen Implikationen der romantischen Hermeneutik entstammen eben auch Metaphysik und Ethik, nur, daß diese Momente im Positivismus nicht mehr zum Zuge kamen.

So hatte Friedrich Schlegel in seiner »Philosophie der Philologie« den Zweckbegriff aufgenommen: »Kritik und Hermeneutik setzen schon einen historischen Zweck voraus, den man also um so weniger verkennen darf.«[49] Das heißt im Kontext: Die historische Anschauung des Altertums muß als Zweck an sich selbst begriffen werden, und sein Studium ist als »Zweck an sich«, als Selbstzweck zu betreiben.[50] Darin ist natürlich – von Schlegel selbst ausgesprochen – ein ästhetisches, künstlerisches Verhalten gefordert: in sich erfüllte Anschauung und Zuwendung; zugleich sogar ein quasi-religiöses Verhalten: Anschauung des Unüberbietbaren; aber eben auch ein ethisches: die Achtung des Altertums als Zweck an sich selbst, nicht seine Herabsetzung zur bloßen Stufe des geschichtlichen Fortschritts. An anderer Stelle seiner Entwürfe hat Schlegel den Begriff eines »hermeneutischen Imperativs« notiert,[51] ohne zu sagen, worin dieser bestehe. Ich wage zu divinieren, wie er hätte heißen können: »Begreife das Altertum, und jedes kulturelle Phänomen überhaupt, immer auch als Zweck an ihm selbst, nie bloß als Mittel für deine wissenschaftlichen Hypothesen und praktischen Absichten.« Die von Schlegel gestellte hermeneutische Aufgabe, »das Denken eines Andern bis in die feinere Eigenthümlichkeit seines Ganzen nachconstruieren,

47 F. Schlegel, KA Bd. 16, S. 37 (Nr. 35).
48 W. Dilthey: *Leben Schleiermachers.* Bd. 2: *Schleiermachers System als Philosophie und Theologie. Ges. Schr.* Bd. 14, S. 658 f.; vgl. S. 19, 63, 103, 250. Siehe dagegen Bd. 4, S. 210 f.
49 F. Schlegel, KA Bd. 16, S. 39 (Nr. 49).
50 F. Schlegel, KA Bd. 16, S. 40 (Nr. 65). In seinem Lessing-Aufsatz charakterisiert Schlegel das »Studium« als das »uninteressierte, freie, durch kein bestimmtes Bedürfnis, durch keinen bestimmten Zweck bestimmte Betrachtung und Untersuchung, wodurch allein der *Geist* eines Autors ergriffen und ein *Urteil* über ihn hervorgebracht werden kann.« KA Bd. 2, S. 111.
51 F. Schlegel, KA Bd. 16, S. 69 (Nr. 95).

wahrnehmen und charakterisieren zu können«[52], ist Ausdruck einer Ethik des Verstehens und Erkennens, die das Fremde und Andere als Anderes zu erkennen und anzuerkennen bemüht ist.[53] Eine Forderung übrigens, die mir angesichts gewisser Mißverständnisse aktuell zu sein scheint, die Gadamers Begriffe der Horizontverschmelzung und des immer prätendierten Einverständnisses zuweilen erzeugen (wenn man meint, man müsse dergleichen Verschmelzungen vorsätzlich wollen). Freilich gibt es Textsorten, die jenem Ethos nicht gerade entgegenkommen. Dennoch muß ja den Sinn einer Aussage realisiert haben, wer über sie urteilen will. Der geisteswissenschaftliche Positivismus bestünde von hier aus gesehen nicht schon in der Aufarbeitung der historischen Vielfalt. Sondern er wäre der, der das Andere, das Fremde an Sinn, das ihm aus der Geschichte zukommt, gleichsam nicht aushält, und deshalb sich auf seine äußerliche Bearbeitung und Sortierung nach formalen wissenschaftlichen Methoden, welchen auch immer, beschränkt. Das soll freilich nicht heißen, es könne auf wissenschaftliche Methodik verzichtet werden.

52 F. Schlegel, KA Bd. 3, S. 60 (»Lessings Gedanken und Meinungen«).

53 Hegel wurde schon im 19. Jahrhundert als der Philosoph betrachtet, der den geschichtlichen Erscheinungen durch seinen geschichtsphilosophischen Zugriff Gewalt antat. Dennoch finden wir dies Ethos, das Eigene der fremden Epochen und geistigen Gestalten zu begreifen, auch bei ihm. Am Schluß der *Phänomenologie des Geistes* heißt es: »Das Ziel, das absolute Wissen, oder der sich als Geist wissende Geist hat zu seinem Wege die Erinnerung der Geister, *wie sie an ihnen selbst sind*...« (*Theorie-Werkausg.* Bd. 3, S. 591). Freilich ist hier anders als bei Schlegel und Schleiermacher die Geschichte »die Schädelstätte des absoluten Geistes« (ebd.). Aber es wird verständlich, daß Joachim Ritter im Anschluß an Hegel über die Geisteswissenschaften urteilen konnte: »Sie haben ... die unendlich wichtige Aufgabe, die Schöpfungen und Objektivationen des menschlichen Geistes immer aus ihnen selbst und in ihrem je eigenen Zusammenhang zu ›verstehen‹ und zu begreifen, um sie so *als sie selbst* in die Gegenwart einzubringen«. »Die Aufgabe der Geisteswissenschaften in der modernen Gesellschaft« (1963). In: ders.: *Subjektivität. Sechs Aufsätze*. Frankfurt/M. 1974, S. 105-140, Zit. S. 133. (Hervorhebungen in den Zitaten von mir. G. S.) Zum hermeneutischen Problem des Verstehens des Anderen siehe Axel Horstmann: »Das Fremde und das Eigene. ›Assimilation‹ als hermeneutischer Begriff«. In: *Archiv für Begriffsgeschichte* 30 (1986/87) S. 7-43.

Vom Problem des Verstehens her fällt ein neues Licht auf die romantische Geschichtsphilosophie und ihren Ausgriff auf die ganze Geschichte. Denn das Altertum war zwar als abgeschlossenes Ganzes gedacht, das aus sich selbst verstanden werden konnte. Aber Schlegel weiß auch, daß damit sogleich der Begriff eines größeren Ganzen verlangt ist, der das Altertum und die eigene Zeit, die Moderne, umgreift. Der hermeneutische Zirkel, nach dem das Einzelne aus dem Ganzen – und umgekehrt – erkannt wird, entfaltet hier eine Eigendynamik, die Totalität intendiert. Er bringt eine Sinnerwartung mit, die sich tendenziell auf das Ganze der Geschichte und sogar auf das Weltganze erstreckt. Deshalb wird von Schlegel die »cyklische Methode« der Philologie, der hermeneutische Zirkel, mit dem Projekt einer »Enzyklopädie« verknüpft, die die Einheit des Universums darstellen soll.[54] In die Frage nach der hermeneutischen Methode schiebt sich die metaphysische Frage nach dem Weltganzen ein. Die romantische Hermeneutik erkennt, daß dies Ganze im Werden ist: Die fortschreitende Geschichte erzeugt für jede historische Erscheinung einen sich weitenden Kontext, der immer neues Licht auch auf das Einzelne wirft. Eben deshalb ist jedes Einzelne nie endgültig verstanden, wenn es auch als diese Sinneinheit schon identifiziert ist. Die behauptete innere Unendlichkeit des Individuellen und die Unendlichkeit der Welt, das Defizit an offenbarem Sinn des Einzelnen und die noch unfertige offene Geschichte sind für dieses Denken ein und dasselbe.[55] Nahm man den Zirkel ernst, dann war in jeder vorläufigen geschichtlichen Einzelerkenntnis ein vorläufiges Verständnis des Ganzen verborgen. Wurde dies ausformuliert, ergab sich eine (provisorische) Geschichtsphilosophie. Sie war gerechtfertigt, ja gefordert durch den

54 F. Schlegel, KA Bd. 16, S. 65 ff. – Vgl. zu Schlegels Enzyklopädieprojekt Ulrich Dierse: *Enzyklopädie. Zur Geschichte eines philosophischen und wissenschaftstheoretischen Begriffs*. Bonn 1977, S. 129-139.

55 Dies ist z. B. deutlich in der Hermeneutik, zu der die Schlegelsche den Anstoß gab, in Schleiermachers. Dessen Thesen: die »Anschauung eines Individuellen für sich ist unendlich« und es gelte, in der gegebenen Rede »ein Unendliches der Vergangenheit und der Zukunft« zu sehen, müssen als zusammengehörig und komplementär aufgefaßt werden. Fr. D. E. Schleiermacher: *Hermeneutik*, hg. von H. Kimmerle. 2. Aufl. Heidelberg 1974, S. 78, 84.

hermeneutischen Zirkel.[56] Das sich in diesem Zirkel bewegende Denken vollzog nun permanent ein hysteron/proteron. Was bei Aristoteles die teleologische Entwicklung kennzeichnete, kennzeichnete jetzt den Verstehensakt. Denn schon im sukzessiven Lesen und Nachvollziehen eines Textes wurde der erst am Ende klar heraustretende Sinn schon in der Erwartung antizipiert (erst gänzlich diffus, aber wachsend schärfer).[57] Und das geschichtsphilosophische Denken vollzog eben dieselbe Bewegung, indem es die Vergangenheit im vorausgesetzten Licht der Zukunft interpretierte und die Zukunftserwartung fortschreitend durch die Kenntnis des Vergangenen ausmalte.

Daraus ergibt sich nun noch eine genauere Bestimmung des Schlegelschen Propheten. Prophetie war nach romantischer Begrifflichkeit keineswegs nur das Vorherwissen von zukünftigen Ereignissen. Prophetie, oder häufiger Divination, war das Erahnen von Sinneinheit, wo nur Bruchstücke vorliegen, das Ergänzen von Fehlendem, Erraten des Ganzen, wo längst nicht alle Teile gegeben sind. Deshalb konnte Schlegel sagen, Divination sei das Prinzip aller Empirie und aller Historie; ja alles Denken sei Divinieren.[58] Divinieren ist ein produktiver Akt der Einbildungskraft; auch Erfinden ist ein Divinieren, ein Ahnen, was und wie etwas sein könnte.[59] Der Prophet Schlegels ist damit zunächst der, der inkraft seiner Divination in der Vielfalt der Überreste des Altertums das eine geschlossene Bild der klassischen Antike erkennt. Aber – geleitet durch sein Prinzip: das Einzelne aus dem

56 Sogar Schleiermacher rechtfertigte »die größte historische Construction«, »um das einzelne Werk des Einzelnen besser aufzufassen« (a.a.O. S. 151).

57 Vgl. F. Schlegels Bemerkungen zum zyklischen Lesen, das sich um die Auffassung des Ganzen und der Teile immer zugleich bemüht. KA Bd. 3, S. 53; Bd. 16, S. 38 (Nr. 41), 67 (Nr. 73), 139 (Nr. 644). Schleiermacher hat dies in der Auseinandersetzung mit Fr. Ast zu einer Theorie ausgearbeitet, die das ahnende Vorgreifen zum Konstituens des Verstehensaktes macht: *Hermeneutik*, S. 144 ff. Also nicht erst bei Heidegger hat das Verstehen eine Vor-Struktur, wie es in Gadamers Darstellung den Anschein hat (a.a.O. [s.o. Anm. 46] S. 250 ff.).

58 F. Schlegel, KA Bd. 17, S. 155 (Nr. 384), 297 (Nr. 1224, 1232), 313 (Nr. 1436). Zur Bedeutungsverschränkung von Divination und Prophetie siehe F. Schlegel, KA Bd. 17, S. 306 (Nr. 1352); Schleiermacher, *Hermeneutik*, S. 83.

59 F. Schlegel, KA Bd. 18, S. 306 (Nr. 1352).

Ganzen – ist er auch der, der ein virtuelles Bild der ganzen Geschichte entwirft. Die Zukunftsvisionen der Frühromantik haben von der Hermeneutik her also eine gewisse methodische Rechtfertigung: als Vor- und Ausgriffe auf ein mögliches Ganzes.
Ich hatte den Schlegelschen Propheten zuerst als den vorgestellt, dessen überspannte Zukunftshoffnungen die Wirklichkeit überflogen; der sodann der Hermeneut des Altertums, der Vergangenheit ist. Als drittes ergab sich, daß er auch als Hermeneut der Vergangenheit über die Zukunft zu reden methodisch sich gedrungen sieht.
Was hat dies nun mit Danto zu tun? Es fragt sich, ob nicht die Problematik geschichtlichen Denkens bei Schlegel eine geheime Verbindung zur Theorie Dantos unterhält, genauer: ob nicht die neuere Aktualität Dantos mit der schon alten Aktualität Schlegels zu tun hat. Und dies, wenngleich die Ausgangspunkte denkbar verschieden sind: Für Danto gibt es nur Ereignisgeschichte – für Schlegel nur Geschichte von Kunst und Literatur. Deshalb konstituiert sich so etwas wie Sinn bei Danto immer erst im nachhinein, durch die Tat des Historikers. Für Schlegel aber waren die Tatsachen der Geschichte selber künstlerischer und wissenschaftlicher Sinn. Insofern verhalten sich die Positionen eher komplementär. Aber vielleicht gibt es da einen Übergang zwischen der Aktualität des einen und des anderen; nämlich so: Bei Schlegel war die Teleologie der Geschichte schon bedroht – bei Danto ist sie expressis verbis aufgegeben; bei Schlegel waren Zukunft und Ziel der Geschichte erträumt – bei Danto fallen sie in die Beliebigkeit des privaten Interesses; bei Schlegel war das Ganze der Geschichte unter der Hand problematisch – bei Danto bleibt unter der Hand dies Problem bestehen; bei Schlegel war der Sinnzusammenhang der Geschichte nur erdichtet – bei Danto wird er vom Historiker gemacht und erzählt; Schlegel gab den Anstoß, die Universalgeschichte zu vielen Geistesgeschichten aufzulösen – Danto setzt die Pluralität der Geschichten voraus; Danto geht von der Erfahrung aus, daß immer alles anders kommt als man beabsichtigt – und diese Erfahrung hatte Schlegel auch schon bald machen müssen.
Das Wichtigere liegt aber in folgendem: Bei Schlegel gab es (im Kampf gegen Kants Rigorismus) nur eine ästhetische Sittlichkeit (wie man dies genannt hat)[60] – bei Danto gibt es gar keine prakti-

60 K. Briegleb (s. o. Anm. 26).

sche Philosophie. Das Problematische in Dantos Theorie ist ja nicht die völlige Dunkelheit der Zukunft (wenngleich sich auch an dieser zweifeln läßt), sondern dies, daß historisches Wissen immer nur die intellektuellen, nie die praktischen Bedürfnisse befriedigen soll. Die Bedeutung unseres Handelns werden nach Danto erst die zukünftigen Historiker kennen, denen unsere Ergebnisse vorliegen. Da diese Historiker von ihren partikularen Bedürfnissen ausgehen, kennt sie letztlich keiner. Also ist nicht die Dunkelheit der Zukunft, sondern die der Praxis aufzuhellen. Nun ergibt sich allerdings aus Dantos Analysen schon selbst so etwas wie eine Ethik: Wenn in der Tat die Verschiedenheit der Interessen (hinter denen zum größten Teil verschiedene Traditionen stecken dürften) die Bedingung für eine fruchtbare Arbeit in den Geisteswissenschaften ist, dann darf man diese Vielfalt und ihre Bedingungen zu einer vernünftigen Forderung erheben. Schlegel und seine Zeitgenossen, aus der Schule Lessings, Herders und auch Kants, hatten hier m. E. noch einen Vorsprung; die Achtung der fremden Individualität war als Prinzip der Geisteswissenschaft wie der Praxis gedacht. Der Wertepluralismus, später als Historismus, Relativismus und Verfall der Werte beklagt, hatte hier selbst noch ein ethisches Motiv: daß die Andersartigkeit des Anderen von jedem muß anerkannt werden. Trotz und in ihrer ästhetischen Sittlichkeit, in ihrem Individualitätsdenken, war hier der Gedanke einer universalistischen Moral noch lebendig, die diesen Pluralismus aushielt.

XIV. Die Weltbilder und die Zukunft: Prophetie – Utopie – Prognose*

Die Jugend interessiert sich vornehmlich für die Zukunft, im Alter denkt man an die Vergangenheit. Auch in der Entwicklung der Gattung, in der Geschichte, scheint es Phasen zu geben, in welchen man vornehmlich vorausblickt, und solche, in denen man sich zurückwendet. Z. B. hefteten die epische Dichtung Homers und der spätromantische Historismus den Blick auf die Vergangenheit, das frühe Christentum aber und die Fortschrittsphilosophie der Aufklärung auf die Zukunft. Gleichwohl ist für den historischen Rückblick nie die Zukunft gleichsam weggeschnitten, und der Voraussicht, dem Interesse für die Zukunft, fehlt nie ganz die Vergangenheit. Denn alle Zukunftserwartung speist sich ja aus Erfahrungen, d. h. griechisch: aus historía. Und umgekehrt greifen in die Rückwendung zur Vergangenheit Zukunftserwartungen, Hoffnungen und Befürchtungen ein. So ist es denn nicht möglich, die Zukunft oder die Vergangenheit gleichsam auszulöschen, zu tilgen. Oder anders, in den Begriffen Kosellecks[1] gesagt: Der Mensch existiert nicht ohne Erfahrungsraum und Erwartungshorizont. Beide greifen eng ineinander: Denn Erfahrungen sind es, die die Erwartungen bestimmen, und die Erwartungen stellen auch die Summe der Erfahrungen in ein bestimmtes Licht.

Vergangene und zukünftige Ereignisse haben dies gemein, daß es sie nicht gibt. Die vergangenen Ereignisse allerdings *hat* es gegeben. Deshalb scheint die Vergangenheit irgendwie realer zu sein als die Zukunft und deshalb die Historie im strengeren Sinne wissenschaftlich als die Futurologie. Allerdings kommen so verschiedene Positionen wie die christliche Geschichtstheologie, die klassische Geschichtsphilosophie und sogar die Existentialanalyse

* Vortrag, zur Eröffnung einer Ringvorlesung über »Prognose in den Wissenschaften« im April 1988 an der Universität Tübingen gehalten. Bisher unveröffentlicht.

1 Reinhart Koselleck: »›Erfahrungsraum‹ und ›Erwartungshorizont‹ – zwei historische Kategorien«. In: ders.: *Vergangene Zukunft. Zur Semantik geschichtlicher Zeiten.* Frankfurt/M. 1979, S. 349-375.

zu dem zuerst befremdlichen Ergebnis, daß gerade die Zukunft die dominante Zeitdimension ist.[2]

Die Zukunft ist im wissenschaftlichen wie im lebensweltlichen Verhalten zumeist in unartikulierten Erwartungen präsent. Zukunftserwartungen können aber auch ausdrücklich thematisiert und formuliert werden. Die Grundformen der Rede über die Zukunft sind Prophetie, Utopie und Prognose. Ich skizziere diese Begriffe zunächst (1.) zur Klärung in ihrem jeweiligen Herkunftskontext, um sie dann (2.) in einem Resümee zu vergleichen und ihre gegenwärtige Funktion anzudeuten.

1. Die Begriffe und ihr Weltbild

Die genannten Formen, Aussagen über die Zukunft zu treffen – Prophetie, Utopie und Prognose – entspringen drei verschiedenen Kontexten oder besser Weltbildern. Man könnte diese Weltbilder in Anlehnung an Ernst Cassirer auch »symbolische Formen« nennen.[3] Denn es sind wie diese verschiedene Formen der Weltauffassung und Weltinterpretation, die jeweils ein anderes Verhältnis zur menschlichen Praxis und zur Geschichte einschließen. Diese drei Weltbilder sind das der *Religion*, und zwar besonders der jüdischen, das der *Philosophie*, und zwar besonders der praktischen Philosophie und Geschichtsphilosophie, und das der *Wissenschaft*, besonders der Naturwissenschaft.

2 Siehe den Aufsatz »Der rückwärtsgekehrte Prophet und der vorwärtsgewandte Poet«, hier S. 309 ff.

3 Ernst Cassirer: *Philosophie der symbolischen Formen*. 3 Tle. Berlin 1923-1931. Eine Einführung in seine Denkweise gibt Cassirer u. a. in seinem Vortrag: »Der Begriff der symbolischen Form im Aufbau der Geisteswissenschaften« (1921). In: ders.: *Wesen und Wirkung des Symbolbegriffs*. 7. Aufl. Darmstadt 1983, S. 169-200. – Die symbolischen Formen als »Auslegung der Welt« und »Welt-Ansicht« z. B. in: E. Cassirer: *Zur Logik der Kulturwissenschaften* (1942). 4. Aufl. Darmstadt 1980, S. 20, 32.

a) Prophetie

Der Begriff der Prophetie[4] empfängt seinen ursprünglichen Bedeutungsgehalt im Kontext eines religiösen Weltbildes. In einem solchen sind Prophetien weder ein Wunder noch eine Anmaßung oder gar Betrug. Vielmehr gehören sie in diese Welt hinein so selbstverständlich wie Götter, Kulte und Priester. Deshalb gibt es hier das Propheten- und Sehertum auch als Institution.

»Prophetes« heißt im Griechischen soviel wie Sprecher, Verkünder; und Prophetie ist sowohl der Akt der Verkündigung als auch deren Inhalt. Das Wort selbst hat zunächst noch keine Beziehung zur Zukunft. Denn das zugrundeliegende pro-phemi heißt heraussagen, nicht voraussagen. Aber als Prophet wird im alten Griechenland in der Regel der bezeichnet, der die Orakelsprüche verkündet und auslegt. Und da diese im Hinblick auf die Zukunft eingeholt werden, bekommt auch das Prophezeien den Sinn von Voraussagen, Weissagen.

Unsere Vorstellung vom Propheten ist bestimmt durch das Alte Testament. Das hebräische Wort für Prophet heißt »nabi«, was soviel wie »Rufer« bedeutet. Auch und gerade im alten Israel sind die Propheten fest im religiösen Leben der Gemeinschaft verwurzelt, und Prophetien sind die anerkannte Form, in der sich der Gott Jahwe dem Volk Israel mitteilt. Es gibt die großen einzelnen Propheten als Wanderprediger; aber auch den Hofpropheten, wie z. B. Nathan am Hofe Davids; und wir lesen von Prophetenbünden, die ein Leben der religiösen Ekstatiker führen, mit rituellen Übungen, die gar nicht auf das Verkünden, sondern auf die religiöse Versenkung ausgerichtet sind. Die Propheten tragen die äußeren Züge der Charismatiker: die Besessenheit.

Propheten sprechen nie im Namen eigener Weisheit, Einsicht oder Erfahrung, sondern im Namen Gottes. Die alttestamentli-

4 Siehe zum folgenden die großen Handbuchartikel: U. Dierse, R. Glei, H.-U. Lessing: »Prophetie«. In: *Historisches Wörterbuch der Philosophie*, hg. von J. Ritter und K. Gründer. Bd. 7 (1989) Sp. 1473-1481. G. Mensching, B. Sundkler, R. Meyer, J. Fichtner, A. Jepsen, P. Vielhauer, E. Fascher: »Propheten«. In: *Religion in Geschichte und Gegenwart*. 3. Aufl. Bd. 5 (1961) Sp. 608-635. R. Rendtorf: »Prophetenspruch«, ebd. Sp. 635-638. G. Leff: »Prophecy in Hebrew Scripture«. In: *Dictionary of the History of Ideas*, hg. von Ph. P. Wiener. Bd. 3 (1973) S. 657-669.

chen Propheten wissen sich – und werden gewußt – als Werkzeuge Jahwes. Deshalb beglaubigt sich der Prophet durch die Geschichte seiner Berufung, in welcher Jahwe von ihm Besitz ergriff, und beginnt seine Rede mit der Formel »So spricht Jahwe« (Jer. 28,2). Der Prophet ist der Bote, ja der Mund Jahwes (Jer. 15,19). Deshalb ist der Prophetenspruch ein wesentlicher Teil des Dialogs und der Interaktion zwischen Jahwe und seinem auserwählten Volk. Die Prophetie teilt nicht unableitbare, schicksalhaft auftretende spätere Ereignisse mit, die den Menschen von außen treffen und überfallen, sondern sie verkündet den Willen Jahwes: Dieser stellt Ansprüche und Forderungen – das Volk weicht diesen aus oder vergißt sie – Jahwe kündigt Strafe und Belohnung an. Propheten treten in der Regel auf, wenn Israel den von Gott bestimmten Weg verlassen hat oder wenn es in der Qual der Bedrängnis verzagt. Die prophetische Predigt mahnt zur Umkehr, verkündet Unheil als Strafe oder gibt Trost durch Heilsversprechen. So hält die Prophetie den Gedanken wach, daß Jahwe der eigentliche Täter der Geschichte ist und daß Jahwe von seinen Forderungen und Verheißungen nicht abläßt. Aussagen über die Zukunft sind deshalb hier konstitutiv für das Weltbild, denn dies ist ja auf die Erfüllung einer prophetischen Verheißung hin ausgerichtet.
Die Rede der Propheten hat die gleiche Struktur wie die Rede des Erziehers an seinen Zögling: Die Voraussagen nehmen Bezug auf das Verhalten des Dialogpartners, kündigen die Antwort an und wollen es steuern. Zwar hat alles Zukunftswissen Folgen für das Handeln in der Gegenwart; aber die alttestamentliche Prophetien hat die Verhaltensänderung selbst zum Zweck. Diese Prophetien sind sicheres Zukunftswissen. Denn die Zukunft ist nicht prinzipiell offen und unbestimmt, sondern liegt in der Macht Jahwes, der seine Ziele realisiert und der – anders als Zeus – nicht der Zeit und dem Schicksal unterworfen ist, sondern beide in seiner Gewalt hat. Hier erfahren wir, wer ein sicheres Zukunftswissen haben kann; nämlich nur der, welcher die uneingeschränkte Macht hat, die zukünftigen Ereignisse selbst heraufzuführen, die Zukunft selbst herzustellen. Für ihn ist die Zukunft schon Gegenwart. Ein solches Zukunftswissen gibt es nur im Kontext der Religion. Die Predigt der alttestamentlichen Propheten hält stets das religiöse Weltbild lebendig, in dem sie selbst allein möglich ist. Und dies Weltbild ist wesentlich geschichtstheologisch ge-

prägt: Der, der die Welt gemacht hat, bestimmt auch das Ziel ihres Daseins und die Mittel, jenes Ziel zu erreichen.
Wie erwähnt, sind im Kontext solcher Religion Prophetien eigentlich selbstverständlich. Die Voraussetzung eines göttlichen Wissens um die Zukunft ermöglicht auch ein menschliches, eben durch Propheten. Allerdings wird durch das Christentum die Lage anders und schwieriger: Die Prophetie, die Rede von der Zukunft, wird ein Phänomen der Vergangenheit. Denn die christliche Kirche hat die Propheten gleichsam vertrieben, d. h. in die Sekten abgedrängt. Noch für die junge christliche Gemeinde galt die Prophetie als Gabe des Heiligen Geistes, und Paulus ermunterte, diese Gabe zu gebrauchen (1. Kor. 14,1). Aber bald distanzierte sich die Gemeinde vom Prophetentum, und das hatte zwei Gründe: Erstens galt es, die eigene Lehre gegen das Stimmengewirr der falschen Propheten abzuschirmen. Zweitens war man überzeugt, daß durch Christus alles offenbart und mit ihm das Ende der Zeiten angebrochen war. Christus wurde als Prophet der Endzeit verstanden, und jeder neue Prophet mußte als Korrektur jenes Verständnisses und als Relativierung, als Herunterstufung Christi erscheinen. Fortan gibt es nur in den Unter- und Nebenströmungen des Christentums weiterhin Propheten, in der Regel unter der Voraussetzung, daß der Heilige Geist die in Christus geschehene Offenbarung fortsetzt; so z. B. im Montanismus, bei den Joachiten des Mittelalters, im schwäbischen Pietismus des 18. Jahrhunderts (J. A. Bengel) oder auch noch in religiösen Bewegungen des 20. Jahrhunderts.
Das Mittelalter stellt im Hinblick auf die Prophetie gleichsam die Reflexionsstufe dar. Denn die mittelalterliche Kirche kennt kein Prophetenamt mehr, aber ihre Theologen bestimmen in ausführlichen Traktaten, was Prophetie ist und in welchen Formen sie auftritt. Die auf Cassiodor zurückgehende klassische Definition des Mittelalters bestimmt Prophetie als Inspiration oder Offenbarung: »Die Prophetie ist also eine göttliche Eingebung (inspiratio) oder Offenbarung (revelatio), die das Eintreten von Ereignissen mit unumstößlicher Wahrheit (immobile veritate) ankündigt.«[5] Den Akt der Inspiration denkt man sich als visio, als Anschauung

5 Petrus Lombardus: *Commentarii in psalmos*. Paef. In: Migne: *Patrologia Latina* Bd. 191, Sp. 58 B. Vgl. Cassiodor: »Prophetia est aspiratio diuina, quae euentus rerum aut per facta aut per dicta quorundam

von Gottes schöpferischer Wesenheit. In ihr sind alle zukünftigen Dinge von Ewigkeit her präformiert. Die prophetische Vision bricht also aus der Zeit aus und hat Teil am göttlichen ewigen Wissen, für das Vergangenheit und Zukunft simultane Gegenwart sind.

Eine aktuelle Bedeutung behält die Prophetie – wie die Inspiration – nur in der Hermeneutik, in der Schriftauslegung und ihrer Theorie. Allerdings verkündigt die Prophetie hier zunächst keine neuen Offenbarungen, sondern sie zeigt in der Vergangenheit die Spuren des göttlichen Heilsplanes, legt die Vergangenheit als Ankündigung der Zukunft aus. Laut Augustin[6] erfaßt die Historie, d.h. die historische Schriftauslegung, den Wortsinn der biblischen Erzählungen und berichtet, was geschah. Die Prophetie aber erkennt in diesen Ereignissen die göttlichen Absichten und entdeckt in den vergangenen Geschehnissen die Vorankündigung von zukünftigen. Die »prophetische« oder »typologische« Schriftauslegung[7] betrachtet also die wirkliche Geschichte als einen von Gott gewirkten Text, in welchem alle Elemente auf ein Ziel vorausweisen. War dies Ziel das Erscheinen Christi, dann überschritt die prophetische Auslegung nicht den biblisch gesteckten Horizont, sondern konstruierte nur einen Sinnzusammenhang aller biblisch berichteten Ereignisse. War dies Ziel aber eine innerweltliche Endzeit oder die Wiederkunft Christi, wurde das Ziel in die Zukunft verlegt, dann konnte sich die Auslegung der Schrift in eine echte Prophetie verwandeln, in eine Voraussage, die die Aussagen des Kanons erweiterte. Auf diesem Wege der Schriftauslegung sind die christlichen Prophetien etwa Joachims von Fiore entstanden.[8]

Im Raum des Christentums entstehen Prophetien also im Feld der Exegese. Das hatte zwei Folgen: Die Prophetie konnte sich nicht mehr durch das »So spricht Jahwe« legitimieren, sondern

immobili veritate pronuntiat.« *Magni Aurelii Casiodori expositio psalmorum*, Praef. In: *Corpus Christianorum* Bd. 97, S. 7.

6 Augustin. Migne: *Patrologia Latina* Bd. 34, Sp. 128.

7 Zur typologischen Schriftauslegung, die die Ereignisse als »Realprophetien« deutet, siehe Karlfried Gründer: *Figur und Geschichte. Johann Georg Hamanns »Biblische Betrachtungen« als Ansatz einer Geschichtsphilosophie*. Freiburg, München 1958, bes. S. 135 ff.

8 Herbert Grundmann: *Studien über Joachim von Fiore*. Leipzig, Berlin 1927. Neudr. Darmstadt 1966.

nur durch die Berufung auf den Kanon. Sie wurde so noch stärker an die Tradition zurückgebunden. Und dadurch wurde zweitens alle Prophetie zugleich eine Ausdeutung der Vergangenheit: Sie mußte ihre Aussagen über die Zukunft durch die Schrift, d. h. durch die Vergangenheit begründen und stellte dadurch die Vergangenheit im Lichte der Zukunft vor. Sie konstituierte so stets eine sinnvolle, zielgerichtete Geschichte. Als J. G. Hamann im 18. Jahrhundert sagte, nur ein Prophet könne sinnvoll von der Vergangenheit sprechen, nahm er jene Theorie der prophetischen Schriftauslegung auf: Der Historiker muß das Telos, das Ziel der Geschichte kennen und Prophet sein, andernfalls wird die Vergangenheit ihm zum Feld toter Fakten, zum Totenacker.[9]
Aber dieser Begriff der Prophetie verblaßte im aufgeklärten, im 18. Jahrhundert und behielt seine alte Aura allenfalls dort, wo er auf die Propheten des Alten Testamentes bezogen wurde. Aber auch diese Prophetie konnte jetzt Gegenstand der Kritik oder zumindest versachlicht und rationalisiert werden; Spinoza[10] rückt natürliche Erkenntnis und Prophetie eng zusammen. Auf Gestalten der Gegenwart angewendet, bekommt der Begriff in der Regel einen kritischen oder ironischen Akzent. Denn im Zeichen des Christentums und erst recht der Aufklärung weiß man, daß die Zeit der Propheten vorbei ist. In Adelungs Wörterbuch[11] von 1811 wird auf diesen Unterton im neuen Sprachgebrauch anhand von Beispielen hingewiesen: »Es ist ein neuer Prophet aufgestanden. Ein Wetter-Prophet, der das künftige Wetter vorher sagt, ein Unglücks-Prophet, der künftiges Unglück verkündigt; wo es [das Wort Prophet] doch in den meisten Fällen etwas verächtliches bey sich hat, weil die Gabe, künftige zufällige Dinge vorher zu sagen, heut zu Tage in den meisten Fällen auf Schwärmerey oder Betrug gegründet ist.« Adelung bestreitet nicht, daß es Prophetien geben kann. Aber er hält fest, daß für die Moderne Propheten keine Selbstverständlichkeit, sondern verdächtig geworden sind, als Schwärmer und Betrüger. Es ist erstaunlich, daß K. R. Pop-

9 Johann Georg Hamann: *Kleeblatt Hellenistischer Briefe* (1762). *Sämtl. Werke*, hg. von J. Nadler. Bd. 2, S. 175 f.

10 B. de Spinoza: *Theologisch-politischer Traktat*, hg. von C. Gebhardt. Hamburg 1965, S. 15-76.

11 Johann Christoph Adelung: *Grammatisch-kritisches Wörterbuch der Hochdeutschen Mundart*. 3. Thl. Wien 1811, S. 846 f.

per[12] sein kritisches Buch über Hegel und Marx »Falsche Propheten« nannte. Denn er suggeriert, er stünde auf dem Standpunkt der frühchristlichen Gemeinde und müsse die wahren Propheten verteidigen. Nein, im Zeichen der Wissenschaft ist für die Polemik die Bezeichnung »Prophet« vollkommen ausreichend.

b) Utopie

Der Utopiebegriff[13] verdankt seine Entstehung und seinen Bedeutungsgehalt einem staats- und sozialphilosophischen Denken; aber einem solchen, das keine allgemeine Geltung hatte und nicht zur herrschenden Lehre gehörte. Das zeigt sich in dem Wort Utopia, das bekanntlich der englische Lordkanzler Thomas Morus[14] in seinem berühmten Buch »Über den besten Zustand des

12 Karl R. Popper: *Falsche Propheten. Hegel, Marx und die Folgen* (= *Die offene Gesellschaft und ihre Feinde* Bd. 2). Bern 1958. Der englische Originaltitel lautete: »The High Tide of Prophecy«. Popper bezeichnet diejenigen wissenschaftlichen Prognosen als »Prophezeiungen«, die aufgrund von Gesetzeshypothesen unvermeidbare Naturereignisse vorhersagen, wie z. B. Sonnenfinsternisse. Da es für den Bereich der menschlichen Geschichte solche Prognosen nicht gibt, sind für Popper diejenigen, die dennoch solche Geschichtsereignisse verkünden, »falsche Propheten«. Dazu gehören für ihn die Vertreter des sog. »Historizismus«, der neuzeitlichen Geschichtsphilosophie, Autoren, die der alttestamentlichen Prophetie näher stünden als der wissenschaftlichen Prognose. K. R. Popper: *Das Elend des Historizismus*. 2. Aufl. Tübingen 1969, S. 34 ff. Ders.: »Prognose und Prophetie in den Sozialwissenschaften«. In: Ernst Topitsch (Hg.): *Logik der Sozialwissenschaften*. Köln, Berlin 1965, S. 113-125. Von Poppers Begriff der Prophetie ist abzuraten, da er voraussetzt, die alttestamentliche Prophetie habe ein über die Menschen verhängtes Schicksal verkündigt, was nicht der Fall ist. Aber seit der religiöse Kontext des Begriffs verblasste, konnte »Prophetie« sehr viele und verschiedene Bedeutungen annehmen. Siehe H.-U. Lessing, a.a.O. (Anm. 4) Sp. 1478 ff.

13 Eine Einführung in Begriff und Sache der Utopie und eine Orientierung in der Fülle der Literatur gibt Wolfgang Biesterfeld: *Die literarische Utopie*. 2. Aufl. Stuttgart 1982. Zur neueren Diskussion siehe Wilhelm Voßkamp (Hg.): *Utopieforschung. Interdisziplinäre Studien zur neuzeitlichen Utopie*. 3 Bde. Stuttgart 1982.

14 Thomas Morus: *De optimo rei publicae statu deque nova insula Utopia* (1516).

Staates« von 1516 prägte. Denn ›Utopia‹, diese lateinische Kontraktion der griechischen Wörter ou und topos, heißt soviel wie Nicht-Ort, Nirgendland oder Nirgendheim. Der utopische Staat existiert nicht, und das utopische Staatsdenken ist in seinem Ursprung dasjenige, das in den anerkannten Staatstheorien keinen Ort hat. Die Utopien begreifen nicht den wirklichen Staat, sondern konstruieren den richtigen, vernünftigen; und sie tun das nicht im Namen Gottes oder geheiligter Traditionen, sondern im Namen der eigenen Einsicht und der eigenen Vernunft. Es ist die von der religiösen Tradition sich allmählich befreiende Vernunft, die in der Neuzeit Utopien entwirft. Deshalb berührt sich das utopische Staatsdenken mit dem neuzeitlichen Naturrecht, wie z. B. in Harringtons Utopie *Oceana*[15] deutlich ist. Beide, Utopie und Naturrecht, greifen auf antike Denkweisen zurück und lösen sich von den spezifisch theologischen Staatsbegründungen los. Wenngleich sich im Feld der Utopien ganz offensichtlich eine literarisch spielerische Phantasie betätigte, hat die akademische Staatsphilosophie hier sehr bald ihr eigenes Terrain erkannt. Der Staatsrechtler Francesco Sansovino nimmt schon 1557 Morus' *Utopia* als Staatstheorie ernst, und auch für Thomasius sind später (1699) die Utopisten Staatstheoretiker.[16] So wird akzeptiert, daß auch Utopie Staatstheorie ist. Sie ist aber auch mehr und anderes.

Der Begriff Utopie hat in seiner Geschichte mehrere verschiedene Bedeutungen angenommen; er ist verwoben in die bewegte Geschichte der Neuzeit. Um seine Hauptbedeutungen herauszuarbeiten, sollte man vier Phasen seiner Geschichte unterscheiden:

1) Die Utopie hat zunächst dem Wort und der Sache nach nichts mit der Zukunft zu tun. Denn die Idealstaaten, die uns Th. Morus, T. Campanella, Fr. Bacon und viele andere vor Augen stellen, liegen nicht in ferner Zukunft, sondern in ferner Weltgegend, auf entlegenen Inseln. Immerhin, sie finden sich nicht – wie Arkadien und das goldene Zeitalter – in ferner Vergangenheit und sind so für immer verloren, sondern auf fernen Inseln, von denen man im Zeitalter der Entdeckungen ohnehin viel Erstaunenswertes hört. Und so wird die Phantasie zur Frage gereizt, ob solche idealen Gesellschaften bloß denkmöglich oder auch realisierbar sind.

15 James Harrington: *The Commonwealth of Oceana* (1656).
16 Bei Biesterfeld, a.a.O., S. 1 f.

Aber die ersten Utopien sagen nicht, ob und wie das Ideal erreicht werden kann. Es wird der elenden Gegenwart in der Phantasie kontrafaktisch einfach gegenübergestellt. In Zedlers *Universal-Lexicon*[17] wird 1742 schon recht differenziert gesagt, warum man solche Gegenbilder entwarf: Die einen tun es, um deutlich, aber ungestraft die »Thorheiten und Unvollkommenheiten« der Regierungen zeigen zu können; die anderen suchen nur »das Elend und die Mühseligkeit des menschlichen Lebens vorzustellen«; die dritten wollen »die lasterhafte Welt« zeigen. Für Zedler ist Utopia noch mit Schlaraffenland identisch. Aber er hat ganz richtig gesehen, daß Utopie zuerst wesentlich Kritik ist und die Frage der Realisierbarkeit gar nicht angeschnitten wird.
Utopie in der *ersten* Bedeutung meint also das anschauliche Bild eines vollkommenen Gemeinwesens, entworfen, um mit Hilfe einer Fiktion die schlimme Wirklichkeit zu zeigen.
2) Eine zeitliche Brücke zwischen der unglücklichen Gegenwart und dem glücklichen Utopia und d. h. eine Verlegung der Utopie in die Zukunft bahnt sich dort an, wo der Idealstaat Tendenzen der Gegenwart aufnimmt und das mögliche Ziel von gegenwärtigen wissenschaftlichen und sozialen Bestrebungen ausmalt. Das ist m. W. zuerst in der Utopie Francis Bacons von 1638 der Fall. Denn der Titel *Nova Atlantis* schon zeigt, daß es nicht die alte Insel Atlantis und der alte Traum, sondern ein neuer, spezifisch moderner Inselstaat ist. Der ferne Ort, Atlantis, bekommt nun einen zeitlichen Index: neu. Der Inhalt des Buches verrät sehr genau, warum die Insel neu ist: Der Staat gründet hier Glück und Wohlstand der Bürger auf die modernen Naturwissenschaften und die durch diese mögliche technische Beherrschung der Natur; also auf Leistungen, die Bacon in seinem *Novum Organon*, in seiner Wissenschaftstheorie, als Errungenschaften des modernen Zeitalters herausgestellt hatte, durch welche die Moderne der Antike überlegen ist. Bacons Utopie hat so bereits einen Bezug zu seiner Geschichtsphilosophie. Die Utopie zeichnet hier Linien aus, die in der Gegenwart vorhanden sind, und zeigt die Chancen und die möglichen späteren Folgen der gegenwärtigen Arbeit. Eben dadurch wird die ferne Insel zur eigenen möglichen Zukunft.

17 Johann Heinrich Zedler: *Grosses vollständiges Universal-Lexicon aller Wissenschaften und Künste*. Bd. 34 (1742) Sp. 1828 f.

Als erste ausdrückliche Zukunftsutopie – als »Uchronie«, wie Charles Renouvier[18] sagen wird – gilt Louis-Sébastien Merciers Roman *Das Jahr 2440.*[19] Das Buch erschien 1770, also ganz pünktlich in der Zeit, die Koselleck als »Sattelzeit« des geistigen Umbruchs entdeckte und in welcher sich das Weltbild »verzeitlichte«. Koselleck[20] hat deshalb an Mercier auch die »Verzeitlichung der Utopie« demonstrieren können. Bei Mercier hat die Utopie nun die Gestalt, die sie fortan in der Regel haben wird: Sie stellt plastisch die spätere Zukunft vor Augen; und diese ist einerseits das Gegenbild zur Gegenwart, aber andererseits nur die Perfektionierung ihrer Tendenzen, die Entfaltung ihrer Keime. Dafür gibt es bei Mercier viele Beispiele: So ist die Gesellschaft des Jahres 2440 eine Gesellschaft von schriftstellernden Bürgern und bürgerlichen Schriftstellern – und d. h. die Gelehrtenrepublik der Aufklärung wird hier universalisiert gedacht. Die Religion geht 2440 ganz in der Moral auf – also vollendet sich die Tendenz, die sich im Deismus Gehör verschaffte, und wird zur schlechthin allgemeinen Überzeugung. Die Utopie stellt das Erträumte als erreicht und das erst partiell Realisierte als allgemeinen und einzigen Zustand vor.

Dadurch hat die Utopie einen neuen und anderen Charakter. Sie sagt nicht mehr bloß, daß der utopische Zustand denkmöglich, sondern sie suggeriert, daß er realmöglich, ja im Werden begriffen ist. Sie kritisiert nicht mehr nur die schlechte Gegenwart, sondern sagt ihr den Untergang voraus. Indem die Fiktion als spätere Wirklichkeit erscheint, nähert sich der utopische Roman der Historie, gleichsam als Historie der möglichen zukünftigen Geschichte. Dadurch wird auch der Utopist, der Autor, ein anderer: Er ist nun nicht nur Kritiker der Gegenwart, sondern auch Mithersteller, Beförderer der utopischen Zukunft; denn er zeigt ja in den gegenwärtigen Tendenzen den Weg nach Utopia.

Dies ist die *zweite* Grundbedeutung von Utopie: Utopie als Bild einer gelungenen zukünftigen Welt des Menschen, verbunden mit der Hoffnung auf Realisierung. Da die Utopien aber inzwischen

18 Charles Bernard Renouvier: *Uchronie. L'utopie l'histoire.* Paris 1876.

19 Das Buch war anonym Ende 1770 oder Anfang 1771 in Amsterdam erschienen unter dem Titel: *L' An 2440.* Siehe die Einleitung von H. Jaumann der deutschen Ausgabe Frankfurt/M. 1982.

20 Reinhart Koselleck: »Die Verzeitlichung der Utopie«. In: W. Voßkamp (Hg.): *Utopieforschung*, a.a.O. Bd. 3, S. 1-14.

zu »Mätopien«,[21] zu Schreckensgemälden wurden, muß man allgemeiner formulieren: Utopien zeigen die möglichen Auswirkungen von gegenwärtigen Tendenzen.
Warum wurde erst im 18. Jahrhundert die Utopie zu einer Form, sich die Zukunft vorzustellen? Dies hat wohl im wesentlichen drei Gründe: 1. Die Erfahrung von sichtbar großen Fortschritten im Bereich der Wissenschaft, der Technik und der Verbreitung der Aufklärung ermutigte zu einem Perfektibilitätsglauben in allen Bereichen der Kultur, auch im Bereich des Staates. 2. Der Autor der Utopien wußte sich nun nicht mehr als ohnmächtiger einzelner, der zaghaft sein Gedankenspiel der Wirklichkeit zur Seite stellt. Sondern er wußte sich in der Gemeinschaft Gleichgesinnter, als Glied eines aufgeklärten Bürgerstandes, der eine reale Geschichtsmacht wurde. 3. Die theologisch ausgedeutete Zukunft, die christliche Eschatologie, hatte im öffentlichen Bewußtsein so viel an Selbstverständlichkeit verloren, war so weit in den Hintergrund getreten, daß die Zukunft nun mit eigenen Wünschen und Plänen neu besetzt werden konnte.
Die Bedingungen für die Ausbildung der Zukunftsutopie sind also dieselben wie für die Ausbildung der Geschichtsphilosophie. Und mit den Fortschrittstheorien der Aufklärung – etwa Turgots oder Condorcets – hat die Utopie eine enge Verwandtschaft: Jene zeigen die Zielrichtung und die Tendenzen der Geschichte, diese – die Utopien – malen das Ziel in der Phantasie en détail aus. Beide sprechen nicht im Namen einer nur subjektiven Vernunft, sondern im Namen der objektiven, sich geschichtlich realisierenden Vernunft, im Namen der Geschichte oder der Menschheit. Deshalb haben die Voraussagen in diesem Kontext eine gewisse Analogie zur Prophetie (s.o.).
3) Wie die Geschichtsphilosophie der Aufklärung hat auch die Utopie des 18. Jahrhunderts eine enge Beziehung zur Französischen Revolution. Aber gerade, indem sich die Utopien als Kräfte, als Elemente der Revolution erweisen, kommt der Begriff Utopie in Mißkredit.[22] Der »Utopist« wird zum politischen Schwärmer,

21 Hermann Huntemann: *Utopisches Menschenbild und utopisches Bewußtsein*. Diss. Erlangen 1953. Siehe Biesterfeld, a.a.O. S. 9.
22 Siehe dazu und zum folgenden: Lucian Hölscher: »Der Begriff der Utopie als historische Kategorie«. In: W. Voßkamp (Hg.): *Utopieforschung*, a.a.O. Bd. 1, S. 402-418.

der Unmögliches für machbar hält. Bald nach der Revolution findet sich ein erster Angriff auf die Gefährlichkeit des »politischen Utopismus«. Fortan hat der Begriff einen abwertenden Unterton oder eine unmittelbar kritische Bedeutung. Utopie wird politische Illusion, das Produkt von Schwarmgeistern, die den Boden der Realität unter den Füßen verloren und für die Gesellschaft gefährlich sind. In diesem Sinne wird im 19. Jahrhundert der Sozialismus von den bürgerlichen Gegnern als Utopie und Utopismus kritisiert. Aber die Sozialisten übernehmen auch selbst diesen kritischen Utopiebegriff. Der sog. Frühsozialismus versteht seine Entwürfe einer besseren Gesellschaft keineswegs als Utopien. Vielmehr grenzt sich z. B. Saint-Simon ausdrücklich gegen einen wirklichkeitsflüchtigen Utopismus ab.[23] Erst recht stellen Marx und Engels den Anspruch, die Utopie überwunden zu haben. Denn die Utopie – und dazu zählen sie auch die Programme der Frühsozialisten – ist für sie lediglich ein Produkt des guten Willens und des Träumens, mit dem Mangel behaftet, die Wunschträume nicht mit der Wirklichkeit vermitteln zu können. Freilich, für Marx und Engels ist die Utopie ein inhaltlich richtiger Traum, der nur noch keine richtige Form hat; er ist die Vorstufe zur Wissenschaft. Für die bürgerlichen Kritiker des Sozialismus aber ist Utopie ein unsinniger Traum, der nie Wirklichkeit werden kann.

Was den Utopiebegriff in der ersten Hälfte des 19. Jahrhunderts in Mißkredit bringt, ist also die Verstrickung der Utopie in revolutionäre Bestrebungen und sodann der Glaube an die Möglichkeit wissenschaftlicher Prognosen auch im Feld der menschlichen Geschichte. Als Friedrich Engels[24] den Übergang des Sozialismus von der Utopie zur Wissenschaft für vollzogen erklärte, war er überzeugt, daß die wissenschaftliche, sich auf die Ökonomie stützende Prognose die Utopie überflüssig gemacht hatte. So scheint zunächst die Prognose die Utopie zu ersetzen und sie zum bloßen Traum oder gar zur Illusion zu machen. Bis heute hat vor allem der Begriff »Utopist« die kritische Bedeutung, die er seit der Französischen Revolution erhielt.

23 Georg Klaus, Manfred Buhr: *Philosophisches Wörterbuch*. 6. Aufl. Leipzig 1969. Bd. 2, S. 1111-1113 (»Utopie«), hier S. 1112.

24 Friedrich Engels: *Die Entwicklung des Sozialismus von der Utopie zur Wissenschaft* (franz. 1880, dt. 1882). *Marx Engels Werke*. Bd. 19, S. 177-228.

Das ist die *dritte* Grundbedeutung des Utopiebegriffs in der heutigen Sprache: Utopie als bloßes Wunschdenken, als realitätsferne Illusion.

4) Allerdings zeigte sich früh, daß im Kontext einer schnell und radikal sich wandelnden Geschichte die Unterscheidung von realisierbar und nicht-realisierbar, von real-möglich und unmöglich sehr schwierig ist. Durch diese Einsicht wird die wissenschaftliche Prognose nun doch wieder zugunsten der Utopie eingeschränkt. Louis Blanc kann in der Mitte des 19. Jahrhunderts mit vielen Beispielen belegen, daß sehr vieles in der Geschichte zunächst für unmöglich gehalten wurde, was später dann doch eintraf.[25] Eben deshalb verteidigt er weiterhin den Wunschtraum, die Utopie. Hier ist der Weg angebahnt, der über Gustav Landauer zum affirmativen Utopiebegriff des 20. Jahrhunderts bei Karl Mannheim und Ernst Bloch führt. Für Mannheim[26] ist Utopie eine wissenssoziologische Beschreibungskategorie: Utopie ist die fortschrittliche, »seinssprengende«, d.h. die Gesellschaft verändernde Ideologie. Für Bloch[27] ist die Utopie ein Anthropologikum, das Sich-selbst-Überschreiten des Menschen hin auf eine bessere Welt; ein Anthropologikum, das in der Struktur der lebendigen Materie seinen Grund hat. Für Mannheim ist die Kategorie nur ein Werkzeug der Wissenschaft, für Bloch aber ist sie auch ein Hebel, die Wirklichkeit zu verändern. Aber für beide ist Utopie nichts, was durch Wissenschaft ersetzbar wäre. Besonders bei Bloch hat sich der Utopiebegriff ausgeweitet: In allen Sphären der menschlichen Kultur – in Religion, Philosophie, Kunst, Wissenschaft, Technik – ist utopische Phantasie am Werk, denn überall artikulieren sich Wünsche, Sehnsüchte und Hoffnungen. Aufgrund dieses weiten Utopiebegriffs Blochs wurde es nun möglich, rückblickend die gesamte Menschheitsgeschichte als Wirkungsstätte der utopischen Phantasie zu betrachten – auch die Prophetie erscheint nun als Form der Utopie.

25 Bei L. Hölscher, a.a.O. S. 411.

26 Karl Mannheim: *Ideologie und Utopie*. 5. Aufl. Frankfurt/M. 1969. Zur Diskussion des Verhältnisses von Utopie und Ideologie siehe Arnhelm Neusüss (Hg.): *Utopie. Begriff und Phänomen des Utopischen*. Neuwied, Berlin 1968.

27 Ernst Bloch: *Geist der Utopie* (zweite Fassung 1923). *Gesamtausg.* Bd. 3. Frankfurt/M. 1964. *Das Prinzip Hoffnung. Gesamtausg.* Bd. 5. Frankfurt/M. 1959.

Wie das Mittelalter das Prophetentum nicht kannte, aber den Begriff der Prophetie auslegte und definierte, so gibt es im 20. Jahrhundert kaum utopische Literatur, die eine zukünftige Wunschwelt ausmalt, aber dafür eine riesige Literatur zum Phänomen und zum Begriff des Utopischen. Erst im 20. Jahrhundert, besonders durch Blochs Wirkung, wurde Utopie zu einer universalen Deutungskategorie der menschlichen Kultur, ja der Welt überhaupt. Tief sitzende Kollektivhoffnungen und Wunschbilder werden jetzt als Utopien interpretiert. Ja, zur Utopie gehört jene ganze Realitätsschicht, die der Neukantianismus als den Bereich der Werte bestimmte; alles das, was die quantitativ verfahrenden Naturwissenschaften ausklammern mußten: das Gute, Wahre, Schöne, Heilige.[28]

Das ist die *vierte* Hauptbedeutung des Begriffs Utopie, die sich durchsetzte: Utopie als Ausdruck des sich selbst überschreitenden Menschen, als Ausdruck einer tief im Menschen verankerten Intention auf Glück.

Das Weltbild, in dem seit dem 18. Jahrhundert die Utopie ihren Ort hat, ist das der Geschichtsphilosophie, die Auffassung der Welt als Geschichte. Je wissenschaftlicher sich das Verhältnis zur Geschichte seit dem 19. Jahrhundert artikuliert, desto mehr tritt die Utopie in den Hintergrund und muß der Prognose weichen. Je unzureichender aber die Wissenschaft sich für das Verhältnis des Menschen zu seiner Geschichte zeigt, desto bedeutsamer wird die Utopie. Bloch hat deshalb den Sozialismus wieder mit der Utopie verknüpft.

c) Prognose

Der Begriff Prognose gehört in das Weltbild der Wissenschaft, das sich allerdings in seinem Ursprung weit mit dem mythischen überlagert. Thales, den man an den Anfang der Naturwissenschaft und -philosophie des Abendlands stellt, hat als erster eine Sonnenfinsternis vorausgesagt. Aber der eigentliche Boden für die Begriffsbildung ist die Medizin. Der Prognosebegriff entsteht bezeichnenderweise dort, wo man ein Wissen von der Zukunft

28 Heinrich Rickert: *Die Grenzen der naturwissenschaftlichen Begriffsbildung*. 2. Aufl. Tübingen 1913.

brauchte, um in der Gegenwart richtig zu handeln. Griechisch progignosko heißt »im voraus erkennen«, prognosis ist das »Vorherwissen«. Bereits bei den Ärzten der Antike hat das Wort prognosis den Rang eines Terminus technicus. Die mit Prognose betitelten Werke – das berühmteste von Hippokrates[29] – verzeichnen vor allem die Krankheitssymptome und sagen, welchen Ausgang der Krankheit diese Symptome erwarten lassen. Prognose und Diagnose sind hier weitgehend identisch. Hippokrates mahnt die Ärzte, sich »in dem Voraussehen des Krankheitsausgangs Übung« zu erwerben.[30] Denn diese Fähigkeit verschaffe dem Arzt Vertrauen und lasse ihn der Gottheit ähnlich erscheinen. Außerdem müsse der Arzt das Stadium der Krankheit und ihre weitere Entwicklung kennen, um in richtiger Weise einzugreifen: Dieselbe medizinische Maßnahme könne je nach dem Zeitpunkt Verderben oder Rettung bringen.

Prognosen werden in der Medizin gestellt, um nicht nur die Zukunft zu wissen, sondern um auf die Zukunft Einfluß zu nehmen. Der Arzt stellt so eigentlich zwei Prognosen: Er sucht erstens in Erfahrung zu bringen, wie sich die Krankheit entwickeln wird; und er versucht zweitens herauszufinden, welchen Verlauf durch welches Eingreifen die Krankheit nehmen wird. Die zweite Prognose entscheidet über die Wahl der Heilmittel.

Die Mediziner machten sich früh – nämlich ebenfalls mindestens seit Hippokrates – Gedanken über die Bedingungen richtiger Prognosen; der Erfolgsdruck erzwang rationale Methoden: Man muß erstens ein Wissen von den Gleichförmigkeiten, nämlich vom typischen Verlauf bestimmter Krankheiten, von den typischen Symptomen und von der Wirkung der Heilmittel haben. Zweitens muß man die individuelle Entwicklung und den Zustand des Patienten kennen: man muß wissen, wie er in der Vergangenheit lebte, welche Krankheiten er überstand, wie die akute Krankheit sich entwickelte; sodann, in welcher Verfassung und Situation er sich in der Gegenwart befindet. Die Prognose, das Wissen um die Zukunft des Kranken, ergibt sich also einerseits

29 Bengt Alexanderson: *Die Hippokratische Schrift Prognostikon. Überlieferung und Text.* Göteborg 1963.

30 Bei Robert Fuchs, in: *Handbuch der Geschichte der Medizin*, hg. von M. Neuberger u. J. Pagel. Bd. 1. Jena 1902. Repr. Hildesheim, New York 1971, S. 244 f.

aus allgemeinem medizinischen Wissen und andererseits aus der Kenntnis, die man von dem individuellen Patienten hat. Denn die Zukunft wird hier gleichsam als zweifach determiniert gedacht: durch die Gleichförmigkeit der Natur und durch die Individualität des Patienten. Beidem Rechnung zu tragen, macht die prognostische Kunst des Artzes aus.

Die Mediziner haben auch bald die beiden Hauptprobleme ihrer Prognosen bemerkt; nämlich, daß diese erstens selten von unumstößlicher Gewißheit sind und daß sie zweitens – dem Patienten mitgeteilt – den Krankheitsverlauf beeinflussen können. Deshalb finden wir in den Prognoselehren zuweilen ethische Reflexionen.[31] Der Arzt soll der Wahrheit treu bleiben – aber er soll auch, zumal seine Prognose gewöhnlich unsicher ist, nicht die Hoffnung zerstören, die die Heilungschancen erhöht. So steht er zwischen zwei ethischen Forderungen, die sich oft schwer vereinen lassen: zwischen der Pflicht zur Aufrichtigkeit und der Pflicht zur Heilung. (Ich halte für möglich, daß das Prinzip der sog. »sich selbst erfüllenden Prophetie«, der Herstellung der Zukunft durch Voraussage, zuerst in der Medizin entdeckt wurde: Prognosen können hier den Krankheitsverlauf steuern.)

Bis ans Ende des 19. Jahrhunderts war Prognose im allgemeinen Sprachgebrauch ein medizinischer Begriff. Das zeigen die einschlägigen Artikel in den Konversationslexika. Aber man hat vom »Prognosticiren« auch schon früh in anderen Bereichen gesprochen, so in der Meteorologie und der Astrologie. Zuweilen war die medizinische Prognose auch mit jenen Bereichen verknüpft: Witterung und Sternkonstellation wurden mit Krankheitssymptomen parallel gesetzt und als »Prognostica« gewertet.[32] Paracelsus verfaßte unter dem Titel »Prognostikation« die Vorhersage einer anbrechenden 24-jährigen Endzeit.[33] Deshalb mußte in der frühen Neuzeit sich die wissenschaftliche Prognose erst von der Wahrsagerei frei machen, um sich als methodisch solides Verfah-

31 Lorenz Heister: *Chirurgie*. Nürnberg 1718, S. 18, § 18.

32 Siehe die Mitteilungen Karl Sudhoffs zur Lebens- und Todesprognostik. In: *Sudhoffs Archiv* Bd. 5 (1911-1912) S. 240; Bd. 6 (1912-1913) S. 231, 312; Bd. 8 (1914-1915) S. 374-376. Ich danke Herrn Kollegen Gerhard Fichtner (Tübingen) für seine freundlichen Hinweise.

33 Bernhard Milt: »Prognostikation auf 24 zukünftige Jahre von Theophrastus Paracelsus und ein zeitgenössischer Deutungsversuch«. In: *Gesnerus* 8 (1951) S. 138-153

ren zu konstituieren; ein Ablöse- und Konstitutionsprozeß, der mit den modernen Naturwissenschaften gelang.
Für diesen Vorgang, für die Entstehung wissenschaftlicher Prognoseverfahren in der Neuzeit außerhalb der Medizin, ist wiederum die Auskunft in Zedlers Universallexion[34] von 1741 aufschlußreich:

»Das Prognosticiren haben die Calendermacher auf einen schlüpfferigen Grund der Astrologie gebauet, und es daher verächtlich gemachet. Es ist aber doch eine Kunst zu prognosticiren möglich, die in der Physick gegründet ist, und davon man die Lehre von den Zeichen der Witterung als einen Theil ansehen kan: allein es ist noch zur Zeit wenig davon vorhanden. Merckwürdig ist, daß zu Wien im Jahr 1592 das Consistorium für gut befand, denen Professoren der Mathematick auf dasiger Universität durch ein ordentliches Decret zu befehlen, daß sie die Prognostica, welche ihre Vorfahren denen jährlichen Calendern beygefüget, von ihnen aber bisher nachgelassen worden, wiederum hervor suchen, und also, wie das Decret lautet, die Praxin Matheseos mit der Theorie verknüpfen solten. Welcher Aufmunterung zu Folge sich denn bald die Prognostica in grosser Menge sehen liessen; die aber mit der Zeit von Krieg und Frieden, ja auch andern künfftigen Dingen dermassen dreist und vermessen weissageten, daß die Theologische Facultät sich genöthiget sahe, solchen Mißbrauch wieder abzuschaffen...«

Daraus ergibt sich: Die akademischen Naturwissenschaftler waren um 1600 teilweise noch unfähig, die Prognose von der Weissagung zu unterscheiden, wodurch sie ihre Kompetenz überschritten und sich als Propheten betätigten. Aber Zedler kann rund 150 Jahre später sehr wohl diese Unterscheidung treffen, und er weiß, daß aufgrund der Physik, d.h. der Naturwissenschaft, richtige Prognosen durchaus möglich sind. Dazwischen liegen die großen Fortschritte der Naturwissenschaften, die festlegten, was Wissenschaft ist und was nicht, und die so erst eine scharfe Differenzierung zwischen Weissagung und wissenschaftlicher Prognose möglich machten, auch außerhalb der Medizin.
Da aber dem Zukunftswissen in der Moderne weiterhin entweder die Aura des Prophetischen, Religiösen oder der Verdacht der Scharlatanerie anhaftete, wurde es nötig, die Logik des prognostischen Verfahrens aufzudecken. Der Kantianer Wilhelm Traugott Krug[35] belehrt deshalb am Beginn des 19. Jahrhunderts darüber,

34 J.H. Zedler: *Universal-Lexicon* Bd. 29 (1741) Sp. 778f.
35 Wilhelm Traugott Krug: *Allgemeines Handwörterbuch der philoso-*

daß der Arzt bei seiner Prognose keineswegs »ein besondres Ahnungs- oder Divinationsvermögen«, eine prophetische Gabe, zur Anwendung bringe, sondern eine logische Operation durchführe; es liege seiner Prognose ein »Schluß von gleichen oder ähnlichen Ursachen auf gleiche oder ähnliche Wirkungen zum Grunde.« Die Mediziner reflektieren das wissenschaftstheoretische Problem der Prognose bald sehr viel genauer und je nach dem Stand ihrer Wissenschaft auch verschieden.[36]

Auch die neuere Wissenschaftstheorie kennzeichnet die Prognose als ein logisches Verfahren. Laut K. R. Popper[37] hat die Gewinnung von Prognosen die Struktur der Deduktion: Aus allgemeinen Sätzen (Hypothesen) und aus besonderen Sätzen, die die gegebenen Umstände beschreiben (sog. Randbedingungen), werden singuläre Sätze, die Folgen, abgeleitet. (Beispiel in Anlehnung an Popper: Angelschnüre der Sorte xy tragen max. 5 kg. Es hat ein zentnerschwerer Fisch angebissen. Prognose: Die Schnur wird reißen.) Die Wissenschaftstheoretiker streiten darüber, inwiefern die Prognose logisch-strukturell identisch mit der Erklärung ist.[38] Aber in diesen Streit kann ich mich hier nicht einlassen. Wichtig ist mir nur das Folgende: Wie zur alttestamentlichen

phischen Wissenschaften. Bd. 3 (1833) S. 359 f. Vielleicht ist Krugs Bestimmung der Prognose eine Antwort auf die Auffassung, der Arzt brauche »Genie«. Siehe Richard Toellner: »Johann Georg Zimmermann (1728-1795). Der Arzt als Genie oder über die Gewißheit der Vorhersage in der Heilkunst«. In: *Berichte zur Wissenschaftsgeschichte* 2 (1979) S. 13-24.

36 Johanna Bleker: »Der Wandel der medizinischen Prognostik unter dem Einfluß der naturhistorischen Methode im 19. Jahrhundert«. In: *Berichte zur Wissenschaftsgeschichte* 2 (1979) S. 79-86.

37 Karl R. Popper: *Logik der Forschung*. 2. Aufl. Tübingen 1966, S. 31 f. u.ö. *Das Elend der Historizismus*. 2. Aufl. Tübingen 1969, S. 104 f.

38 K. R. Popper, siehe Anm. 37. Carl G. Hempel: »Deductive-Nomological vs. Statistical Explanation«. In: *Minnesota Studies in the Philosophy of Science* 3 (1962) sec. print. 1966, S. 98-169. Hans Lenk: *Erklärung, Prognose, Planung. Skizzen zu Brennpunktproblemen der Wissenschaftstheorie*. Freiburg 1972. Wolfgang Stegmüller: *Erklärung Begründung Kausalität*. (*Probleme und Resultate der Wissenschaftstheorie und Analytischen Philosophie* Bd. 1.) 2. Aufl. 1983, S. 153-207. Ders.: »Erklärung, Voraussage, wissenschaftliche Systematisierung und nicht-erklärende Information«. In: ders.: *Aufsätze zur Wissenschaftstheorie*. Darmstadt 1970, S. 57-78.

Religion die Prophetie, so gehört zum wissenschaftlichen Weltbild die Prognose. Denn alle Aussagen über die Zukunft müssen mit wissenschaftlicher Methode gewonnen sein, wenn sie allgemeine Anerkennung finden wollen. Und die Wissenschaft braucht um ihrer selbst willen Prognosen; sie sind z. B. für die Prüfung von Hypothesen unerläßlich. So gibt es denn nicht eine spezifisch moderne Welt ohne Prognosen und keine Prognose ohne Wissenschaft. Allerdings sollte man nicht die Prognose zum Konstituens der modernen Wissenschaft erklären. Denn überall, wo die Wissenschaft idiographisch und hermeneutisch verfährt – wie in den Geisteswissenschaften: bei der Beschreibung von Kunstwerken, der Auslegung von Texten –, dort gibt es zwar Erwartungen, das »Vorverständnis«, aber das sind keine Prognosen. Solche finden sich nur dort, wo die Wissenschaften allgemeine Hypothesen formulieren oder Entwicklungen untersuchen.

Wissenschaftliche Prognosen dienen dem rationalen Handeln, ja im Hinblick auf die Beherrschung der Natur und die Steuerung gesellschaftlicher Prozesse werden sie oft ausgebildet. Allerdings ist im Kontext wissenschaftlicher Weltauslegung das Zukunftswissen keineswegs sicherer geworden, vielmehr ist das Gegenteil der Fall. Denn anders als zur Zeit einer durchgehend deterministisch gedachten Welt, anders als bei Laplace, muß heute die Wissenschaft von der Konstanz von Regelmäßigkeiten in der Natur (»Naturgesetzen«) ausgehen, ohne diese Naturgesetze selbst als wirklich existent behaupten oder gar ihr zukünftiges Vorhandensein je demonstrieren zu können. Humes Zweifel an der Berechtigung eines Schlusses von vergangenen Erfahrungen auf die Zukunft kann durch Wissenschaft nicht beseitigt werden.[39] Die moderne Wissenschaftstheorie bestärkt diesen Zweifel eher, da sie alle Aussagen der Wissenschaft, alle Theorien und Erfahrungen abhängig erkennt von wissenschaftlich nicht zu begründenden Voraussetzungen. Aber besonders auf dem Feld der menschlichen Welt und Geschichte sind alle Aussagen über die Zukunft von großer Unsicherheit belastet. Denn es gibt hier wenig oder kaum anerkannte allgemeine Hypothesen, und nie werden sich alle Randbedingungen in Erfahrung bringen lassen. Vor allem

39 Kurt Hübner: *Kritik der wissenschaftlichen Vernunft*. 3. Aufl. Freiburg, München 1986, S. 20 ff.

wirkt alles Wissen, gerade das prognostische, auf die Geschichte selbst ein und ändert sie. Deshalb konnte gesagt werden, man habe noch nie so wenig über die Zukunft gewußt wie gerade im Zeitalter der modernen Wissenschaft.[40]

2. Resümee: Begriffsvergleich und Gegenwartsbezug

Begriffe bringen mit ihren Bedeutungen und im Hof ihrer Konnotationen ihre Geschichte mit, die Kontexte ihrer Verwendung. Deshalb gehört zur Begriffsklärung die Begriffsgeschichte, die jene Herkunft ausdrücklich erinnert und ins Bewußtsein hebt. Unsere begriffsgeschichtlichen Hinweise erlauben nun einen kurzen Vergleich.

a) Den Begriffen Prophetie, Utopie und Prognose liegt jeweils ein ganz anderes Wirklichkeitsverständnis zugrunde. Die alttestamentliche *Prophetie* setzt voraus, daß Gott die eigentliche Wirklichkeit ist und daß er die Zukunft ebenso bestimmen wird wie die Vergangenheit. Dadurch hat die Welt in ihrer zeitlichen Erstreckung ihre Einheit und der Mensch seine Identität: Er weiß sich im Verhältnis zu demselben Gott, der nicht von seinen Forderungen und Verheißungen abläßt.

Die *Utopie*, die die Zukunft mit Wunsch- und Hoffnungsbildern ausschmückt, ist in ihrer Blütezeit in einer teleologischen Geschichtsauffassung fundiert. Sie setzt voraus, daß die Menschheit – oder die Vernunft oder die Geschichte oder die Gesellschaft – zu immer größerer Vollkommenheit fortschreitet oder zumindest zu diesem Fortschritt fähig ist. Hier verhalten sich Ursprung und Ziel wie Keim und Blüte oder Frucht: Am Anfang war das Naturdasein des Menschen – am Ende wird die technisch und/oder moralisch vollkommene und glückliche Menschheit stehen. Für die Utopie ist der Mensch noch keinesfalls ganz Mensch, er soll es erst werden.

Prognosen basieren lediglich auf der Annahme von Gleichförmigkeiten (»Gesetzen«) oder der (relativen) Konstanz natürlicher oder sozialer Entwicklungen. Jene Gleichförmigkeiten wurden in

40 Hermann Lübbe: »Ernst und Unernst der Zukunftsforschung«. In: ders.: *Theorie und Entscheidung. Studien zum Primat der praktischen Vernunft*. Freiburg 1971, S. 85-92.

der Antike als Ordnung des Kosmos, in der Moderne als durchgehend determinierte Natur und schließlich nur als hypothetische Voraussetzung gewußt.

b) Im Kontext dieser Weltbilder hat deshalb das Wissen von der Zukunft einen anderen Charakter und Gewißheitsgrad. Die *Prophetie* erfolgt im Namen Gottes, ja es ist Gott selbst, der in ihr spricht. Deshalb sind für das religiöse Bewußtsein Prophetien von unumstößlicher Gewißheit.

Die *Utopie* wird verfaßt im Namen der praktischen Vernunft oder der Sehnsucht des Herzens oder im Zeichen beider. Als Postulat, Ideal, Wunschbild will die Utopie in der Regel nur sagen, was sein sollte oder könnte, nicht, was sein wird. Sie ist eine Aussage über die gewünschte und mögliche Zukunft, nicht über die wahrscheinliche. Ja, zuweilen bleibt ganz dahingestellt, ob sie als realisierbar gedacht wird oder nicht. Deshalb liegt die »Wahrheit« der Utopie allenfalls in der Richtigkeit der moralischen Forderung oder der Aufrichtigkeit des Wunsches, nicht in der Wahrscheinlichkeit ihrer Voraussage.

Die *Prognose* ist ein Produkt logischer Operation des wissenschaftlichen Verstandes, der die empirische Wirklichkeit zu erklären und zu beherrschen versucht, der deshalb allgemeine Hypothesen aufstellt und prüft und Trends beobachtet. Jede echte wissenschaftliche Prognose beansprucht – anders als die Utopie –, eine Aussage über die Zukunft zu sein. Aber nie ist diese Aussage von apodiktischer Gewißheit, sondern immer nur von größerer oder geringerer Wahrscheinlichkeit. – Prophetien und Utopien sind anschaulich, bildkräftig. Prognosen werden in der Sprache quantifizierender Wissenschaften und in spezieller Wissenschaftsterminologie formuliert.

c) Alle drei Weltauslegungen haben auch ein anderes Verhältnis zum Zufall, zur Kontingenz. Für die *Prophetie* gibt es im strengen Sinne keine Kontingenzen. Diese sind nämlich gleichsam die Regel, denn sie sind im Ratschluß Gottes gegründet. Für die *Utopie* spielen Kontingenzen keine Rolle, da die Utopie keine Wirklichkeitsaussagen macht und da in utopischen Reichen Zufälle durch rationale Planung verdrängt werden. Für die *Prognosen* aber sind Kontingenzen ein Problem: Sie sind das, womit zu rechnen ist, was aber nicht prognostiziert werden kann. Natürlich gibt es Theorien, die uns sagen, wie wahrscheinlich bestimmte Ereignisse sind. Aber es kann keine Theorie darüber geben, welche Ereignisse und Zufälle überhaupt möglich sind. Kontingenzen beschränken die Sicherheit von Prognosen.

d) Die drei verschiedenen Formen der Vorhersage haben auch ein je verschiedenes Verhältnis zum menschlichen Handeln. Religiöse *Prophetien* stellen unbedingte ethische Forderungen an den Menschen. Deren Tun und Verhalten zu ändern, ist der eigentliche Sinn der prophetischen Rede. Stets hat sie einen tiefen existentiellen Ernst und erzeugt Angst und Hoffnung.

Utopien haben ursprünglich einen experimentierenden und spielerischen Zug, bleiben zwischen ästhetischer Fiktion und ethischem Anspruch oft in der Schwebe. Wo sie die mögliche Zukunft vorzeichnen, geben sie aber Impulse fürs Handeln. Besonders dort, wo sie auf eingeübten moralischen Überzeugungen und auf Kollektivwünschen aufruhen, können sie durch ihre Suggestivkraft mächtige Handlungsmotivationen werden. Allerdings haben die Utopien das Problem, keine gangbare Brücke zwischen schlechter Gegenwart und glücklicher Zukunft zeigen zu können. Dieser Zwiespalt zwischen Wirklichkeit und Traum kann den Handelnden irritieren. Denn er weiß nur, *daß* – aber nicht, *wie* zu handeln sei.

Prognosen wollen lediglich informieren und sagen gar nicht, ob und wie gehandelt werden muß. Freilich werden sie gerade im Dienste von Handlungsabsichten gestellt. Aber das Handlungsziel folgt nicht aus der Prognose. Deshalb dienen Prognosen dem Handeln nur als Mittel, während Prophetien das Handeln strikt normieren und Utopien ihm Zielvorstellungen vorzeichnen. – Voraussagen, die uns darüber informieren, welche Folgen aufgrund welcher Gesetze unser Handeln hat, nennt Popper »technologische Prognosen«.[41] Solche Prognosen gleichen den »hypothetischen Imperativen« Kants, denn sie sagen, was man tun muß, um bestimmte Ziele zu erreichen. Hingegen haben die alttestamentlichen Prophetien eher eine Ähnlichkeit mit Kants »kategorischem Imperativ«, da sie unbedingt befehlen, Gottes Forderungen Gehorsam zu leisten.

Die drei Grundformen der Rede über die Zukunft haben heute ein unterschiedliches Gewicht. Laut Ernst Cassirer können die verschiedenen symbolischen Formen sehr wohl nebeneinander

41 K. R. Popper: *Das Elend des Historizismus*, a.a.O. S. 34 ff. »Prognose und Prophetie in den Sozialwissenschaften«, a.a.O. (s. Anm. 12).

bestehen, wenngleich in der Geschichte jeweils bestimmte Symbolsysteme dominieren. In dieser Weise stellt in unserer wissenschaftlichen Zivilisation die Reihe Prophetie, Utopie und Prognose naturgemäß eine Stufung wachsender Relevanz dar. Das spiegelt sich in ihrer unterschiedlichen Überzeugungskraft: nur Prognosen gelten als seriöse Vorhersage. Außerdem zeigt sich, daß die drei Formen des Zukunftswissens nicht konfliktfrei nebeneinander bestehen: auch Prophetie und Utopie werden Gegenstand der Wissenschaft und ändern dadurch ihr Gesicht.

Die *Prophetie* in ihrem ursprünglichen Sinn wurde Gegenstand der historischen und kritischen Theologie und der Religionswissenschaft, die Geltung der prophetischen Rede dadurch zur Sache des subjektiven Glaubens. Die wissenschaftliche Methodik erleichtert diesen Glauben nicht, im Gegenteil: große Teile der Prophetien, auch der neutestamentlichen, fielen der ›Entmythologisierung‹ zum Opfer und/oder zeigen sich für die heutigen Kirchen nur umgedeutet als affirmierbar. Fast ungebrochen in Geltung aber ist der ethische Gehalt der biblischen Prophetien, er ist Bestandteil unserer Kultur, in allen Sozialprogrammen, Friedensbewegungen und Ethiken ist er präsent.

Was aber die nicht-wissenschaftliche, sondern die mit intuitiver Gewißheit getroffene richtige Voraussage betrifft, so nennen wir sie im Zeichen der Wissenschaft nicht mehr Prophetie; sie wurde als »Präkognition« zu einem Phänomen der Parapsychologie. Diese umstrittene Wissenschaft nimmt sich der Tatsachen an, die in der regulären Wissenschaft keinen Platz finden. Die große amerikanische Enzyklopädie von Paul Edwards[42] enthält deshalb einen Artikel zu »Precognition«, während ein Artikel »Prophetie« fehlt.

Die *Utopien* – und was wir aufgrund des inzwischen weiten Utopiebegriffs so nennen können – sind ebenfalls Gegenstand wissenschaftlicher Forschung, in der Historie, der Kunst-, Literatur-, Rechts- und Sozialwissenschaft. Als Wissenschaften beweisen diese die Wünschbarkeit oder gar Verpflichtungskraft von Utopien so wenig wie die wissenschaftliche Theologie die Geltung der Prophetien. Aber da Utopien nur Wünsche – oder Befürchtungen – artikulieren, haben sie auch im Zeitalter der Wis-

42 A. Flew: »Precognition«. In: *The Encyclopedia of Philosophy*, hg. von P. Edwards. Bd. 6 (1967) S. 436-441.

senschaft große Chancen der Akzeptanz, zumal sie sogleich auf die aktuellen Erfahrungen sich einstellen und sich ändern können, während Religionssysteme größere Stabilität zeigen. Jedenfalls halten die Geisteswissenschaften die Utopien nur als Möglichkeiten des Denkens offen.

Allein *Prognosen* sind nicht nur Gegenstand analytischer und historischer Wissenschaften, sondern sie sind auch und vor allem selbst wissenschaftliche Veranstaltungen. Der Theologe ist heute selbst kein Prophet, sondern nur Interpret von Prophetien. Und ähnlich ist der Geisteswissenschaftler, der sich mit Utopien beschäftigt, nicht notwendig selbst Utopist; auch er interpretiert, entwirft aber keine Utopien. Hingegen wird der Naturwissenschaftler – freilich in sehr verschiedener Weise – immer auch Prognostiker sein.

Näher besehen teilen sich die Wissenschaften im Verhältnis zur Zukunft in drei Richtungen: Die *Geisteswissenschaften* befassen sich zwar mit Prophetien und Utopien und d. h. in der Regel mit »vergangener Zukunft« (Koselleck), aber sie treffen selbst keine wissenschaftlichen Voraussagen. Die *Naturwissenschaften* interessieren sich nur für diese und nicht für veraltete Prognosen. Und die *Sozialwissenschaften* bestätigen hier ihre Zwischenstellung: Sie handeln von Prophetien und Utopien, stellen aber auch Prognosen; ja, sie brauchen die Kenntnis von jenen, um diese zu bewerkstelligen, da Zukunftserwartungen die Zukunft selbst mitbestimmen. Also nur ein Teilbereich der Wissenschaften sieht es als sein Amt an, Aussagen über die Zukunft zu treffen, und zwar in der Form von Hypothesen. Es bestätigt sich, daß man gerade im Zeitalter der Wissenschaft das geringere Zukunftswissen hat. Allerdings hat man zugleich ein nie gekanntes Ausmaß an sicherem Wissen von dem, was Menschen von der Zukunft erwartet, erhofft und befürchtet haben. Und dies Wissen fällt vor allem den Geisteswissenschaften zu.

Das durch Wissenschaft bestimmte Weltbild kennt heute keinen Gott, der die Zukunft heraufführt, und deshalb keine Prophetie im alten Sinn. Aber es kennt Utopien, die die gewünschte, und Prognosen, die die wahrscheinliche Zukunft voraussagen. Im Kontext einer teleologisch gedachten Geschichte befinden sich beide in Eintracht: Was die utopische Phantasie erträumt, das sagt die wissenschaftliche Vernunft voraus. Inzwischen aber klaffen beide auseinander, die Prognosen haben die Utopien verdrängt oder in

Schreckensutopien verwandelt. Es breitet sich die Überzeugung aus, daß Utopien entweder Unheil heraufführten oder sich zumindest als Illusion entlarven müssen. So gibt es die Utopieforschung und den Utopiebegriff als Interpretationskategorie der Geistes- und Sozialwissenschaften, kaum aber gibt es Utopisten. Wie Prophetie, so wurde auch Utopie inzwischen überwiegend zu einem historischen Begriff, mit dem wir fast nur noch Phänomene der Vergangenheit bezeichnen. Denn die Wunschutopien verwandelten sich in Schreckensbilder und Science-fiction.

Dahinter stecken schlimme geschichtliche Erfahrungen – und außerdem die Macht der Prognosen. Denn diese zeigen eine Zukunft, die Angst bereitet, man denke an den Bericht des »Club of Rome« und an *Global 2000*. Der Marxismus hatte die Absicht, die Utopien durch wissenschaftliche Prognosen zu ersetzen. Das ist nun gelungen, aber so, daß die utopischen Wünsche auf der Strecke blieben. Die alten utopischen Träume und die modernen Prognosen klaffen auseinander. Deshalb hat der Utopiebegriff seine Faszination an den Begriff der Mythologie abtreten müssen. Zwar versteht die Forderung nach neuer Mythologie sich noch als Utopiesehnsucht. Aber der Begriff Mythologie indiziert gleichwohl einen Umschwung: die Abwendung von der Zukunft und die Wende hin zu dem, was früher war oder immer ist. Schon in der Romantik war die Forderung nach neuer Mythologie nur der Auftakt für die Rückwendung zur alten.

Da Prognosen keine Handlungsdirektiven geben und zuweilen sogar mutlos machen und da die Utopien das Handeln auch irritieren konnten und versiegen, wurde es nötig, vom Prinzip Hoffnung zum Prinzip Verantwortung[43] überzugehen. Denn wenn man auch Hoffnungen verliert, so wird man doch die Verantwortung nicht los. – Zu fragen wäre, ob nicht in jeder normativen Ethik wiederum eine Utopie verborgen ist. Denn eine solche Ethik impliziert den Gedanken an eine Welt, in der die ethischen Regeln allgemein befolgt werden und die ethischen Postulate verwirklicht sind. Jedenfalls war die Utopie des ewigen Friedens bei Kant das Postulat der praktischen Vernunft.[44]

43 Hans Jonas: *Das Prinzip Verantwortung. Versuch einer Ethik für die technologische Zivilisation*. Frankfurt/M. 1979.

44 I. Kant: *Zum ewigen Frieden. Ein philosophischer Entwurf* (1795). *Akad.-Ausg.* Bd. 8, S. 341-386.

xv. Drittes Reich

Begriffsgeschichte mit Blick auf Blochs Originalgeschichte[1]

Die Begriffsgeschichte hat ebensoviele und verschiedene Motive wie die Geschichtsschreibung insgesamt. Ist es die eigentlich philosophische Absicht der Begriffsgeschichte, »Verbindlichkeit in unser Denken zu bringen«, wie Gadamer sagt,[2] dann scheint eine Begriffsgeschichte zum Ausdruck ›Drittes Reich‹ unnötig, da er im gegenwärtigen Sprachgebrauch als Name für den Hitler-Staat feststeht. Zuvor war er allerdings ein theologischer und philosophischer Begriff, und so läßt sich fragen, inwiefern dieser ältere mit dem neueren historischen zusammenhängt.

Um 1933 war diese Frage hochaktuell, und die ersten Begriffsgeschichten nahmen sie auf; es galt, ein emotional geladenes politisches Schlagwort zu seiner Herkunft in ein Verhältnis zu setzen, Abstand und Kontinuität zu bestimmen: Alois Dempf (1931/32),[3] Julius Petersen (1934),[4] Heinz Hertel (1934),[5] Friedrich Avemarie (1935).[6]

1 Der Beitrag erschien zuerst in: *Archiv für Begriffsgeschichte* 23 (1979) S. 77-98. Er wurde für den Neudruck überarbeitet.

2 Hans-Georg Gadamer: »Begriffsgeschichte als Philosophie.« In: *Archiv für Begriffsgeschichte* 14 (1970) S. 137-151, zit. S. 151; auch in: ders.: *Kleine Schriften* Bd. 3. Tübingen 1972, S. 237-250.

3 A. Dempf: »Das Dritte Reich. Schicksale einer Idee.« In: *Hochland* Jg. 29, Bd. 1 (1931/32) S. 36-48, 158-171.

4 J. Petersen: »Die Sehnsucht nach dem Dritten Reich in deutscher Sage und Dichtung.« In: *Euphorion* 35 (1934) S. 18-40, 145-182.

5 H. Hertel: *Das dritte Reich in der deutschen Geistesgeschichte*. Hamburg 1934.

6 F. Avemarie: »Zur Ideengeschichte des Dritten Reichs.« In: *Deutsches Bildungswesen* 3 (1935) S. 201-207. – Durch das Florieren des Begriffs am Beginn des 20. Jahrhunderts (s. u.) veranlaßt, entstand schon 1915 die Arbeit von Friedrich Mahling: »Die johanneische Kirche, das ewige Evangelium und das dritte Reich.« In: *Neue Kirchliche Zeitschrift* 26 (1915) S. 571-632. – Die späteren Untersuchungen setzen schon das Ende des Hitler-Staates voraus. Karl Löwith: *Meaning in History* (1949), deutsch: *Weltgeschichte und Heilsgeschehen*. 4. Aufl. Stuttgart 1961, Anhang 1, S. 190-195. – Ruth Kerstenberg-Gladstein: »The

Blochs *Originalgeschichte des Dritten Reiches* erschien erstmals 1937 in der Moskauer Emigrantenzeitschrift *Das Wort*, und sie wurde 1962 überarbeitet in der zweiten Auflage seines *Buches Erbschaft dieser Zeit* und dann – als repräsentativ für Blochs Denken – auch an anderer Stelle wieder abgedruckt.[7]

›Third Reich‹. A fifteenth-century polemic against Joachism, and its background.« In: *Journal of the Warburg and Courtauld Institutes* 18 (London 1955, Repr. Vaduz 1965) S. 245-295. – Von ders. Autorin: »Das Dritte Reich. Prolegomena zur Geschichte eines Begriffes.« In: *Bulletin. Publikationen des Leo Baeck Instituts* 5 (Tel-Aviv 1962) S. 267-285. – Cornelia Berning: *Vom »Abstammungsnachweis« zum »Zuchtwart«. Vokabular des Nationalsozialismus.* Berlin 1964, S. 55-58. – Durch die geschichtliche Situation sicher veranlaßt, wenn auch ohne ausdrückliche Bezugnahme zu ihr, ist die Arbeit von Eva Kobé: *Die Idee eines dritten Reiches im deutschen Idealismus.* Diss. Wien 1939 (Maschinenschr.). – Nicht nur für die Begriffsgeschichte, sondern für den gesamten Kontext ist aus der neueren Forschung von großer Wichtigkeit: Henri de Lubac: *La postérité de Joachim de Flore*. Bd. I: *De Joachim à Schelling*. Paris, Namur 1979. Bd. II: *De Saint-Simon à nos jours.* Ebd. 1981. – Siehe auch Theodore Olson: *Millenialism, Utopianism, and Progress.* Toronto, Buffalo, London 1982, bes. S. 110 ff., 128 ff., 237 ff. – Majorie Reeves, Warwick Gould: *Joachim of Fiore and the Myth of the Eternal Evangel in the Nineteenth Century*. Oxford 1987.

7 E. Bloch: »Originalgeschichte des Dritten Reiches.« In: *Das Wort. Literarische Monatsschrift* (Moskau 1937, Neudr. Zürich 1967) H. 12, S. 54-73. Diese Fassung wieder in: E. Bloch: *Vom Hasard zur Katastrophe. Politische Aufsätze aus den Jahren 1934-1939*. Zusammengest. v. V. Michels. Mit einem Vorw. v. O. Negt. Frankfurt/M. 1972, S. 291-318; ebenso in: E. Loewy (Hg.): *Exil. Literarische und politische Texte aus dem deutschen Exil 1933-1945*. Stuttgart 1979, S. 832-851. – Eine überarbeitete Fassung findet sich unter dem Titel *Zur Originalgeschichte des Dritten Reiches* in: E. Bloch: *Erbschaft dieser Zeit. Erweiterte Ausgabe. Gesamtausgabe* Bd. 4. Frankfurt/M. 1962, S. 126-152; wieder abgedr. in: A. Neusüss (Hg.): *Utopie: Begriff und Phänomen des Utopischen*. Neuwied, Berlin 1968, S. 193-218. – Die Keimzelle ist offensichtlich der Artikel »Zum ›Dritten Reich‹« in der *Frankfurter Zeitung* v. 22. 11. 1930 (1. Morgenausg.). Dieser wurde überarbeitet unter der Kapitelüberschrift »Amusement Co., Grauen, Drittes Reich« ebenfalls in das Buch *Erbschaft dieser Zeit* aufgenommen: 1. Aufl. Zürich 1935, S. 51 ff., 2. Aufl. (1962), S. 61 ff. Dieser Passus wurde nochmals gedruckt in: D. Hildebrandt/S. Unseld (Hg.): *Deutsches Mosaik. Ein Lesebuch für Zeitgenossen*. Frankfurt/M. 1972, S. 98-106. – Im fol-

Im folgenden werde ich drei Auseinandersetzungen verknüpfen: a) mit Bloch, b) mit der Geschichte des Begriffs Drittes Reich, c) mit der Theorie der Begriffsgeschichte. Ich gehe zunächst (1.) von Ernst Bloch, sodann (2.) von der Geschichte des Begriffs Drittes Reich aus.

1. Erbschaftsstreit um die eine Tradition

Blochs Darstellung, in ihrem Kontext betrachtet, verknüpft Begriffs- und Sozialgeschichte. Wie es Koselleck[8] neuerdings fordert, erkennt auch Bloch schon im Begriff ein Indiz sowohl wie einen Faktor (freilich, ohne ausdrücklich diese Unterscheidung zu treffen). *Indiz* ist ›Drittes Reich‹ bei Bloch einmal für das Anthropologikum, daß der Mensch in der Auflehnung gegen Leid und Unterdrückung sich in der Phantasie eine gelungene Zukunft entwirft. Mit seiner Faszination in den 20er und 30er Jahren indiziert der Begriff darüber hinaus einen Grundzug der historischen Situation, die »Ungleichzeitigkeit«, die anachronistische Präsenz des Alten. Die »Gleichzeitigkeit des Ungleichzeitigen«, die laut Koselleck[9] in einem Begriff enthalten sein kann, resultiert für Bloch im Falle ›Drittes Reich‹ aus den ungleichzeitigen Sozialverhältnissen. Die Gegenwart – so lautet Blochs Analyse – ist durch objektive und subjektive Ungleichzeitigkeit gekennzeichnet, und d. h., es ragen – besonders mit Junkertum und Bauernschaft – in die kapitalistische Gesellschaftsstruktur ältere Arbeits- und Eigentumsverhältnisse sowie ältere Lebensformen, Haltungen und Ideologien hinein, die zum gleichzeitigen Widerspruch zwischen Kapital und Proletariat nochmals im Widerspruch stehen, im ungleichzeitigen. Verarmtes Kleinbürgertum

genden zitiere ich die *»Originalgeschichte«* nach dem überarbeiteten Abdruck in der Zweitauflage von *Erbschaft dieser Zeit* (abgekürzt: EZ). – Ich danke Herrn Dr. Weigand vom Bloch-Archiv Ludwigshafen, der mich darauf aufmerksam machte, daß die Gesamtausgabe zu Unrecht die Zeitschrift *Internationale Literatur* als ersten Publikationsort nennt, und mir freundlicherweise Literaturhinweise gab.

8 Reinhart Koselleck: »Begriffsgeschichte und Sozialgeschichte« (1972), jetzt in: ders.: *Vergangene Zukunft. Zur Semantik geschichtlicher Zeiten*. Frankfurt/M. 1979, S. 107-129. Zum folgenden siehe bes. S. 118, 120, 122.

9 A.a.O. S. 125.

und Mittelstand, die sich dem geschichtlichen Fortgang widersetzen, knüpfen an diese Traditionsreste ihre Sehnsucht und malen von ihnen her ihre Wünsche aus (EZ 104-126). ›Drittes Reich‹, das zu den Wunschbildern jener älteren Ideologien gehört, gewinnt dadurch neue handlungsorientierende Kraft und wird so auch Geschichts*faktor*; um so mehr, als der Nationalsozialismus diesen Begriff bewußt aufnimmt und zu seinem übergeordneten Leitbild macht. ›Drittes Reich‹ also zeigt den unaufgehobenen Widerspruch von Vergangenheit und Gegenwart im Kapitalismus an und bewirkt die Konsolidierung des Nationalsozialismus, der sich den Mittelstand integriert.

Es bedeutet den Übergang von der »bloß betrachtenden«[10] sozialen und begriffsgeschichtlichen Analyse zur spezifisch Blochschen Hermeneutik, daß Bloch die nationalsozialistische Adaption des Begriffs als Betrug entlarven und seinen eigentlich gemeinten Sinn zur Orientierung gerade gegen den Nationalsozialismus geltend machen will. ›Drittes Reich‹ kann und soll weiterhin Geschichtsfaktor sein, nur im Marxismus: Er soll das Ziel des proletarischen Kampfes so vorstellen, daß zugleich der »Hunger nach Weiterungen« (EZ 19), die metaphysische, prinzipielle Sehnsucht des Menschen, in diesem Ziel ihre Erfüllung erkennt. Die Ungleichzeitigkeit, die der Begriff anzeigt und selbst darstellt, wäre hier nicht mehr die Flucht aus der Gegenwart in anachronistisches Bewußtsein; die Ungleichzeitigkeit würde als Präsenz alter, aber unabgegoltener Hoffnungsgehalte gewußt, die mit der Lösung des gleichzeitigen Widerspruchs zwischen Kapital und Proletariat zukünftig eingelöst, d. h. verwirklicht werden sollen.

Begriffsgeschichte ist bei Bloch so Teil der ideologischen Auseinandersetzung (es gilt, dem Feind die Waffen aus der Hand zu schlagen (EZ 16)); und sie ist Teil einer normativen praktischen Philosophie, die im vergangenen Bewußtsein die Spuren der zu realisierenden Zukunft entdeckt. Blochs *Originalgeschichte des Dritten Reiches* übernimmt deshalb die Aufgabe, den originären Sinn des Begriffs zu bestimmen und den inhaltlichen und historischen Zusammenhang des Begriffes mit der marxistischen Hoffnung auf eine kommunistische Gesellschaft aufzuweisen.

10 E. Bloch: *Das Prinzip Hoffnung* (im folgenden abgekürzt: PH). *Gesamtausgabe* (= *GA*) Bd. 5 (1959), z. B. S. 227ff.

Aber es zeigt sich sogleich, daß dieses Unternehmen in Schwierigkeiten gerät. Denn es bedarf der Annahme einer invarianten Bedeutung des Begriffs, eine Voraussetzung, die von der Geschichte her sich kaum bestätigt. Für Bloch gibt es *den* Gedanken eines Dritten Reiches, und seine Geschichte sei »echt revolutionär« (EZ 127). Die Vielzahl der heterogenen und z. T. ganz unrevolutionären Visionen rührt ihm nur daher, daß viele – wie Schelling und Ibsen (EZ 138 f.) – aufgrund ihrer Klassenlage den Gedanken nicht mehr verstanden. Damit sich der eine Begriffssinn zeige, muß die historische Vielfalt reduziert werden. Blochs Blick konzentriert sich sogleich auf Joachim von Fiore und die Joachiten und findet das Originäre in ihrem Chiliasmus. Aber selbst in diesem Gebiet zeigt sich Pluralität, denn Joachim und seine Wirkungsgeschichte lassen sich nicht auf einen Nenner bringen. So haben die Visionen derjenigen Joachiten, die in Friedrich II. den Messiaskaiser erblickten und die Aufhebung der verweltlichten Kirche von der übergreifenden Macht des Kaisers erhofften, und die staufische Kaisermystik nur geringe Beziehung zu Joachims Erwartung einer Vollendung der Geschichte durch das Mönchstum.[11] Was Bloch an anderer Stelle selbst ausspricht, das Identische in der Geschichte der Utopien sei allenfalls die invariante Intention aufs Utopische, nicht die inhaltliche Füllung der Zukunftsbilder (PH 557), zeigt sich gerade an der Begriffsgeschichte des ›Dritten Reichs‹.

Dessen original gemeinten Sinn zu retten, zielt Bloch auf den einen Geist, der die Joachiten zu ihren Visionen trieb, und dieser Geist sei »ausschließlich auf den Impetus und den Wunschinhalt der Revolution orientiert« gewesen (EZ 137; vgl. PH 594). Auch hier setzt sich die Behauptung der Kritik der Geschichtsschreibung aus, die sich auf den Buchstaben beruft. Denn wenngleich Bloch gelegentlich sich auf Herbert Grundmann stützt (EZ 134), so sieht er doch Joachim wesentlich mit den Augen Ernst Troeltsch',[12] der von Grundmann prinzipiell kritisiert worden

11 Alois Dempf: *Sacrum Imperium* (München, Berlin 1929), 3. Aufl. München 1962, S. 317 ff. – Ernst Benz: *Ecclesia Spiritualis*. Stuttgart 1934, S. 205 ff., 225 ff. – Norman Cohn: *The pursuit of the millenium*. London 1957; deutsch: *Das Ringen um das tausendjährige Reich*. Bern, München 1961, S. 94 ff.

12 E. Troeltsch: *Soziallehren der christlichen Kirchen und Gruppen*

war.[13] Die Joachim-Forschung hat die Troeltsch-Blochsche These vom sozialrevolutionären Impetus Joachims nicht bestätigt.[14] Was Bloch den »subjektiven Willen zur Veränderung der Welt«, den »Willen zum Himmel auf Erden« bei Joachim nennt (EZ 133; PH 236), erscheint bei Joachim als begnadete Erleuchtung über die Taten und Absichten Gottes in der Geschichte. Das Dritte Reich, der tertius status, worin Bloch das Ziel der joachitisch gedachten Geschichte, das Paradies sieht (PH 592), ist für Joachim kein Endziel, sondern wiederum nur Übergangszeit zum Weltende hin. Und wenn Bloch das von Joachim erwartete Zeitalter der Mönche weniger asketisch gedacht findet und es als einen »allgemeinen Kloster- und Konsumptionskommunismus« charakterisiert, entsprungen dem »Glücks- und Freiheitshunger ... entrechteter Menschen« (EZ 135), so steht dem entgegen, daß Joachim die Zeit des Hl. Geistes doch wesentlich als Zeit der Ehelosigkeit, der mönchischen Regel und der Gottesliebe bestimmte.[15] Lassen sich aber die Ideale der Armut, Keuschheit, Demut und der strengen Observanz der Ordensregel als Vorausdeutungen auf Naturrecht und Sozialismus interpretieren?

(1922). *Gesammelte Schriften* Bd. 1. Neudr. Aalen 1961, S. 391. – Vgl. EZ 134.

13 H. Grundmann: *Studien über Joachim von Fiore*. Berlin, Leipzig 1927; Neudr. Darmstadt 1966. Grundmann hatte ausdrücklich betont, Troeltsch' »Charakteristik des Abtes als eines sozialen Utopisten« nicht bestätigen zu können (ebd. S. 10). – Auch die marxistische Geschichtsforschung hat der Zurückhaltung Grundmanns recht gegeben. Bernhard Töpfer: *Das kommende Reich des Friedens. Zur Entstehung chiliastischer Zukunftshoffnungen im Hochmittelalter*. Berlin 1964.

14 Vgl. zum folgenden: A. Dempf (Anm. 11), S. 269 ff. – E. Benz (Anm. 11), Tl. 1. – H. Grundmann (Anm. 13). – Ders.: *Neue Forschungen über Joachim von Fiore*. Marburg 1950, bes. S. 64 ff. – Gert Wendelborn: *Gott und Geschichte. Joachim von Fiore und die Hoffnung der Christenheit*. Wien, Köln 1974, bes. S. 172-183.

15 Worin Bloch ein kommunistisches, nicht »puritanisches« Gesellschaftsbild sieht, ist vielleicht Joachims Entwurf einer Ordensgemeinschaft, die auch verheiratete Laien aufnimmt. Aber diese verhalten sich bei Joachim zu den »heiligen Männern«, den Spiritualen, wie die Tiere im Schöpfungsbericht zu den Menschen; auch die Laien werden in die strenge Fastenordnung einbezogen. Und diese Gemeinschaft ist erst ein Übergangsinstitut an der Schwelle zur Zeit des Hl. Geistes. H. Grundmann (Anm. 14, 1950) S. 90 ff.

Die Rekonstruktion eines originalen Begriffssinnes und seine marxistische Adaption gelingen methodisch durch Verengung der historischen Perspektive und den gewagten Zugriff auf den zugrundeliegenden »Geist«. Was so als Originalsinn geerbt und angeeignet wird, so steht zu befürchten, ist nur das Konstrukt des Interpreten. Denn freilich kann niemand Bloch verwehren, sich zu den joachitischen Aussagen so zu verhalten, wie die Joachiten sich zur Hl. Schrift verhielten – wie diese im biblischen Buchstaben den Geist, will jener im joachitischen Geist das humane Interesse entdecken.[16] Aber die Voraussetzungen haben sich gewandelt. Während Joachim seine Interpretation als Gabe des gleichen Gottes wußte, der den heiligen Text schrieb, kann der Untersinn der joachitischen Texte für Bloch allenfalls Vermutung und selbst verantwortete Hypothese sein,[17] und dies immer um so mehr, je weniger der »eigentliche«, der Untersinn, am Wortsinn Anhalt und Stützung findet. Auch Bloch entgeht nicht dem Problem, das sich exemplarisch in der Bibelexegese der Aufklärung einstellte. Mit historischem und philosophischem Wissen widerlegte Johann Salomo Semler die dogmatische Voraussetzung, den biblischen Kanon durchzöge eine einheitliche Lehrmeinung.[18] Der pietistische Ausweg, durch Geist und innere Offenbarung den einen Sinn zu enthüllen, war für Semler so wenig gangbar, wie Blochs Konstruktion des Originalsinnes von ›Drittes Reich‹ einen Historiker überzeugt. Bloch hat für seine Adaption so nur zwei Mög-

16 Bloch hat dies beides sogleich identifiziert: Hinter dem scheinbaren »Deutungsbelieben« der joachitischen Schriftauslegung stand nicht der Hl. Geist, sondern der Geist der Revolution, und dadurch wurde die Auslegung notwendig und stringent (EZ 137).

17 In diesem Sinn interpretiert R. Koselleck Heilsträume von KZ-Häftlingen als Ausdruck von Widerstandshaltungen. R. K.: »Terror und Traum. Methodologische Anmerkungen zu Zeiterfahrungen im Dritten Reich.« In: *Vergangene Zukunft* (Anm. 8) S. 278-299. Zit. S. 292.

18 Gottfried Hornig: *Die Anfänge der historisch-kritischen Theologie. J. S. Semlers Schriftverständnis und seine Stellung zu Luther.* Göttingen 1961, bes. S. 204 ff. Es ist ganz konsequent, wenn Semler aufgrund dieser Einsicht die Liberalisierung der Kirche befürwortet und die »Privatreligion« verteidigt. Vgl. dazu auch G. Hornig: »Die Freiheit der christlichen Privatreligion. Semlers Begründung des religiösen Individualismus in der protestantischen Aufklärungstheologie.« In: *Neue Zeitschrift für systematische Theologie und Religionsphilosophie* 21 (1979) S. 198-211.

lichkeiten: Will er *die* Tradition des Begriffs beerben, dann könnte er als *das* ›Dritte Reich‹ nur das allen so bezeichneten Wunschbildern Gemeinsame behaupten – aber dies wäre so formal, daß es auch noch in der nationalsozialistischen Verwendung des Begriffs nachweisbar wäre. Oder Bloch dürfte nur *die* Utopien auswählen und an den Marxismus anknüpfen, die sozialrevolutionäre Agitationen anstrebten, implizierten oder auslösten – aber dann fiele der Rest als Berufungsinstanz vielleicht dem Feind zu.

Die dem Nationalsozialismus zugeneigten Begriffshistoriker standen vor der gleichen Schwierigkeit und lösten, d. h. verdeckten sie ganz ähnlich. Bloch hatte den Originalsinn des Dritten Reichs bei den Joachiten gefunden und den Zusammenhang mit dem Marxismus als »Säkularisierung« gefaßt, als Säkularisierung in einem neuen, positiven Sinn, nämlich als Konkretion und Präzision des Verschwommenen, als Auf-die-Füße-Stellen des Verkehrten (PH 596, 1609-1615). In eben dieser Weise verfährt auch F. Avemarie im Dienst des Nationalsozialismus: Im Anschluß an Ernst Krieck[19] isoliert er die nichtutopischen Verwendungsweisen des Begriffes (Reduktion der historischen Pluralität), Lessing und Ibsen werden Joachim angefügt, und dann wird behauptet, der Nationalsozialismus und zuerst Moeller van den Bruck hätten den theologischen Gedanken »säkularisiert«, hätten die »nebelhafte Sehnsucht« der religiösen Schwärmer »umgeprägt in einen festen, staatlichen Willen«.[20] J. Petersen konnte in der Fülle seines begriffsgeschichtlichen Materials den einen Sinn nicht aufweisen, und er hat deshalb die Vielfalt der einschlägigen Utopie – in Anlehnung an die sechs Lebensformen E. Sprangers – in sechs »Typen« geordnet.[21] Aber dennoch tritt der Nationalsozialismus

19 E. Krieck: *Die deutsche Staatsidee. Ihre Geburt aus dem Erziehungs- und Entwicklungsgedanken*. Jena 1917, S. 25 ff.

20 F. Avemarie (Anm. 6), S. 204, 207. – Hier wie bei Bloch ist »Säkularisierung« eine »Kategorie der Legitimität«, so wie sie Hans Blumenberg am Beispiel Carl Schmitts beschrieben hat: *Säkularisierung und Selbstbehauptung*. Frankfurt/M. 1974, S. 113. – Als theologischer Einspruch gegen diese Säkularisierung können betrachtet werden z. B. Wilhelm Müsken: *Das tausendjährige Friedensreich Christi*. Gießen, Basel o.J. [1931], und Albert Titus: *Das tausendjährige Reich in geschichtlicher Beleuchtung*. Colmar 1936.

21 J. Petersen (Anm. 4), S. 19, Anm.

auch hier *das* Erbe *der* Geschichte an: Er vereinigt das Beste, Gelungenste aller sechs Formen zu einem siebten deutschen Typus ›Drittes Reich‹,[22] er kann auch hier verstanden werden als die »Realisierung alter Ideale«: »aller Wunderglaube wird zur tatkräftigen Gestaltung der Wirklichkeit angesetzt.«[23]

Diese Form, vergangene Ideologien[24] an die Gegenwart anzuknüpfen, zielt beidemal – bei Bloch wie bei seinen politischen Gegnern – auf die Aufhebung der Dualität von Theologie und Politik, Kirche und Staat: Im Nationalsozialismus soll die Säkularisierung der Theologie zugleich den Staat vor »Profanation«[25] schützen; bei Bloch soll der »auf die Füße gestellte« Chiliasmus den Gegensatz von Pfaffenkirche und Vulgärmaterialismus verhindern und im utopischen Liebes-Kommunismus die Gegner Theologie und Materialismus versöhnen.[26] Die untergegangene Theologie verklärt die politische Welt, beidemal. Auch Bloch gerät dabei in die Gefahr, die universalen Führungs- und Machtansprüche eines politischen Körpers zu legitimieren. Bloch stellt im *Prinzip Hoffnung* der depravierten, verkrusteten Westkirche das lebendige, authentische Christentum der Ostkirche glanzvoll entgegen, in welcher »ein ständiges ungeschriebenes Wesen Joachim di Fiore« fortlebte (PH 596,597), eine Tradition, die im Bolschewismus Frucht trägt: Dieser begründete nach dem »zweiten oder Pfaffenreich« (Rom) mit der Oktoberrevolution »das dritte [Reich], das in der Sowjetunion anfängt zu beginnen und von der Finsternis nicht begriffen ... wird« (PH 596). Bloch führt hier mit der Legitimation Rußlands als Keimnation und Entstehungsort des Endreichs seinerseits eine ältere Tradition fort, die er freilich in seine Begriffsgeschichte nicht aufnahm. Seit dem Fall Konstantinopels (1453) wurde in der Ostkirche Moskau als das »Dritte Rom«, als endgültige Hüterin des rechten Christentums verstanden, und die Zaren haben mit diesem Gedanken ihren Herrschaftsanspruch begründet. Im Zusammenhang des Pansla-

22 A.a.O., S. 174ff.
23 A.a.O., S. 19.
24 Dieser Begriff im neutralen Sinn auch bei J. Petersen, a.a.O., S. 19.
25 So die Begrifflichkeit und der Gedanke bei Frieda Eckrich: *Die Idee des Reiches in der nationalpolitischen Literatur seit Beendigung des Weltkrieges.* Diss. Heidelberg. Saarbrücken 1937, S. 55.
26 E. Bloch: *Philosophische Aufsätze zur objektiven Phantasie. GA* Bd. 10 (1969), S. 269.

vismus und Russismus des 19. Jahrhunderts verschmolzen in diesem Gedanken Christentum und Nationalismus. Dostojewski erklärte die Russen zum Volk der Gottesträger, das im Hinblick auf die christlichen Perversionen des (französischen) Katholizismus und des (deutschen) Protestantismus seine Weltmission erfüllen müsse.[27] Bloch hat die »neubyzantinischen Spekulationen« Dostojewskis als »Anti-Voltaire-Welt ohnegleichen« verurteilt (EZ 139), liefen doch von hier aus Fäden über Mereschkowski zu Moeller van den Bruck und dem Nationalsozialismus;[28] sie laufen

27 F. M. Dostojewski: *Drei Ideen* (1877). In: ders.: *Politische Schriften*, hg. von D. Mereschkowski. München 1920, S. 55-64 (= S. W., hg. von A. Moeller van den Bruck, Bd. 13). – Dostojewski nimmt hier eine Anregung Franz von Baaders auf, der die griechisch-orthodoxe Kirche Rußlands dem Gegensatz zwischen Protestantismus und Katholizismus als dritte höhere Religionsform übergeordnet hatte. Siehe den Bericht von Henrich Steffens vom 15. 10. 1817, in: W. Dilthey (Hg.): *Aus Schleiermacher's Leben. In Briefen.* Bd. 4, Berlin 1863, S. 227. Siehe zum Gesamtkomplex: Hildegard Schaeder: *Moskau das Dritte Rom. Studien zur Geschichte der politischen Theorien in der slavischen Welt.* Hamburg 1929, 2. Aufl. ebd. 1957, Repr. Darmstadt 1963. – Josef Bohatec: *Der Imperialismusgedanke und die Lebensphilosophie Dostojewskijs.* Graz, Köln 1951. – Antanas Maceina: *Der Großinquisitor. Geschichtsphilosophische Deutung der Legende Dostojewskis.* Mit einem Nachwort von Wladimir Szylkarski: Messianismus und Apokalyptik bei Dostojewskij und Solowjew. Heidelberg 1952. Siehe bes. das Nachw. S. 277-289: »Die Idee des dritten Roms«. – Martin Doerne: *Tolstoj und Dostojewski. Zwei christliche Utopien.* Göttingen 1969. – Die Interpreten betonen die signifikante Verknüpfung von messianischer Liebesreligion und Apologie der Gewalt. Bohatec spricht von Dostojewskijs »Imperialismus der Liebe« (S. 208). Vgl. Doerne, S. 122 ff. – Die Präsenz der Gedanken Dostojewskis und ihres historischen Kontextes in Deutschland zu Beginn des 20. Jh. beweist und bewirkte z. B. das Werk von Th. G. Masaryk: *Zur russischen Geschichts- und Religionsphilosophie.* 2 Bde. Jena 1913.

28 Dmitrij S. Mereschkowski: *Julian Apostata. Der letzte Hellene auf dem Throne der Cäsaren* (1896), deutsche Übers. von C. v. Gütschkow. Leipzig 1903. Der Terminus ›Drittes Reich‹ taucht hier nicht auf, aber der weltanschauliche Grundgedanke steht dem Begriff bei H. Ibsen nahe (s. u.). – Arthur Moeller van den Bruck: *Das dritte Reich.* Berlin 1923; 2. Aufl. ebd. 1926; 3. Aufl. hg. von H. Schwarz, Hamburg 1931, wieder abgedr. ebd. 1932, 1934, 1938, 1941. Moeller war in Paris der Schützling Mereschkowskis gewesen. Vgl. Fritz Stern: *Kul-*

eben auch zu ihm selbst, auch für ihn hat die Ostkirche die Kontinuität des Liebes-Christentums eher gewahrt als der Westen (hier allenfalls die Ketzerkirche), nur, daß Rußland jetzt erst mit dem »säkularisierten« Christentum, mit dem Sozialismus, das Dritte Reich in die Welt bringt. Während also der Nationalsozialismus Deutschland zum Erben des alten Kaiserreichs bestimmt, erklärt Bloch Rußland zum ersten Erben der Reichsidee der Chiliasten. Daß jener ein nationales Volk der Herren, dieser letztlich ein universales Volk der Brüder intendierte, soll freilich nicht vergessen sein.

So wäre im Streit zwischen Bloch und dem Nationalsozialismus um das Erbe der Geschichte mit historisch-philologischer Methode allenfalls soviel beweisbar: Die Utopie ›Drittes Reich‹ des Nationalsozialismus trennt sich scharf vom christlichen Chiliasmus aller Spielarten durch die Rassentheorie, die den Gedanken der einen zu erlösenden Menschheit unmöglich macht. Die kommunistische Utopie einer klassenlosen Gesellschaft verbindet mit dem christlichen Chiliasmus immerhin die Prätention auf die Aufhebung von Leid und Unterdrückung letztlich aller.[29]

turpessimismus als politische Gefahr. Eine Analyse nationaler Ideologie in Deutschland. Bern, Stuttgart, Wien 1963, S. 221-317. – R. Kerstenberg-Gladstein (Anm. 6, 1962, S. 280) hat gegenüber K. Löwith die Meinung vertreten, Moeller van den Bruck habe den Begriff erstmals im monistisch-anarchistischen Club des »Schwarzen Ferkel« in Berlin zwischen 1895 und 1900 kennengelernt. Aber zur Zeit der Abfassung seines berühmten Buchs waren die Gedanken Dostojewskis für Moeller viel wichtiger und präsenter. Kerstenberg-Gladstein möchte – ähnlich wie Bloch – nachweisen, daß der Nationalsozialismus ausschließlich Ideenraub bei der politischen Linken beging. Das läßt sich kaum plausibel machen.

29 Daß der Kommunismus näher zum christlichen Chiliasmus zu stehen kommt als der Nationalsozialismus, beweisen indirekt die national gesonnenen Theoretiker, die die chiliastische Herkunft der Ideen ihrer Gegner nicht bestritten: Moeller van den Bruck (Anm. 28, 1931), S. 29; J. Petersen (Anm. 4), S. 20. Bloch hätte sich für diese These von der marxistischen Fortsetzung des Chiliasmus auch auf die Kritiker berufen können, die in diesem Zusammenhang eine Entlarvung des Marxismus sahen, so schon Fritz Gerlich: *Der Kommunismus als Lehre vom Tausendjährigen Reich.* München 1920. Aber es ist eben charakteristisch, daß dergleichen Expertisen zu geistigen Erbschaftsverhältnissen aufgrund historischer Zusammenhänge nie zwingend

2. Orientierung in der vielstimmigen Geschichte

Da sich der eine originale Sinn des Begriffs kaum wird aus der Geschichte erheben lassen und da sich schon deshalb über die richtige Realisierung seines gemeinten Inhalts schwer streiten läßt, stellt sich dem Begriffsgeschichtler freilich die Frage, was sein Wissen auf diesem Felde zu leisten vermag und auch, wie er verfahren soll. Denn zerfällt nun nicht dem Historiker sein Material notwendig in eine Masse divergenter Standpunkte; und ist dies nicht der bloße Historismus, den Bloch mit Recht bekämpfte; der Historismus als »Grabstätte historischer Erinnerung« (EZ 124) und als unendliche, verwirrende Vielstimmigkeit ohne Cantus firmus (EZ 124, 126), die den Historiker mit leeren Händen vor der geschichtlichen Fülle stehen läßt?

Schon in der rein empirisch und historisch (oder philologisch oder positivistisch) betriebenen Begriffsgeschichte, die nur die jeweiligen Bedeutungen des Wortes nennen will, macht sich Einheit insofern geltend, als der Historiker nicht nur das eine Wort festhält, sondern auch auf einen möglichst lückenlosen Traditionszusammenhang aus ist. Dadurch wird er zum einen über die bloße Wortgeschichte hinausgetrieben. Denn Zusammenhänge sind nur durch (partielle) Identitäten möglich, und diese liegen nicht nur im Wortkörper, sondern auch in der Bedeutung.[30] Zum

sind und deshalb je nach politischer Lage und Intention variieren. Oswald Spengler hatte im *Untergang des Abendlandes* gesagt, ›Drittes Reich‹ sei ein altes »germanisches Ideal«, dem alle großen Menschen von Dante bis Nietzsche und Ibsen nachhingen. 6. Aufl. München 1920, Bd. 1, S. 509. Doch in seiner späteren Kritik am Nationalsozialismus, dem die zitierte Auskunft gefallen mußte, will Spengler den Feind als Materialisten demaskieren, und so behauptet er, die Träume vom Dritten Reich entsprängen in der Neuzeit nur der materialistischen Geschichtsauffassung, es handele sich um eine »materialistische Travestie« des Gedankens großer gotischer Christen. *Jahre der Entscheidung*. München 1933, Tl. 1, S. 97f. – Wäre es bei so schwierigen Erbschaftsverhältnissen nicht besser, Bloch würde – analog zu Kant (*Akad.-Ausg.* Bd. 8, S. 27) – sagen: auch der Kommunismus kann seinen Chiliasmus haben, aber nicht *den*?

30 So muß in unserem Fall der Begriffshistoriker eine ganze Reihe von Worten mit ähnlicher Bedeutung in seine Geschichte einbeziehen: Drittes Testament, Drittes (ewiges) Evangelium, Dritte Kirche, Drittes Zeitalter, Dritte Epoche usw. Es ist keineswegs zwingend, daß die

anderen kommt der Aufweis eines historischen Kontinuums sogleich auch einem bestimmten Interesse entgegen, nämlich dem an der genauen historischen Genese eines Begriffs. Alle Begriffsgeschichten zu ›Drittes Reich‹ haben eine solche mitintendiert, und sie wollten dadurch auch die Faszination, die »Werbekraft«[31] des Begriffs erklären. Geschieht also die Darstellung des historischen Zusammenhangs im Hinblick auf den letzten Gebrauch, so ist im positivistisch-empirischen Geschäft sofort auch eine Deutungsperspektive, eine einheitsstiftende Intention mitgegeben. Sie braucht dann, in bestimmter Situation, gar nicht explizit genannt zu werden. Als H. Hertel (1934)[32] die wichtigsten Entwicklungsstufen des Begriffs ›Drittes Reich‹ fast kommentarlos aufzeichnete, hatte das den gemeinten und sicher zumeist auch so verstandenen Sinn, daß der nationalsozialistische Gebrauch des Wortes der letzte in der Entwicklung und als der jetzt gültige zu affirmieren sei. A. Dempf hingegen mußte seine Deutung, auf die es ihm ankam, aussprechen; denn seine Darstellung ist kritische Geschichtsschreibung, in Nietzsches Sinn, Ausdruck des katholischen Widerstandes: Gegen den Zeitgeist, den heraufkommenden Nationalsozialismus gewendet, wollte er darlegen, daß die Geschichte von ›Drittes Reich‹ die Geschichte eines Irrtums und der Enttäuschung sei.[33] Auch die anderen Arbeiten sind nicht bloß historisch. K. Löwith[34] fand in der Belegkette ein signifikantes Beispiel für seine Theorie von der zerstörerischen Säkularisierung jüdisch-christlicher Heilserwartung. Es bedarf also nicht des Cantus firmus Proletariat (EZ 126) zur Rettung vor historischer Polyphonie. Das Problem liegt an anderer Stelle: Es gilt, die Spannung zwischen Deutungsintention und historischem Material in erträglichem Gleichgewicht zu halten. Denn beseitigen läßt sie sich nicht; ist man um den genuinen Sinn der Zeugnisse bemüht, sagen die Belege immer mehr, als in eine übergreifende

Begriffsgeschichte hier den Titel »Drittes Reich« trägt. Nur die Kontinuität des Begriffs zum Hitler-Reich legt dies eigentlich nahe.

31 J. Petersen (Anm. 4), S. 19; vgl. Bloch, EZ 127: der dunkle Glanz alter Worte ist Ergebnis ihrer Herkunft. Das sind die »Obertöne« der Sprache (die Konnotationen), die die Begriffsgeschichte nach Gadamer hörbar machen soll (Anm. 2, S. 150).

32 Siehe o. Anm. 5.

33 Siehe o. (Anm. 3), S. 36f.

34 Siehe o. Anm. 6.

These oder Interpretation eingehen kann. Schlimm nur, wenn – wie bei Bloch – die Deutung durch die Belege nicht gestützt oder gar durchkreuzt wird. – Im folgenden skizziere ich fünf an der Begriffsgeschichte von ›Drittes Reich‹ gewonnene Beobachtungen, die m. E. historisch-philologisch vertretbar und doch von philosophischem Interesse sind und von denen her die Auseinandersetzung mit Bloch fortgeführt werden kann.

1. Um die Vielfalt der Konzeptionen eines ›Dritten Reiches‹ nicht als zersplitterte Mannigfaltigkeit von Ansichten stehen zu lassen, ist zunächst auf ein mehr formales Moment hinzuweisen, das am ehesten konstant blieb: die Bestimmung des ›Dritten Reiches‹ als Zielepoche der einen, dreistufigen Geschichte. Diese Dreigliederung, die innerhalb des Christentums sich aus der Trinitätslehre ergab, nennt Bloch antiquiert, ihr Zauber erinnere ans Märchen (EZ 63, 127, 138). Sie leistet aber etwas Unerläßliches und Begreifbares, nämlich die Grobstrukturierung der Geschichte in Epochen. Dabei fällt auf, daß in den utopischen Entwürfen der Theoretiker zumeist seinen Standpunkt am Ende des zweiten Zeitalters, im Grenzbereich zur Zukunft[35] nimmt, so daß die Struktur der Geschichte der temporalen Struktur des Bewußtseins korrespondiert. Durch zwei Epochenschwellen und d. h. durch zwei Negationen (nicht-mehr, noch-nicht) wird die Gegenwart bestimmt, wird die Zukunft mit Erwartungen gefüllt und

35 Epochenschwellen im Sinne Blumenbergs, die scharf in die Geschichte einschneiden und von denen man nur diesseits oder jenseits stehen kann (Hans Blumenberg: *Aspekte der Epochenschwelle: Cusaner und Nolaner*. Frankfurt/M. 1976, S. 20), erscheinen in unserem Zusammenhang allenfalls als Grenzen zwischen den religiösen und politischen Gruppen. Die Zeitalter selbst aber werden überall als sich weit überlappend gedacht; der zeitlich fixierte Anfang der Epoche ist keineswegs schon ihr Dasein. Für Joachim von Fiore nahm das Dritte Reich seinen Anfang mit Benedikt, für Bloch mit der Oktoberrevolution, aber für beide ist es wesentlich zukünftig. Auch für den Nationalsozialismus war das Reich seit 1933 nicht schon das ›Dritte‹, die Machtergreifung war allenfalls ein »Grundstein« zu ihm (Alfred Rosenberg im *Völkischen Beobachter*, 31. 1. 1933). Die skurrile Schau auf dem Boden der NS-Ideologie von Edmund Schmid: *Im Jahre 2000 im dritten Reich* (München 1933) ist signifikant. – Das zukünftige Dritte Reich in die Gegenwart hineinzuziehen war schon deshalb konsequent, da es ja zumindest als Gedanke des Propheten schon gegenwärtig war.

das Vergangene als Vergangenes festgelegt. In der Gegenwart des Bewußtseins sind Vergangenheit, Gegenwart und Zukunft vereint und bestimmen sich wechselseitig. Die Einheit und Kontinuität des dreigliedrigen Geschichtsganges gründet in der Einheit des Bewußtseins, und sie wird überall auch als Einheit des Geschichtssubstrats, des Geschichtssubjekts gewußt: der eine Gott in drei Personen; die eine Vernunft und die eine Menschheit in drei Entwicklungsstufen. Das dritte zukünftige Reich ist doppelt vermittelt und so bestimmt. In diesem Zusammenhang der Zeitalter ist aber auch der Mensch in seiner Gegenwart und prinzipiell bestimmt: Man weiß, wer man ist, indem man weiß, wer man nicht mehr ist und wer man sein kann und sein wird.
Wenngleich Bloch solch mehr formalen Strukturen wenig Interesse entgegenbringt, macht das genannte Dreierschema sich unterschwellig auch in seinem Denken noch bemerkbar, indem nämlich – wie in den meisten Marxismen – der Übergang *zum* Kapitalismus und *aus* ihm *heraus*, bürgerliche und proletarische Revolution, als wichtigste Zäsuren hervorstechen und die Hauptgliederungen der Geschichte bilden. Das Dreierschema ist also nicht so ganz veraltet. Auch Bloch bringt Kontinuität in die Geschichte durch die Setzung eines identischen Substrats: die Materie, die allerdings laut Bloch noch keine fertige Substanz ist.[36]
2. Eine weitere, nicht konstante, aber langfristige Leistung zeigt das Schema durch die Einwirkung des deutschen Idealismus. Im christlichen Chiliasmus berührten sich im Dritten Reich durch die Wiederkunft Christi oder durch die Wirkung des Hl. Geistes die diesseitige mit der jenseitigen Welt; aber das Endreich integrierte nicht die vorangegangenen Stufen. In idealistischer Tradition bekommt der Gedanke nun eine dialektische Struktur: Nach der weltlich-diesseitig orientierten Antike und dem aufs Jenseits gerichteten Christentum wird das Dritte Reich diese Gegensätze zwischen Natur und Geist, Erde und Himmel versöhnen. ›Drittes Reich‹ und ›Drittes Testament‹ werden zur Hoffnung auf die große weltgeschichtliche Synthese, auf das Ineinandergreifen der antiken und christlichen Kultur und auf die Ablösung der durch

36 Das als offen deklarierte System Blochs ist so durchaus schon dicht: Es weiß z. B., daß nicht die »Vernunft«, sondern die »Materie« Geschichtssubstrat ist, daß nicht »Gott«, sondern das »Reich« im Werden begriffen ist.

diese Überlieferungen gesetzten Spannung.[37] Besonders bei den Junghegelianern findet sich dieser Gedanke,[38] und sie haben in diesem Zusammenhang ihre geschichtliche Situation mit Blick auf die Gestalt des Kaisers Julian Apostata begriffen: Die von diesem am Beginn des Christentums nicht geleistete Versöhnung von Antike und Christentum werde in der aufbrechenden nachchristlichen Ära Wirklichkeit werden.[39] Henrik Ibsen hat in seinem

37 Die besonders im Zusammenhang der Kunsttheorie um 1800 gängige Entgegensetzung von Antike und Moderne (s. u. Anm. 60) erzeugte zugleich die Utopie ihrer Verschmelzung. Siehe z. B. F. Schleiermacher: *Vertraute Briefe über Friedrich Schlegels Lucinde* (1800). *Sämmtliche Werke* 3. Abt. Bd. 1 (1846) S. 481 f.

38 Ludwig Börne verschränkt ihn mit der chiliastisch-trinitarischen Tradition, bis ins 20. Jahrhundert ist diese Verbindung nachweisbar. Nachdem Börne das antike Heidentum dem zerrissenen Geist des Christentums und der Moderne entgegensetzte, fährt er fort: »Unglückliche, die wir sind! Der uns erlöst, den haben wir gebunden, und so harren wir des neuen Messias, der den Erlöser erlöse; auf den Vater warten wir, der den Sohn mit dem Heiligen Geiste versöhne. Kommt diese Zeit des dritten Testaments, dann wird der glückliche Mensch wie die Bäume des Südens zugleich Blüten und Früchte tragen, den Frühling mit dem Herbste verbinden, zugleich Christ und Heide sein – und dann wird der Himmel sein überall, wo ein klares Auge ist, ihn zu erkennen.« L. Börne: *Altes Wissen, neues Leben* (1823). *Sämtliche Schriften*. Neu bearb. u. hg. von I. u. P. Rippmann, Bd. 1. Dreieich 1977, S. 707-725. Zit. S. 711 f. (Diesen Beleg verdanke ich Herrn Dieter Kempkens, Bochum.) – Vgl. Heinrich Heine: Gedicht Nr. 8 aus dem Zyklus *»Seraphine«. Sämtliche Werke. Neue Ausgabe in zwölf Bänden*. Hamburg 1887, Bd. 2, S. 24. Zu Heines geschichtsphilosophischer Entgegensetzung von Hellenentum und Nazarenertum, von antiker Weltfreudigkeit und jüdisch-christlicher Jenseitssehnsucht und der Hoffnung auf die Aufhebung des Zwiespalts vgl. auch die folgenden Belege: *Zur Geschichte der Religion und Philosophie in Deutschland* (1834), a.a.O. Bd. 7, S. 13, 53 ff., 66 ff.; Ludwig Börne (1840), a.a.O. Bd. 11, S. 137 f., 156, 159, 161, 220.

39 Ludolf Wienbarg: *Aesthetische Feldzüge. Dem jungen Deutschland gewidmet* (1834). 2. Aufl. mit einem Vorw. von Alfred Kerr. Hamburg, Berlin 1918. Wienbarg hatte hier in der 9. Vorlesung den Vergleich zwischen der Zeit *Julians* und seiner Gegenwart breit durchgeführt. Wie Julian der Apostat gegen den Gang der Geschichte das Heidentum restaurieren wollte, so versucht die Restauration des 19. Jhs. das christlich-feudale Ancien régime zu beleben. Dem Aufbruch des christlichen Glaubens entspricht in der Moderne die Französische

Drama *Kaiser und Galiläer* (1873) dies aufgenommen,[40] und besonders durch Ibsen und die Flut der Ibsen-Literatur[41] gewinnt in Deutschland am Beginn des 20. Jahrhunderts der Begriff ›Drittes Reich‹ seine große Präsenz.

Auch im Umfeld des Nationalsozialismus, der freilich zunächst nur das Dritte Reich dem alten Kaiserreich und dem Bismarckreich additiv anfügte, bleibt dem Begriff dieser Anspruch auf Syn-

Revolution, dem Wirken Konstantins das Napoleons, den alten Göttern die heilige Allianz (2. Aufl. S. 94). Aber dem in der Gegenwart zur »Rehabilitation des Fleisches« und dem irdischen Glück zustrebenden »Leben« gegenüber ist die Restauration ohnmächtig (S. 97-101). – David Friedrich Strauss: *Der Romantiker auf dem Throne der Cäsaren, oder Julian der Abtrünnige. Ein Vortrag.* Mannheim 1847. Strauss hat hier den Gedanken Wienbargs kritisch gegen die religiöse Orthodoxie und Restauration Friedrich Wilhelms IV. gerichtet und am Beispiel Julians die Ohnmacht der Romantik pointiert. Für Wienbarg wie für Strauss ist in der historischen Gestalt Julians auch ein Utopikum bezeichnet, der Hinweis auf die kommende glückliche Menschheit. Wienbarg, S. 101 f.; Strauss, S. 51.

40 Die deutsche Erstaufführung (Leipzig 1896) von Henrik Ibsens »welthistorischem Schauspiel« (Untertitel) lag vor der norwegischen Uraufführung (Kristiana 1903). Bereits 1888 waren zwei deutsche Übersetzungen erschienen (P. Hermann, Berlin; E. Brausewetter, Leipzig).

41 Über die Ibsen-Literatur informiert die Bibliographie von David E. R. George: *Henrik Ibsen in Deutschland.* Göttingen 1968, S. 95 ff. – Im folgenden nur einige Hinweise: Matthias Acher: *Ibsens drittes Reich. Vortrag, gehalten im wissenschaftlich-literarischen Vereine »Kosmos«.* Wien 1900. Achers Weltanschauungssuche treibt sogleich in die Absurdität, fast in allen Ibsen-Dramen nur noch den Zentralgedanken eines dritten Reiches zu entdecken, in dem christliches Sollen und heidnisches Wollen zum Ausgleich komme. – Chr. Collin: »Henrik Ibsen und Norwegen.« In: *Die Neue Rundschau* Jg. 18, Bd. 2 (1907) S. 1281-1302. Collin macht auf den Zusammenhang zwischen den Saint-Simonisten, H. Heine und Ibsen aufmerksam (S. 1294). – Fritz Mauthner: »Ibsens 3. Reich.« In: *Berliner Tageblatt*, 16. 6. 1899. – Roman Woerner: *Henrik Ibsen* Bd. 1. München 1900, S. 263 ff. – Eugen Heinrich Schmitt: *Ibsen als Prophet. Grundgedanken zu einer neuen Ästhetik.* Leipzig 1908, S. 250 ff. – Emil Reich: *Henrik Ibsens Dramen.* 9. u. 10. Aufl. Berlin 1913, S. 158 ff. – Käte Friedemann: »Henrik Ibsen und das Christentum.« In: *Philosophisches Jahrbuch* 41 (1928) S. 133-154.

these und z. T. auch auf Integration von Epochen erhalten.[42] Er bleibt aber auch bei Bloch erhalten, dessen Utopie ja die christliche Tradition mit der materialistischen verbinden will. Blochs Abneigung gegen Ibsen (EZ 63 f., 139) gründet nicht nur in seiner Ablehnung des proklamierten Adelsmenschen und der Vision der Herrschergestalt eines Gott-Kaisers. Sie gründet auch in der allzugroßen Nähe zur prätendierten Verschränkung der Sphären Religion und Politik, in der Nähe Blochs zu Ibsens Anerkennung eines irdischen Messias; hatte Bloch doch den utopischen Wunschgehalt der Begriffe »Messias« und »Führer« identifiziert und auf Figuren auch der politischen Geschichte bezogen.[43] Bloch hat sich selbst dezidiert gegen »faule Synthesen« ausge-

42 A. Moeller van den Bruck forderte, alle aus der Vergangenheit in die Gegenwart hineingetragenen Gegensätze einzubekennen und zu verbinden (Anm. 28, 1931, S. 312). – Bei E. Krieck verschmilzt 1917 (Anm. 19) im Dritten Reich die Nation mit dem Gottesreich (S. 2,25), später »Natur und Geist, Rasse und Seele, Einzelmensch und Lebensganzheit«. *Völkisch-politische Anthropologie*. Leipzig 1936, Tl. 1, S. 68. – Hans Heyse prophezeite das Dritte Reich, in das man aufbreche, als Einheit von Geist und Wirklichkeit, von Idee und Existenz, von Logos und Leben, als Aufhebung der durch Antike und Christentum gesetzten Spannung. *Idee und Existenz*. Hamburg 1935, S. 101, 345, 347, 349.

43 Vgl. E. Bloch: EZ 128 f.: »Der Wunsch nach dem Führer dürfte der älteste sein ...« usw. Der erste historisch prototypische Führer in utopischem Sinne war für Bloch Moses (EZ 128), aber auch Lenin (EZ 147) ist ihm solche Führer-Retter-Gestalt. Es fragt sich, ob Bloch hier seine eigene Konzeption verläßt oder ob sich nur ihre Gefahr zeigt. »Die revolutionäre Klasse und ganz sicher die revolutionär noch Unentschiedenen wünschen ein Gesicht an der Spitze, das sie hinreißt.« (EZ 146) Dergleichen Sätze, 1937 in Moskau veröffentlicht, erlaubten weitere Applikation. Da Bloch die Führer-Idee aus dem Tierreich ableitet (EZ 128), hätte er sie für abgegolten erklären dürfen. – Bloch hat völlig recht, daß im Umkreis der Führer-Ideologie des Nationalsozialismus alte Vorstellungen vom Messiaskaiser lebendig waren (EZ 130-132). Man vergleiche z. B. Wilhelm Stapel: »Wieder öffnet sich die Höhle des Kyffhäuser Berges. Kommt die Stunde, da Gott und Kaiser sich begegnen?« *Der christliche Staatsmann. Eine Theologie des Nationalismus*. Hamburg 1932, S. 6. Es ist aber problematisch, hier die Waffen des Feindes sich selbst aneignen zu wollen. Muß da nicht aus dem »aut Caesar aut Christus«, das Bloch akzentuiert, ein »et ... et ...« werden?

sprochen,[44] aber es fragt sich, ob ein moderner politischer Chiliasmus diese ganz vermeiden kann.

3. Eine zumindest bis ins 19. Jahrhundert reichende Leistung des Schemas war die, daß die Fortgestaltung, die Überbietung, ja das Verlassen der Tradition von der Tradition her legitimiert werden konnte. So wie das Neue Testament das Alte abgelöst und das Christentum vom Judentum sich getrennt hatte, so sollte eine dritte Stufe erreicht und das neutestamentliche Christentum der Vergangenheit übergeben werden; hatte doch die Johannes-Offenbarung (14,6) ein ewiges Evangelium geweissagt und den Geltungsbereich des Neuen Testamentes selbst eingeschränkt. Für die Spiritualen und Ketzer des Mittelalters war dieser Schritt kein Sprung in eine gänzlich neue und fremde Region; man begründete das neue Reich mit theologischer Methode (typologische, anagogische Schriftauslegung) und verließ nicht das religiös geprägte Weltbild.

Mit der faktischen Distanz der Aufklärung[45] zur Religion überhaupt, verursacht besonders durch die Religionskriege und die Erfolge der Naturwissenschaften, wurde die Aufnahme des Gedankens viel schwieriger, ja paradox: Der Verstand, der die Bibel entmachtet hatte und in ihr nur ein Konglomerat zufälliger Geschichtswahrheiten sah, konnte sich nicht mehr auf sie berufen. Da aber die religiöse Tradition fortgesetzt Geltungsansprüche stellte, wurde das ältere Schema nun erst recht nötig, im Dienst der Selbstlegitimation der Vernunft. So wurde aus der triadischen Geschichtstheologie eine geschichtsphilosophische Hypothese der Vernunft, die ihr Verhältnis zum Christentum in Analogie zum Verhältnis von Neuem und Altem Testament bestimmte. Bestätigt wurde jetzt das Schema nicht von der Trinitätslehre her, sondern durch seine Fähigkeit zu der Leistung, die zerklüftete Geschichte als Einheit zu begreifen. Indem es aber auch schon in christlicher Tradition selbst nachweisbar und wirksam war,

44 E. Bloch: *Atheismus im Christentum. Zur Religion des Exodus und des Reichs. GA* Bd. 14 (1968), S. 22.

45 Die folgenden Sätze sollen den Übergang zu Lessings *Erziehung des Menschengeschlechts* und zum deutschen Idealismus skizzieren, also den Übergang, den man früher kurz »Säkularisierung« nannte (bes. K. Löwith). Da inzwischen die Problematik dieser Deutungskategorie gezeigt wurde (H. Blumenberg), muß jeder Historiker zumindest andeuten, wie dieser Übergang s.E. zu denken sei.

konnte sich die Vernunft als legitime Erbin der Religion sicher sein: Schon mit dem Begreifen der Geschichte aktualisierte sie ja nur ältere Substanz. Die Vernunft – so konnte dies verstanden werden – hatte die Tradition »aufgehoben«, nämlich ihre Hülle abgestreift und dadurch den Kern sichtbar gemacht und bewahrt.

Auch die nationalsozialistische Ideologie konnte noch ihren Bruch mit dem Christentum durch dieses Schema rechtfertigen; die Ablösung der christlichen Kirche vom Judentum lieferte auch hier den Präzedenzfall. Da aber die neuen »Offenbarungen« aus dem Volkstum hervorgehen sollten, wurden geschichtliche Kontinuität und »Aufhebung« (Bewahrung) der Tradition problematisch.[46] – Bloch hingegen hat den Hegelschen Begriff des Aufhebens am Beispiel Lessings vor Augen gestellt (EZ 137f.), und er übernimmt diese Figur selbst: Die fortgeführte Aufklärung, der Marxismus – so ist der Anspruch – befreit aus der jüdisch-christlichen Ideologie den unabgegoltenen lebendigen Kern. Aber dennoch kommt Blochs ›Drittes Reich‹ nun ganz anders zur Tradition zu stehen. Es erhält seine Bestimmung nicht durch sein Verhältnis zu Altem und Neuem Testament, sondern – religionsphilosophisch betrachtet – durch seinen Gegensatz zum Schöpfergott, zur Transzendenz, zur »Jenseiterei«. Schon im Alten Testament kündige sich diese Opposition an, Jesus führe sie fort, die Chiliasten und die Aufklärung bis zum Marxismus machten sie weiter geltend.[47] So treten bei Bloch die scharfen Epochengrenzen zurück, und viel deutlicher zeichnet sich statt dessen ein Längsschnitt in die Geschichte der Religion und des Denkens ein, der die messianische Reichshoffnung vom Glauben an einen allmächtigen Herrscher Himmels und der Erden abtrennt. Der Messianismus und sein »Exodus-Gott« werden bei Bloch »aufge-

46 E. Krieck (Anm. 42) Tl. 1, S. 63: »Wie sich das Neue Testament mit dem Alten Testament lebendig auseinandergesetzt hat, so setzen wir uns von einem andern Volkstum, von einer andern Epoche der Schöpfung und Offenbarung aus mit dem Christentum, mit dem Neuen Testament auseinander. Maßgebend dabei ist die für uns gegenwärtige, lebendige Offenbarung, der Anruf Gottes an uns ... Unser Kompaß steht auf eine neue Zukunft – ins Dritte Reich.« Vgl. S. 68 f. und Richard Benz, s. u.

47 PH 1450-1464, 1482-1504, 1524-1540. Ausgeführt dann in *Atheismus im Christentum. GA* Bd. 14.

hoben«, indem sie – im Anschluß an Marx – verwirklicht werden; die älteste Tradition bleibt hier jung und »unabgegolten« bis zum Geschichtsziel. Der Jenseitsglaube und der »Schöpfer-Gott« werden »aufgehoben«, indem sie negiert, zum Rest aus statischem Astralmythos, ja zum Bösen erklärt werden. Wenngleich also Bloch die geschichtliche Kontinuität vom Alten Testament bis zum Marxismus wie kaum einer zu beweisen unternimmt, entgeht er nicht einem gnostischen Dualismus; der manichäische Kampf gegen den Demiurgen, den Gott dieser Welt, zeigt sich jetzt bloß nicht mehr im Antagonismus zwischen Altem und Neuem Testament, sondern in der gesamten Geschichte.

4. Die Befürchtung einer bloß vielstimmigen Begriffsgeschichte wird nicht zuletzt dadurch beseitigt, daß sich die Begriffsentwicklung mit einigem Recht in vier Epochen gliedern läßt:

a) Die Vorstellung eines Dritten Reiches hat ihren Ursprung in *Religion* und *Theologie*. Bereits der Apostel Paulus lehrte eine Dreistufung, indem er den Zeiten vor und unter dem Gesetz ein drittes Zeitalter, das der Gnade, folgen ließ, mit dem die innerweltliche Geschichte endet. Der Gedanke einer Dreigliederung der göttlichen Heilsökonomie fand im Christentum um so leichter Eingang, als er mit dem Trinitätsdogma kombinierbar war. Schon bei Montanus, im 2. Jahrhundert, wird der Gedanke häretisch, indem Montanus sich selbst zum Parakleten, zum Hl. Geist erklärt. Die größere Wirkungsgeschichte hat später Joachim von Fiore; aber auch die von ihm ausgehenden häretischen und revolutionären Richtungen des Chiliasmus verlassen nicht das biblisch bestimmte Denken.

b) Die zweite Phase des Begriffs steht im Zeichen der *Philosophie*. Die sich selbst begründende Vernunft kann durch das Drei-Stadien-Schema die Geschichte als ihr eigenes Werden begreifen, die Geschichte vor der Vernunft und die Vernunft vor der Geschichte rechtfertigen. Es ist dies die Epoche von Lessing bis Comte, in die auch der deutsche Idealismus, die Saint-Simonisten und die Linkshegelianer gehören. Freilich macht es einen Unterschied, ob das virtuelle Geschichtsende im sich selbst begreifenden Geist schon gegenwärtig ist (Hegel) oder ob es als Gesellschaft der Menschenliebe erst erkämpft werden muß (Saint-Simon). Aber beidemal geschieht es in der Gewißheit, daß *der* Geist, *die* Menschheit, auf jenes Ziel zuläuft und die Geschichtsphilosophie dies erhärten kann.

c) In einer dritten Phase – die zweite allerdings weit überschneidend – fällt der Begriff zunächst wesentlich der *Dichtung* zu, als »Weltanschauungsgedanke«, wie man sagen wird. Schon Friedrich Schlegels Sonett über das »neue Evangelium«[48] hat spekulativen Gehalt, die Hoffnung auf die romantisierte, nicht-entzweite Welt. Das junge Deutschland erträumt saint-simonistisch die Einheit von Fleisch und Geist,[49] und besonders Ibsen schließlich findet dann die Formulierungen, die das Dritte Reich zum beliebten Wort für alle nur erdenklichen Versöhnungsvisionen werden lassen: im Dritten Reich soll Pan gleich Logos, Logos gleich Pan, der Kaiser-Gott gleich dem Gott-Kaiser sein, sollen Wahrheit und Schönheit verschmelzen.[50] Durch eine breite Ibsenliteratur popularisiert, kann nun seit der Zeit um 1900 bis in die 20er Jahre ›Drittes Reich‹ für jede erträumte Synthese stehen, in einer Zeit, als Sache und Begriff der »Weltanschauung« florierten: Im Umkreis des Monismus ist Drittes Reich die Einheit von Natur und Geist und die Versöhnung der Geschlechter in der Liebe (Richard Dehmel, Stanislaus Przybyszewski, Johannes Schlaf),[51] Drittes Reich kann eine neue oder eine spezifisch alt-deutsche Innerlichkeit, eine neue Mystik oder einen neuen Pantheismus meinen (Martin Wust, Erwin Guido Kolbenheyer, Gerhard von Mutius, Adam Abel);[52] aber auch die Synthese von Macht und Geist

48 F. Schlegel: *Lessings Worte* (1801). *Kritische F. Schlegel-Ausgabe* hg. von E. Behler. Bd. 5 (1962), S. 301. Hier geht es nicht mehr um die Moral, sondern um die Erneuerung der Kunst. – Zur Rezeption von Lessings *Erziehung des Menschengeschlechts* in der Romantik, siehe Hans-Joachim Mähl: *Die Idee des goldenen Zeitalters im Werk des Novalis*. Heidelberg 1945, S. 245-252.

49 Siehe o. Anm. 38 u. 39.

50 H. Ibsen: *Kaiser und Galiläer*. Dtsch. von P. Hermann. *Sämtliche Werke in deutscher Sprache*, durchges. u. eingel. von G. Brandes, J. Elias, P. Schlenther. Bd. 5, Berlin 1899, bes. S. 69-76, 245-247; vgl. S. 74, 82, 262 f., 284, 317.

51 Siehe dazu R. Kerstenberg-Gladstein, 1961 (Anm. 6), S. 276 ff. Was in den Gedichten der ersten beiden nur erst anklingt, hat J. Schlaf in seinem Roman *Das dritte Reich. Ein Berliner Roman* (Berlin 1900) zu einer schwülstig-dunklen Vision gestaltet, die den Monismus zur Mystik weitertreibt.

52 M. Wust: *Das dritte Reich. Ein Versuch über die Grundlagen der individuellen Kultur*. Wien, Leipzig 1905. – E. G. Kolbenheyer: *Das*

(Thomas Mann),[53] die Versöhnung von nordischer und italienischer Kunst (Hans Frank)[54] und die Einheit von Ethos und Logos (Paul Köthner).[55] Der Stirnerianer Rolf Engert wollte 1925 seine Zeitgenossen überzeugen, daß man sich jetzt im Jahre 81 der neuen Zeitrechnung befände, da ja 1845 mit Max Stirners Hauptwerk *Der Einzige und sein Eigentum* schon das ›Dritte Reich‹, die nachchristliche Ära, anbrach.[56] So verschieden all diese Träume und Gedanken sind, so kommen sie darin überein: Drittes Reich hat sich jetzt von der politisch-sozialen Wirklichkeit zumeist gelöst, meint ein nicht-christliches Versöhnungsreich, bezeichnet selten überhaupt noch eine Epoche; ist Gegenstand von weltanschaulicher Literatenphilosophie.

d) In der Situation dieses Sprachgebrauchs setzt – angeregt nicht zuletzt durch Dostojewski – Arthur Moeller van den Bruck 1923 den Begriff dort ein, wo er sich fixieren sollte, und begründet die eigentlich *politische* Phase des Begriffs: Drittes Reich ist das dritte

Dritte Reich des Paracelsus (1925). 3. u. letzter Tl. der Trilogie *Paracelsus* 1917-1925, Neudr. München 1964. – G. v. Mutius: *Die drei Reiche. Ein Versuch philosophischer Besinnung.* Berlin 1916, 2. Aufl. 1920. – Adam Abel: *Das dritte Reich. Erlösung dem Erlöser.* München 1927.

53 Anders Marell: »Zum Gebrauch der Bezeichnung ›Drittes Reich‹ in Schweden. Thomas Mann, Ellen Key, Ludwig Nordström, Stefan George u. a.« In: *Impulse. Dank an Gustav Korlén zu seinem 60. Geburtstag*, hg. von H. Müssener, H. Rossipal. Stockholm 1975, S. 307-337.

54 H. Frank: *Das dritte Reich. Ein Glaubensbekenntnis. Roman.* Stuttgart 1921.

55 Der Brückner [Pseud. für P. Köthner]: *Das letzte Geheimnis. Eroberung der Weltrunen. Überwindung der Freimaurerei. Das dritte Reich.* Berlin 1928.

56 R. Engert: *Grundbau. Bausteine zum dritten Reich.* Berlin 1925, Nr. 1 (Jan.), S. 5 – Schon in seiner Schrift *Das historische Denken Max Stirners* (Leipzig 1911) hatte Engert die Stirnersche Epochengliederung der Geschichte in Realismus (Antike), Idealismus (Christentum) und Egoismus herausgearbeitet (S. 47). 1920/21 gab er im eignen »Verlag des dritten Reiches/Dresden« *Neue Beiträge zur Stirnerforschung* heraus. Das Wort ›Drittes Reich‹ geht auch hier wahrscheinlich auf Ibsen zurück. Denn fast gleichzeitig erscheint von Engert: *Henrik Ibsen als Verkünder des dritten Reiches.* Leipzig 1921. Auch im *Grundbau* werden Ibsen (Nr. 1, S. 5) und Lessing (Nr. 2, S. 2 ff.) als Verkünder des Dritten Reiches vorgestellt.

Reich germanischer Nationen, das nach dem alten Kaiserreich und dem Bismarckreich die Sehnsucht der Deutschen erfüllen soll.[57]

Gliedert man so die Geschichte des Begriffs nicht nach dem *Inhalt* der erhofften Zukunftsvision, sondern nach der *Form des Bewußtseins*, in welchem diese erscheint, so wird das jeweils andere Verhältnis deutlich, in welchem sich der Mensch zu seinem Dritten Reich jeweils weiß. Es war ihm zuerst durch göttliche Autorität und Bekundung verbürgt; es wurde ihm dann zum Postulat der Vernunft oder die sich selbst begreifende Vernunft an ihr selbst; und es wurde dann in Dichtungs- und Weltanschauungsphilosophie nur noch als poetische Idee erträumt.

Die Auffassung, ein nationales Drittes Reich durch politische Agitation herstellen zu müssen, hat zur Voraussetzung, daß es weder durch Gott oder die Vernunft verbürgt oder aufgegeben ist. Die Verpflichtungskraft der Vision soll nun dadurch zurückgewonnen werden, daß man sie zur Sendungsidee des Volkes erklärt und durch Propaganda sich und anderen einredet. Die vorgebliche Unmittelbarkeit der deutschen Sehnsucht und der politische Kampf um die Macht sind offenbar zwei Seiten derselben Sache. Der politische Sieg muß die Überzeugungs- und Verpflichtungskraft der Utopie erst setzen – d. h. ersetzen.[58]

Bloch hat den Begriff ›Drittes Reich‹ dem Nationalsozialismus, aber auch der Sphäre subjektivistischer Träumerei zu entziehen versucht, indem er ihn durch Rekurs auf die lange Geschichte des

57 Siehe o. Anm. 27f. – E. Krieck hatte schon 1917 das deutsche Nationalbewußtsein auf ein zukünftiges drittes Reich verpflichten wollen (s. o. Anm. 19). Aber es war hier noch ganz spekulativ als universalgeschichtliche Epoche gedacht. – Daß das dritte Reich »germanisch« sein werde, deuteten u. a. schon Wienbarg und Ibsen an.

58 Bei Moeller van den Bruck fehlte der Rede vom Dritten Reich schon jede Legitimationsbasis. Als Verheißung des Schicksals sinkt das Dritte Reich bei Moeller zu einem diffusen Traum herab, an dessen Verwirklichung er selbst nicht glaubt: »Der deutsche Nationalismus ist Streiter für das Endreich. Es ist immer verheißen. Und es wird niemals erfüllt. Es ist das Vollkommene, das nur im Unvollkommenen erreicht wird.« (Anm. 28, 1931), S. 320. – Da keine glaubhafte Ideologie mehr abdeckte, daß das Dritte das Endreich ist, hatte Hitler 1938 sogleich den Begriff verboten, als oppositionelle Kräfte an das vierte Reich zu denken begannen. C. Berning (Anm. 6), S. 57f.

Messianismus als alte Kollektivhoffnung auswies. Da aber auch bei Bloch die Religion nur Tagtraum ist, ließe sich auch an ihn die kritische Frage richten, ob nicht in der dezidierten Praxisnähe seiner Religionsphilosophie ein geheimer Zwang steckt; ob nicht die behauptete Wahrheit der Religion nicht nur verwirklicht werden *soll*, sondern verwirklicht werden *muß*, da nur so, und das heißt durch Sieg und Erfolg, ihre Wahrheit und ihr virtueller Realitätsgehalt beweisbar ist, während sie sonst zur bloßen Illusion herabsinkt.

5. Die Theorien eines Dritten Reiches sahen bis ins 18. Jahrhundert die erste Epoche der Geschichte zumeist im Zeitalter des Alten Testaments. Deshalb waren noch bei Lessing die Juden die »Erzieher des Menschengeschlechts«.[59] Jedoch im 19. Jahrhundert löste sich das Judentum mehr und mehr aus dem Drei-Zeiten-Schema heraus, und an seine Stelle trat – durch den Neuhumanismus vermittelt[60] – die griechisch-römische Antike (Junghegelianer);[61] oder aber nur die Geschichte post Christum wurde als Dreischritt begriffen (F. Schlegel, Saint-Simon, Schelling).[62] Die wenigen Hinweise auf das Alte Testament verwirrten bei Ibsen

59 G. E. Lessing: *Die Erziehung des Menschengeschlechts*, § 18.

60 Peter Szondi: *Poetik und Geschichtsphilosophie 1. Antike und Moderne in der Ästhetik der Goethezeit.* Studienausgabe der Vorlesungen Bd. 2, hg. von S. Metz u. H.-H. Hildebrandt. Frankfurt/M. 1974, S. 11-265.

61 Siehe o. Anm. 38 u. 39. Das Schema vereinigt nun die theologisch-chiliastische Hoffnung auf ein Drittes Reich mit der humanistischen Bestimmung der »neuen Geschichte« (später »Neuzeit«) als dritter Epoche nach Antike und Mittelalter. Zu dieser letzteren Dreigliederung siehe Adalbert Klempt: *Die Säkularisierung der universalhistorischen Auffassung. Zum Wandel des Geschichtsdenkens im 16. und 17. Jahrhundert.* Göttingen 1960, S. 75 ff. – Zum Begriff ›Neuzeit‹ siehe R. Koselleck: »›Neuzeit‹. Zur Semantik moderner Bewegungsbegriffe.« In: *Vergangene Zukunft* (Anm. 8), S. 300-348.

62 F. Schlegel (1804): »Es giebt nur drei Epochen im χρ [Christentum] – Katholiken, Lutheraner – und Idealisten. – Die lezte im äußern Verhältniß wieder d[en] ältesten ersten Christen sehr ähnlich, und sollens noch weit mehr sein ... ⟨Ueber diese drei Epochen liesse sich etwas schreiben wie die Erziehung des Menschengeschlechts.⟩« *Kritische Ausgabe* Bd. 19 (1971), S. 13 f. – C. H. de Saint-Simon: *Nouveau Christianisme.* Paris 1825, deutsche Übers. von F. Muckle. Leipzig 1911. – F. W. J. Schelling: *Philosophie der Offenbarung*, 36. u. 37. Vorlesung.

eigentlich nur den Grundgedanken. Im Hinblick auf die Antike verschmolzen Judentum und Christentum zu einer Tradition, das Judentum sank zum Vorspiel des Christentums herab.
Im 19. Jahrhundert wurde aber die Lessingsche Einschätzung des Judentums als Basis der Geschichte auch beibehalten, nämlich z. B. von gebildeten Juden, die so die Schwierigkeit ihrer Identität geschichtsphilosophisch bewältigten: Sie konnten sich der europäischen Kultur öffnen und integrieren, ohne darin einen radikalen Bruch mit ihrer Herkunft sehen zu müssen, war doch der moderne Geist nur der fortgeschrittene Geist des Alten Testaments. Die Kontinuität des weltgeschichtlichen Zusammenhangs begründete ihnen die Kontinuität zwischen ihnen und ihrer Umwelt; und ihre Herkunft war ihnen so kein Makel, sondern der Ausweis einer noch unvermittelbaren Beziehung zur Ursprungsgestalt des europäischen oder gar universalen menschlichen Geistes (Immanuel Wolf, Eugène Rodrigues, Pierre Leroux, Moses Hess).[63]
Auch im 20. Jahrhundert geht die vermittelte Beziehung des erträumten Dritten Reiches zum Judentum nicht gänzlich verloren, es verrät sich die theologisch gedachte Geschichte in diesem Begriff auch im weiteren Kreis nationalen Denkens. Richard Benz – nationalkonservativ, aber Kritiker des Antisemitismus – machte noch 1934 das Judentum zur ersten Stufe eines Geschichtsweges, der schließlich in der »dritten Konfession« eines nordischen Glaubens enden sollte.[64] Und selbst Ernst Krieck, führender Päd-

Sämmtliche Werke, Abt. 2, Bd. 4. Stuttgart, Augsburg 1858, S. 298, 320-333.

63 Michael Graetz: »›Die Erziehung des Menschengeschlechts‹ und jüdisches Selbstbewußtsein im 19. Jahrhundert.« In: *Judentum im Zeitalter der Aufklärung. Wolfenbütteler Studien zur Aufklärung*, Bd. 4. Wolfenbüttel 1977, S. 273-295.

64 R. Benz: *Geist und Reich und die Bestimmung des Deutschen*. Jena 1934, bes. S. 189-192. – Benz proklamierte die »deutsche Religion« (S. 188) – wie D. Fr. Strauss den »Neuen Glauben« – als Erzeugnis des Kulturprozesses. Er verband dabei die Kritik an den »Dritten Reichen der Rassen und Klassen« (S. 121), an Moeller van den Bruck (S. 181) und am Machtstaat (S. 178) mit der Rezeption des älteren anarchistisch-monistischen Traumes vom Geschlechterfrieden (S. 139 ff.) und dem Novalis (S. 75) entlehnten romantischen Wunsch nach einem neuen, aus der Kunst geborenen neuen Mittelalter (S. 121 ff.).

agoge der nationalsozialistischen Ideologie, hat das ›Dritte Reich‹ noch z. T. durch sein Verhältnis zu Altem und Neuem Testament bestimmt.[65] Auch dem extremsten Rassismus, der das Wesen des Menschen nur noch biologisch, von der Natur her bestimmte, gelang damit nicht der Ausbruch aus der Geschichte. Denn auch der Arier definierte sich selbst nur im Verhältnis zum Semiten.
Bloch hat die ältere Tradition des Gedankens – ähnlich wie die gebildeten Juden des 19. Jahrhunderts – festgehalten und das Alte Testament als den Ursprung des sich konkretisierenden Geschichtsziels ›Drittes Reich‹ reklamiert.[66] Er, der seine Philosophie noch bis in den Gestus hinein als alttestamentarischer Prophet vortrug, war vor dem Hintergrund des Nationalsozialismus die lebendige Gegenwart der verzweifelt negierten Vergangenheit.
Soll Begriffsgeschichte zur Ideologiekritik tauglich sein,[67] wird sie Maßstäbe benötigen. Blochs Begriffsgeschichte hat den Vorteil, aus diesen keinen Hehl zu machen. In seiner *Originalgeschichte des Dritten Reiches* führt er paradigmatisch die hermeneutische Einsicht vor Augen, daß der Kritiker der Tradition sein

65 E. Krieck (1936) (Anm. 42), Bd. 1, S. 63. Für Krieck gehört in das Assoziationsfeld Lessing, über den er ja gearbeitet hatte. E. Krieck: *Lessing und die Erziehung des Menschengeschlechts*. Heidelberg 1913. Wie beliebig die Stufung geworden ist, zeigt sich daran, daß Krieck 1917 auch eine Folge Antike, Christentum, Drittes Reich annahm (Anm. 19), S. 25, 27 f., 31.

66 Siehe Blochs Bemerkungen zu Schelling und Ibsen (EZ 138 f.). Durch die Abtrennung des Alten Testamentes und die Beschränkung auf das Christentum gerate Schellings Folge »rein theologisch, ja gnostisch« (EZ 139). – Daß Schelling das joachitische Schema nicht beibehält, liegt aber sicher daran, daß mindestens seit dem Neuhumanismus die Klassische Antike sich als Ursprung der europäischen Kultur ins Bewußtsein drängte. »Rein theologisch« darf man Schellings Trias deshalb nicht nennen, da er um einen engeren Zusammenhang von Christentum und Griechentum bemüht war und in der dritten johanneischen Kirche die traditionelle Theologie untergehen lassen wollte (Belege Anm. 62). Blochs eigener Ansatz ist übrigens mindestens ebenso theologisch, indem er ja nicht die Religion schlechthin, sondern nur die jüdisch-christliche beerben will und diese durch einen »Sprung« von den asiatischen und antiken Religionen getrennt sieht (PH 1453).

67 R. Koselleck (Anm. 8), S. 121.

Urteil immer auch der Tradition verdankt.[68] Sein ganzes Werk ist ja überwiegend Aufweis von Leit- und Zielbildern, die Ingredienzien unseres geschichtlichen und damit ungleichzeitigen Bewußtseins sind. Diese Last an Moral, die der Last der Geschichte inhäriert, durch Philosophie und historische Reflexion loszuwerden,[69] dürfte ebenso schwer sein, wie sie durch Praxis zu verwirklichen. Sollte man mit Bloch ans Verwirklichen denken, wird man gezwungen sein, ihre faktische Vielstimmigkeit und Divergenz und ihr Verhältnis zum Recht zu bedenken.[70]

68 H.-G. Gadamer: *Wahrheit und Methode*. 2. Aufl. Tübingen 1965, Tl. II.

69 R. Koselleck: *Kritik und Krise*. Freiburg, München 1959, Frankfurt/M. 1973. – Odo Marquard: *Schwierigkeiten mit der Geschichtsphilosophie*. Frankfurt/M. 1973.

70 Zum Problem des Rechts bei Bloch hat das Nötige Jürgen von Kempski gesagt: »Das Recht und der Marxismus.« In: *Merkur* 173 (1962) S. 689-692; u. d. T.: »Bloch, Recht und Marxismus« auch in: ders.: *Brechungen. Kritische Versuche zur Philsophie der Gegenwart*. Hamburg 1964, S. 176-180; ebenso in B. Schmidt (Hg.): *Materialien zu Ernst Blochs »Prinzip Hoffnung«*. Frankfurt/M. 1978, S. 367-372.

202/1/8.90

202/2/8.90

suhrkamp taschenbücher wissenschaft
Sprachphilosophie, Linguistik, Soziolinguistik, Semiotik

203/1/8.90

204/1/8.90

suhrkamp taschenbücher wissenschaft
Ästhetik, theoretische Texte zur Literatur, zur Kunst, zum Film und zum Theater

Kracauer: Von Caligari zu Hitler. stw 479
Löwenthal: Schriften. stw 901-905
– Literatur und Massenkultur. stw 901
– Das bürgerliche Bewußtsein in der Literatur. stw 902
– Falsche Propheten. stw 903
– Judaica, Vorträge, Briefe. stw 904
– Philosophische Frühschriften. stw 905
Lugowski: Die Form der Individualität im Roman. stw 151
Meyer: Das Stilgesetz der Poesie. stw 790
Minder: Glaube, Skepsis und Rationalismus. stw 43
Panofsky: Die Renaissancen der europäischen Kunst. stw 883
Pothast: Die eigentlich metaphysische Tätigkeit. stw 787
Raphael: Marx Picasso. Die Renaissance des Mythos in der bürgerlichen Gesellschaft. stw 831
– Von Monet zu Picasso. Gründe einer Ästhetik und Entwicklung der modernen Malerei. stw 832
– Aufbruch in die Gegenwart. stw 833
– Raumgestaltungen. stw 834
– Die Farbe Schwarz. stw 835
– Wie will ein Kunstwerk gesehen sein? stw 836
– Bild-Beschreibu ng. stw 837
– Tempel, Kirchen und Figuren. stw 838
– Das göttliche Auge im Menschen. stw 839
– Natur – Kultur. stw 840
– Lebens-Erinnerungen. stw 841
Heinrichs (Hg.): »Wir lassen uns die Welt nicht zerbrechen ...« Max Raphaels Werk in der Diskussion. stw 794
Richards: Prinzipien der Literaturkritik. stw 484
Schadewaldt: Die frühgriechische Lyrik. stw 783
Segeberg (Hg.): Technik in der Literatur. stw 655
Szondi: Einführung in die literarische Hermeneutik. stw 124
– Das lyrische Drama des Fin de siècle. stw 90
– Poetik und Geschichtsphilosophie I. stw 40
– Poetik und Geschichtsphilosophie II. stw 72
– Schriften I. stw 219
– Schriften II. stw 220
– Die Theorie des bürgerlichen Trauerspiels im 18. Jahrhundert. stw 15
Watt: Der bürgerliche Roman. stw 78
Weimann: Literaturgeschichte und Mythologie. stw 204
Wellmer: Zur Dialektik von Moderne u. Postmoderne. stw 532
Wind: Heidnische Mysterien in der Renaissance. stw 697
– Kunst und Anarchie. stw 622
Wölfel: Jean-Paul-Studien. stw 742
Wollheim: Objekte der Kunst. stw 384

204/2/8.90